POR QUE O BRASIL?
ENSAIOS DE HISTÓRIA E POLÍTICA

LESLIE BETHELL

POR QUE O BRASIL?
ENSAIOS DE HISTÓRIA E POLÍTICA

TRADUÇÃO
JOUBERT DE OLIVEIRA BRÍZIDA
(Introdução e Partes I & II)
JULIO CASTAÑON GUIMARAES
(Parte III)

TOPBOOKS

EDITOR
José Mario Pereira

EDITORA ASSISTENTE
Christine Ajuz

REVISÃO
Leslie Bethell

PRODUÇÃO
Mariângela Felix

CAPA
Miriam Lerner

DIAGRAMAÇÃO
Arte das Letras

CIP-BRASIL. CATALOGAÇÃO NA FONTE.
SINDICATO NACIONAL DOS EDITORES DE LIVROS, RJ.

Leslie
Por que o Brasil?: ensaios de história e política / Leslie. – Iª ed. – Rio de Janeiro: Topbooks Editora, 2024.

ISBN 978-65-5897-035-4

I. Brasil – História I. Título.

24-223808 CDD-981

Topbooks Editora e Distribuidora de Livros Ltda.
Rua Visconde de Inhaúma, 58 / gr. 203 – Centro
Rio de Janeiro – CEP: 20091-007
Tels: (21) 2283-1039 / 985633713
www.topbooks.com.br
topbooks@topbooks.com.br

SUMÁRIO

SOBRE O AUTOR

Leslie Bethell, nascido na Inglaterra em 1937, é professor emérito da história da América Latina na Universidade de Londres e fellow emérito do St Antony's College, Oxford. Foi diretor do Instituto dos Estudos Latino-Americanos da Universidade de Londres (1987-1992) e diretor fundador do Centro dos Estudos Brasileiros da Universidade de Oxford (1997-2007).

É autor de livros sobre a história política, social e cultural da América Latina, em especial do Brasil, que incluem The Abolition of the Brazilian Slave Trade (1970; traduzido para o português em 1976 e 2002; (organizado com Ian Roxborough) Latin America between the Second World War and the Cold War, 1944-1948 (1992; traduzido para o português em 1996); Brazil in books by British and Irish authors (2003); (com José Murilo de Carvalho), Joaquim Nabuco e os abolicionistas britânicos: Correspondência 1880-1905 (2008, traduzido para o inglês em 2009); Charles Landseer: desenhos e aquarelas de Portugal e do Brasil, 1825-1826 (2010); Joaquim Nabuco no mundo: abolicionista, jornalista, diplomata (2016); (org.) Viva la Revolución. Eric Hobsbawm on Latin America (2016; traduzido para o português, espanhol e italiano em 2017); Brazil. Essays on History and Politics (2018).

Foi organizador da Cambridge History of Latin America (Cambridge University Press, 12 volumes, 1984-2008), do qual publicou separadamente Colonial Brazil (1987), Brazil: Empire and Republic, 1822-1930 (1989) e Brazil since 1930 (2014). O Cambridge History of Latin America foi também publicado em espanhol (Editorial Crítica, Barcelona), em português (Editora da Universidade de São Paulo, EDUSP) e em chinês (Chinese Academy of Social Sciences, Beijing).

Foi condecorado pelo governo brasileiro com a Ordem Nacional do Cruzeiro do Sul (Comendador em 1994, Gran Oficial em 1998) e com a Ordem Nacional do Mérito Científico em 2010. Foi eleito membro da Academia Brasileira de Ciência em 2004 e sócio correspondente (um dos vinte membros estrangeiros) da Academia Brasileira de Letras em 2010.

Desde de sua aposentadoria da Universidade de Oxford ele tem vivido no Rio de Janeiro.

SOBRE O LIVRO

O livro, inicialmente publicado em inglês como *Brazil: Essays on History and Politics* pelo Institute of Latin American Studies da School of Advanced Study da Universidade de Londres em junho de 2018, consiste de sete ensaios sobre aspectos da história e da política do Brasil, que refletem muitos dos principais interesses do autor, e uma Introdução autobiográfica. São ensaios novos, porém se valem de capítulos de livros, artigos de jornais e palestras públicas proferidas, tanto em inglês quanto em português, nos dez anos posteriores à aposentadoria do autor da Universidade de Oxford, em outubro de 2007 – todos substancialmente revisados e ampliados. Os três capítulos finais sobre política foram atualizados para esta edição em português de modo a levarem em conta as eleições de 2018. E uma homenagem ao historiador brasileiro José Honório Rodrigues foi acrescentada.

A ideia do livro – para marcar o 80° aniversário do autor em 2017 – surgiu originalmente do Richard Bourne, amigo do autor e pesquisador sênior do Institute for Commonwealth Studies da Universidade de Londres. O livro contou com o apoio do professor Anthony Pereira, diretor do Brazil Institute do King's College Londres, que também concordou em escrever o Prefácio, e a professora Linda Newson, diretora do Institute of Latin American Studies da Universidade de Londres, que foi responsável pela publicação do livro pelo Institute. José Mário Pereira de Topbooks é o editor do livro no Brasil. E Joubert de Oliveira Brízida e Julio Castañon Guimarães fizeram a tradução em português.

PREFÁCIO

Leslie Bethell é um dos mais importantes 'brazilianists' da sua geração. Os brasilianistas produzem trabalho acadêmico que ilumina o Brasil como um objeto de estudo, dando respostas às mais importantes questões que podem ser indagadas sobre o país; e dão voz às perspectivas brasileiras. Leslie vem trabalhando assim desde os primórdios de sua longa carreira – e persiste dando continuidade à sua obra – como demonstra esta coleção de recentes ensaios sobre a história e a política do Brasil.

O seu primeiro livro foi o clássico *The Abolition of the Brazilian Slave Trade. Britain, Brazil and the Slave Trade Question 1807-1869* (Cambridge: Cambridge University Press, 1970). Nessa obra, Bethell descreve como o tráfico de escravos no Brasil foi declarado ilegal em 1831, mediante o tratado anglo-brasileiro de 1826. Entretanto, a abolição foi *de jure*, "para inglês ver", como virou gíria no Brasil, e não de fato. Bethell mostra como se tornou impossível acabar com o tráfico, mesmo depois de ele ter sido declarado ilegal, pelo menos pelos primeiros vinte anos. E, finalmente, na última parte do livro, ele analisa como o tráfico foi abolido nos anos de 1850 e 1851. O autor é particularmente persuasivo ao demonstrar a combinação de fatores domésticos e internacionais que levaram o Brasil a abolir e suprimir de fato o tráfico de escravos. *The Abolition of the Brazilian Slave Trade* é a pedra fundamental do edifício do conhecimento de Leslie sobre o Brasil. E o século XIX provavelmente ainda é a era em que ele se sente mais à vontade para aprimorá-lo intelectualmente. Por isso, continua pesquisando e publicando sobre esse século: veja-se, por exemplo, seus diversos livros sobre o abolicionista e diplomata Joaquim Nabuco (1849-1910), entre os quais estão *Joaquim Nabuco e os Abolicionistas Britânicos: Correspondência 1880-1905* (Rio de Janeiro: Topbooks, 2008), organizado com o historiador brasileiro José Murilo de Carvalho, e mais recentemente *Joaquim Nabuco no mundo: abolicionista, jornalista, diplomata* (Rio de Janeiro: Bem-Te-Vi Produções Literárias, 2016).

Ele poderia ter limitado suas publicações, restringindo-as ao século XIX, como o fazem muitos historiadores. Mas preferiu não fazê-lo; em vez disso, se aventurou no século XX. E grande parte de seu trabalho sobre esse período foi feito em parceria com cientistas sociais. Por exemplo, com o sociólogo Ian Roxborough ele escreveu o importante volume *Latin America between the Second World War and the Cold War, 1944-1948* (Cambridge: Cambridge University Press, 1992) sobre o breve período de democratização na América Latina, incluído o Brasil, após a Segunda Guerra Mundial que foi rapidamente seguido por um período de repressão. Nos capítulos sobre a política no Brasil, de 1964 a 1985 e de 1985 a 2002, no *Cambridge History of Latin America*, que Leslie editou em doze volumes, 1984- 2008, ele trabalhou em conjunto com dois cientistas políticos brasileiros, Celso Castro e Jairo Nicolau, respectivamente. (Ele mesmo escreveu os capítulos sobre a política no Brasil sob o mando de Getúlio Vargas, de 1930 a 1945, e durante a República Liberal, de 1945 a 1964.)

E num provocativo e muito citado artigo sobre a relação do Brasil com a América espanhola, nos séculos XIX e XX, publicado no *Journal of Latin American Studies* (2010), ele combinou seu antigo interesse pela história das ideias e das relações internacionais. "É o Brasil parte da America?", pergunta ele. Deixarei ao leitor a descoberta da resposta de Leslie, que está incluída no presente livro.

Valendo-se da sociologia, das ciências políticas, das relações internacionais e, por vezes, da economia, Leslie nos mostra os benefícios da combinação da história com as ciências sociais. Diversos estereótipos dos dois lados dessa divisa disciplinar sugerem que eles não têm nada em comum. A história tenta resgatar vidas, pensamentos e crenças de pessoas que já não estão entre nós, da complacência da posteridade, nas palavras de E. P. Thompson, ao passo que a ciência social, com seus modelos, dados e manipulações estatísticas, buscam generalizações a respeito do comportamento humano. A ciência social é abstrata e procura soluções que carecem de nomes apropriados – ela é nomotética, no linguajar de David e Ruth Collier (*Shaping the Political Arena*, 2002), enquanto a história se fundamenta no entendimento de tempos, pessoas e lugares específicos – e é ideográfica. Mas esses estereótipos são enganadores. Os ofícios do historiador e do cientista social não são tão diferentes assim. O historiador ou historiadora precisa criar perguntas interessantes a respeito do seu material. Nesse sentido, a história jamais pode se restringir ao passado, porque ele refletirá preocupações e questões do presente, e algumas dessas questões virão da ciência social. O cientista social, por outro lado, necessita pensar sobre a adequabilidade, no tempo e no espaço, de suas generalizações e, muitas vezes, se engajam em análises nas quais o trabalho dos historiadores é essencial. É dessa perspectiva que vejo Leslie tirando proveito da ciência social e mostrando a relevância das duas – a ciência social e a história – para nosso conhecimento do Brasil.

Leslie Bethell é autor de uma obra importante – que permanecerá importante – para todos aqueles que consideram o Brasil. O presente volume, uma coleção de recentes ensaios sobre a história e a política brasileiras, ensaios históricos sobre Grã Bretanha e o Brasil no século XIX, a Guerra do Paraguai e a abolição da escravidão, ensaios políticos sobre democracia, populismo e a esquerda, é uma evidência adicional ao que acabo de afirmar.

PROFESSOR ANTHONY PEREIRA
Brazil Institute e Department of International
Development, King' s College London

INTRODUÇÃO

POR QUE O BRASIL? UM FRAGMENTO AUTOBIOGRÁFICO*

Frequentemente e por alguns anos, algumas pessoas me perguntaram como eu – advindo de uma origem surpreendente – me tornei historiador sobre o Brasil e por que passei a devotar a maior parte de minha carreira acadêmica promovendo o desenvolvimento de estudos brasileiros no Reino Unido (e em menor extensão nos Estados Unidos).

Nasci em Leeds, no norte da Inglaterra, em 1937. Passei toda a minha infância em Hunslet, tristonho distrito de classe operária ao sul da cidade dominado pela indústria pesada. Meu avô por parte de pai era metalúrgico, e o por parte de mãe, minerador de carvão. Meu pai também era metalúrgico e trabalhava na empresa Hunslet Engine Company, que montava locomotivas ferroviárias a vapor (algumas das quais eram exportadas para a América do Sul, mas até onde eu sei não para o Brasil). Minha mãe era dona de casa e auxiliava na cozinha que preparava as refeições da Hunslet Moor, escola primária local que frequentei até os onze anos. Eu tinha uma irmã quatro

* O título um tanto pretensioso desta Introdução é uma modesta homenagem ao professor R. A. (Robin) Humphreys (1907-99), que, por mais de uma vez, foi responsável por eu ter me tornado um historiador sobre o Brasil. Seu relato de como se transformou em historiador sobre a América Latina e uma das figuras proeminentes no Reino Unido sobre o desenvolvimento de estudos latino-americanos é intitulado *Latin American Studies in Great Britain: An Autobiographical Fragment*, Institute of Latin American Studies da Universidade de Londres, 1978.

anos mais nova. Morávamos em uma casa parede-meio com as casas vizinhas. Não havia banheiro e o lavatório no lado de fora, em rua pavimentada com pedras e cruzada em vários pontos por varais para secar roupa lavada.

Não consegui passar no concurso de admissão da famosa Leeds Grammar School e tive que frequentar a Cockburn High School.

No sexto ano tive a sorte de receber aulas de um renomado professor de história, que me persuadiu a estudar a matéria na universidade. O diretor da escola sugeriu que eu tentasse uma bolsa na Universidade de Cambridge, que seria a primeira a ser concedida a um aluno daquela escola. Recusei o conselho alegando que não me sentia preparado o suficiente e que, além disso, Cambridge não era para um rapaz da classe trabalhadora como eu. Optei por Londres, requerendo ingresso na University College London (UCL) no bairro de Bloomsbury. Depois de entrevistado por um comitê de três professores, presidido por Alfred Cobban, o grande historiador britânico sobre a Revolução Francesa, fui aprovado para o Departamento de História. Vendo de agora, creio que foi fato surpreendente. Naqueles dias, apenas cinco por cento dos jovens com dezoito anos iam para as universidades. E eu não havia estudado em uma escola destacada. Meus pais deram-me apoio total, mas eram relativamente pobres e despreparados intelectualmente. Não consigo me lembrar de ter visto um só livro em minha casa. Para lê-los, eu precisava recorrer à biblioteca pública de Hunslet.

O Departamento de História do University College London tinha um corpo docente de alta qualidade: Sir John Neale, Alfred Cobban, Arnaldo Momigliano, Joel Hurstfield, Geoffrey Barrow, Michael Thompson, Ian Christie, etc. No primeiro ano, a turma de trinta "calouros" foi dividida em grupos de quatro ou cinco que receberiam ensinamentos de professores mais sênior denominados "aulas de ensaio". Por acaso, na minha primeira semana fui designado para as aulas de R.A. (Robin) Humphreys, então único professor de história da América Latina na Grã-Bretanha, talvez na Europa.[1] Escrevi meia dúzia de ensaios para ele sobre tópicos da América Latina, dos quais, infelizmente, não consigo me lembrar. Engajei-me no segundo ano tanto para o curso do Humphreys sobre "A História da América Latina desde a Independência", e no segundo e terceiro anos o curso dele sobre "A Independência da América Latina, 1808-1826", para o qual precisei aprender espanhol. Eu já estava me tornando um "latino-americanista".

Fui suficientemente sortudo em conseguir uma graduação de primeira classe. Em consequência, foi-me oferecida uma bolsa para pós-graduação na UCL. Dois potenciais supervisores entraram em contato comigo sobre meu doutorado: Tom Reddaway, professor de História de Londres, sugeriu que eu estudasse a história dos reparadores de esgotos do bairro de Marylebone no século XIX, e Robin Humphreys, que propôs que eu pensasse sobre um tópico que tivesse relação entre a história da África e a história de Cuba ou do Brasil. Levei uns dez segundos para decidir. Não me lembro do porquê escolhi a África e o Brasil, e não a África e Cuba. Estávamos em 1958. Um ano a mais (1959) e eu teria me decidido por Cuba, o que teria transformado totalmente minha carreira (e minha vida).

Sem dúvida, fui influenciado em minha seleção pelos fortes vínculos que existiam entre a Grã-Bretanha e o Brasil no século XIX e na primeira metade do século XX. Os recursos financeiros para viagens com a finalidade de pesquisas fora do Reino Unido eram extremamente escassos. Por isso era importante que eu escolhesse um tópico de pesquisa para o qual existissem adequadas e disponíveis fontes britânicas de recursos. Por fim, decidi explorar o papel decisivo desempenhado pela Grã-Bretanha na abolição do tráfico transatlântico de escravos para o Brasil durante a primeira metade do século XIX. Isso significou, é claro, que eu teria que estudar português. Começava a me tornar um "brasilianista".

Ao fim do meu segundo ano como pesquisador, graças particularmente ao apoio de meu supervisor, Robin Humphreys, como, aliás, ele sempre ofereceu em todas as circunstâncias, consegui pela primeira vez ir ao Brasil – por três meses (julho a setembro de 1960). Viajei de navio, na terceira classe e na companhia de imigrantes espanhóis e portugueses, embarcados em Vigo e em Lisboa, respectivamente. Quinze dias de mar – uma experiência realmente horrível. Mas ao chegar, passando pelo morro do Pão de Açúcar, entrando na baía da Guanabara e atingindo o Rio de Janeiro, vi a cidade mais bonita do mundo, inesquecível pelo panorama topográfico que revela. Ao desembarcar, a primeira coisa que observei foi uma faixa que anunciava *Jânio vem aí*. Eu me encontrava exatamente em meio à eleição presidencial, vencida em outubro por Jânio Quadros, o enigmático e errático populista, que fora prefeito da cidade de São Paulo e governador do estado de São Paulo. Sua renúncia, apenas sete meses depois de ocupar o cargo, provocou um período de crise política, que culminou com o golpe militar de março/abril de 1964 e com o fim da República Liberal pós-guerra do Brasil (1946-64).

Levei comigo para o Brasil uma carta de apresentação de Robin Humphreys para José Honório Rodrigues, um dos mais celebrados historiadores do Brasil, diretor do Arquivo Nacional e ex-diretor da Biblioteca Nacional. Quatro coisas me surpreenderam e impressionaram tão logo cheguei: primeira, fui atendido à porta do seu apartamento por uma empregada negra; segunda, ela me disse que o professor estava na praia; terceira, encontrei o professor na praia jogando futebol; e quarta, ele imediatamente me convidou para um jantar com proeminentes políticos e intelectuais em sua casa naquela mesma noite. Eu estava entrando em outro mundo; um mundo muito distante de Hunslet e, para falar a verdade, também de Bloomsbury. Desabou uma tempestade tropical durante o jantar. Eu estava indo embora quando a esposa de José Honório, Lêda, ofereceu-me um guarda-chuva. Ela dizia com frequência (e adorava contar a história) que eu respondera: "Venho da classe trabalhadora do norte da Inglaterra, meu pai é um operário, sou membro do Partido Trabalhista britânico. Não uso guarda-chuva." Não acredito que eu realmente disse isso.

José Honório foi o orientador não oficial e inspiração intelectual da primeira geração de "brasilianistas", jovens professores e estudantes de pós-graduação, em especial dos Estados Unidos, que pesquisavam sobre a história do Brasil: Stanley Stein foi o primeiro, seguido por E. Bradford Burns, Thomas Skidmore, John Wirth, Richard Graham, Stuart Schwarz, Robert Levine, Stanley Hilton e muitos outros. Eu era o único estudante inglês.

Sob a orientação de José Honório, trabalhei em minha tese na Biblioteca Nacional, no Arquivo Nacional, no Instituto Histórico e Geográfico Brasileiro e no Arquivo Histórico do Itamaraty. José Honório e Lêda tornaram-se grandes amigos meus. Passaram a me ver como o filho que nunca tiveram. Eu era assíduo frequentador da "cobertura" que os dois mantinham na rua Paul Redfern, em Ipanema – e da biblioteca de José Honório com quase 30 mil volumes. A maior parte do que sei sobre o Brasil e sua história aprendi com ele.[2]

Explorar o Rio de Janeiro pela primeira vez e descobrir suas história e cultura foi um grande prazer. Encontrei tempo para viajar à Bahia e a São Paulo. Passei um fim de semana em Salvador com o grande fotógrafo e etnógrafo francês Pierre Verger, que conheci em Londres no British Museum (agora British Library) e no Public Record Office (agora Arquivo Nacional) da Chancery Lane, como eu pesquisando sobre o tráfico transatlântico de escravos. Uma noite, ele me prometeu a apresentação das delícias de Salvador e desculpou-se pelo fato de "dois entediantes amigos franceses" terem aparecido e insistido em se juntar a nós. Fomos de carro para o Hotel da Bahia, onde Jean-Paul Sartre e Simone de Beauvoir nos esperavam. Assisti ao meu primeiro candomblé afro-brasileiro, uma experiência memorável, em distinta companhia. O casal francês viajava pela América do Sul depois de visitar a Cuba pós-revolucionária. Eles odiaram o Brasil e jamais voltaram. Foi em São Paulo que conheci Alan Price-Jones. Ele era editor, que estava de saída, do *Times Literary Supplement*, e me recomendou ao seu sucessor como potencial contribuinte. Foi assim que, por mais de uma década, fiz resenhas de livro sobre uma variedade de tópicos para o *TLS*.

Foi no meu retorno para Londres, em outubro de 1960, que me encontrei pela primeira vez com Eric Hobsbawm, que acabou por se tornar um amigo próximo que muito influenciou minha vida. Ambos morávamos na Gordon Mansions, Huntley Street, Bloomsbury. Eu era estudante graduado em História pelo University College e tutor no ramo de Londres da Workers Educational Association (WEA). Vinte anos mais velho do que eu, Eric era professor de História no Birkbeck College da Universidade de Londres. Seu primeiro livro *Primitive Rebels,* um estudo sobre as formas arcaicas de protestos sociais nos séculos XIX e XX, acabara de ser publicado, e o *Age of Revolution,* o primeiro dos quatro volumes de história do mundo moderno desde a Revolução Francesa até o fim da Guerra Fria, estava no prelo. O que ainda mais me impressionou naquela oportunidade foi o fato de ele ser crítico de jazz para a revista *New Statesman* (sob o pseudônimo de Francis Newton). Hobsbawm havia recém-retornado de uma visita à Cuba, e a América Latina tinha se transformado, e assim permaneceria, numa de suas principais áreas de interesse.[3] Gradualmente, o Brasil foi despertando cada vez mais sua atenção, e passamos a ter intermináveis conversas sobre o país até seu falecimento em 2012.

Nos anos 1960-61, não existiam nas universidades britânicas cadeiras sobre a História da América Latina. Incompreensível como hoje possa parecer, fui entrevistado como professor assistente de Historia da Inglaterra nos séculos XVI-XVIII na Universidade de Leicester, mas não consegui, nem de Sociologia na London School of Economics (LSE). Terminei sendo designado como professor assistente de História Europeia, como foco na Alemanha e na União Soviética, da Universidade de Bristol. Em outubro de 1961, com 24 anos de idade, recém-casado, mudei-me para Bristol e, muito satisfeito, lá lecionei pelos cinco anos seguintes. Passados três anos, recebi permissão para adicionar ao meu ensino um curso sobre a História Moderna da América Latina, e quando me desliguei da universidade, meu sucessor foi um latino-americanista norte-americano.

Em Bristol, completei minha tese de PhD (que foi examinada em fevereiro de 1963) e, seguindo estritamente as instruções dadas por Robin Humphreys para construir boas fundações de uma bem-sucedida carreira acadêmica, submeti artigos para revistas acadêmicas importantes – publicados na *English Historical Review* (1965), na *Journal of African History* (1966) e na *Journal of Latin American Studies* (1969) – e preparei minha tese para a publicação de meu primeiro livro: *The Aboliton of Brazil Slave Trade; Britain, Brazil and the slave trade question, 1807-1869* (Cambridge University Press, 1970).[4] Contribui, no Brasil, para o *Guide to Manuscript Sources for the History of Latin America and the Caribbean in the British Isles*, editado por Peter Waine (obra que começou em 1961, mas só foi finalmente publicada em 1973). Também fiz uma segunda visita ao Brasil por três meses, no verão de 1965 – mais uma vez de navio, mas dessa vez na segunda classe. Encontrei um Brasil muito diferente, um ano após o golpe militar de 1964. A ditadura militar iria durar 21 anos (1964-85).

Nesse ínterim como resultado da crescente preocupação oficial com os desenvolvimentos políticos na América Latina, na esteira de Revolução Cubana, o *University Grants Committee* (UGC), responsável pelo financiamento público das universidades britânicas, havia criado um conselho, cujo *chairman* era Sir John Parry, para produzir um relatório sobre o futuro dos estudos latino-americanos nas universidades britânicas. O *Parry Report*, publicado no início de 1965, recomendou a criação de cinco institutos de estudos latino-americanos nas universidades de Londres, Oxford, Cambridge, Liverpool e Glasgow. Cada um deveria ter um número determinado de "named posts" (posições nomeados) sobre América Latina. Eu não fui nomeado para um "Parry post". O UCL já havia em 1961 nomeado John Lynch, historiador sobre a América Espanhola colonial e a independência da América Espanhola, professor assistente em História Hispânica e Latino-americana, e em 1964 o Colégio endossou uma proposta de Robin Humphreys para criar também uma posição em História do Brasil. Em junho de 1965, para aliviar as obrigações de Humphreys quando ele se tornou diretor do novo Institute of Latin American Studies, a Universidade de Londres incluiu no seu requerimento ao UGC um professor assistente em história latino-americana, com especial ênfase no Brasil, no UCL. Em outubro, foi me oferecido e eu aceitei a posição (embora não tivesse nem sido entrevistado!). Após algum debate, ficou decidido que o título da posição seria História Hispano-Americana e Brasileira, mas ficou evidente que minha principal tarefa seria promover o estudo da História do Brasil. Foi a primeira posição dedicada ao Brasil em qualquer universidade britânica. Embora esta posição não tenha sido um "Parry post" gostou dizer que minha carreira acadêmica deveu-se a Fidel Castro.

Em abril de 1966, retornei para Londres, onde nasceram meus dois filhos, Ben e Daniel. Por mais de vinte anos, lecionei História Moderna da América Latina, com especial referência ao Brasil, na UCL como professor assistente e, a partir de 1974, professor associado, e finalmente (em 1986) professor titular. A certa altura no início dos anos 1970, decidi ensinar num curso separado sobre a História do Brasil moderno. Naqueles dias, todos os novos cursos eram analisados pelo *Board of Studies in History* da Universidade de Londres. O curso foi aprovado e foi o primeiro a ser oferecido numa universidade britânica. Afinal, o Brasil era o quinto país do mundo tanto em território como em população, com uma rica e diversificada história. Todavia, durante minha apresentação sobre o curso, Allen Brown, professor de História no King's College, que devotara toda a sua carreira ao estudo da Conquista Normanda da Inglaterra no século XI, fez o seguinte comentário: "História do Brasil, História do Brasil, daqui a pouco vamos estudar a história da Terra de Bongo-Bongo!" Isso é algo que não se esquece.

Na UCL, James Cummins, professor de espanhol, era um de meus amigos próximos. E foi por meio dele que vim a conhecer Charles Boxer, o grande historiador das expansões portuguesas (e holandesas) na Ásia, na África e, sobretudo, na América (Brasil) do século XVI ao XVIII. (Jim passava quase todos os fins de semana com seu amigo Boxer, uma vez que sua esposa, a escritora Emily Hahn, vivia em Nova York.) Boxer teve substancial influência em minha decisão de focar minha própria pesquisa no Brasil. Certa vez ele declarou que jamais escrevera e não tinha a intenção de escrever uma linha sequer sobre o Brasil pós-1800. Repliquei que nunca escrevera e não tinha a intenção de escrever uma linha sequer sobre o Brasil de *antes* de 1800.[5]

Durante meus anos na UCL, visitei o Brasil diversas vezes sob o mando militar (1969, 1972, 1974, 1976, 1979, 1982), de início pesquisando para um livro sobre a abolição da escravatura no Brasil, uma sequência do meu livro sobre a abolição do tráfico brasileiro de escravos. Em 1979, fui por seis meses professor visitante do Instituto Universitário de Pesquisas do Rio de Janeiro (IUPERJ), então um dos centros líderes de pesquisa das ciências sociais, fundado em 1969 como escola de graduação da Universidade Cândido Mendes. O IUPERJ proporcionou minha primeira experiência de professor no Brasil e colocou-me em contato mais cerrado com a geração dourada de cientistas sociais brasileiros (Wanderley Guilherme dos Santos, Olavo Brasil de Lima Jr, José Murilo de Carvalho, César Guimarães), de sociólogos (Simon Schwartzman, Renato Boschi) e de especialistas em relações internacionais do Brasil (Maria Regina Soares de Lima, Mônica Hirst). No Centro de Pesquisa e Documentação de História Contemporânea do Brasil (CPDOC), criado em 1973, como parte da Fundação Getúlio Vargas, encontrei-me pela primeira vez com historiadores que trabalhavam sobre a história brasileira contemporânea, o que significa dizer, o Brasil desde 1930 (Celina do Amaral Peixoto, neta de Getúlio Vargas, Aspásia Camargo, Ângela Castro Gomes, Alzira Alves de Abreu, Maria Celina Soares d'Araújo, Dulci Chaves Pandolfi – um time feminino).

O livro sobre a abolição da escravatura jamais foi escrito, em parte porque me envolvi com importante projeto acadêmico que dominou minha vida por quase trinta anos: a organização editorial do *Cambridge History of Latin America* (*CHLA*). Em 1973, fui convidado pela Cambridge University Press (CUP) a organizar uma História da

América Latina. O projeto inicial era uma História em dois volumes. Concordei com o entendimento de que eu necessitaria de três volumes, os quais, com o decorrer do tempo, tornaram-se cinco, depois oito e, finalmente, doze volumes. Malgrado o bom espaço de tempo devotado ao planejamento do projeto, eu não desempenhei, de fato, um papel continuado na sua evolução até 1979, em razão de problemas familiares (que culminaram com o divórcio e uma dolorosa separação de meus dois filhos). Lembro-me de uma nota particular escrita por um editor sênior da CUP em Nova York, em 1976, dizendo que chegara à conclusão de que eu nunca terminaria o projeto e que a editora deveria abandoná-lo – ou ao menos abandonar-me. No entanto, os cinco primeiros volumes do *Cambridge History of Latin America* foram publicados entre 1984-86: os volumes I e II, *Colonial Latin America*; o volume III *Latin America from Independence to 1870*, incluindo minha própria contribuição sobre a Independência do Brasil e (com José Murilo de Carvalho, com quem desde então colaborei em muitos projetos) o Brasil da independência a meados de século XIX; volumes IV e V *Latin America 1870-1930*. Fui bastante criticado por alguns colegas, que se auto proclamavam historiadores da América Latina, mas que só trabalhavam a respeito da América espanhola, por dedicar demasiado espaço – como, de fato, o fiz – à história do Brasil (onze capítulos nos volumes I e II, três no volume III e três no volume V).

Foi por conta da *CHLA* que me tornei amigo de Richard Morse, autor de *Prospero's Mirror: a study in New World Dialectic*, inspirado no *Ariel* (1900) e no *El Mirador de Próspero* (1913) de José Enrique Rodó. Dick Morse foi um dos poucos historiadores dos EUA que conheciam o Brasil tão bem quanto a América espanhola. Fomos apresentados um ao outro em Yale, em setembro de 1971 e depois, um ano mais tarde, nos reencontramos em São Paulo. Em 1974, Dick convidou-me a passar uma temporada com ele, no Rio de Janeiro, em seu apartamento na avenida Delfim Moreira, no bairro do Leblon, de frente para o mar. Dick e eu desfrutamos boa parte do verão bebendo e debatendo sobre a estrutura da História proposta, os volumes, os capítulos, os potenciais contribuintes nos Estados Unidos, no Reino Unido, na Europa e em particular na América Latina. (Lembro-me que o historiador Raymond Carr, *Warden* (reitor) do St Antony's College da Universidade de Oxford, tinha me advertido firmemente para não contratar latino-americano algum!) Pelos vinte anos seguintes, Dick e eu nos correspondemos sobre todos os aspectos do *Cambridge History of Latin America*, mas particularmente sobre o capítulo que o convenci a escrever – sobre a história das ideias na América Latina (América espanhola *e* Brasil) desde 1920 para o volume IV (que, no fim, se tornou X). "O multiverso de identidade latino-americana, c.1920-c.1970" é um capítulo excepcional com mais de cem páginas, que nenhum outro acadêmico na América do Norte ou na Europa poderia ter escrito.[6] Dick Morse teve tremenda influência sobre meu entendimento do Brasil no contexto da América Latina.

Ao longo das décadas de 1970 e 1980, além de minhas tarefas como professor da UCL e na organização da *CHLA*, fui membro ativo da Anglo-Brazilian Society, *chairman* do Bloomsbury Theatre (1977-86), que promoveu a apresentação de diversas companhias brasileiras teatrais e de danças em Londres, e (1980-91) sócio efetivo de Edna Crepaldi no desenvolvimento da Brazilian Contemporary Arts (BCA), que apresentou em Londres todos os aspectos da cultura brasileira. E de 1980 a 1986 (de novo de 1993-97) fui consultor do Brasil para a Oxford Analytica, uma empresa de consultoria em análise global, fundada por David Young em 1975.

Em outubro de 1987, depois de passar o ano acadêmico de 1986-87 na Universidade da Califórnia, em San Diego, e no Woodrow Wilson International Center for Scholars, em Washington D.C., tendo sempre como foco o Brasil, tirei licença da UCL para me tornar diretor em tempo integral do Instituto de Estudos Latino Americanos da Universidade de Londres (sucedendo John Lynch, que por sua vez, substituíra Robin Humphreys em 1974). Pelos cinco anos seguintes, engajei-me firmemente na reestruturação e na administração da biblioteca, revitalizando o programa de conferências, seminários de pesquisas e de publicações, bem como assegurando a existência e o futuro do instituto. E durante os dois primeiros anos como diretor (1987-89) fui também coeditor do *Journal of Latin American Studies*, com Victor Bulmer-Thomas. Tudo isso necessariamente retardou minha própria pesquisa e meus escritos, além de voltar minha atenção para a América Latina em geral, distanciando-me assim do Brasil em particular. Contudo, em outubro de 1989, consegui criar no Instituto um centro virtual de estudos brasileiros contemporâneos, para coordenar a pesquisa sobre o Brasil em termos de ciências sociais e humanas nos vários Colégios da Universidade de Londres, bem como para promover um fórum de debates públicos sobre o Brasil.[7]

Com meu colega e sociólogo Ian Roxborough da London School of Economics desenvolvi um projeto de pesquisa que levou à publicação de um volume coeditado *Latin America between the Second World War and the Cold War 1944-1948* (Cambridge, 1992), no qual contribuí com o capítulo sobre o Brasil.[8] Mais dois volumes do *CHLA* foram publicados durante esse período: VII *Latin America since 1930: Mexico, Central America, Caribbean* (1990) e VIII *Spanish South America since 1930* (1991). E também duas *CHLA* "Student Editions" sobre o Brasil: *Colonial Brazil* (1987) e *Brazil: Empire and Republic 1822-1930* (1989). *CHLA* VI parte I *Economy and Society since 1930* & Parte II *Politics and Society since 1930* foi publicado em 1994, *CHLA* X *Ideas, Culture and Sociecty since 1930* em 1995 e CHLA XI *Ensaios Bibliográficos* também em 1995. Faltava apenas *CHLA* IX sobre o Brasil desde 1930 (ver abaixo).[9]

Em 1992, já com 55 anos de idade e depois de cinco anos como diretor do ILAS, em vez de voltar à minha cátedra na UCL, onde me graduei e, após um intervalo de cinco anos em Bristol, lecionei por vinte anos – e com grande possibilidade de lá encerrar minha carreira – aposentei-me prematuramente. Foi nessa ocasião que Oxford decidiu revitalizar a cátedra de História da América Latina (criada em 1967), que ficara inerte desde o falecimento precoce de Christopher Platt em 1989. Fui veementemente aconselhado (mesmo implorado) para concorrer à cátedra por meus colegas latino americanistas de Oxford e também por Sir Ralf Dahrendorf, Warden do St Antony's College, o colégio da universidade à qual a cátedra estava vinculada. Depois de muito hesitar, por fim resolvi aceitar. O comitê de nomeação, inconscientemente, fez-me um grande favor, escolhendo para o cargo Alan Knight, proeminente historiador sobre o México na Universidade de Essex. (A reunião do comitê foi longa e amarga, e deixou Dahrendorf especialmente furioso. Ele dirigiu seu carro de Oxford a Londres naquela mesma noite para explicar o que havia ocorrido. Mas essa é uma outra história). Eu poderia ter passado os dez ou quinze anos seguintes lecionando História Latino-americana em Oxford.

Em vez disso, aceitei o convite de Friedrich Katz, destacado historiador do México, para passar um ano na Universidade de Chicago como professor visitante de História da América Latina, substituindo John Coatsworth, que fora transferido para Harvard. E foi num jantar em Chicago, em 1993, que Nicholas Baring, amigo de minha segunda esposa Felicity Guinness, cujo pai fora *chairman* do Barings Bank, mencionou que a Baring Foundation estava disposta a criar para mim uma *research fellowship* de três anos no St Antony's College de Oxford para pesquisas sobre o Brasil. Eu tinha sido por muitos anos membro associado do St Antony's e me relacionara muito bem com os professores e pesquisadores do Latin American Centre do Colégio. Ficou acordado que a *Barings Fellowship* me daria a oportunidade de criar um Centre for Brazilian Studies em St Antony's, independente do Latin American Centre.

Fazia longo tempo que eu já havia concluído que o Brasil nunca fora parte essencial daquilo que é geralmente considerado como "América Latina" e que jamais receberia a atenção que merece nos institutos e centros universitários de estudos latino-americanos, a menos que se separasse do restante da América Latina, o que quer dizer, das repúblicas de América espanhola. "Estudos Latino-americanos" nos EUA são, na essência, estudos da América espanhola, em especial do México e da América Central. No Reino Unido, Argentina, México, Peru, Colômbia, Bolívia e Chile recebem mais atenção que o Brasil. Na maioria dos centros de estudos latino-americanos, os estudos brasileiros só eram normalmente encontrados, nas palavras de Walnice Galvão, professora de Literatura da Universidade de São Paulo, "atrás de uma pequena porta no fim do corredor." A maior parte dos "latinoamericanistas" não fala nem lê português, sabe muito pouco sobre as distintas história e cultura do Brasil, e raramente, se é que alguma vez, visita o Brasil.

O projeto de criar um Centro de Estudos Brasileiros em Oxford recebeu o forte e indispensável apoio de Fernando Henrique Cardoso, o sociólogo brasileiro que seria eleito presidente do país em outubro de 1994 (e ocuparia o cargo país por dois mandatos, 1995-2002), e de Rubens Barbosa, embaixador brasileiro em Londres (1994-99). No St Antony's College, Ralf Dahrendorf (agora lorde Dahrendorf) desde o início esteve favorável ao projeto. O Centro foi criado para um período inicial de cinco anos (e depois para um segundo período dos mesmos cinco anos) primordialmente em função da parceria entre o governo brasileiro, o setor público brasileiro, as iniciativas privadas brasileira e britânica, o "terceiro setor" sem fins lucrativos e benfeitores particulares. Destaco o Ministério das Relações Exteriores do Brasil, o Ministério da Cultura do Brasil, a Petrobras, as Organizações Globo, o Banco Safra, o Grupo Votorantim e a Sociedade Brasileira de Cultura Inglesa em São Paulo.

Passei grande parte do ano acadêmico de 1996-97 como acadêmico convidado do Wilson Center, em Washington D.C. porque só em 1997 o Conselho Hebdomadal da Universidade de Oxford aprovou a criação do centro. Fui nomeado seu diretor para um mandato de cinco anos (e renomeado em 2002 para mais cinco anos) e tomei posse em junho. O University of Oxford Centre for Brazilian Studies foi oficialmente inaugurado pelo presidente Fernando Henrique Cardoso em 3 de dezembro de 1997, num almoço no Palácio de Buckingham, durante visita oficial do presidente brasileiro ao Reino Unido.

Entre os presentes ao almoço estavam lorde (Roy) Jenkins, *Chancellor* da Universidade, o dr. Colin Lucas, o novo *Vice-Chancellor* (reitor) da universidade, Sir Marrack Goulding, novo *Warden* do St Antony's College, Luiz Felipe Lampreia, o ministro das relações exteriores brasileiro, e outros ministros brasileiros, o embaixador Rubens Barbosa, o historiador Eric Hobsbawm, Joseph Safra e diversos benfeitores para a criação do Centro. Suas atividades começaram no centro de Oxford em salas alugadas acima de um consultório dentário na Beaumont Street e acima da Livraria Quaker, em St Giles. Em outubro de 2000, o Centro se mudou para uma casa ao norte de Oxford cedida pela universidade: no n° 92 da Woodstock Road, bem perto do St Antony's College. Separado de Felicity Guinness, passei a morar em um apartamento da Wytham Abbey, nas cercanias de Oxford.

Por dez anos (1997-2007) a Universidade de Oxford foi a única entre as mais importantes do mundo a manter um centro interdisciplinar de estudos dedicados aos crescentes conhecimento e entendimento do Brasil, ao papel do país no mundo e à sua perspectiva sobre as questões globais, totalmente independente de estudos sobre a América Latina. O centro de Oxford adquiriu reputação internacional como líder no estudo do país, fora do Brasil.

O Centro estabeleceu *research fellowships* de um ou dois anos. Cerca de quarenta professores e pesquisadores da Universidade de Oxford (com *fellowships* em cerca de vinte Colégios) engajados na pesquisa sobre o Brasil em ampla gama de disciplinas das ciências sociais, ciências ambientais, ciências da vida e humanas, associaram-se ao Centro como pesquisadores associados. Em 2003, o Higher Education Funding Council of England (HEFCE) e o University Research Development Fund da Universidade de Oxford financiaram um professor assistente de estudos brasileiros (com um *fellowship* no St Cross College) por cinco anos. O Centro trouxe para Oxford mais de cem acadêmicos, intelectuais e formuladores de políticas, em sua maior parte do Brasil, mas também do restante da Europa, dos Estados Unidos e de outras regiões do mundo, para períodos entre dois meses e um ano. Aproximadamente metade deles foi bancada pelo próprio Centro, e a outra metade por patrocinadores que incluíram Robert Fleming & Co, Banco Santos, CNPq, Fundação Ford (sucursal do Brasil) e a Academia Brasileira de Letras. O Centro organizou mais de duzentos seminários e mais de oitenta workshops e conferências sobre o Brasil – invariavelmente nas perspectivas comparativas e internacionais – e publicou diversos livros, documentos de pesquisas e quase cem documentos de trabalho.[10]

O foco principal de minha atenção nesses anos foi no desenvolvimento do Centro, muito especialmente no levantamento de recursos financeiros, mesmo assim tive condições de auxiliar Stephen Graubard, o editor da *Daedalus*, revista da American Academy of Arts and Sciences, na preparação de uma edição especial sobre o Brasil: *The Burden of the Past; The Promise of the Future* (vol. 129/2, 2000);[11] produzi também extenso ensaio sobre a contribuição britânica para o estudo do Brasil.[12] O Centro publicou o meu livro *Brazil in Books by British and Irish Authors* em 2003. E meu trabalho no *Cambridge History of Latin America* finalmente terminou nesse período. O economista brasileiro Marcelo de Paiva Abreu submeteu três substanciais capítulos sobre a economia brasileira desde 1930 (o terceiro com seu colega Rogério Werneck), o sociólogo brasileiro Nelson do Valle Silva apresentou seu capítulo sobre a sociedade brasileira desde 1930. Os meus capítulos – "A política no Brasil sob Getúlio Vargas 1930-1945", "A política no Brasil na República Liberal 1945-1964", "A política no Brasil sob o mando militar 1964-1985" (com o cientista político brasileiro Celso Castro) e "A política no Brasil desde 1985" (com o cientista político brasileiro Jairo Nicolau) – foram completados durante três sucessivas férias de verão no meu refúgio do mundo na Pousada de Alcobaça, em Petrópolis. O *Cambridge History of Latin America* volume IX *Brazil since 1930* foi publicado em 2008.

No início de 2007, contudo, o futuro do Centro em Oxford tornou-se duvidoso. O ministro das relações exteriores no governo do Partido dos Trabalhadores (PT), que assumiu o poder em 2003, interrompeu o apoio oficial brasileiro ao Centro. Ele acreditava, parece que o Centro era um *ninho tucano*, isto é, órgão de apoio ao Partido da Social Democracia Brasileira (PSDB), o partido do ex-presidente Fernando Henrique Cardoso e, portanto, hostil ao PT. Ele acreditava que o Centro relutava em convidar intelectuais de esquerda para Oxford. Era uma atitude estranha e totalmente injusta. Por exemplo, um dos workshops mais bem-sucedidos (em fevereiro de 1999, depois que o líder do PT e candidato à presidência, Luiz Inácio Lula da Silva, sofreu sua terceira sucessiva derrota eleitoral) teve como tema "O Futuro da Esquerda no Brasil" (ou como evitar uma quarta derrota). Não só o próprio Lula, mas diversos destacados políticos e intelectuais do PT, na companhia de bom número de líderes intelectuais britânicos, europeus e brasileiros da esquerda também participaram do workshop. Tarso Genro, político posicionado à esquerda do PT, afirmou certa vez que foi o "seminário de Oxford" que direcionou o partido para o caminho da vitória em outubro de 2002. Escrevi na minha introdução às obras de Eric Hobsbawm sobre a América Latina como Eric e eu, sem ilusões, celebramos a vitória de Lula na eleição presidencial.[13] Eu conhecia Lula havia muito tempo. Lembro-me de como ele ficou tocado quando eu lhe disse que meu pai fora, como ele, um metalúrgico e, também como ele, perdera o dedo mínimo da mão esquerda em acidente industrial. Fui convidado especial para a posse de Lula em 1º de janeiro de 2003, assim como para o banquete no Palácio de Buckingham durante sua visita oficial ao Reino Unido em março de 2006. O presidente Cardoso, devo acrescentar, disse-me (talvez pilheriando) que ele próprio sempre acreditou que o Oxford Centre for Brazilian Studies fosse um centro *petista* – embora criado durante seu governo.

Em Oxford, o reitor professor Colin Lucas apoiara bastante o Centro desde o início, mas seu sucessor em 2004, John Hood, mostrou pouco interesse. Sir Marrack Goulding, que substituiu Darhendorf como Warden de St Antony's em 1997 (ele e eu chegamos juntos em Oxford), também jamais se entusiasmou pelo projeto. Visitando o Centro pela primeira vez, Sir Marrack, que tinha sido o primeiro embaixador britânico em Angola e fora por onze anos (1986-1997) subsecretário geral da ONU, observou: "Um centro para estudos do Brasil? O próximo será um centro para estudos sobre as ilhas Pitcairn!" Como a Terra de Bongo-Bongo (ver acima), isso é algo que não se perdoa nem se esquece.

Eu havia garantido recursos para mais cinco anos de um benfeitor de São Paulo, que já tinha sido generoso doador para Oxford, mas a universidade demandava então financiamentos sustentáveis de mais longo prazo para a manutenção do Centro. Com setenta anos de idade, eu me aposentaria em setembro de 2007 e meu único possível sucessor não se mostrava entusiasmado em assumir as responsabilidades de diretor. A verdade é que, a despeito do evidente sucesso do Centro, meus colegas do Latin American Centre no St Antony's College nunca acreditaram na necessidade de um centro independente dedicado ao Brasil. O chefe da School of Interdisciplinary Area Studies, que era também Warden interino do St Antony's, estava convencido (e fora persuadido com muita facilidade) de que o centro poderia ser adequadamente substituído por um programa de estudos brasileiros dentro do Latin American Centre. Era evidente que não poderia, mas a Universidade de Oxford tomou a decisão, inexplicável para qualquer pessoa engajada com o Brasil fora de Oxford, de fechar o Centre for Brazilian Studies.

Aposentado de Oxford, decidi me mudar para o Rio de Janeiro e passei a viver com Maria Eduarda Marques, uma historiadora do Brasil colonial e da arte brasileira – agora minha esposa e diretora executiva da Biblioteca Nacional.

Mas continuei a passar três meses de cada ano (janeiro a março) fora do Brasil: de 2008 a 2010 em Washington D.C. como acadêmico sênior no Brazil Institute do Woodrow Wilson Center; de 2011 a 2017, em Londres, como professor visitante do Brazil Institute do King's College (KCL), onde leciono num curso de mestrado sobre "o Brasil na história regional e global". O KCL criou um Instituto

Brasil, juntamente com os institutos da Índia e da China, em 2010, com a clara intenção de substituir o recém-fechado Oxford Centre for Brazilian Studies.

No Rio de Janeiro venho sendo membro do Instituto Histórico e Geográfico Brasileiro desde 1992. Fui eleito membro da Academia Brasileira de Ciência em 2004. Em 2010 fui eleito *sócio* da Academia Brasileira de Letras. Sou um dos vinte membros estrangeiros, o primeiro membro inglês desde Herbert Spencer em 1897, ocupando a cadeira vaga com a morte do escritor português José Saramago. Por diversos anos, fui pesquisador visitante do CPDOC/ Fundação Getúlio Vargas; inaugurei a cátedra de História Latino-americana da Universidade Federal da Integração Latino-americana, em Foz do Iguaçu; leciono em um curso no Instituto de Relações Internacionais da Universidade de São Paulo; e me tornei crescentemente engajado nas atividades do Centro Brasileiro de Relações Internacionais (CEBRI), uma *think-tank* independente no Rio, onde eu tenho a chance de discutir sobre os assuntos britânicos e europeus, depois de mais de 50 anos devotados à América Latina e principalmente ao Brasil.

Em 2010, trabalhei para o Instituto Moreira Salles como curador de uma exibição da obra de Charles Landseer, o artista oficial da missão de Sir Charles Stuart ao Brasil em 1825-26 para negociar, em nome tanto de Portugal como da Grã-Bretanha, o reconhecimento da independência do Brasil. A obra foi mostrada nas galerias do Instituto no Rio de Janeiro, em Poços de Caldas (Minas Gerais), em São Paulo e no Centro Cultural de Cascais, em Portugal. O abolicionista, jornalista, historiador e diplomata Joaquim Nabuco (1849-1910) tornou-se um novo e quase obsessivo tema de meu interesse.[14] No entanto, na maior parte de meu tempo vivo lendo e escrevendo sobre tópicos da história e da política brasileiras que passaram a me interessar por longo tempo: a história da ideia de América Latina e as relações políticas, culturais e intelectuais do Brasil com a América espanhola; as relações políticas e econômicas do Brasil com o Reino

Unido ao longo de século XIX, conhecido no Brasil como o *século inglês*; a Guerra do Paraguai (1864-70); a escravatura, abolição e raízes das desigualdades sociais e raciais e da pobreza no Brasil; a exclusão política e o longo e sinuoso caminho do Brasil até a imperfeita democracia de hoje; o populismo e suas manifestações no Brasil; o trágico fracasso da esquerda no Brasil; e, *last but not least*, um novo interesse, a história da ópera no Brasil nos séculos XVIII e XIX.

Notas

Introdução

[1] Robin Humphreys foi nomeado professor assistente de História Americana da UCL, em 1932, por Hale Bellot, o único professor titular, na ocasião, da matéria no Reino Unido, com o acordo de que ele seria, no fim, responsável pela História da América Latina, assim como pela História dos Estados Unidos. Durante os anos seguintes, Humphreys desenvolveu interesse pala História da América Latina, mas não começou a lecionar sobre o assunto antes a Segunda Guerra Mundial. Ao longo da Guerra ele foi responsável pela América Latina no Departamento de Pesquisas do *Foreign Office* chefiado por o historiador Arnold Toynbee. Começou a dar aulas sobre a História da América Latina na UCL em 1946 e foi nomeado professor titular em 1948. Ver *Latin American Studies in Great Britain*, de Humphreys, pp. 4-17.

[2] Ver minha homenagem a José Honório Rodrigues no fim deste livro.

[3] Ver Leslie Bethell (org.), *Viva la Revolución. Eric Hobsbawm on Latin America* (Londres: Little, Brown, 2016).

[4] Traduzido duas vezes para o português: *A Abolição do Tráfico de Escravos no Brasil* (Rio de Janeiro: Editora Expressão e Cultura/Editora da Universidade de São Paulo, 1976); *A Abolição do Comércio Brasileiro de Escravos* (Brasília: Editora do Senado Federal, 2002).

[5] Ocorreu que isso acabou não sendo estritamente verdade. Contribui com uma Nota sobre a literatura e a vida cultural do Brasil colonial para o volume II do *Cambridge History of Latin America* (1984).

[6] O volume X do *CHLA* foi publicado em 1995. Quanto à minha correspondência com Morse, que durou vinte anos, sobre esse capítulo, ver meu ensaio "Richard Morse e a *Cambridge History of Latin America*" no Beatriz Helena Domingues e Peter Blasenheim (orgs.), *O Código Morse: ensaios sobre Richard Morse* (Belo Horizonte: Editora da Universidade de Minas Gerais, 2010), pp. 47-67.

[7] Ver ILAS, *Relatórios Anuais* 1987-1992.

[8] Traduzido para o português, *A América Latina entre a Segunda Guerra Mundial e a Guerra Fria* (São Paulo: Editora Paz e Terra, 1996).

[9] Em 1997 a Editora da Universidade de São Paulo (Edusp) começou a publicar o *Cambridge History of Latin America* em tradução para o português. O *Cambridge History* é também publicado em espanhol e em chinês.

[10] Ver CBS, *Relatórios Anuais* 1997-2007 e CBS, *Ten Year Report 1997-2007.*

[11] Publicado na tradução para o português como Leslie Bethell (ed.), *Brasil: fardo do passado, promessa do futuro. Dez ensaios sobre a política e sociedade brasileira* (Rio de Janeiro: Editora Record/Civilização Brasileira, 2002).

[12] "A contribuição britânica para o estudo do Brasil", em Rubens Antônio Barbosa, Marshall C. Eakin e Paulo Roberto de Almeida (eds.), *O Brasil dos Brasilianistas. Um guia dos estudos sobre o Brasil nos Estados Unidos, 1945-2000* (São Paulo: Editora Paz e Terra, 2002), publicado em inglês como *The British Contribution to the Study of Brazil* (University of Oxford Centre for Brazilian Studies, Documento de trabalho #37, 200) e, revisto e ampliado, em Marshall C. Eakin e Paulo Roberto de Almeida (eds.) *Envisioning Brazil. A Guide to Brazilian Studies in the United States, 1945-2003* (Madison: University of Wisconsin Press, 2005).

[13] "Introduction: Eric and Latin America", em *Viva la Revolución*, op. cit. p. 19.

[14] Ver ed. (com José Murilo de Carvalho), *Joaquim Nabuco e os abolicionistas britânicos: Correspondência 1880-1905* (Rio de Janeiro: Topbooks e Academia Brasileira de Letras, 2008) /*Joaquim Nabuco, British Abolitionists and the End of Slavery in Brazil. Correspondence 1880-1905* (Londres, Institute for the Study of the Americas, 2009); ed. Joaquim Nabuco, *My Formative Years,* primeira tradução para o inglês de *Minha Formação (1900)*(Oxford: Signal Books e Rio de Janeiro: Bem-Te-Vi Produções Literárias, 2012); ed. (com José Murilo de Carvalho e Cícero Sandroni), *Joaquim Nabuco, correspondente internacional 1882-1891* 2 vols. (Rio de Janeiro: Academia Brasileira de Letras/São Paulo: Global Editora, 2013); e finalmente *Joaquim Nabuco no mundo: abolicionista, jornalista e diplomata* (Rio de Janeiro: Bem-Te-Vi Produções Literárias, 2016).

PARTE I

ENSAIO I

BRASIL E AMÉRICA LATINA*

I

Foi senso comum nas últimas décadas passadas – desde a publicação do influente ensaio de John Leddy Phelan, "Pan-Latinism, French intervention in Mexico (1861-7) and the genesis of the idea of Latin America", [Pan-latinismo, intervenção francesa no México (1861-67) e a gênese da ideia de América Latina], em 1968[1] – que "América Latina" era originalmente um conceito francês, "l'Amérique latine", usado pelos intelectuais franceses para justificar o imperialismo francês no México, sob o mando de Napoleão III. Existia, argumentavam os franceses, uma afinidade linguística e cultural, uma unidade de povos "latinos", em razão da qual a França era sua líder natural (e sua defensora contra a influência e, no fim, o domínio dos anglo-saxões, em especial dos EUA). A noção de uma "raça latina", diferente da "raça" anglo-saxã, foi conceituada pela primeira vez no *Lettres sur l'Amérique du Nord* (2 vols., Paris, 1836) de Michel Chevalier (1806-1877). Após longa estada nos Estados Unidos, seguindo as pegadas de Alexis de Tocqueville, Chevalier visitou o México e Cuba.

* Este ensaio é uma versão revista e expandida do "Brazil and Latin America", Journal of Latin American Studies, 42/3, agosto de 2010, pp. 457-85. Existe uma versão anterior em português: "O Brasil e a ideia de América Latina em perspectiva histórica", Estudos Históricos (CPDOC/FGV, Rio de Janeiro), nº 44, (2009), pp. 289-321, e duas versões posteriores em espanhol: "Brasil y 'América Latina'", em Prismas. Revista de historia intelectual (Universidad Nacional de Quilmes, Buenos Aires), nº 16, (2012), pp. 53-78 e Istor, Revista de Historia Internacional (CIDE, México) ano XVII, nº 67, inverno de 2016, pp. 109-45.

Mais tarde, ele se tornou membro destacado do Collège de France, do Conselho de Estado e do Senado – e assessor próximo de Napoleão III. Foi também o principal apologista da intervenção francesa no México em 1861, por exemplo, nos artigos que escreveu para a *Revue de deux mondes* (1862) e no *Le Mexique ancien et moderne* (1863).[2] No entanto, o primeiro uso da expressão "l'Amérique latine", conhecido por Phelan, foi feito por L.M. Tisserand no artigo "Situation de la latinité", publicado na *Revue des races latines* (janeiro de 1861).

De fato, bom número de escritores e intelectuais hispano-americanos, muitos dos quais, é verdade, residentes em Paris, usaram a expressão "América latina" diversos anos antes. Os três principais candidatos ao primeiro lugar são: José Maria Torres Caicedo, jornalista, poeta e crítico colombiano (1830-1889), Francisco Bilbao, intelectual socialista chileno (1823-1865) e Justo Arosemena, jurista, político, sociólogo e diplomata panamenho/colombiano (1817-1896).

Em 1856, Torres Caicedo escreveu um longo poema intitulado "Las dos Américas", que apareceu no *El Correo de Ultramar*, jornal em língua espanhola publicado em Paris, em fevereiro de 1857. Na companhia de diversas referências à "América del Sur" e à "América Española", o poema termina com apaixonada conclamação pela unidade dos "Pueblos del Sur" contra a "América en el Norte", que incluía os seguintes versos:

La raza de la América latina
Al frente tiene la sajona raza,
Enemiga mortal que ja amenaza
Su libertad destruir y su pendón.

Torres Caicedo prosseguiu publicando *Bases para la formación de una Liga latino-americana* (Paris, 1861) e *Unión latinoamericana* (Paris, 1865). Também em Paris em 1866, numa homenagem ao libertador argentino José de San Martín, ao qual todos os "latinoamericanos" deviam gigantesco débito, ele declarou: "Para mí, colombiano, que amo con entusiasmo mi noble pátria, existe una pátria mas grande – la América latina".[3]

Bilbao organizou um *Movimiento Social de los Pueblos de la América Meridional*, em Bruxelas em 1856, e num discurso em Paris para cerca de trinta cidadãos, que pertenciam "a casi todas las Repúblicas del Sur", em 22 de junho de 1856, explanou suas reflexões sobre "la raza latinoamericana" e sobre "la unidad latinoamericana". O discurso foi mais tarde publicado num panfleto de 32 páginas: *Iniciativa de la América. Idea de un Congresso Federal de las repúblicas* (Paris, 1856).[4]

Representante liberal do estado do Panamá no Senado colombiano, Arosemena se referiu à "América latina" e "el interés latinoamericano" num discurso em Bogotá de 20 de julho de 1856, em artigos publicados no *El Neogranadino*, 15 e 29 de julho de 1856 ("la cuestión americana y su importancia") e, mais tarde, no *Estudios sobre la idea de uma liga americana* (1864).[5]

Diversos intelectuais liberais espanhóis, por exemplo, Emilio Castelar (1832-1899) e Francisco Pi y Margall (1824-1901) começaram, nesse tempo, a se referir à "América latina".[6] Carlos Calvo, historiador, diplomata e advogado internacional argentino (1824-1906) estava provavelmente o primeiro de empregar a expressão em trabalhos acadêmicos: *Colección completa de los tratados, convenciones, capitulaciones, armisticios y otros atos diplomáticos de todos los estados de la América Latina* (20 vols., Paris, 1862-64) *e Anales históricos de la revolución de la América Latina desde el año 1808* (3 vols., Paris, 1864-67).

Na história do surgimento da ideia de uma identidade hispano-americana ou latino-americana de meados das décadas do século XIX, a Argentina representa um interessante caso à parte. A geração de escritores, pensadores políticos e intelectuais pós-independência naquele país, a chamada geração de 37, da qual Esteban Echeverría (1805-1851), Juan Bautista Alberdi (1810-1884) e Domingo Faustino Sarmiento (1811-1888) foram os mais destacados, viam a Argentina, e especialmente Buenos Aires, como a personificação da civilização *europeia* em um bárbaro ambiente hispano-americano. Eles foram em particular influenciados pelas ideias inglesas, francesas e norte-americanas e acreditavam que a Argentina tinha potencial para se tornar um Estados Unidos da América do Sul. Para Alberdi, os EUA eram "o modelo do universo", para Sarmiento "o mais elevado ponto da civilização já alcançado". Todos eles demonstravam pequeno interesse pelo restante de América espanhola, salvo quando se ofereciam como guias e mentores, e raramente, parece, usavam a expressão "América Latina". Apenas os primeiros "nacionalistas", como Alberdi (depois que se distanciou de Mitre e Sarmiento), Carlos Guido y Spano (para quem a Argentina era um "estado americano" entre muitas "repúblicas irmãs"), José Hernández e Olegario V. Andrade (autor do poema "Atlántida: canto al porvenir de la raza latina en América" no fim dos anos 1870) qualificaram o que Nicolas Shumway descreveu como "desavergonhada – e para a Argentina inusitada – identificação com outros países da América espanhola".[7]

O ponto a ser aqui enfatizado é que nenhum dos intelectuais e escritores hispano-americanos que primeiro utilizaram a expressão "América Latina" (com a exceção de Calvo), nem seus pares franceses e espanhóis, julgaram que ela incluía o Brasil. "América Latina" era simplesmente um outro nome para a América espanhola ou Hispanoamérica.

De sua parte, os escritores e intelectuais brasileiros, ainda que conscientes de que o Brasil partilhava com a América espanhola uma história comum ibérica e católica, sabiam perfeitamente aquilo que separava o Brasil da América espanhola: geografia, história (a longa batalha de Portugal para se manter independente da Espanha e as diferentes experiências coloniais da América portuguesa e da América espanhola), sobretudo língua e cultura, porém não menos importante, instituições políticas. Diferentemente da América espanhola, o Brasil garantiu sua independência de modo bem mais pacífico e permaneceu unido sob uma monarquia. O Brasil era politicamente estável e "civilizado", em contraste com o que os brasileiros consideravam violentas, extremamente instáveis e "bárbaras" repúblicas hispano-americanas. E em sua literatura, fosse na poesia de Antônio

Gonçalves Dias, fosse nos romances de José de Alencar, assim como em sua música e em sua arte, o romantismo brasileiro era diferente do da América espanhola.[8] No referente ao que os escritores e intelectuais brasileiros pensavam sobre o mundo além do seu país não era para a América espanhola que olhavam – por certo eles não se viam como parte de uma América Latina – e sim para a Europa, em particular para a França e, em menor medida, para Portugal, ou em raros casos para a América como um todo, inclusive os Estados Unidos. Foi a herança indígena comum das Américas que capturou a imaginação de, por exemplo, Antônio Carlos Gomes para sua ópera *Il Guarany* (1870), de Joaquim Manuel de Souza Andrade, o Sousândrade (1833-1902), para o seu dramático poema sobre um legendário índio colombiano *O guesa errante*, escrito em Nova York nos anos 1870, e de Machado de Assis em *Americanas* (1875), seu terceiro volume publicado de poemas.

Os intelectuais republicanos foram particularmente atraídos pela ideia de América. O Manifesto Republicano de 1870 fecha, famosamente, com a declaração: "Somos parte da *América* e queremos ser *americanos* (...) em solidariedade democrática com o *continente* ao qual pertencemos" (itálicos do autor). Para os republicanos, o Brasil era "um país isolado", separado tanto das repúblicas da América espanhola como dos Estados Unidos pela geografia, história, língua e cultura, mas também pela escravidão e, acima de tudo, por sua forma monárquica de governo. Os republicanos julgavam que o Brasil deveria se tornar menos politicamente – e culturalmente – separado da América espanhola, porém, menos ainda, por sua importância, dos Estados Unidos.

II

Durante o período inicial do século XIX, políticos dos EUA, Presidente Thomas Jefferson e o senador Henry Clay em especial, elaboraram a noção de "Hemisfério Ocidental", a ideia de que a

América e a Europa, o Novo e o Velho Mundo, eram diferentes, porém existia uma relação especial entre os povos e os governos das Américas. Uma geografia e uma história americanas compartilhadas, assim como uma ideia comum de republicanismo, liberdade e democracia (*sic*).[9] Em muitas de suas conversas com seu amigo Abbé Correa da Serra, que em 1816 foi nomeado ministro diplomático do Reino Unido de Portugal e Brasil, Jefferson via o Brasil, não ainda independente e que só se tornou república em 1889, como elemento chave de seu "sistema americano".[10] Em dezembro de 1823, no que ficou conhecido como Doutrina Monroe, o presidente James Monroe declarou que os Estados Unidos não tolerariam qualquer extensão do sistema político europeu ou intervenção de nenhuma potência europeia "em qualquer porção deste hemisfério". George Canning, o *Foreign Secretary* britânico, expressou certa preocupação a respeito "da manifesta pretensão dos Estados Unidos de se colocarem na liderança de uma confederação de todas as Américas e de manejarem tal confederação contra a Europa (Grã-Bretanha incluída)".[11]

No entanto, John Quincy Adams, secretário de Estado e presidente sucessor de Monroe, enquanto igualmente se opunha à influência europeia nas Américas, não demonstrou interesse por nenhum "sistema americano" que incluísse ex-colônias espanholas e portuguesas. Elas eram tão somente ibéricas e, pior que isso, católicas, porém por natureza instáveis e degeneradas, em particular, pensava ele, por causa de seu clima tropical. "Quanto a um sistema americano", escreveu Adams, "nós o possuímos; constituímos o todo dele". Tinha "pouca expectativa de que qualquer benefício resultasse para seu país [os Estados Unidos] de qualquer futura conexão política ou comercial com eles [os recém-independentes países que falavam espanhol e português]'.[12] E, pelos sessenta anos seguintes, nenhum presidente dos EUA manifestou muito interesse pela ideia de Hemisfério Ocidental, ou, na realidade, por qualquer parcela desse hemisfério ao sul do Panamá.

A despeito da fragmentação da América espanhola em dez repúblicas ao tempo da independência delas da Espanha (pelo meio do século, elas eram dezesseis), intelectuais e escritores hispano-americanos, notavelmente Andrés Bello (1781-1865),[13] sustentaram a ideia de uma conscientização e identidade comuns hispano-americanas, mais fortes do que quaisquer "nacionalismos" locais e regionais. Políticos hispano-americanos, em especial o próprio Simón Bolívar (mais famosamente na Carta da Jamaica de 1815), tiveram a visão de uma confederação de repúblicas hispano-americanas, formando uma "nação única". Em dezembro de 1824, Bolívar convidou representantes de todos os povos e governos da América, salvo os dos Estados Unidos, do Haiti e do Brasil, para um Congresso no Panamá "com o objetivo de tratar de questões americanas". Dessa forma, não foram apenas os Estados Unidos, que Bolívar achou que deveriam ser mantidos distantes, mas o Brasil também não foi inicialmente convidado ao Panamá.[14] A língua, a história e a cultura do Brasil eram consideradas totalmente estrangeiras. Sua economia e sua sociedade se fundamentavam no tráfico de escravos e na escravatura, que foram repudiados – se não inteiramente abolidos – na maioria das repúblicas hispano-americanas. Além do mais, o Brasil permanecia parte da Europa, que Bolívar desprezava e temia, quando mais não fosse porque o país mantivera um sistema monárquico de governo. Pior ainda, ele se autodenominava Império e tinha aspirações imperialistas no Rio da Prata (a Banda Oriental do rio Uruguai, que fora invadida pelos portugueses em 1816, fazia então parte do Império Brasileiro) e possivelmente em locais mais distantes. Na opinião de Bolívar, o Brasil constituía uma ameaça à soberania e à independência das repúblicas hispano-americanas.

O Congresso do Panamá, de junho a julho de 1826, foi um fracasso. Nem todos os Estados hispano-americanos enviaram delegados, e apenas a Gran Colômbia ratificou o tratado de aliança perpétua. Mas a noção de uma confederação bolivariana-americana persistiu, em particular por causa da expansão territorial dos Estados Unidos no México, na América Central e no Caribe. A anexação do Texas em 1845, a Guerra Mexicana (1846-48), a corrida do ouro californiano, o interesse dos EUA por uma rota interoceânica através do istmo do Panamá, as constantes ameaças de invasão de Cuba e, especialmente, a invasão de William Walker da Nicarágua em 1855, tudo isso confirmou a crença de que os Estados Unidos poderiam materializar seu Manifesto Destino às expensas da "América espanhola". Nos anos 1860, em consequência da intervenção francesa no México de 1861, e da anexação espanhola de Santo Domingo, entre 1861 e 1865, bem como de suas guerras com o Peru (1864-66) e Chile (1865-66), França e Espanha se aliaram aos Estados Unidos como inimigos da "América espanhola". As conferências americanas realizadas em Lima (1847-48), Santiago de Chile (1856), Lima (1864-65) e Caracas (1883: centenário do nascimento de Bolívar), entretanto, podem também ser enquadradas como fracassos.[15]

Nem os Estados Unidos, tampouco o Brasil, foram convidados para participar dessas conferências. "[Ambos] são considerados como não integrantes da comunidade americana", escreveu o *chargé d'affaires* brasileiro em Santiago, em maio de 1862, "e consequentemente excluídos delas ou, no máximo, apenas tolerados".[16] De seu lado, os governos brasileiros do Segundo Reinado (1840-89) não se identificaram com nenhum dos vários projetos de seus vizinhos para a unidade interamericana. O Brasil, com seu imenso litoral Atlântico, fazia firme parte do mundo Atlântico, e seus principais elos econômicos e políticos eram com a Grã-Bretanha (ver Ensaio 2). E o Brasil não se sentia ameaçado pelos Estados Unidos, muito menos pela França e pela Espanha.

As relações bilaterais entre o Brasil e seus vizinhos hispano-americanos, que regiões chamadas pelos diplomatas brasileiros de "América Espanhola", "América Meridional" ou simplesmente "América do Sul", se mostravam extremamente limitadas, exceto no Rio da Prata, onde o Brasil travava três guerras: a primeira contra as Províncias Unidas do rio de la Plata pelo controle da Banda Oriental (que resultou na independência do Uruguai), 1825-28; a segunda contra o ditador argentino Juan Manuel de Rosas, em aliança com as províncias argentinas de Entre Rios e Uruguai, 1851-52; e a terceira contra o ditador paraguaio Francisco Solano López, em aliança com a Argentina e o Uruguai, a Guerra do Paraguai (1864-70) (ver Ensaio 3).

Paulino Soares de Souza, ministro das relações exteriores de 1849 a 1853, o primeiro, desde a abdicação de D. Pedro em 1831, a ficar no posto por mais de alguns meses, iniciou negociações bilaterais com diversas repúblicas do Pacífico, principalmente com a finalidade de confirmação das fronteiras existentes, baseadas no princípio do *uti possidetis*, ou seja, as fronteiras na América do Sul geralmente reconhecidas por Portugal e Espanha e especificadas pelo Tratado de Madrid (1750). A posição brasileira era que, desde que já era tão vasto, o país não tinha a intenção de se expandir à custa de seus vizinhos; desejava simplesmente aceitar o *status quo*. Duarte da Ponte Ribeiro foi enviado em missão ao Chile, Peru e Bolívia, Miguel Maria Lisboa à Colômbia, Equador e Venezuela. Tratados foram assinados com o Peru em 1851 e com a Colômbia em 1853, mais tarde com a Venezuela (1859) e a Bolívia (1867).[17] Após a Guerra no Pacífico (1879-83), na qual o Chile combateu e venceu Bolívia e Peru, surgiu um entendimento informal, mas não uma aliança informal como é algumas vezes sugerido, entre Chile e Brasil, que permaneceu neutro naquela guerra, no mínimo porque ambos viam a Argentina como principal inimiga dos dois: O Brasil dominaria a costa do Atlântico da América do Sul, inclusive o Rio da Prata, o Chile faria o mesmo com a costa do Pacífico. Com o México, o Brasil virtualmente não mantinha relações.[18]

Quando, por outro lado, políticos dos Estados Unidos redescobriram o conceito de Hemisfério Ocidental, durante os anos 1880, e convidaram dezessete repúblicas hispano-americanas e o Império do Brasil para se juntarem aos EUA numa conferência em Washington com o objetivo da criação de uma aliança informal de "nações da América", o Brasil prontamente aceitou. A cerimônia de abertura da primeira Conferência Internacional dos Estados Americanos foi realizada em 2 de outubro de 1889. Em 15 de novembro, três dias depois da primeira sessão de trabalho da conferência, o Brasil se autoproclamou república. O marechal Deodoro da Fonseca, chefe do Governo Provisório, nomeou o proeminente republicano, Quintino Bocaiúva, como ministro das Relações Exteriores. Bocaiúva substituiu imediatamente o chefe da delegação brasileira em Washington por outro destacado republicano, Salvador de Mendonça. Os dois, Bocaiúva e Mendonça, tinham sido signatários do Manifesto Republicano de 1870, com sua conclusiva declaração: "Somos parte da América e desejamos ser americanos". Em Washington, o Brasil, simbolicamente, separou-se da Europa, do Velho Mundo, e finalmente aliou-se à América, o Novo Mundo.[19]

III

A década final do século XIX e a primeira do XX testemunharam a emergência dos Estados Unidos como uma potência regional. A famosa observação do secretário de Estado Richard Olney durante a crise venezuelana de 1895 ("Os Estados Unidos são praticamente soberanos *neste continente*, e é necessário que se imponha ordem aos sujeitos sobre os quais eles [os Estados Unidos] confinam sua interposição"), a intervenção dos EUA na guerra cubana por sua independência da Espanha em 1898, a anexação de Porto Rico e a criação de um protetorado norte-americano em Cuba, o envolvimento dos Estados Unidos na separação do Panamá da Colômbia em 1903 e a mensagem anual do presidente Theodore Roosevelt ao Congresso americano, de dezembro de 1904, foram, todos eles, eventos probatórios da crescente hegemonia dos EUA na região. "Transgressões crônicas ou uma impotência, que resultam no afrouxamento geral dos vínculos da sociedade civilizada", declarou Roosevelt, "podem na América Latina, como em qualquer outro lugar, requerer decisiva intervenção de alguma potência civilizada. (...) No Hemisfério Ocidental, os Estados Unidos podem ser forçados, apesar de relutantemente, a exercer um poder internacional de polícia". Seguiram-se intervenções dos EUA na República Dominicana (1905), México (1914-15) e a ocupação norte-americana da Nicarágua (1912 até 1933), do Haiti (1915 até 1934) e da República Dominicana (1916 até 1924).

Ao mesmo tempo, seguindo a Conferência Internacional dos Estados Americanos, em Washington (1889-90), os Estados Unidos promoveram uma série de reuniões conhecidas como Conferências Pan-Americanas: México (1901-02), Rio de Janeiro (1906), Buenos Aires (1910), Santiago do Chile (1923), Havana (1928), Montevidéu (1933) e Lima (1938), antes da Segunda Guerra Mundial. O propósito das conferências foi promover o comércio e os investimentos dos EUA em toda a região, criar estruturas mais ordenadas e previsíveis nos países do Sul e, pacificamente, reafirmar a liderança dos Estados Unidos no Hemisfério Ocidental, enquanto, simultaneamente, dissuadia quaisquer ambições imperialista europeias, que ainda restassem, pela região.

Os governos da América espanhola, de um modo geral, reagiram com suspeita e desconfiança àquele novo interesse norte-americano pelo hemisfério. Condenaram com veemência, em particular a guerra com a Espanha e a anexação de Cuba pelos EUA, o corolário de Roosevelt para a Doutrina Monroe e as sucessivas intervenções dos Estados Unidos no México, na América Central e no Caribe. Temeram, com boas razões, que o pan-americanismo era meramente uma arma com a qual os EUA garantiriam sua hegemonia política e econômica para posterior exploração da região e, em consequência, aproveitaram-se das conferências pan-americanas para expressar suas oposições aos Estados Unidos.

Os governos brasileiros, por seu turno, não criticaram por inteiro as políticas norte-americanas para o Hemisfério Ocidental, procuraram desenvolver relações mais próximas com os Estados Unidos e deram-lhe total apoio nas Conferências Pan-Americanas.[20] Para os brasileiros, existiam dois gigantes, desiguais é claro, no Hemisfério Ocidental: os Estados Unidos e o Brasil; ambos com dimensões continentais; ambos com gigantescos recursos naturais e potencial econômico; os dois com "democracias estáveis' (*sic*). E ambos diferentes da América Espanhola/América Latina. O Brasil também reconheceu as grandes mudanças – geopolíticas, econômicas e culturais – que ocorriam no mundo, às vésperas do século XX. A hegemonia dos EUA inevitavelmente substituiria a da Grã-Bretanha e, mais amplamente, também a da Europa. Os Estados Unidos eram vistos, não só como os que ofereciam a melhor defesa contra o ressurgimento do imperialismo europeu (que, para o Brasil, constituía maior ameaça do que o imperialismo dos EUA), assim como proporcionariam ordem, paz e estabilidade à América Latina, o mesmo que dizer, à América espanhola.

Em longa entrevista que concedeu ao correspondente do *La Nación* de Buenos Aires, no Rio de Janeiro, em julho de 1906, o barão de Rio Branco, que se tornou ministro das Relações Exteriores em dezembro de 1902 (e permaneceu no cargo até seu falecimento em 1912), argumentou que a ameaça dos Estados Unidos era "uma ficção", e que as principais nações da América do Sul, que eram bem governadas e pagavam seus débitos (e que geograficamente distantes dos Estados Unidos) – ele pensava na Argentina e Chile, bem como no Brasil – não tinham nada a temer. Pelo contrário, os Estados Unidos ofereciam as muito necessitadas paz, ordem e estabilidade ao restante da América espanhola, o que também vinha ao encontro dos melhores interesses do Brasil. Mas os países que não podiam se autogovernar, não conseguiam pagar seus débitos e não podiam evitar as revoluções e guerras civis continuadas (como, por exemplo, na América Central) "não têm razão para existir e têm que dar lugar a uma outra nação mais forte, mais organizada, mais progressista, mais viril".[21] Teddy Roosevelt não poderia ter se expressado melhor do que o barão!

Embora expandindo as representações diplomáticas do Brasil (por exemplo, com a Colômbia e Equador em 1904, Cuba e repúblicas da América Central em 1906), os governos da Primeira República (1889-1930) não demonstravam maior interesse pelos "povos de língua espanhola", "as nações latino-americanas", do que os governantes do Império, salvo em dois aspectos: primeiro, seus esforços (em geral bem-sucedidos) para resolver problemas de fronteiras com os vizinhos mais próximos na América do Sul, particularmente com a Argentina (sobre Palmas ou Missiones) em 1895 e com a Bolívia (sobre o Acre) em 1903, mas também com a Colômbia, o Peru e o Uruguai,[22] e segundo (não com tanto sucesso), os esforços de Rio Branco para desenvolver relações mais cerradas com dois vizinhos sul-americanos, Argentina e Chile.

Em janeiro de 1905, Rio Branco foi descrito pelo ministro norte-americano David Thompson como possuidor "não pequenos sentimentos inamistosos" pelos outros países da América do Sul, salvo possivelmente o Chile" e como tendo dito em particular que "nenhum país de língua espanhola é bom e nenhuma pessoa com sangue espanhol é confiável".[23] Ao mesmo tempo, o Brasil precisava "conquistar a afeição e a confiança" de seus vizinhos imediatos porque sempre haveria "grande preconceito e desconfiança" contra o Brasil na América espanhola.[24] A exemplo do Chile, a Argentina começara a fazer significativos progressos econômicos e políticos, e o presidente argentino Julio Roca e o presidente brasileiro Campos Salles trocaram visitas oficiais em 1889 e 1900. Em 1903, Rio Branco começou a elaborar a ideia de um *Pacto ABC* (Argentina, Brasil e Chile, "as três grandes nações da América do Sul"). Os indícios eram bons até que José Figueroa Alcorta se tornou presidente da Argentina, em janeiro de 1906, e nomeou Estanislau Zeballos ministro das relações exteriores pela terceira vez. Zeballos tinha sido sempre hostil ao Brasil, e particularmente a Rio Branco. Desconfiava do país por causa de seu tamanho e de sua população (três vezes maiores que a da Argentina), enquanto, ao mesmo tempo, demonstrava menosprezo por sua mistura racial e por seu atraso cultural e econômico. Jamais aceitou a perda de Palmas. Suspeitava da influência do Brasil sobre o Paraguai e Uruguai e mantinha aceso o antigo sonho argentino de reunir o antigo Vice-Reinado do Río de la Plata. Zeballos ficou alarmado quando o Brasil, consciente de sua debilidade militar em relação à Argentina, aumentou seus gastos navais e começou a modernizar a Marinha em 1906-07. Entretanto, ele não conseguiu separar o Chile do Brasil. E as relações com a Argentina melhoraram com a renúncia de Zeballos em junho de 1908. Somente com a eleição de Roque Sáenz Peña, em setembro de 1910, foi que Rio Branco conseguiu reavivar o *Pacto ABC*.

A Revolução Mexicana ofereceu a primeira oportunidade para uma ação conjunta. Numa reunião em Niagara Falls, Canadá (maio-junho de 1914) as potências ABC agiram como mediadores de um conflito entre os governos do general Huerta e os Estados Unidos, que se seguiu à ocupação norte-americana de Vera Cruz. As hostilidades cessaram, o general Huerta renunciou e, um ano depois, os Estados Unidos retiraram suas tropas. Em maio de 1915, Argentina, Chile e Brasil assinaram um tratado em Buenos Aires. Ele foi ratificado pelos Congressos brasileiro e chileno, porém rejeitado pelo recém-eleito presidente argentino Hipólito Yrigoyen em 1916.

Em 1904, Rio Branco havia nomeado Joaquim Nabuco, o líder pelo movimento da abolição da escravatura no Brasil nos anos 1880 e ministro em Londres desde 1899, como primeiro embaixador brasileiro nos Estados Unidos. (Ele serviu em Washington de 1905 até sua morte em 1910.) Nabuco acreditava havia muito tempo que, longe de ser uma ameaça à independência de "nosso continente", a Doutrina Monroe era a melhor garantia de que não mais haveria colonização europeia da América. Preocupava-se particularmente com o futuro da Amazônia. "Na essência, o que é 'monroeismo'?", perguntara ele no pós-escrito de seu livro *Balmaceda* (1895). "Monroeismo parecia ser a promessa feita à toda a América pela União Americana (*sic*) de que a Europa não adquiriria mais um palmo de terra no Novo Mundo".[25] Existiam dois caminhos que o Brasil poderia seguir, escreveu Nabuco para Rio Branco em dezembro de 1905, "o americano ou o outro, que não sei como chamar: latino-americano, independente ou solitário. De minha parte, sou sincero monroerista".[26] E numa longa carta para José Carlos Rodrigues, dono e editor do *Jornal do Commercio*, ele escreveu: "Para nós, a escolha entre o monroeismo e a recolonização europeia. (...)a única proteção para a América é *sea-power*, que só os Estados Unidos têm. Monroeismo é, assim, a afirmação da independência e integridade nacionais pelo único sistema que pode garanti-la."[27]

O desentendimento sobre monroeismo acabou com a amizade entre Nabuco e o historiador, diplomata e colega pernambucano Manoel de Oliveira Lima. No seu livro *Nos Estados Unidos: Impressões políticas e sociais* (1899), escrito enquanto servia na legação brasileira em Washington, Oliveira Lima expressou sua profunda admiração pelos Estados Unidos, sua crença na superioridade da civilização e cultura anglo-saxãs sobre as ibéricas e até mesmo uma atitude positiva em relação à Doutrina Monroe, que protegia a América Latina contra o imperialismo europeu. Entretanto, poucos anos mais tarde, em artigos para o *Diário de Pernambuco* e *O Estado de São Paulo*, publicados como *Panamericanismo (Bolívar-Monroe-Roosevelt)* (1907), ele descreu a política externa dos Estados Unidos como "agressivamente imperialista", e o Corolário de Roosevelt para a Doutrina Monroe como uma séria ameaça às soberanias dos países da América Latina. Acusou Nabuco de "excessivo americanismo" e de promover uma "*entente* ultra cordial" entre Brasil e Estados Unidos.[28]

No interesse da unidade Pan-Americana, Nabuco procurou aprimorar as relações entre o Brasil, os Estados Unidos e as repúblicas hispano-americanas, mas se ressentiu pelo fato de que no *International Bureau of American States*, os membros hispano-americanos eram tratados como iguais aos dos Estados Unidos e aos do Brasil: "o voto da Nicarágua cancela o dos Estados Unidos; a ilha do Haiti (*sic*) conta mais do que o Brasil, votos de duas *republiquetas* anulando os nossos; o Brasil é menos importante do que duas repúblicas da América Central". Além do mais, enquanto a *América inglesa* [Os Estados Unidos] tem um voto e a *América portuguesa* [Brasil], que permaneceu unida por um milagre histórico, também tem um voto, a *América espanhola*, por causa de seu fracasso histórico e fragmentação, possui dezoito votos! E os países de língua espanhola têm uma tendência natural de se unir contra os Estados Unidos e o Brasil, "as principais repúblicas do hemisfério".[29]

Nabuco considerava "natural" a ascendência dos EUA sobre a América espanhola (particularmente México, América Central e Caribe) e a intervenção dos EUA nesses países em geral benéfica. E era feroz defensor de relações cada vez mais próximas entre o Brasil e os Estados Unidos. "Entre a Europa e a América", escreveu Nabuco ao amigo Alexandre Barbosa Lima, em julho de 1907, "para o bem ou para o mal, nenhuma nação da América Latina tem escolha. (...) Na América (...) nós [brasileiros] não podemos hesitar entre os Estados Unidos e a América espanhola".[30] "A tríplice aliança sul-americana" de Rio Branco, de fato, "qualquer aliança sul-americana" era, para Nabuco, absurda", "fatal" e traria "consequências desastrosas" para as relações entre os Estados Unidos e o Brasil, que eram 'o alfa e o ômega de nossa política externa". 'Ele [Rio Branco] confia na Alemanha, França, Itália, Chile, Argentina, e não sei quantas nações mais", Nabuco escreveu. "Eu acredito nos Estados Unidos".[31]

Na Primeira Guerra Mundial só o Brasil entre os países líderes da região seguiu os Estados Unidos declarando guerra à Alemanha em 1917. (México, Venezuela, Colômbia, Chile e Argentina, por exemplo, permaneceram neutros durante todo o conflito.) Na Conferência de Versalhes, somente o Brasil, com o apoio dos Estados Unidos, foi eleito membro não-permanente para o Conselho Executivo da Liga das Nações, por três anos. E quando, em março de 1920, o Senado norte-americano votou pela saída dos EUA da Liga, o Brasil começou a se considerar como tendo mandado implícito para representar as Américas no Conselho.[32] O Brasil foi reeleito para o conselho, anualmente, de 1922 a 1925, porém sua autoridade para falar por toda a América Latina foi sendo crescentemente contestada, em especial pela Argentina e pelo Uruguai. As repúblicas hispano-americanas desejavam que o "assento americano" não fosse permanente e contemplasse um rodízio, por isso não houve suporte para que o Brasil se tornasse membro permanente do conselho. E quando, em 1926, as potências europeias aceitaram a Alemanha como membro permanente do Conselho Executivo, mas se recusaram a aceitar o Brasil, o país decidiu sair da Liga das Nações – uma decisão que Austen Chamberlain, o *Foreign Secretary* britânico, descreveu como "suicídio do Brasil em questões internacionais" – e o apoio hispano-americano à decisão do Brasil foi ostensivamente ausente. Na verdade, Afrânio de Melo Franco, representante do Brasil em Genebra, acusou os outros Estados americanos, liderados pela Argentina, de "mal escondida hostilidade ao Brasil"[33] (Chamberlain mais tarde confessou que se tivesse havido suporte latino-americano unânime por um assento para o Brasil no conselho, a solicitação teria demandado sérias considerações; na realidade seria difícil recusá-la).[34] Depois do evento, o ministro brasileiro do Exterior, José Félix Pacheco, formou opinião de que ele talvez tivesse sido "providencial": o Brasil parou de se preocupar com a "América Latina" e, seguindo os Estados Unidos, definiu-se, por suas próprias características, como "América portuguesa", distinta da "América inglesa" e da "América espanhola sub-dividida".[35]

Após sua saída da Liga das Nações em 1926, o Brasil focou cada vez mais nas suas relações com os EUA, principal parceiro comercial do país (o mesmo que dizer, principal supridor de bens manufaturados e de capital – os Estados Unidos sempre foram o maior importador de café, *commodity* mais exportada pelo Brasil), e que desafiava a Inglaterra como a maior fonte de capital para o Brasil. Na desastrosa Sexta Conferência Pan-Americana de Havana (janeiro-fevereiro de 1928) – o nadir das relações interamericanas – a questão do imperialismo dos EUA na América Central e Caribe dominou as sessões mais uma vez, com a intervenção dos Estados Unidos na Nicarágua quase universalmente condenada. Honório Pueyrredón, embaixador da Argentina em Washington, foi defensor extremado da ideia de um "hispano-americanismo independente" e se mostrou abertamente hostil aos Estados Unidos – e ao Brasil, o qual, como sempre, apoiou os EUA. Um editorial do *Washington Star* intitulado "Our friend Brazil" referiu-se a duas grandes nações que permaneceram "ombreadas" em Havana. O pan-americanismo estaria garantido desde que "o Brasil no sul e os Estados Unidos no norte" permanecessem aliados.[36]

Durante os anos 1930, as relações do Brasil com os Estados Unidos permaneceram sendo os pilares da política externa da nação; já com as repúblicas hispano-americanas, elas se tornaram ainda mais distantes, em grande parte "burocráticas", afora a mediação do Brasil no conflito entre Colômbia e Peru quanto a Letícia, na Amazônia Ocidental, e no desentendimento entre Bolívia e Paraguai (apoiado pela Argentina) na Guerra do Chaco (1932-35). O ministro do Exterior Oswaldo Aranha escreveu ao presidente Getúlio Vargas, em janeiro de 1935: "Os países indo-hispânicos são nossos inimigos naturais; eles não podem inspirar confiança e, mesmo hoje, mantêm-se suspeitosos para conosco, pelo legado das guerras ibéricas, aumentado pelas rivalidade continentais."[37]

Porém, enquanto a situação na Europa se deteriorava com uma iminente guerra, a solidariedade interamericana no interesse da segurança hemisférica e em apoio aos Estados Unidos, na luta ideológica de âmbito mundial pela democracia, aproximou o Brasil da América espanhola – na Sétima Conferência Pan-Americana em Montevidéu (1933), numa especial Conferência Interamericana para a Manutenção da Paz, realizada em Buenos Aires (1936), na Oitava Conferência Pan-Americana de Lima (1938) e nas reuniões de ministros do Exterior da América no Panamá (setembro de 1939), em Havana (julho de 1940), após a deflagração da guerra na Europa, e no Rio de Janeiro (janeiro de 1942), depois do ataque japonês a Pearl Harbor e da declaração de guerra da Alemanha contra os Estados Unidos. Um atrás do outro, os estados da América espanhola acompanharam o Brasil, primeiro na quebra de relações diplomáticas e depois declarando guerra às potências do Eixo. Apenas o Chile (até 1943) e a Argentina (até março de 1945) permaneceram neutros.

Na Conferência Interamericana sobre os Problemas de Guerra e

Paz realizada na Cidade do México (dezembro de 1944-março de 1945), o Brasil foi de novo o mais vigoroso defensor do pan-americanismo. O diplomata e futuro embaixador dos EUA no Brasil Adolf Berle registrou em seu diário: "Os brasileiros querem a Doutrina Monroe em sua inteireza e não fazem segredo disso".[38] O conceito de um "hemisfério fechado em um mundo aberto" foi amplamente aceito e uma "representação adequada" para a América Latina na nova organização internacional criada após a Segunda Guerra Mundial foi demandada. Na conferência de São Francisco de abril de 1945, os Estados Unidos propuseram um assento permanente no Conselho de Segurança da Organização das Nações Unidas para o Brasil. A proposta foi rejeitada pela Grã-Bretanha e a União Soviética. Significativamente, não houve apoio unânime da América espanhola. O Brasil precisou se contentar com um assento não permanente, tal qual o que tinha no Conselho Executivo da Liga das Nações.[39]

IV

No período entre os anos 1880 e a Segunda Guerra Mundial, os intelectuais hispano-americanos eram em geral hostis aos Estados Unidos, ao imperialismo dos EUA, à cultura dos Estados Unidos – e ao Panamericanismo. Os catalizadores foram sem dúvida Cuba e a Guerra Hispano-Americana de 1898.[40] A ideia de duas Américas – de um lado os Estados Unidos e do outro a América espanhola, Hispanoamérica, América Latina, agora frequentemente chamada de "Nuestra América" – que era diferente e superior à América anglo-saxônica, foi mais desenvolvida pelos escritores hispano-caribenhos como Eugenio Maria de Hostos (Porto Rico, 1839-1903) e, sobretudo, José Marti (Cuba, 1853-1895) nos seus artigos a partir de Washington, 1889-1903, e de Nova York, 1891-1895, publicados em *La Revista Ilustrada* (Nova York), *El Partido Liberal* (Cidade do México) e *La Nación* (Buenos Aires).[41] Contudo, ele é mais evidente nos escritos do uruguaio José Enrique Rodó (1871-1917), cujos *Ariel* (1900) e *Mirador de Próspero* (1913) tiveram enorme impacto em toda uma geração, e particularmente nos jovens, de toda a América espanhola. (*Ariel* foi dedicado à "juventude da América".) Rodó alertou contra "el peligro ianque", que era mais social, cultural e moral do que econômico e político, denominado "nordomania" e minava "el espírito dos americanos latinos".[42] Também muito lido foi o colombiano José Maria Vargas Vila (1860-1933), cujo *Ante los bárbaros*, publicado pela primeira vez em Roma, em 1900, teve muitas edições posteriores e expandidas com diferentes subtítulos (por exemplo, *El yanqui, he ahi el enemigo*), antes que uma edição definitiva aparecesse em 1923.

Para alguns intelectuais hispano-americanos dessa geração tornou-se comum, em particular depois que a escravatura foi abolida no Brasil em 1888, seguida pela derrubada do Império em 1889, identificar similaridades entre o Brasil e a América espanhola em termos de, por exemplo, cultura, religião, estruturas políticas, leis e diversidade racial. E o termo Ibero-América foi frequentemente empregado para se referir a ambas as Américas: a espanhola e a portuguesa. Entretanto, como seus predecessores nos anos 1850 e 1860, poucos demonstraram interesse genuíno pelo Brasil. Uma rara exceção foi Martín Garcia Merou (1862-1905), ministro argentino no Brasil de 1894 a 1896, e mais tarde nos Estados Unidos de 1896 a 1905, que em 1897 escreveu uma série de artigos sobre a vida intelectual, cultural e literária brasileiras para o jornal *La Biblioteca* em Buenos Aires, que mais tarde os publicou como *El Brasil. Impresiones y notas literárias* (Buenos Aires, 1900). A grande maioria dos intelectuais da América espanhola continuou excluindo o Brasil daquilo que eles pensavam ser "Nuestra América" ou "América Latina". Os estudos clássicos das deficiências da América espanhola/América Latina pelos que, sob a influência do darwinismo social, eram pessimistas quando ao seu futuro, pouco tinha a dizer, se é que tinha alguma coisa, sobre o Brasil.[43]

Um argentino, Manuel Baldomero Ugarte (1875-1951), foi talvez o primeiro intelectual hispano-americano que, especificamente, fez pressão para que o Brasil fosse incluído na "América Latina", "la nación latino-americana", "la parte superior del continente", unida na oposição ao imperialismo dos EUA. Nos seus primeiros escritos, por exemplo, *El porvenir de América Latina. La raza, la integridad y moral, la organización interior* (Valência, 1910, 2ª ed. Cidade do México, 1918), que em algumas edições apareceu com o título *El porvenir de América Española*, e em seus muitos discursos em Barcelona, Paris, Nova York no México e por toda a América do Sul, no período de 1910 a 1917, foram publicados como *Mi campaña hispano-americana* (Barcelona, 1922), a primeira preocupação de Ugarte foi a América espanhola. A palestra que ele deu na Universidade de Colúmbia, em julho de 1912, intitulada "The future of Latin America" (publicada em espanhol como "Los pueblos del Sur ante ao imperialismo norteamericano"), todavia, incluiu referências ao Brasil. E no *El destino de un continente* (1923; traduzido para o inglês como *The destiny of a continent*, Nova York, 1925), Ugarte argumentou que o Brasil era simplesmente "uma variante especial" da "La Gran España" e tinha que ser considerado e tratado como "parte integral de nossa família de nações [América Latina]", todas com suas raízes na "península hispânica". De jeito algum poderia haver, insistiu Ugarte "um latino-americanismo parcial".[44]

Não houve grande alteração no pensamento da maior parte dos intelectuais da América espanhola com relação ao Brasil nos anos 1920 e 1930. Victor Raúl Haya de la Torre (Peru, 1895-1979) promoveu a ideia de "Indoamérica", e não "América Latina", por exemplo, no seu *A donde va Indoamérica?* (1928), de modo a incluir na América espanhola não só os indígenas, como também os mestiços e os negros. E José Carlos Mariátegui (Peru, 1895-1930) escreveu acerca da "América Indo-Ibérica" em *Temas de nuestra América*, uma coleção de artigos publicada entre 1924 e 1928. Porém, fosse Indoamérica, América Indo-Ibérica ou América Latina, o Brasil permaneceu quase sempre excluído.

Evidentemente, houve exceções. José Vasconcelos (México, 1882-1959), por exemplo, escreveu um ensaio "El problema del Brasil", instando pela integração de um país com tão grande futuro com as demais repúblicas do hemisfério. Ele chefiou a missão mexicana que foi ao Brasil para a celebração do centenário da independência brasileira, em 1922, e sua obra mais importante *La raza cósmica* (Barcelona, 1925) foi origem da Introdução ao seu relatório sobre a jornada ao Brasil (e à Argentina), que ele chamou de sua "misión de la raza ibero-americana". O primeiro e mais famoso capítulo, "El mestizaje", foi inspirado no que ele aprendeu sobre miscigenação no Brasil. Em trabalho posterior, *Bolivarismo y Monroismo: temas iberoamericanos* (Santiago do Chile, 1934), entretanto, Vasconcelos promove o *bolivarismo* ("un ideal hispano-americano de crear uma federación con todos los pueblos de cultura española"), advoga o México para os mexicanos, a hispanoamérica para os hispano-americanos, e expressa o temor de que o Brasil não esteja ao lado da América espanhola contra os Estados Unidos. Tenha suas próprias ambições imperialistas a respeito da qual os países espanhóis da América do Sul deveriam se preocupar. Vasconcelos ficou particularmente irritado com o fato de o Brasil ter dedicado um importante prédio público no Rio de Janeiro ao presidente Monroe dos EUA.[45]

José Vasconcelos influenciou bastante um outro líder intelectual mexicano, Alfonso Reyes (1889-1959), que foi nomeado embaixador no Brasil em 1930. Durante os seis anos seguintes, Reyes escreveu mais de cinquenta ensaios sagazes sobre a literatura e a cultura brasileiras.[46] Contudo, Reyes foi outra exceção. Os escritores, críticos literários e intelectuais hispano-americanos de um modo geral continuaram mostrando pouco interesse pelo Brasil. Na essência, eles focaram em suas próprias identidades e culturas nacionais. Por trás de tal postura estava a preocupação com a cultura hispânica ou latino-americana, o que significa dizer, a cultura hispano-americana, separada e diferente da dos Estados Unidos – e da do Brasil. Exemplo notável é Pedro Henriquez Ureña (1884-1946), que nasceu na República Dominicana, mas passou a maior parte da vida no México, em Cuba e na Argentina e cujos últimos trabalhos incluíram *Literary currents in Hispanic America* (Cambridge, MA, 1945), baseado nas palestras Charles Eliot Norton, que ele pronunciou em Harvard em 1940-41, e *La historia de la cultura en la América Hispânica* (México, 1947), publicado após seu falecimento. Nenhum deles mencionou o Brasil.

V

Os intelectuais brasileiros durante a Primeira República (1889-1930) tiveram atitudes marcadamente diferentes para com os Estados Unidos. E aqueles que eram mais hostis viram alguma vantagem na solidariedade e na colaboração com os vizinhos hispano-americanos do Brasil. Eles estavam, todavia, perfeitamente conscientes de que, embora o Brasil fosse então uma república, permanecia distinto da América Hispânica na cultura, e particularmente na língua E embora houvesse maior conhecimento sobre o progresso econômico e político conseguido por algumas repúblicas hispano-americanas, em especial na Argentina, Uruguai e Chile, a maior parte dos intelectuais brasileiros enxergava a América espanhola sob uma luz avassaladoramente negativa. Poucos deles se identificavam com a América Latina ou Nuestra América, e muito menos com a Indoamérica.[47]

Joaquim Nabuco (1849-1910), por exemplo, um dos mais notáveis intelectuais públicos brasileiros, não demonstrou interesse pela América espanhola durante a última fase do Império. Quando refletiu sobre as relações entre o Brasil imperial e o resto do mundo, como a maioria dos brasileiros cultos de sua geração, o jovem Nabuco pensava acima de tudo na Europa: os laços históricos, linguísticos e culturais do Brasil com Portugal; a influência da França sobre a arte e a arquitetura do Brasil desde a chegada da Missão Artística Francesa ao Rio de Janeiro, em 1816; a influência da França e da Grã-Bretanha sobre a literatura e a vida intelectual no Brasil; e não menos sobre a dependência brasileira, comercial e financeira, da Grã-Bretanha. Visitou a América espanhola (Argentina e Uruguai) pela primeira vez – em duas ocasiões – em 1889. Afora umas poucas semanas em Buenos Aires, em agosto de 1891, como jornalista e uma semana em Havana em janeiro de 1909, com embaixador especial ao governo nacional restaurado da ilha, Nabuco não fez outras visitas à América espanhola. E não manteve com ela contatos intelectuais.

Com a criação da República em 1889, Nabuco reconheceu que o Brasil passava a ser parte de "um sistema político mais amplo (...) [Brasil] na América" e foi, então, forçado a levar em conta "a marcha do continente (...) nosso continente".[48] Mas a América espanhola representava um terrível alerta para o Brasil de tudo que estava errado no governo republicano. Em carta aberta "Por que permaneço um monarquista", no *Diário do Commércio* de 7 de setembro de 1890, Nabuco escreveu que as repúblicas da América Latina (*sic*) eram caracterizadas pelo caudilhismo e a ditadura militar; "a liberdade é sacrificada pela ordem". E no seu *Agradecimento aos Pernambucanos* (1891), ele comentou sobre a obsessão de sua geração com a palavra *república,* desacreditada em todo o mundo quando acompanhada da qualificação *sul-americana*".[49] Seus diários e correspondência estão repletos de observações desabonadoras sobre a América espanhola, quando percebe o Brasil *sul-americanizado,* rebaixado ao nível político e moral de Paraguai, Uruguai, Equador, Argentina, Venezuela, México e até do Chile.[50]

Nabuco sempre considerara o Chile, por sua estabilidade política, respeito pela liberdade e rejeição ao militarismo e à ditadura, uma exceção entre as repúblicas da "raça espanhola", "um capricho de ordem moral na formação da América Latina'. Somente o Império Brasileiro e a república parlamentarista do Chile haviam evitado "o gênio sul-americano da ditadura". Mas isso mudou com a eleição de José Manuel Balmaceda em 1886. No Pós-Escrito "A questão da América Latina" para o *Balmaceda* (1895) – seu estudo sobre a "ditadura" de Balmaceda e a revolução chilena de 1891 – Nabuco descreve a América Latina como "um vasto continente em estado permanente de desgoverno e anarquia".[51] Como embaixador brasileiro em Washington (1905-10), ele foi firme apoiador do Pan-Americanismo, como já vimos, mas jamais identificou o Brasil com a América espanhola/

América Latina. Além de outros fatores, "a linguagem nos isola do resto da Ibero-América, do mesmo modo que separa Portugal e Espanha".[52] No seu telegrama final para Rio Branco, dois dias antes de sua morte em janeiro de 1910, ele insistiu em que não existiam só duas Américas, mas três: a inglesa, a espanhola e a portuguesa.[53]

No seu muito lido e influente livro *A ilusão americana* (1893; 2ª edição Paris, 1895), Eduardo Prado (1860-1901) condenou veementemente a conquista territorial e a exploração econômica da América espanhola, especialmente no México por parte dos Estados Unidos, graças à sua arrogante diplomacia e ao emprego de sua força militar. No entanto Prado, um monarquista como Nabuco, não simpatizava com as repúblicas hispano-americanas e era pessimista quando à sua capacidade de se unir contra o inimigo comum. Prado foi um dos primeiros expoentes da ideia de Brasil como "uma imensa ilha", um verdadeiro continente. Pleiteava ter ouvido de geólogos que o Rio da Prata e o Amazonas foram conectados no passado distante. De qualquer forma, o Brasil era separado das repúblicas hispano-americanas pela "diversidade da origem e da língua" e "nem o Brasil físico, nem o Brasil moral formam um sistema com aquelas nações".

O historiador Manoel de Oliveira Lima (1867-1928) foi um dos poucos intelectuais do início da república que ocuparam posto diplomático na América espanhola, passando um ano na Venezuela (1905-06) durante a ditadura de Cipriano Castro. Numa série de artigos, escritos em sua maior parte na Argentina e na Venezuela para *O Estado de São Paulo* e publicados como *Impressões da América espanhola (1904-1906)* (1907), ele revelou uma visão um tanto negativa (e racista) sobre os "países latinos do continente", com exceção de Argentina e Chile. No *América latina e América inglesa: a evolução brasileira comparada com a hispano-americana e com a anglo-americana* (Livraria Garnier s/d [1913]; traduzido para o inglês como *The evolution of Brazil compared with that of Spanish and Anglo-Saxon America,* 1914), baseado em seis palestras que deu na Universidade de Stanford, em outubro de 1912, Oliveira Lima formou a opinião de que, embora os dois devessem colaborar contra o crescente poderio dos Estados Unidos na região, o Brasil e a América espanhola eram civilizações separadas "e frequentemente hostis". Ao mesmo tempo, ele foi um dos muito poucos intelectuais brasileiros a passar muito tempo na América espanhola: ficou na Argentina por quase sete meses imediatamente após a Primeira Guerra Mundial e publicou *Na Argentina (Impressões 1918-19)* em 1920.

No *A América Latina: males de origem* (1905), escrito em Paris em 1903, Manoel Bomfim (1868-1932) criticou a visão predominantemente negativa da América Latina (ou seja, América espanhola) por parte dos Estados Unidos e da Europa. Ela era geralmente pintada como atrasada e bárbara para, como disse ele, facilitar sua dominação e exploração. E defendeu a ideia de "fraternidade" e "solidariedade" entre o Brasil e a América espanhola fundamentada em "uma homogeneidade de sentimentos".[54] Vinte anos depois, entretanto, no *O Brasil na América: caracterização da formação brasileira* (1929), quase todo escrito em 1925, Bomfim também se revelou desencantado com a América espanhola. "A América Latina" escreveu ele, "não passa de uma designação geográfica" dentro da qual existem diferenças históricas, culturais e políticas permanentes entre, de um lado, o Brasil e, do outro, "os chamados latino-americanos", "os neo-castelhanos", "os neo-ibéricos". O capítulo de abertura do *O Brasil na América* é sintomaticamente intitulado de "Portugal heroico", e o capítulo final, "Diferenças entre os neo-ibéricos".

O jornalista e crítico literário José Veríssimo (1857-1916) foi um raro exemplo de intelectual brasileiro que, enquanto deplorava a influência cultural dos EUA na América espanhola (nesse particular, ele é muitas vezes comparado a Rodó) e também no Brasil, revelava singulares conscientização e apreciação da literatura hispano-americana.[55] Foi ele que apresentou aos leitores brasileiros a literatura não apenas da Argentina e Uruguai, como também do México e da Venezuela. "Hispano-americanos também somos nós", acreditava ele, "pois Portugal é Espanha". Em visita à Academia Brasileira de Letras em 1912, o poeta nicaraguense Rubén Dario, que já estivera no Rio de Janeiro para a Terceira Conferência Pan-Americana, ouviu José Veríssimo lamentar o fato de que "filhos do mesmo continente, quase da mesma terra, oriundos de povos em suma da mesma raça ou pelo menos da mesma formação cultural, com grandes interesses comuns, vivemos nós latino-americanos, pouco mais que alheios e indiferentes uns aos outros, e nos ignoramos quase por completo.[56]

Por uma década 1903 a 1913, e de novo de 1916 a 1919, o Itamaraty (Ministério das Relações Exteriores do Brasil) financiou e editou a *Revista Americana,* [57] cujo objetivo era aprofundar as trocas políticas e culturais entre o Brasil, os Estados Unidos e a América espanhola. Ela publicou contribuições em espanhol e em português, inclusive artigos de hispano-americanos, que criticavam tanto as relações próximas entre Estados Unidos e Brasil quanto o Pan-Americanismo, apesar de a maioria dos artigos ser de brasileiros simpáticos a ambos. O primeiro artigo da primeira edição da revista foi a tradução da palestra de Joaquim Nabuco "The share of America in civilization" lida (ele estava muito doente à época para pronunciá-la) na Universidade de Wisconsin-Madison, em junho de 1909.

Após a Primeira Guerra Mundial, por certo houve mais interesse pela cultura e literatura hispano-americanas entre escritores e intelectuais brasileiros e mais intercâmbio cultural. Mário de Andrade (1893-1945), por exemplo, mantinha uma correspondência regular com Jorge Luis Borges em Buenos Aires.[58] Ronald de Carvalho (1893-1935) recepcionou José Vasconcelos em sua visita ao Rio de Janeiro em 1922 e aceitou o convite para fazer palestras sobre o Brasil, no ano seguinte, no México. Como muitos dos modernistas dos anos 1920, contudo, Carvalho possuía um senso mais forte de pertencer à América como um todo, às Américas, do que à América Latina. Seu poema mais famoso, *Toda a América* (1924) foi mais influenciado por Walt Whitman do que por qualquer outro poeta hispano-americano.[59]

No período entre a Primeira e a Segunda Guerras Mundiais, Sílvio Júlio de Albuquerque Lima (1895-1984), autor de *Estudos hispano-americanos* (1924), *Ideias e combates* (1927), *Cérebro e coração de Bolí-*

var (1931), *Escritores da Colômbia e Venezuela* (1942), *Escritores Antilhanos* (1944) e muitas outras obras, foi o único genuíno hispanista no Brasil, sistematicamente interessado na promoção da literatura e cultura hispano-americanas.[60] Anos mais tarde, Sílvio Júlio escreveu: "Eu fui – se excluirmos três ou quatro insignificantes predecessores, e um verdadeiramente respeitável: Oliveira Lima – o pioneiro do *bolivarianismo* ou *americanismo* no Brasil. (...) Lembro-me bem do titânico e indescritível esforço que fiz entre 1912 e 1930 para convencer os intelectuais brasileiros para, ao menos, lerem (...) *Ariel*! (...) Que sorrisos idióticos, que desinteresse insolente, tive que aguentar!".[61]

Os intelectuais brasileiros do entre-guerras, como os intelectuais hispano-americanos, estavam principalmente interessados na formação de suas próprias identidades nacionais. A ideia de Brasil, as raízes do Brasil (povos indígenas, portugueses, africanos), a miscigenação racial, social e cultural do Brasil, foram as principais preocupações de, por exemplo, José Francisco de Oliveira Viana em *Evolução do povo brasileiro* (1923) e *Raça e assimilação* (1932); Manuel Bomfim em *O Brasil na história* (1930) e *Brasil nação: realidade da soberania brasileira* (2 vols., 1931); Gilberto Freyre em *Casa grande e senzala* (1933) e *Sobrados e mucambos* (1936);Sergio Buarque de Holanda em *As raízes do Brasil* (1936); e Caio Prado Jr. em *Evolução política do Brasil* (1933) e *Formação do Brasil contemporâneo. Colônia* (1942). O governo de Getúlio Vargas (1930-1945), em especial durante o autoritário Estado Novo (1937-1945), quando Gustavo Capanema foi ministro da Educação e da Saúde Pública, também com responsabilidade pela Cultura, usou o Estado e os intelectuais ligados ao Estado – por exemplo, Carlos Drummond de Andrade, Mário de Andrade, Heitor Villa-Lobos, Rodrigo Melo Franco de Andrade, Lúcio Costa e Oscar Niemeyer – para promover a identidade brasileira. A América espanhola, "América Latina", ainda era vista como "a outra América".

Simultaneamente, em particular durante a Segunda Guerra Mundial, uma ênfase crescente foi também colocada na identidade *americana* do Brasil ("brasilidade americanista"). A partir de agosto de

1941, o jornal oficial do Estado Novo, *A Manhã*, passou a publicar todos os domingos um suplemento com o título *Pensamento da América*, que fomentava interesse pela literatura contemporânea, pelas correntes culturais e intelectuais em "todas as Américas", incluindo a América espanhola e os Estados Unidos em um "espírito pan-americano". Cassiano Ricardo, o editor de *A Manhã*, via o continente americano como constituído por 21 "repúblicas irmãs". (O Canadá, como sempre, era excluído.) "Há vinte e uma maneiras de ser americano, e não uma apenas", apregoava ele. O Brasil e os Estados Unidos eram "duas âncoras prendendo um só continente".[62] Um dos proeminentes historiadores brasileiros Pedro Calmon, autor de *Brasil e América. História de uma política* (1942; 2ª edição, 1944), que celebrou a "união continental" para salvar a humanidade e a civilização do fascismo, foi o principal colaborador, na companhia do historiador americano William Spence Robertson, da obra *História de las Américas* (os Estados Unidos, América espanhola e Brasil), sob a direção editorial do historiador argentino Ricardo Levene (14 vols., Buenos Aires 1940/1942; edição em português, 1945).

VI

Já nos anos 1890 podiam ser encontrados documentos oficiais dos EUA se referindo a tratados de comércio com a "Latin America", o que significava os países ao sul do rio Grande, usualmente – mas nem sempre – incluindo o Brasil. Nas suas diretrizes aos delegados dos EUA à Segunda Conferência Pan-Americana, na Cidade do México em 1901, o presidente Roosevelt expressou o desejo de que os Estados Unidos se tornassem amigos de "todas as repúblicas latino-americanas".[63] Ele também se referiu à 'Latin America' na sua Mensagem Anual ao Congresso de 1904 (o Corolário da Doutrina Monroe), como já mencionamos. Em 1909, o secretário de Estado do presidente Taft, Philander Knox, encarregou o Primeiro Assistente de Estado Francis M. Huntington Wilson da missão de ampliar e reorganizar o Departamento de Estado. Pela primeira vez, divisões regionais foram criadas, inclusive a "Division of Latin American Affairs", se bem que, na prática, ela só tratava com o México, o Caribe e a América Central, e pouca atenção dedicava à América do Sul.[64] Todavia, a expressão "Latin America", para incluir o Brasil, não era ainda muito utilizada nos Estados Unidos antes da Primeira Guerra Mundial. A pesquisa de João Feres Jr. revelou que nem a Biblioteca do Congresso, nem a Biblioteca Pública de Nova York não possuíam um livro, boletim ou periódico sequer em inglês com *Latin America* em seu título, publicados antes de 1900; apenas dois títulos foram encontrados na Biblioteca do Congresso entre 1900 e 1910 (23 na década de 1911-20, 25 na década 1921-30 e 50 na década 1931-40).[65]

Em 1916-17, houve interessante debate entre um grupo de historiadores norte-americanos sobre o nome a ser dado ao primeiro revista acadêmico devotado à história dos países ao sul dos Estados Unidos, incluindo o Brasil, que deveria ser lançado em janeiro de 1918. Colocados como opções os dois primeiros títulos – Ibero-América e América Latina – foram rejeitados, o último, em parte, pelo fato de, à época, significar apenas a América espanhola, ficou decidido, por seis votos a um, chamar a revista de *Hispanic American Historical Review*. Hispania (do romano), argumentou-se, referia-se à península e, portanto, à Espanha e Portugal e, por extensão, tanto à América espanhola quanto ao Brasil.[66] O *HAHR* foi, virtualmente, a única revista a publicar artigos sobre a "América hispânica" antes da Segunda Guerra Mundial. Só em 1940 o primeiro artigo com *Latin America* no título foi publicado: "Alguns aspectos da América Latina", de Herbert Eugene Bolton, o autor de "The epic of Greater America", seu famoso discurso presidencial para a American Historical Association, em 1932, conclamando pelo estudo da história comum das Américas.

No primeiro número de uma outra revista lançada em 1918, *Hispania*, dedicada à literatura de Espanha e Portugal, seu editor Aurelio M. Espinosa, professor de Stanford, rejeitou o uso do termo

"América Latina" para se referir à região ao sul dos Estados Unidos, incluindo o Brasil, qualificando-o como "impróprio, injusto e inespecífico". O únicos termos apropriados seriam América espanhola (*sic*) ou América hispânica.[67] De fato, *Hispania* foi dedicado à língua e a literatura da Espanha e América espanhola. Só depois 1942 incluiu artigos sobre a língua e a literatura de Portugal e o Brasil.

Em 1926, a American History Association organizou a Conferência sobre a História da América Hispânica (só renomeada Conferência sobre a História da América Latina em 1938). Em 1939, Lewis Hanke, criador e editor do *The Handbook of Latin American Studies*, uma bibliografia anual, com notas e observações, de livros e artigos sobre a América espanhola e o Brasil, publicado pela primeira vez em 1935, tornou-se chefe de uma divisão da Biblioteca do Congresso dedicada a Portugal, Espanha e América Latina. Ela recebeu a denominação de Fundação Hispânica (hoje Divisão Hispânica).

A primeira introdução geral em inglês à historia, governo, economia, sociedade e cultura da América latina – as 18 repúblicas espanholas, o Brasil e Haiti – foi publicado em 1914: *Latin America* por William R. Shepherd, Professor de história na Columbia University em Nova York. A primeira história da América Latina, incluindo o Brasil, em inglês foi a de William Spence Robertson, *The history of the Latin-American nations* (Nova York, 1922). Robertson era professor de história na Universidade de Illinois, onde lecionava história da América Latina desde 1909. No prefácio de seu *Rise of the Spanish-American republics as told in the lives of their liberators* (Nova York, 1918) ele escreveu sobre as origens, quando frequentava a Universidade de Wisconsin, do seu desejo de estudar a história e a política da América espanhola, a vasta região habitada pelos aventureiros filhos de Espanha *e Portugal*". O objetivo de seu novo livro, escreveu ele, era "descrever os principais eventos da história da América Latina ou, como é por vezes chamada, América espanhola" – a história de todas as "nações que floresceram das colônias da Espanha *e Portugal*". *The republics of Latin America: their history, governments and economic conditions* (Nova York, 1923) de Herman G. James e Percy A. Martin inclui um capítulo sobre o Brasil. Martin era professor de história em Stanford desde 1908. Ele foi, como Robertson, um dos co-fundadores do *HAHR*, um dos tradutores das palestras de Oliveira Lima em Stanford e se considerava uma espécie de "brasilianista". Outro precoce "latino-americanista" cujos interesses incluíram o Brasil foi J. Fred Rippy, que escreveu a Introdução ao *Destiny of a continente* (1925) de Manuel Ugarte.

No rescaldo da desastrosa Conferência Pan-Americana realizada em Havana em 1928, foi evidenciada a pobreza das relações de Estados entre os EUA e seus vizinhos. Elas incluíam na ocasião as relações com a América do Sul, onde o comércio e os investimentos americanos haviam crescido consideravelmente desde a Primeira Guerra Mundial. O pensamento oficial em Washington e a política externa dos EUA começaram a se centrar mais seriamente na América Latina, que abarcava todas as vinte repúblicas ao sul do rio Grande, inclusive o Brasil. Malgrado os alertas de Edwin V. Morgan, embaixador dos Estados Unidos no Brasil por mais de vinte anos (1912-33), demasiadas pessoas em Washington se inclinavam por grupar o Brasil com "as potências sul-americanas de origem espanhola". "Esse país", afirmou ele ao Secretário de Estado Kellogg, "jamais esquece que é de origem portuguesa, e não espanhola", que a exemplo dos Estados Unidos, ele foi "erigido sobre fundações não espanholas" e que mantinha "relações políticas e econômicas com os Estados Unidos diferentes das relações com as repúblicas da América espanhola".[68]

Nos anos 1930, com os Estados Unidos enfrentando ameaça externa, não só à sua economia, mas também aos seus interesses geopolíticos na América Latina, provinda das emergentes potências fascistas da Europa (a Alemanha em especial era vista como ameaça à Argentina, Chile e, sobretudo, ao Brasil), o governo de Franklin D. Roosevelt reagiu com a política de Bom Vizinho para com a América Latina. À medida que a situação na Europa se deteriorava, a solidariedade pan-americana ou interamericana, a unidade do hemisfério, os Estados Unidos e a América Latina juntos na luta de âmbito mundial da democracia contra o fascismo, tornava-se cada vez mais importante. A partir de 1940 e ao longo de toda a Segunda Guerra Mundial, a Agência de Coordenação do Comércio e das Relações Culturais entre as repúblicas americanas (renomeada em 1941 para Agência de Coordenação das Questões Interamericanas – OCIAA, na sigla em inglês), sob a direção de Nelson Rockefeller, formulou e executou um programa com o propósito de atrair corações e mentes dos latino-americanos, especialmente os dos brasileiros (por causa de seu maior envolvimento na guerra), mediante o cinema, o rádio, a música – e a palavra impressa.

Mais livros foram então publicados sobre a América Latina – acima de 150 nos anos 1940, a maioria durante e imediatamente após a Segunda Guerra Mundial, por exemplo, inclusive o *Good neighbours: Argentina, Brazil, Chile and seventeen other countries* (1941) de Hubert Herring, *Latin America* (1942) do geógrafo Preston James, *The Latin American policy of the United States* (1943) de Samuel Flagg Bemis, *The Green Continent: a comprehensive view of Latin America by its leading writers*, editado pelo escritor colombiano German Arciniegas e traduzido por Harriet de Onis et al (1944), e o livro didático para ensino médio de Harriet M. Brown & Helen B. Miller, *Our Latin American neighbors* (Nova York, 1944). Todos eles incluíram o Brasil como integrante da América Latina.[69] E começando com o *Brazil under Vargas* de Karl Loewenstein e culminando com as traduções de Samuel Putnam de Jorge Amado, Euclides da Cunha e Gilberto Freyre juntas com seu *Marvellous Journey: a survey of four centuries of Brazilian writing* (Nova York, 1948), numerosos livros foram publicados sobre o próprio Brasil, que finalmente recebeu a atenção como mais importante país e mais importante aliado dos Estados Unidos na América Latina.

A emergência dos Estados Unidos como potência global durante a Segunda Guerra Mundial demandou mais especialidade para o planejamento da política estratégica no pós-guerra. Durante o conflito armado, foi criada a chamado *Ethnogeographical Board*, reunindo pesquisadores e especialistas do National Research Council, do American Council of Learned Societies, do Social Science Research Council e da Smithsonian Institution, para a produção de uma estrutura em torno da qual seria organizada uma política e por meio da qual seria desenvolvida a educação e a pesquisa.[70] O *Board* começou dividindo o mundo em *continentes* – com uma importante exceção: em vez de Hemisfério Ocidental ou América do Norte e América do Sul, as denominações seriam Estados Unidos e América Latina. Quando ele, mais tarde, lidou com a divisão do mundo em *regiões* com certo grau de homogeneidade geográfica, geopolítica e cultural, a América Latina apresentou-se como uma das mais coesas regiões em termos de religião, língua e cultura, história e estruturas econômicas, sociais e políticas. As diferenças entre a América espanhola e o Brasil em todos esses aspectos (salvo, em alguma dimensão, a religião) e as tremendas disparidades em tamanhos e populações entre o Brasil e os demais países da região foram simplesmente ignoradas.[71]

No período do pós-guerra imediato e nos primeiros anos da Guerra Fria, a opinião oficial dos EUA de que as vinte repúblicas ao sul do rio Grande, incluindo o Brasil, constituíam a "América Latina" influenciou outros governos, instituições multilaterais (a Comissão Econômica para a América Latina, ECLA/CEPAL, das Nações Unidas, criada em 1948, foi a primeira organização internacional responsável para a "América Latina"), ONGs, fundações, sociedades versadas e, não menos importante, as universidades dos Estados Unidos e da Europa, onde os "estudos latino-americanos" experimentaram rápido crescimento, ainda mais acelerado pela Revolução Cubana.[72] E a América Latina como um todo (agora incluindo o Brasil) não foi apenas considerada *diferente* dos Estados Unidos, como também uma área problemática, parte da qual era então chamada de integrante do "Terceiro Mundo" – econômica, social e culturalmente atrasada, politicamente violenta e instável. Na sua teoria sobre o "clash of civilizations", Samuel P. Huntington argumentaria, bizarramente, que a América Latina (com o Brasil como "estado líder") era uma "civilização separada", com uma "identidade distinta que a diferencia do Ocidente".[73]

Para o governo dos EUA, a América Latina, na esteira imediata da Segunda Guerra Mundial, era importante tanto economicamente (comércio e investimentos) quanto por razões geopolíticas (segurança) e ainda mais porque ela inicialmente representava o maior bloco único votante na Assembleia da ONU. Mas com o advento da Guerra Fria, as preocupações hemisféricas deram cada vez mais lugar às globais. Europa, Oriente Médio e Ásia se tornaram mais relevantes do que a América Latina, a única região do mundo em que a URSS, aparentemente, não representava desafio de porte à hegemonia dos EUA. Os Estados Unidos podiam se dar ao luxo de negligenciar a América Latina. A OCIAA foi fechada em maio de 1946. Já em 1949, Adolf Berle, que servira como Secretário-assistente de Estado para a América Latina no governo Roosevelt e como embaixador no Brasil de 1945 a 1946, queixava-se sobre a "enorme negligência e ignorância" sobre a região, que encontrara em Washington. "Simplesmente esquecemos da América Latina".[74]

A Revolução Cubana resultou numa imediata proposta do presidente Kennedy, em 1961, de uma Aliança para o Progresso, a fim de que os EUA concorressem para o desenvolvimento econômico e social da América Latina. Todavia, quando a Crise Cubana dos Mísseis foi pacificamente resolvida e desapareceu a ameaça externa imediata aos interesses americanos, os Estados Unidos ficaram em condições, relativamente falando, de negligenciar de novo a América Latina, embora permanecessem prontos para intervir, direta ou indiretamente, no sentido de lidar com qualquer ameaça interna e de salvar a América Latina do "comunismo", como pleitearam fazer, por exemplo, no Brasil em 1964, no Chile em 1973 e na América Central nos anos 1980.

VII

Nos anos que se seguiram à Segunda Guerra Mundial, houve muito maior intercâmbio entre os intelectuais, escritores, artistas, críticos e acadêmicos brasileiros e os da América espanhola. Os hispano-americanos, que pensavam em termos de América Latina, incluíram então o Brasil e mencionaram as ideias, literatura e cultura brasileiras em seus próprios trabalhos, porém, na maior parte das vezes, marginalmente e sem grande convicção ou entusiasmo. Nenhum intelectual hispano-americano escreveu mais sobre a América Latina do que Leopoldo Zea (México, 1912-2004). Sobre o Brasil, entretanto, raramente poderia ser dito que ele foi adequadamente tratado em qualquer de seus livros.[75] Notáveis exceções foram Arturo Torres-Rioseco (Chile, 1897-1971), Eduardo Galeano (Uruguai, 1940-2015), autor do muito vendido *Las venas abiertas de América Latina* (1971), Ángel Rama (Uruguai, 1926-1983) e Emir Rodríguez Monegal (Uruguai, 1921-1985), que editaram, em dois volumes *Borzoi Anthology of Latin American literature* (Nova York, 1977), no qual o Brasil foi bem representado.[76] É muito significativo que muitos deles que deram mais importância ao Brasil lecionaram em Departamentos de Estudos Espanhóis e Portugueses em universidades de ponta dos EUA – Torres Rioseco, por exemplo, por mais de quarenta anos na Universidade da Califórnia, Berkeley, Rodríguez Monegal por mais de quinze anos em Yale – e/ou nasceram nos menores países da América Latina (principalmente Uruguai, o vizinho mais próximo do Brasil na América espanhola).

No Brasil, existiram também escritores e artistas que, até aqui, deram muito maior atenção às ideias e cultura hispano-americanas. Por exemplo, um dos maiores poetas brasileiros, Manuel Bandeira, publicou *Literatura hispano-americana* em 1949. E no períodos dos anos 1960 a 1980, diversos intelectuais brasileiros de destaque, na maior parte de esquerda, começaram até a se autoidentificar com a "América Latina". Não se tratou meramente de afinidade ideológica e solidariedade com seus colegas da América espanhola durante a Guerra Fria. Com frequência foi também consequência direta dos anos passados no exílio no Uruguai (até o golpe de junho de 1973), no Chile (até o golpe de setembro de 1973), no México e na Venezuela, assim como em vários países da Europa e nos Estados Unidos, durante a ditadura militar brasileira. "Foi em (...) Santiago [imediatamente após o *golpe* de 1964]", escreveu Fernando Henrique Cardoso, "que despertei para o conceito de 'América Latina'. Parece agora bastante intuitivo, mas a noção da região como bloco político e cultural não era tão popular naquela época. Nós simplesmente não acreditávamos que o Brasil, com sua herança portuguesa e tamanho continental, tivesse muito em comum com Peru, Venezuela ou México".[77]

Cardoso escreveu (com o chileno Enzo Faletto) o altamente influenciador *Dependency and Development in Latin America,* publicado pela primeira vez em espanhol em 1969. Celso Furtado (1920-2004), que havia sido instruído e influenciado pelo economista argentino Raúl Prebisch na ECLA/CEPAL em Santiago e, portanto, já era em alguma medida um "latinoamericanista", escreveu *Subdesenvolvimento e estagnação na América Latina* (1966) e *Formação econômica da América Latina* (1969). Ruy Mauro Marini (1932-1997) e Theotonio dos Santos (1936-2018), que foram bastante induzidos pelo alemão "latino-americanista" André Gunder Frank, autor do *Capitalism and Underdevelopment in Latin America* (1967), escreveram diversos livros e artigos sobree a teoria da dependência como relacionada à América Latina. O antropólogo Darcy Ribeiro (1922-1997) escreveu *As Américas e a civilização: processo de formação e causa do desenvolvimento cultural desigual dos povos americanos* (1970), *O dilema da América Latina – estruturas de poder e forças insurgentes* (1978) e, depois de retornar do exílio, um ensaio intitulado "América Latina: pátria grande" (1986).

Um exemplo mais surpreendente de um intelectual brasileiro identificado com a América Latina é Gilberto Freyre, talvez o intelectual do Brasil mais reconhecido internacionalmente na ocasião e também famoso por seus prévios escritos sobre a excepcionalidade luso-brasileiro. Num ensaio "Americanidade e latinidade da América Latina", publicado em 1963, Freyre declarou: "O brasileiro é uma gente hispânica, sua cultura é hispânica – no sentido de ibérica. (...) O Brasil é duplamente hispânico (Portugal e a Espanha)". Para ele, os países da América Latina eram todos "países hispânicos-tropicais". Existia "uma unidade pan-hispânica (...) uma cultura transnacionalmente pan-hispânica a que o Brasil pertence."[78]

A maioria dos intelectuais brasileiros – talvez seja justo dizer, a maior parte dos brasileiros – continua a considerar "América Latina" como América espanhola, a achar que o Brasil não faz parte dessa América Latina, e que os brasileiros, na essência, não são "latino-americanos."[79]

VIII

EM VISTA DA RELAÇÃO ESPECIAL, pode-se dizer aliança não escrita, que o Brasil desfrutava com os Estados Unidos desde o início do século, e do apoio que proporcionara durante a Segunda Guerra Mundial, o país ficou desapontado por ser tratado pelos EUA pós-guerra meramente como uma das vinte, talvez a maior e mais importante, repúblicas latino-americanas. Apesar de, em última análise, o Brasil ter ficado sempre ao lado dos Estados Unidos e do "Ocidente" na Guerra Fria, sob os presidentes Jânio Quadros e João Goulart (1961-64) a *política externa independente* do Brasil incluía a restauração das relações com a URSS (rompidas em 1947) e relações mais próximas com a China e com o restante do "Terceiro Mundo" subdesenvolvido, inclusive com países da África e da Ásia em suas lutas contra o colonialismo, e com a Cuba revolucionária (se bem que não, significativamente, com os outros países da América espanhola).

Durante os 21 anos de ditadura militar, que se seguiu ao golpe de 1964, os EUA consideravam o Brasil "país-chave" em questões mundiais e seu parceiro preferido na região da América Latina. O Brasil, por seu lado, em especial durante os governos Médici e Geisel (1969-1979), apesar de não ter se juntado ao Movimento dos Não Alinhados (manteve apenas o status de observador), perseguiu políticas de "Terceiro Mundo" independente, muitas vezes em contraposição aos interesses e às políticas dos EUA, como foi o caso das questões no Oriente Médio e na África. Na América Latina, o Brasil não teve o desejo nem os recursos para desempenhar papel de liderança e, por certo, tampouco o papel de "xerife" regional, como o Departamento de Estado dos EUA por vezes idealizou.[80]

O Brasil filiou-se à Área Latino-Americana de Livre Comércio (ALALC) em 1960 e à Associação Latino-Americana de Integração (ALADI) em 1980. E as relações com seu arquirrival, Argentina, que tinham atingido uma baixa recorde em meados dos anos 1970, melhoraram exponencialmente depois da democratização dos dois países em meados dos anos 1980. Essa reaproximação levou, no fim, ao Tratado de Assunção (1991) e à criação do MERCOSUL, o bloco comercial que consistia do Brasil, Argentina, Uruguai e Paraguai (ao qual mais tarde Chile e Bolívia se juntaram). É fantasioso, no entanto, falar de latinoamericanização da política externa brasileira nesses anos. Mais de quarenta anos após a Segunda Guerra Mundial, durante a qual o Brasil foi considerado e tratado pelos Estados Unidos e pelo restante do mundo como parte da América Latina, durante a qual o desenvolvimento político e econômico tinham seguido, em muitos aspectos, caminhos semelhantes pelo menos aos das mais importantes repúblicas da América espanhola, e durante a qual o começo da *Marcha para o Oeste* brasileira levou o país a um contato mais estreito com muitos de seus vizinhos, não se podia ainda dizer que o Brasil tinha profundo comprometimento com o resto da região.

IX

Em consequência do fim da Guerra Fria, as profundas mudanças na política mundial que se seguiram, a intensificação do processo de globalização e, não menos importante, as alterações fundamentais políticas e econômicas no próprio Brasil, a presença e influência do país no mundo cresceram significativamente, em especial sob as presidências de Fernando Henrique Cardoso (1995-2003) e Luiz Inácio Lula da Silva (2003-2010). O Brasil passou a ser considerado internacionalmente, em conjunto com China e Índia, com uma da "potências globais emergentes' na primeira metade do século XXI. Ao mesmo tempo, houve maior desenvolvimento das relações do Brasil com outros estados de sua região. O país continuou dando suporte ao trabalho da Organização dos Estados Americanos (OEA), criada em 1948 na Nona Conferência Pan-Americana realizada em Bogotá, e seus presidentes têm comparecido a todas as cimeiras das Américas desde dezembro de 1994, enquanto resiste à agenda dos EUA de integração econômica do Hemisfério Ocidental. O Brasil participou dos encontros anuais do Grupo do Rio dos estados latino-americanos criado em 1986, e deu pleno suporte à Comunidade de Estados Latino-Americanos e Caribenhos – a CELAC – fundada em 2010.

Porém o Brasil também, pela primeira vez em sua história, perseguiu ativamente uma política de congraçamento, tanto econômico quanto político, com seus vizinhos imediatos na América do Sul. Essa foi uma consciente decisão deliberadamente tomada em 1992-93 e reforçada pelo fato de o México ter se aliado aos Estados Unidos e ao Canadá na "América do Norte". O presidente Cardoso foi anfitrião da primeira reunião de presidentes sul-americanos realizada em Brasília, em 2000. Na terceira reunião, ocorrida em Cusco em dezembro de 2004, durante o governo Lula, foi criada uma Comunidade de Nações Sul-Americanas. Ela consistia de doze nações, inclusive a Guiana e o Suriname. No encontro realizado em Brasília, em maio de 2008, a comunidade transformou-se na União de Nações Sul-Americanas (UNASUR). O principal foco da política externa do governo Lula foi melhorar as relações com os vizinhos sul-americanos e também, de fato, a integração econômica e política na América do Sul. Pela primeira vez – e com grande dose de hesitação, incerteza e ambivalência – o Brasil passou a se considerar uma potência regional. A região, todavia, era a América do Sul, e não a América Latina.[81]

Notas

Ensaio 1

[1] John Leddy Phelan, "Pan-Latinism, French intervention in Mexico (1861-7) and the genesis of the idea of Latin America", em Juan A. Ortega y Medina (ed.), *Conciencia y autenticidad históricas: escritas en homenaje a Edmundo O'Gorman* (México D.F.: UNAM, 1968), pp. 279-98.
[2] Ver Guy Martinière, "Michel Chevalier et la latinité de l'Amérique", *Revista NEIBA. Cadernos Argentina-Brasil* III/1, novembro de 2014.
[3] Ver Arturo Ardao, "La idea de Latinoamérica", *Marcha* (Montevidéu), 27 de novembro de 1965; *Génesis de la idea y el nombre de América Latina* (Caracas, 1980). Desde a publicação do *Génesis* de Ardao, houve uma série de artigos sobre o assunto: por exemplo, Juan Carlos Torchia Estrada, "'América Latina': orígen de un nombre y una idea", *Inter-American Review of Bibliography*, 32/1, 1982 [uma extensa revisão de Ardao]; Monica Quijada, "Sobre el orígen y difusión del nombre 'América Latina'. O una variación heterodoxa en torno al tema de la construcción social de la verdad", *Revista de Indias* 58, nº 214, set-dez de 1998; Paul Estrade, "Del invento de 'América Latina' en Paris por latinoamericanos (1856-1889)" em Jaques Maurice e Marie-Claire Zimmerman (eds.), *Paris y el mundo ibérico e iberoamericano* (Université de Paris X-Nanterre, 1998); Hector H. Bruit, "A invenção da América Latina" em *Anais electrônicos do V Encontro da Associação Nacional de Pesquisadores e Professores de História das Américas* (Belo Horizonte, 2000). Os conceitos de "raza latina" e "América latina", como Walter Mignolo nos relembra em *The idea of Latin America* (Oxford: Blackwell, 2005), também serviram de pretexto para enfatizar as raízes europeias comuns das elites pós-coloniais "brancas" ou criollo da América espanhola, que as separavam dos índios, mestiços e negros.
[4] Ver Miguel A. Rojas Mix, "Bilbao y el hallazago de América latina: unión continental, socialista y libertária", *Cahiers du Monde Hispanique et Luso-Brasilien – Caravelle* 46, 1986 e *Los cien nombres de América Latina* (San José, 1991).
[5] Ver Aims McGuinness, "Searching for 'Latin America'. Race and sovereignty in the Americas in the 1850s", em Nancy P. Appelbaum, Anne S. Macpherson e Karin Alejandra Rosemblatt (eds.) *Race and nation in modern Latin America* (Chapel Hill: University of North Carolina Press, 2003) e *Path of empire. Panama and the California gold rush* (Ithaca, NY: Cornell University Press, 2008) cap. 5, "U.S. empire and the boundaries of Latin America".
[6] Ver Arturo Ardao, *España en el origen del nombre América Latina* (Montevidéu, 1992).
[7] Nicolas Shumway, *The Invention of Argentina* (Berkeley e Los Angeles: University of California Press, 1991), p. 244.
[8] Ver Gerald Martin, "The literature, music and art of Latin America from independence to c.1870", em Leslie Bethell (ed.), *The Cambridge History of Latin*

America, volume III *From Independence to c. 1870* (Cambridge: Cambridge University Press, 1985).

[9] Ver o estudo clássico de Arthur P. Whitaker, *The Western Hemisphere Idea: its rise and decline* (Ithaca, NY: Cornell University Press, 1954). Quanto ao nome "America" – cunhado por Amerigo Vespucci, o navegador florentino, e usado pela primeira vez em mapa em 1507 – para descrever a massa de terra (ou as duas massas ligadas pelo istmo do Panamá) "descoberta" pelos europeus no fim do século XV e início do de XVI, a obra clássica permanece sendo a de Edmundo O'Gorman, *La invención de América* (México, D.F.: Fondo de Cultura Economica, 1958).

[10] Ver Kenneth Maxwell, *Naked tropics. Essays on Empire and other Rogues* (Nova York, Routledge, 2003), cap. 9. The odd couple: Jefferson and the Abbé.

[11] Citado em D.A.G. Waddell, "International politics and Latin American Independence", em Bethell (ed.) *Cambridge History of Latin America*, vol. III, p. 219.

[12] Citado em Lars Schoultz, *Beneath the United States. A history of US policy toward Latin America* (Cambridge, M A,: Harvard University Press, 1998), pp. 10-11.

[13] Ver Iván Jaksic, *Andrés Bello, Scholarship and Nation-building in Nineteenth-Century Latin America* (Cambridge, Cambridge University Press, 2001). Esse excelente livro, como o próprio Bello, optou por ignorar completamente o Brasil.

[14] O Brasil foi mais tarde convidado – pelo vice-presidente colombiano Santander – a enviar representantes ao Panamá e dois deles foram, no fim, nomeados. Mas o primeiro jamais chegou ao destino e o segundo nunca deixou o país. Os Estados Unidos foram também posteriormente convidados, porém nenhum delegado dos EUA compareceu ao Congresso.

[15] Para as conferências americanas, ver Aimer Granados García, "Congresos e intelectuales en los inicios de un proyecto y de una consciência continental latino-americana, 1826-1860", em Aimer Granados García & Carlos Marichal (comps.), *Construcción de las identidades latino-americanas. Ensayos de historia intelectual (siglos XIX y XX)* (México, DF: El Colegio de México, 2004).

[16] Citado em Luís Cláudio Villafañe G. Santos, *O Brasil entre a América e a Europa: o Império e o interamericanismo (Do Congresso do Panamá a Conferência de Washington)* (Assis, SP: UNESP, 2003), p. 97.

[17] Ver Luís Cláudio Villafañe Gomes Santos, *O Império e as Repúblicas do Pacífico. As relações do Brasil com Chile, Bolívia, Peru, Equador e Colômbia (1822-1889)* (Curitiba: Editora UFPR, 2002).

[18] Ver Guillermo Palacios, *Intimidades, Conflictos e Reconciliaciones. México e Brasil, 1822-1993* (México, D.F., 2008).

[19] Na Exposição Universal realizada em Paris em 1889, para comemorar o centenário da Revolução Francesa, o Brasil, 'Le grand empire de l'Amérique du Sud', fez-se representar e foi tratado como potência importante, "civilizada" e "progressista", a ser comparada com os Estados Unidos da América. O principal objetivo do pavilhão brasileiro e do livro de setecentas páginas *Le Brésil en 1889*, foi demonstrar que "pour être Américains du Sud, nous n'en sommes pas moins Américains".

[20] Ver Leslie Bethell, "O Brasil e as Conferências Pan-Americanas", em Alzira

Alves de Abreu (org.) *Dicionário histórico-biográfico da Primeira República (1889-1930)* (Rio de Janeiro: CPDOC/FGV, 2012).

[21] *La Nación*, 26 de julho, reproduzido no *Jornal do Commercio*, 4 de agosto de 1906. Citado em Clodoaldo Bueno, *Política Externa da Primeira República. Os anos do apogeu – de 1902 a 1918* (Rio de Janeiro: Paz e Terra, 2003), p. 152.

[22] Sobre os acordos a respeito das disputas quanto às fronteiras brasileiras na América do Sul, ver Synésio Sampaio Goes Filho, *Navegantes, bandeirantes, diplomatas: um ensaio sobre a formação das fronteiras do Brasil* (São Paulo, 1999) e "Fronteiras: o estilo negociador do Barão de Rio Branco, como paradigma da política exterior do Brasil", em Carlos Henrique Cardim e João Almino (eds), *Rio Branco, a América do Sul e a modernização do Brasil* (Rio de Janeiro/Brasília: EMC – Edições, 2002).

[23] Citado em Joseph Smith, *Unequal giants. Diplomatic relations between the United States and Brazil, 1889-1930* (Pittsburgh, University of Pittsburgh Press, 1991) pp. 62-63.

[24] Rio Branco para Nabuco, telegrama de 22 de novembro de 1909, em *Joaquim Nabuco, embaixador*, vol. I: 1905-1907, vol. II 1908-1910 (Rio de Janeiro: Centro de História e Documentação Diplomática/Brasília: Funag, 2011), vol. II, p. 244.

[25] Joaquim Nabuco, *Balmaceda* (1895, São Paulo, Cosac Naify, 2008), José Almino de Alencar (org), Pós-escrito: A questão da América Latina, pp. 220-21.

[26] Joaquim Nabuco, *Obras Completas de Joaquim Nabuco*, vol. XIV: *Cartas a amigos* vol. II (São Paulo, 1949) p. 238: Nabuco para Rio Branco, 19 de dezembro de 1905

[27] Joaquim Nabuco, *Diários* I *1873-1888*, II *1889-1910* (Rio de Janeiro: Editora Bem-Te-Vi/Recife: Editora Massangana, 2005) prefácio e notas de Evaldo Cabral de Mello, vol. II, pp. 346-47: Nabuco para Rodrigues, 12 de dezembro de 1905.

[28] Ver Leslie Bethell, *Joaquim Nabuco no mundo. Abolicionista, jornalista e diplomata* (Rio de Janeiro: Bem-Te-Vi Produções Literárias, 2016), pp. 212-14.

[29] Nabuco para Rio Branco, 20 de outubro; Nabuco para Rui Barbosa, 22 de outubro de 1907: Nabuco, *Cartas a amigos*, vol. II. pp. 291, 294.

[30] Nabuco para Barbosa Lima, 7 de julho de 1907, em: *Cartas a amigos*, vol. II, p. 277.

[31] Nabuco para Barbosa Lima, 7 de julho de 1907, *Cartas a amigos*, vol. II, p. 277; Nabuco para Rio Branco, 18 de janeiro de 1908, *Cartas a amigos*, vol. II, pp. 301-02. Nabuco para Graça Aranha, 18 de agosto, 28 de setembro de 1908, citado em Anco Márcio Tenório Vieira, "O abolicionismo, o pan-americanismo e o valor da experiência empírica em Joaquim Nabuco: Notas de uma correspondência", em Helenilda Cavalcanti & Sylvia Couceiro (orgs.) *Joaquim Nabuco e nossa formação* (Recife, Fundação Joaquim Nabuco/Editora Massangana, 2012), pp. 83-84; Nabuco para Hilário de Gouveia, 19 de janeiro de 1909, *Cartas a amigos*, vol. II, p. 330. Para detalhes adicionais do pensamento de Nabuco sobre o Brasil, os Estados Unidos e a América espanhola, ver Bethell, *Joaquim Nabuco no mundo*, capítulo 4.

[32] Ver Eugênio Vargas Garcia, *Entre América e Europa: a política externa brasileira na década de 1920* (Brasília: UnB/Funag, 2006), p. 88. Ver também Eugênio Vargas Garcia,

O Brasil e a Liga das Nações (1919-1926) (Porto Alegre/Brasília: UFRGS/Funag, 2000).

[33] Afrânio de Melo Franco para José Félix Pacheco, 17 de março de 1926, citado em Stanley Hilton, "Afrânio de Melo Franco e a diplomacia brasileira, 1917-1943", *Revista Brasileira de Política Internacional,* Ano XXIX/1, 1986, p. 21.

[34] Austen Chamberlain para Regis de Oliveira, 4 de junho de 1926, citado em Garcia, *Entre América e Europa,* p.418. Uma comissão da Assembleia da Liga das Nações, em maio de 1926, aumentou o número de membros não permanentes do conselho de seis para nove, três para a América Latina – sujeitos a rodízio. Chile, Colômbia e El Salvador foram oficialmente admitidos na Sétima Assembleia Geral, em setembro de 1926.

[35] Pacheco para Melo Franco, telegrama de 12 de maio de 1926, citado em Garcia, *Entre América e Europa,* pp. 409-10.

[36] Citado em Garcia, *Entre América e Europa,* p. 449.

[37] Aranha para Vargas, 15 de janeiro de 1935, citado em Stanley E. Hilton, *Brazil and the Great Powers, 1930-1939. The politics of trade rivalry* (Austin, TX: University of Texas Press, 1975), p. 14.

[38] Diário de Berle, 20-27 de fevereiro de 1945, citado em Jordan A. Schwarz, *Liberal. Adolf A. Berle and the Vision of an American Era* (Nova York: The Free Press, 1987), p. 262.

[39] Ver Eugênio Vargas Garcia, *O Sexto Membro Permanente. O Brasil e a criação da ONU* (Rio de Janeiro: Contraponto, 2012).

[40] Ver Monica Quijada. "Latinos y anglosajones. El 98 en el fin de siglo sudamericano", *Hispania* (Madrid) LVII2, 196, maio-agosto de 1997.

[41] Ver José Marti, *Nuestra América,* várias edições. Em inglês, *Inside the Monster by José Mari: Writings on the United States and American Imperialism,* editado com Introdução de Philip S. Foner (Nova York, 1975) e *Our America by José Marti: Writings on Latin America and the struggle for Cuban independence,* editado com Introdução de Philip S. Foner (Nova York, 1977) Ver também Jean Lamore, *José Marti et l'Amérique,* 2 vols., (Paris, 1986-88).

[42] Sobre Rodó e sua visão de uma *magna pátria latinoamericana,* ver Robert Patrick Newcomb, *Nossa and Nuestra América, Inter-American Dialogues* (West Lafayette, Indiana: Purdue University Press, 2012), capítulo 2.

[43] Ver, por exemplo, César Zumeta (Venezuela, 1860-1955) *El continente enfermo* (1899): Francisco Bulnes (México, 1847-1924), *El porvenir de las naciones latino-americanas* (1899); Carlos Octavio Bunge (Argentina, 1875-1918), *Nuestra América* (1903); Alcides Arguedas (Bolívia, 1879-1946), *Pueblo enfermo* (1909); Francisco García Calderón (Peru, 1883-1953), *Les democraties latines de l'Amérique* (1912, traduzido para o inglês como *Latin America: its rise and progress,* 1918), que inclui um capítulo sobre o Brasil, mas com apenas dez páginas. Sobre Garcia Calderón, ver Alicia Gil Lázaro, "Las señas de identidad de un escritor "ausente": América Latina y Perú en el pensamento de Francisco García Calderón", em García & Marichal, *Construcción de las identidades latino-americanas.*

[44] Sobre as ideias de Ugarte sobre a "América Latina", ver Javier Moyano, "El concepto de América Latina en el pensamiento de Manuel Ugarte y Deodoro Roca", em García & Marichal, *Construcción de las identidades latinoamericanas*, e Miguel Angel Barrios. *El lationoamericanismo en el pensamiento político de Manuel Ugarte* (Buenos Aires, 2007).

[45] O Palácio Monroe tinha sido construído para a Terceira Conferência Pan-Americana realizada no Rio de Janeiro em 1906. De 1914 a 1922, o palácio sediou temporariamente a Câmara dos Deputados, e de 1922 a 1937 (quando ela foi fechada por Getúlio Vargas) e de 1946 a 1960 abrigou o Senado Federal. O palácio foi demolido em 1976.

[46] Ver Fred P. Ellison, *Alfonso Reyes e o Brasil. Um mexicano entre os cariocas* (Rio de Janeiro, 2002) e Newcomb, *Nossa and Nuestra América*, capítulo 4.

[47] No "Brazil into Latin America: The demise of slavery and monarchy as transnational events", *Luso-Brazilian Review* 49/1, junho de 2012, pp. 96-126, Ori Preuss (Universidade de Tel Aviv) argumenta, sem convencer muito, que "Foi o efeito cumulativo dessas duas reais e simbólicas mortes [a abolição da escravatura e o fim do império] que finalmente deram nascimento a uma conscientização latino-americana do Brasil. (...) O colapso desse dois pilares gêmeos da singularidade do Brasil dentro do subcontinente pode ser interpretado como duas rupturas interrelacionadas que espiralaram juntas como um evento histórico transformador, desarticulando a estrutura mental vigente". Em *Bridging the island: Brazilians' views of Spanish America and themselves, 1865-1912* (Frankfurt: Iberoamericana, 2011), ele escreveu: "Na primeira década do século XX, as elites brasileiras [políticas e intelectuais] julgaram a si mesmas, em certa medida ou noutra, consciente ou inconscientemente, como latino-americanas'. Infelizmente, Preuss dá poucos exemplos do que ele cita como "expressões indiscutíveis' de latino-americanismo", seja de intelectuais seja de políticos brasileiros, durante os primeiros anos da República. Uma opinião com mais nuances pode ser encontrada em não publicada tese de doutorado de Kátia Gerab Baggio, A "outra" América: A América Latina na visão dos intelectuais brasileiros das primeiras décadas republicanas, Universidade de São Paulo. 1988, que escreveu também diversos artigos sobre o tema. Ver, por exemplo, "Brasil e Hispano-América: representações e trocas intelectuais", em Eliane de Freitas Dutra (org.), *O Brasil em dois tempos: história, pensamento social e tempo presente* (Belo Horizonte: Autêntica, 2013).

[48] Joaquim Nabuco, *Balmaceda*, p. 218.

[49] Citado em Angela Alonso, "Joaquim Nabuco; Diplomata Americanista" em José Vicente de Sá Pimentel (org.) *Pensamento Diplomático Brasileiro. Formuladores e Agentes da Política Externa (1750-1964)*, 3 vols. (Brasília: Fundação Alexandre Gusmão, 2013), vol. II, p. 364.

[50] Ver Bethell, *Joaquim Nabuco no mundo*, p. 204. Às vésperas da república, José Maria da Silva Paranhos Jr., futuro barão de Rio Branco, também temeu, que com a introdução de um presidente eleito e um sistema federativo de governo, o Brasil se tornaria como "todas essas ridículas repúblicas hispano-americanas [ele

deu como exemplo o México e a Colômbia]'. O Império Brasileiro, "unido, grande, próspero e livre", era a inveja das "turbulentas repúblicas da América do Sul", dos "súditos de Gusmões Blancos e Porfírios Dias [ditadores da Venezuela e do México, respectivamente]'. Rio Branco ao barão Homem de Mello, 13 de setembro de1887(?), citado em Clodoaldo Bu'eno, "O Barão de Rio Branco e o Projeto da América do Sul", em Cardim & Almino (orgs.), *Rio Branco*, p. 359.

[51] Nabuco, *Balmaceda*, Pós-escrito: A questão da América Latina, pp. 215-16, 219.

[52] Nabuco para Barbosa Lima, 7 de julho de 1907, em *Cartas a amigos*, vol. II. p. 277.

[53] Nabuco para Rio Branco, telegrama de 15 de janeiro de 1910, *Joaquim Nabuco, Embaixador*, vol. II, p. 266. Para exame mais detalhado do pensamento de Joaquim Nabuco sobre a América espanhola, ver Bethell, *Joaquim Nabuco no mundo*, capítulo 4.

[54] Ver Flora Sussekind, "Shifting Frontiers – Manuel Bomfim e *A América Latina*: An Introduction", *Journal of Latin American Cultural Studies* II/1, 2002.

[55] Ver, por exemplo, *A educação nacional* (Belém, 1890; 2ª ed. Rio 1906) e "A regeneração da América Latina (*Jornal de Comércio*, 18 de dezembro de 1900), uma revisita ao *Ariel* de Rodó, mais tarde incluído no *Homens e Coisas Estrangeiras* (Rio de Janeiro, 1902). Também José Veríssimo, *Cultura, literatura e política na América Latina*, uma seleção de seus ensaios publicados em sua maior parte nos anos que antecederam imediatamente a Primeira Guerra Mundial, editado e com uma introdução de João Alexandre Barbosa (São Paulo, 1986), e Kátia Gerab Baggio, "José Veríssimo: uma visão brasileira sobre as Américas", *Anos Electrônicos do III Encontro da ANPHLAC* (São Paulo, 1998).

[56] Citado em Ellison, *Alfonso Reyes e o Brasil*, p. 17.

[57] Ver A. M. Ortega, A construção de uma ideologia continental no início do século XX": a *Revista Americana* 1909-19, tese não publicada da PUC-São Paulo, 2003: Alvaro Fernandez Bravo, "Utópias americanistas: la posición de la *Revista Americana* en Brasil (1909-1919)", em Paula Alonso, *Construcciones impresas: panfletas diárias y revistas em la formación de los estados nacionales en América Latina, 1820-1920* (Buenos Aires, 2004); Ricardo Souza de Carvalho, "La *Revista Americana* (1909-1919) y el diálogo intelectual em Latinoamérica", *Revista Iberoamericana*, julho-dezembro de 2004; Kátia Gerab Baggio, "La Revista Americana (1909-1919) et les relations entre les Amériques", em Eliana de Freitas e Jean-Yves Mollier (orgs.), *L'imprimé dans la construction de la vie politique. Brésil, Europe et Amériques (XVIIIe-XXe siècle)* (Rennes: Presses Universitaires de Rennes, 2015).

[58] Sobre Mário de Andrade, ver *Mário de Andrade/Borges; um diálogo dos anos 20*, ed. Emir Rodrigues Monegal (São Paulo, 1975); Raúl Antelo, *Na Ilha de Marapatá (Mário de Andrade lê os hispano-americanos)* (São Paulo, 1986); Patricia Artundo, *Mário de Andrade e a Argentina* (São Paulo: Edusp, 2004).

[59] Sobre Ronaldo de Carvalho, ver Katia Gerab Baggio, "Ronald de Carvalho e Toda a América: diplomacia, ensaísmo, poesia e impressões de viagem na sociabilidade intelectual entre o Brasil e a Hispano-América", em José Luis Bendicho Beired,

Maria Helena Capelato & Maria Ligia Coelho (orgs.), *Intercâmbios políticos e meditações culturais nas Américas* (Assis, SP: Unesp, 2010).

[60] Daniel S. Wogan, *A Literatura Hispano-americana no Brasil: 1877-1944: Bibliografia de crítica, história literária e traduções* (Baton Rouge: Louisianna State University Press, 1948), pp. 9-10.

[61] Sílvio Júlio de Albuquerque Lima, *José Enrique Rodó e o cinquentenário do seu livro "Ariel"* (Rio de Janeiro, 1954), citado em Newcomb, *Nossa and Nuestra América*, p.9.

[62] Ver Ana Luiza Beraba, *América aracnídea. Teias culturais interamericanas* (Rio de Janeiro, 2008), pp. 14, 27. Sobre a "americanizção" da cultura brasileira durante a Segunda Guerra Mundial, ver, Gerson Moura, *Tio Sam chega ao Brasil: a penetração cultural americana* (São Paulo, 1984) e Antônio Pedro Tota, *O imperialismo sedutor. A americanização do Brasil durante a Segunda Guerra Mundial* (São Paulo: Companhia das Letras, 2000).

[63] Citado em Smith, *Unequal giants*, p. 52.

[64] Ver Francis M. Huntington Wilson, *Memoirs of an ex-diplomat* (Boston, 1945); Walter V. e Marie V. Scholes, *The foreign policy of the Taft administration* (Columbia, MO: University of Missouri Press, 1970), pp. 25-27.

[65] Ver João Feres Jr., *A história do conceito de "Latin América" nos Estados Unidos* (Bauru, SP, 2004) p. 81 e Apêndice I.

[66] Feres, *História do conceito de "Latin America"*, pp. 82-84, Helen Delpar, *Looking South. The evolution of Latin Americanist scholarship in the United States, 1850-1975* (Tuscaloosa, AL: University of Alabama Press, 2008), p. 50.

[67] Aurelio M. Espinosa, "The term Latin America", *Hispania* I (setembro de 1918), citado em Delpar, *Looking South*, p. 29.

[68] Citado em Smith, *Unequal giants*, pp. 175-76, 178.

[69] Os franceses também descobriram – no seu caso, redescobriram – "l'Amérique Latine", mas agora com o Brasil incluído: por exemplo, André Siegfried, *Amérique Latine* (1934) e Victor Tapié, *Histoire de Amérique Latine au XIXe siecle* (1945), embora, no famoso artigo "Ya-t-il une Amérique Latine?", *Annales ESC*, 4, 1948, Fernand Braudel tivesse insistido em que existiam muitas e diversificadas "l'Amériques Latines". Os ingleses em geral preferiram a expressão "South America" no lugar de "Latin America" – mesmo quando nela incluíram México e América Central. Ver, por exemplo, Lord Brice, *South America: Observations and impressions* (Nova York, 1912) e o *South American Handbook*, publicado anualmente desde 1924.

[70] Ver Wendell Clark Bennett, *The Ethnogeographical Board* (Washington, D.C., 1947; Martin W. Lewis e Karen E. Wigen, *The Myth of Continents. A critique of metageography* (Berkeley & Los Angeles; University of California Press, 1997), p.163.

[71] Também influentes no pensamento geopolítico daquele tempo foram dois livros de Nicholas J. Spykman: *America's Strategy in world politics* (1942) e *The geography of peace* (1944). Spykman enfatizou as diferenças entre a América anglo-saxônica e a América Latina (que incluía o Brasil): "as terras abaixo do rio Grande representam um mundo diferente, o mundo da América Latina. Talvez seja uma infelicidade que as partes do continente em que a língua é o inglês e o latim (*sic*)

sejam ambas chamadas de América, induzindo inconscientemente dessa forma uma expectativa de similaridade que não existe". Spykman, *America's Strategy*, p. 46. A influência de Isaiah Bowman, diretor da America Geographical Society (1915-1935) e "assessor territorial" do presidente Wilson na Conferência de Paz de Paris e do presidente Roosevelt durante a Segunda Guerra Mundial, também merece atenção. Ver Neil Smith, *American empire: Roosevelt's geographer and the prelude to globalisation* (Berkeley, CA; University of California Press, 2003).

[72] "Estudos latino-americanos", em particular nas universidades dos EUA, foram, avassaladoramente, estudos da América espanhola, em particular México e América Central. A maioria dos "latinoamericanistas" não falava ou lia português, poucos conheciam a história e a cultura brasileiras e, na verdade, raramente, se é que o fizeram, visitaram o Brasil.

[73] Samuel P. Huntington, *The clash of civilizations and the remaking of world order* (Nova York, 1996), pp. 45, 46, 87.

[74] Citado em Schwartz, *Liberal: Adolf Berle*, p. 312.

[75] As obras de Leopoldo Zea incluem *The Latin American mind* (1963, 1976), *América Latina y el mundo* (1965, traduzido para o inglês como *Latin America in the world*, 1969), *Latinoamérica, Tercer Mundo* (1977), *Latinoamérica en la encrucijada de la historia* (1981), *América Latina en suas ideas* (1986), *Filosofia latinoamericana* (1987) e *Descubrimiento e identidade latinoamericana* (1990). Nos três volumes do *Fuentes de la cultura latinoamericana* (México, D.F., 1993) editado por Zea, apenas três de mais de cem textos são de brasileiros: Darcy Ribeiro, descrito como "brasileño latinoamericano" (La cultura latinoamericana), João Cruz Costa ("El pensamiento brasileño") e Gilberto Freyre ("Raices europeos de la historia brasileña"). Porém ver Luciano dos Santos "O Brasil como parte da América Latina: o projeto identitário-integracionista de Leopoldo Zea", *Temporalidades – Revista de História* (UFMG), 4/2 agosto-dezembro de 2012.

[76] Sobre Rama e Rodríguez Monegal, ver Pablo Rocca, *Angel Rama, Emir Rodríguez Monegal y el Brasil: Dos caras de un projecto latinoamericano* (Montevidéu, 2006).

[77] Fernando Henrique Cardoso, *The accidental president of Brazil: a memoir* (New York, 2006), p. 88.

[78] "Americanidade e latinidade da América Latina: crescente interpenetração e decrescente segregação", [*Diogene*#43 junho-setembro de 1963; republicado em *Estudos Universitários*, Universidade Federal de Pernambuco, 6/1 janeiro-março de 1966 sob o título "Americanidade e latinidade e tropicalidade"] em *Americanidade e latinidade da América Latina e outros textos afins* ed. Edson Nery da Fonseca (São Paulo, 2003). Ver também Gilberto Freyre, *O brasileiro entre os outros hispanos: afinidades, contrastes e possíveis futuros nas suas interrelações* (Rio de Janeiro, 1975).

[79] A crescente quantidade de brasileiros vivendo nos Estados Unidos não se vê como *latinos* e, aparentemente continua pensando assim, embora mais pesquisa útil poderia ser feita sobre o tópico.

[80] Ver Matias Spektor, *Kissinger e o Brasil* (Rio de Janeiro: Zahar, 2009)."A ditadura militar", escreveu o ex-presidente Fernando Henrique Cardoso, "(...) despendeu

bem mais energia em suas relações exteriores com países da África e do Oriente Médio do que o fez nas relações com seus vizinhos. Isso se deveu a uma bastante bizarra formulação de política de poder do Terceiro Mundo'. Cardoso, *The accidental president*, p. 220.

[81] *A agenda internacional do Brasil. A política externa brasileira de FHC a Lula* (Rio de Janeiro, 2009). A mais abrangente pesquisa de opinião já feita dentro da "comunidade de política externa" brasileira (diplomatas, senadores e deputados, líderes empresariais, acadêmicos, pesquisadores, jornalistas, líderes de ONGs, etc.) patrocinada pelo Centro Brasileiro de Relações Internacionais (CEBRI) no Rio de Janeiro, conduzida por Amaury de Souza e baseada em quase cem entrevistas elaboradas e 250 questionários, levada a cabo em 2001 e 2008, começa com as palavras: "Nos últimos vinte anos, o Brasil expandiu significativamente sua presença no mundo e na América do Sul." O restante do livro tem muito de interessante quanto à agendo do país na América do Sul na primeira década do século XXI. Contudo, o livro não diz absolutamente nada sobre a América Latina, que nem merece referência alguma no Índice. Sobre o Brasil e a América do Sul, ver Luís Cláudio Villafañe G. Santos, *A América do Sul no Discurso Diplomático Brasileiro* (Brasília, Fundação Alexandre Gusmão, 2014).

PARTE II

ENSAIO 2

BRASIL E GRÃ-BRETANHA (1808-1914)*

I

As bases da maior influência britânica sobre o Brasil – política, comercial e financeira – no século XIX, surgiram entre a transferência da família real portuguesa, com grande parte da Corte, de Lisboa para o Rio de Janeiro em 1807-08, durante as Guerras Napoleônicas, e a abdicação do primeiro imperador do Brasil independente ocorrida em 1831.

Existia uma longa história de relações bem próximas tanto políticas como econômicas, entre a Grã-Bretanha e Portugal. Pelos tratados assinados em 1642, 1654 e 1703, a Inglaterra se obrigava a garantir a proteção da dinastia dos Braganças e a manter a integridade territorial de Portugal e de seus domínios espalhados pelo mundo, em especial da América portuguesa (Brasil), contra agressões externas – uma garantia reafirmada em 1793, quando a guerra foi deflagrada na Europa, em consequência da Revolução Francesa. Durante os séculos XVII e XVIII, mercadores ingleses com sede em Lisboa e Oporto

---

* Este ensaio se vale de material do "A presença britânica no Império nos trópicos", *Acervo. Revista do Arquivo Nacional* 22/1, 2009, pp. 53-66; "Brasil no século XIX: parte do 'império informal' britânico?", em José Murilo de Carvalho e Adriana Pereira Campos (orgs.), *Perspectivas da cidadania no Brasil Império* (Rio de Janeiro: Editora Civilização Brasileira, 2011), pp. 15-35; e "A presença britânica no Brasil, 1808-1831", *Revista do Instituto Histórico e Geográfico Brasileiro*, ano 179, nº 476, janeiro-abril de 2018, pp. 305-322.

ocuparam posições privilegiadas para suas exportações para o Brasil, assim como para as exportações do Brasil e suas reexporatações de Portugal para a Europa e o resto do mundo. Quando Napoleão ordenou o fechamento da última lacuna, que ainda existia no seu Sistema Continental contra o comércio britânico na Europa, mediante a invasão de Portugal, a Grã-Bretanha assumiu decisivo papel sobre as diretrizes do príncipe-regente D. João, em 1807, para transferir toda a parafernália do Estado português e vastas parcelas da classe governante de Lisboa para o Rio de Janeiro – escoltadas pela Marinha britânica. Com a convenção secreta de 22 de outubro, a Grã-Bretanha renovou as garantias existentes de preservação da integridade de Portugal e de seu império, bem como a continuidade da dinastia dos Braganças, agora especificamente incluindo a proteção da Corte portuguesa no Brasil e a libertação de Portugal das mãos francesas.

O príncipe-regente D. João e o governo português, no Rio de Janeiro, dependiam do Exército britânico para a libertação de Portugal e da Marinha britânica para a defesa do Brasil e do restante do império ultramarino português. Em Portugal, Sir Arthur Wellesley, o futuro duque de Wellington, comandava a força expedicionária britânica; o general William Carr Beresford era o comandante em chefe do Exército português; e o embaixador britânico em Lisboa (primeiro, John Charles Villiers, 1808-10, depois, Sir Charles Stuart, 1810-14) era a figura mais influente no *Conselho dos Governadores* (os "regentes" das publicações inglesas da época). No Rio de Janeiro, os homens mais poderosos na *Corte* eram o almirante Sir Sidney Smith, comandante do esquadrão naval britânico ancorado na baía da Guanabara (até julho de 1809) e o ministro, Percy Clinton Sydney Smythe, o sexto visconde Strangford, com 28 anos de idade, que chegara de Lisboa em julho. Strangford declarou com seu exagero habitual: "Recebi da Inglaterra a missão de criar com o Brasil a relação existente entre soberano e súditos e de exigir a obediência a ser paga pelo preço da proteção.[1]

Durante uma breve escala em Salvador, em janeiro, D. João proclamou a abertura dos portos brasileiros para comércio direto com todas as nações amigas, terminando assim formalmente o monopólio português de trezentos anos do comércio da colônia. Na prática, pelo menos até o fim das Guerras Napoleônicas, isso significava comércio direto com a Grã-Bretanha. O número de navios que adentraram a baía da Guanabara, em 1808, foi mais de quatro vezes maior do que em 1807 – a maioria dos quais britânica. Já em agosto de 1808, entre 150 e duzentos mercadores formavam o início de próspera comunidade britânica no Rio de Janeiro. Outras foram criadas em Salvador, no Recife, em São Luís do Maranhão e em Belém.

Apesar disso, a Inglaterra não estava satisfeita com a abertura dos portos brasileiros para o comércio direto. George Canning, *Foreign Secretary* de março de 1807 a outubro de 1809, desejava a mesma posição privilegiada que a Inglaterra desfrutava em Portugal desde o século XVII. Após prolongadas negociações entre Strangford e Rodrigo de Souza Coutinho, conde de Linhares, secretário de Estado português para Relações Externas e para a Guerra, além de líder do chamado "partido inglês" na Corte, dois tratados foram assinados em 19 de fevereiro de 1810 – e imediatamente ratificados por D. João. O primeiro, o Tratado de Aliança e Amizade, o segundo, o Tratado de Navegação e Comércio, sob os quais os bens britânicos manufaturados e importados pelo Brasil gozariam da tarifa máxima preferencial de 15 por cento. Além do mais, os negociantes britânicos teriam não só o direito de residir e possuir propriedade no Brasil e de manter seus próprios cemitérios, hospitais e igrejas, como também nomear juízes conservadores que se encarregariam de todos os casos que envolvessem súditos britânicos (ou seja, um sistema paralelo de justiça britânica seria criado no Brasil).

Canning também instruiu Strangford de modo que qualquer tratado com Portugal tinha que incluir os primeiros passos para a abolição final do tráfico transatlântico de escravos. Em 1807, depois de uma batalha de vinte anos, a Inglaterra havia abolido o tráfico de escravos e imediatamente adotado uma política de promover a abolição internacional. O Brasil era o principal mercado de escravos do mundo. A cessação sem tardar do tráfico de escravos vinha de encontro aos interesses dos fazendeiros brasileiros e, de fato, arruinaria a agricultura do país, assim como dos mercadores portugueses e brasileiros. No entanto, a transferência da Corte para o Brasil e sua dependência da Inglaterra ofereciam uma rara oportunidade para forçar concessões da parte de Portugal no tráfico de escravos. A cláusula 10 de Tratado de Aliança e Amizade estabelecia que o governo português reconhecia a injustiça do tráfico de escravos, se comprometia a limitar o tráfico para territórios portugueses na costa da África e prometia tomar medidas graduais e efetivas para sua abolição. Foi o primeiro acordo entre Portugal e Inglaterra sobre o tráfico; a pressão inglesa pelo compromisso final de abolição se tornaria incansável a partir de então.[2]

O ressentimento no Brasil contra a Grã-Bretanha cresceu bastante depois de 1807. Os tratados comerciais entre os dois países passaram a ser sempre muito mais favoráveis aos interesses britânicos dos que aos portugueses. E devido à má interpretação do artigo 10 do tratado acima referido, navios britânicos começaram a apreender navios portugueses engajados no tráfico, em especial da Bahia e Pernambuco para a Costa da Mina, e enviá-los para julgamento no tribunal do Almirantado britânico sediada em Serra Leoa.[3] Finalmente, ao auferir vantagens das revoluções pela independência na América espanhola, a Corte, e em particular Carlota Joaquina, esposa espanhola de D. João, considerou a ideia de recapturar a Colônia do Sacramento (cedida à Espanha em 1778), tomar Montevidéu e expandir o território luso-brasileiro até Rio da Prata, Strangford sempre deixou patente a oposição da Inglaterra.

O evidente declínio da influência britânica sobre a Corte foi acelerado após a morte de Linhares em janeiro de 1812, e particularmente quando, dois anos mais tarde, António de Araújo de Azevedo (conde da Barca, a partir de 1815) retornou ao governo como secretário de Estado para a Marinha e as Colônias, na verdade responsável pelas relações exteriores de Portugal. Araújo de Azevedo, um francófilo, foi forte adversário do "partido inglês" e opositor declarado dos tratados assinados em 1810. Ele considerava toda a conexão inglesa, como Strangford reportou a lorde Castlereagh, sucessor de Canning como *Foreign Secretary* britânico, "opressivo e degradante para Portugal".[4] De qualquer maneira, Portugal não necessitava mais da proteção britânica. A guerra em Portugal havia efetivamente terminado em maio de 1811, com a derrota da terceira invasão francesa. Em outubro de 1813, Wellesley libertou a Espanha e entrou na França. E após a batalha de Leipzig, a guerra na Europa voltou-se decisivamente contra Napoleão. O imperador francês renunciou em abril de 1814.

Apesar de a Inglaterra ter armado, financiado e comandado o Exército português, Portugal considerava-se decisivo contribuinte na guerra contra a França. O Congresso de Viena (setembro de 1814-junho de 1815) ofereceu uma oportunidade para que Portugal mostrasse ao mundo que não mais dependia da Inglaterra. (O Tratado de Paris, em maio de 1814, fora assinado pela Inglaterra em nome de Portugal, sem a expressa aprovação do país que delegara a atribuição.) No entanto, as grandes potências que derrotaram Napoleão – Grã-Bretanha, Rússia, Áustria e Prússia – trataram Portugal, em Viena, como uma potência de segunda categoria. E os representantes portugueses se viram totalmente incapacitados de resistir às demandas de Castlereagh.

Duas convenções anglo-portuguesas foram assinadas em janeiro de 1815. A primeira anulou o Tratado de Aliança e Amizade de 1810, mas confirmou a validade dos antigos tratados entre Inglaterra e Portugal que protegiam os domínios portugueses contra a ameaças externas. A Inglaterra também pagou 300 mil libras esterlinas como compensação pela captura ilegal de navios portugueses de escravos por parte dos navios de guerra da *Royal Navy* e considerou ressarcida parte do empréstimo de 600 mil libras, contratado por Portugal em 1809, que ainda não fora saldada (75 por cento). Todavia, as tentativas portuguesas de manter a posse da Guiana Francesa (ocupada com o apoio da Marinha Real em 1809), de transferir a Colônia do Sacramento da Espanha para Portugal, de garantir o retorno de

Olivença (capturada pela Espanha em 1801) e, acima de tudo, de anular o tratado de livre comércio anglo-português de 1810, todas elas redundaram em fracassos.

Além do mais, na segunda convenção assinada em janeiro de 1815, Portugal declarou ilegal todo o tráfico de escravos acima da Linha do Equador, que penalizou sobremaneira os interesses da Bahia, Pernambuco, Maranhão e Pará. O tráfico português de escravos continuou permitido ao sul do Equador, porém foi restringido aos territórios da África sobre os quais a Coroa portuguesa pleiteava domínio e com os quais negociava o comércio do tráfico destinado às possessões transatlânticas de Portugal. (Isso era mais do que suficiente para fornecer ao Brasil os escravos necessitados pelo país.) Portugal prometeu formular e implementar legislação que punisse os súditos portugueses envolvidos com o comércio ilegal e reiterou sua promessa de abolir gradualmente o tráfico, até findá-lo por completo. Nenhuma outra nova legislação foi votada, e os portugueses continuaram resistindo à pressão inglesa pela fixação de uma data para a abolição do tráfico. E a Grã-Bretanha não teve poder para fazer vigorar o tratado de 1815 até que uma convenção adicional foi assinada em 1817, segundo a qual Portugal concedia à Inglaterra o direito de deter os navios suspeitos de transportar ilegalmente escravos, isto é, ao norte do Equador, e enviá-los para julgamento perante *courts of mixed commission* anglo-portugueses, constituídos por juízes de ambos os países e sediados em Freetown, na Serra Leoa e no Rio de Janeiro.[5]

Foi criada a expectativa – tanto na Inglaterra quanto em Portugal – de que, com o fim da guerra na Europa, o príncipe-regente português, sua Corte e seu governo, depois de sete anos no Rio de Janeiro, retornassem a Lisboa. Desde maio de 1814, Strangford encorajava D. João a voltar para a Europa. "O ódio dos nativos do Brasil contra a Inglaterra é agora mais violento do que posso descrever. Ele permeia todas as classes deste país", alertou Strangford a Castlereagh em fevereiro.[6] Só em Lisboa a Inglaterra poderia restabelecer sua influência tradicional sobre a Corte portuguesa. Por duas vezes, D. João recusou a proposta. Porém, finalmente, preocupado com as demandas por sua volta que chegavam de Lisboa, ele sinalizou para Castlereagh sua intenção de retornar. Em setembro, Castlereagh enviou o vice-almirante Sir John Beresford (irmão mais novo do general Beresford em Lisboa) para o Rio de Janeiro, com três navios da Royal Navy, a fim de proporcionar transporte, caso necessário, ou pelo menos realizar a proteção da família real na viagem de retorno a Lisboa. O George Canning foi nomeado embaixador britânico em Lisboa para recepcionar (e influenciar) D. João a voltar. Beresford chegou ao Rio em 28 de dezembro, contudo, em janeiro, o conde de Aguiar anunciou que o príncipe-regente não tinha planos imediatos para deixar o Brasil. A decisão de D. João de permanecer foi vista como golpe fatal na influência britânica sobre a Corte portuguesa. Strangford foi convocado a Londres (zarpou do Brasil em abril) e não foi substituído. O cônsul-geral Henry Chamberlain ficou como *chargé d'affaires* pelos cinco anos seguintes, até a chegada de Edward Thornton como ministro diplomático em novembro de 1819.

Existiram várias razões para a permanência do governo português no Brasil. Uma delas – reforçada pela experiência no Congresso de Viena – foi o desejo de reduzir o nível da dependência da Grã-Bretanha. Em Viena, Talleyrand, ministro das relações exteriores francês, exortou os diplomatas portugueses a persuadir D. João a ficar no Brasil. E as instruções de Richelieu, primeiro-ministro francês, ao coronel Maler, *chargé d'affaires* que seguia para o Rio de Janeiro, foram bastante reveladoras: o príncipe-regente precisava escolher entre ser, ainda por algum tempo, o chefe de uma potência líder na América Meridional ou o chefe de uma das potências de terceira classe na Europa. Em Viena, Talleyrand, aparentemente, também sugeriu ao conde de Palmela, embaixador português na Grã-Bretanha, as vantagens de elevar o Brasil ao status de reino ao mesmo nível de Portugal. Sob uma monarquia, o Brasil poderia evitar as revoluções pela independência e a fragmentação que afligiam a América espanhola e, simultaneamente, tornar-se um obstáculo para o alastrado republicanismo no continente americano.[7]

De qualquer maneira, em 16 de dezembro de 1815, reconhecendo a nova realidade a partir de 1808, a mudança na importância relativa de Portugal e Brasil, e a inevitável consequência de sua decisão de permanecer no Brasil após o término das Guerras Napoleônicas, D. João declarou Brasil e Portugal como partes iguais de um *Reino Unido*. Três meses mais tarde, em março de 1816, com a morte de sua mãe, rainha Maria, o príncipe-regente tornou-se D. João VI, o primeiro (e, com o desenrolar dos eventos, o último) Rei de Portugal, Brasil e Algarves.

A futura residência da Corte portuguesa, contudo, não ficou então resolvida. A opção americana representava considerável ônus para D. João em Portugal, onde a crise econômica se aprofundava e crescia o ressentimento com a ausência da Corte e a continuada presença da Inglaterra em Portugal. Beresford (então lorde Beresford) retornou de uma visita ao Rio de Janeiro (setembro de 1815-julho de 1816), com poderes substancialmente ampliados, virtual ditador de Portugal. Ele garantira a ordem em Portugal e a resistência contra qualquer possível agressão da Espanha, em especial depois da invasão portuguesa na Banda Oriental do Rio da Prata e a ocupação de Montevidéu em janeiro de 1817. Entretanto, em agosto de 1817, Beresford escreveu ao conde de Barca: "Se o senhor deseja que a Coroa permaneça com os Braganças, D. João tem que retornar a Portugal (...) no presente, não existe governo por aqui".[8]

No começo de 1820, Beresford viajou de novo ao Brasil, dessa vez para insistir na volta de D. João para Lisboa. Todavia, como seu irmão em 1814, saiu de mãos vazias. Beresford retornou para Portugal em outubro e encontrou o país às voltas com uma revolução.

A Revolução Liberal em Portugal de 1820, o retorno de D. João a Lisboa em 1821 (deixando no Brasil como príncipe-regente seu filho de 24 anos, D. Pedro), as tentativa das Cortes portuguesas, em 1821-22, de retroceder no tempo em 1808 e "recolonizar" o Brasil, a declaração de independência do Brasil, em setembro de 1822 e a aclamação de D. Pedro como imperador, em outubro, criaram novas oportunidades para que a Inglaterra restabelecesse sua influência política e consolidasse sua preponderância econômica no Brasil.

O governo do Império do Brasil buscou o reconhecimento internacional para, pelo menos, garantir acesso aos mercados de capitais para empréstimos governamentais. O reconhecimento também era importante, primeiro, para barrar qualquer tentativa portuguesa de restabelecer o *Reino Unido,* encorajado e possivelmente ajudado pelas potências reacionárias da Sagrada Aliança na Europa (Áustria, Prússia e Rússia), juntamente com a França, que recolocara Fernando VII no trono da Espanha; em segundo lugar e decisivamente mais relevante, a fim de manter a unidade do Brasil e fortalecer a autoridade do novo imperador para confrontar os elementos portugueses, regionalistas e separatistas no nordeste e no norte do país.

O movimento pela independência na América portuguesa tirou sua força das províncias do Centro-Sul – Rio de Janeiro, São Paulo e Minas Gerais, em particular na capital, Rio de Janeiro. As províncias do Nordeste e do Norte, geograficamente mais próximas de Portugal, que ainda não se encontravam economicamente integradas ao Centro-Sul e que, em muitos aspectos, possuía vínculos mais fortes com Lisboa do que com o Rio de Janeiro, e era lá que ainda existia grande presença militar portuguesa, comunidades mercantis portuguesas de porte e forte dose de sentimento pró-Portugal, de início, permaneceram leais a Portugal. Em julho de 1823, entretanto, os militares leais a D. Pedro e a Marinha, organizada pelo mercenário inglês, lorde Cochrane, revigorado por seus triunfos no Chile e no Peru, esmagaram a oposição na Bahia, Maranhão e Pará.[9]

Além dos dois reinos na costa ocidental da África, Benin e Lagos, os Estados Unidos foram os primeiros a reconhecer a independência do Império do Brasil. Porém o reconhecimento inglês, por motivos óbvios, era o mais importante. Como Felisberto Caldeira Brant Pontes, futuro marquês de Barbacena e representante de D. Pedro em Londres, escreveu em julho de 1823: "Com o amizade da Inglaterra, podemos estalar os dedos a respeito do resto do mundo. (...) Não será necessário implorar pelo reconhecimento de qualquer outra potência, porque todas elas irão querer nossa amizade.[10]

O Brasil teve sorte porque ao entrar em contato com George Canning, que se tornara de novo *Foreign Secretary* em setembro de 1822, um mês depois do suicídio de Castlereagh, disposto a oferecer precoce reconhecimento ao Brasil por uma variedade de razões. Em primeiro lugar, a independência do Brasil era, do ponto de vista de Canning, um *fait accompli*. Portugal não tinha vontade política, nem meios financeiros e militares para resistir à independência brasileira. E Canning já estava preparando o reconhecimento *de facto* da independência de repúblicas da América espanhola – o México, a Confederação do rio de la Plata, Colômbia e Chile. Encontrava-se também ansioso para preservar a monarquia no Brasil como antídoto contra o republicanismo e contra aquilo que considerava "demônios da democracia universal" no continente europeu e contra os vínculos vitais entre o Velho e o Novo Mundos. "A conservação da monarquia em ao menos uma parte do grande continente americano", escreveu ele para Edward Thornton no Rio de Janeiro "é um objeto de vital importância para o Velho Mundo".[11] De maior importância ainda, o tratado comercial anglo-português de 1810, depois de quinze anos, estava próximo de expirar em 1825. Sua aceitação e renovação pelo independente Império do Brasil eram consideradas imperativas para a proteção dos interesses econômicos britânicos. Nos anos 1820, o Brasil era, depois dos Estados Unidos e da Alemanha, o terceiro maior mercado para os têxteis ingleses e para uma ampla lista de bens manufaturados de consumo.

Por fim, a necessidade do reconhecimento também oferecia à Inglaterra uma oportunidade única para fazer progresso significativo na questão do tráfico de escravos. Em circunstâncias normais, em virtude da importância da escravatura para a economia brasileira e da dependência do sistema de escravidão da continuada importação de escravos da África, talvez fosse impossível persuadir um recém-independente Brasil a abolir o tráfico transatlântico de escravos. Mas Canning percebeu rapidamente que a ansiedade brasileira pelo reconhecimento inglês "coloca o país à nossa mercê sobre a continuação do tráfico". O Brasil, disse ele ao líder abolicionista britânico William Wilberforce, teria que ser "purgado dessa impureza antes de ser por nós abraçado".[12] Não haveria reconhecimento sem abolição.

A Grã-Bretanha, no entanto, também possuía interesses estratégicos em Portugal e obrigações, firmadas em tratados, de manter a integridade do império português. Era preferível, por conseguinte, que Portugal reconhecesse primeiro a independência do Brasil – se bem que não essencial. Nas negociações entre Portugal e Brasil, em Londres, mediadas pela Grã-Bretanha (e Áustria), que duraram de julho de 1824 a fevereiro de 1825, Canning deixou claro que não estava disposto a esperar indefinidamente pelo reconhecimento português da independência brasileira. Qualquer indevido atraso poderia colocar em risco as frágeis instituições políticas do Brasil, assim como sua precária unidade política e territorial. Também ameaçaria a influência política e os interesses comerciais britânicos no Brasil e, sobretudo, qualquer chance de o Brasil dar um fim ao tráfico de escravos. O conde de Subserra, um dos representantes portugueses nas negociações em Londres, não tinha dúvida de que a política britânica de "cortar todos os laços entre Portugal e Brasil, convertendo este último em um país totalmente dependente da Grã-Bretanha" e de que Canning "parecia já ter chegado a um acordo nesse sentido com os brasileiros."[14]

Canning acabou perdendo a paciência e decidiu que chegara a hora de a Inglaterra agir sozinha. Encarregou Sir Charles Stuart, embaixador britânico em Paris desde 1815, de "uma missão especial das maiores delicadeza e importância". Ele tinha que ir a Lisboa e fazer um esforço final para convencer os portugueses a aceitar a independência do Brasil. Contudo, *fosse bem-sucedido ou não*, deveria continuar a viagem para o Rio de Janeiro, onde entraria em negociações diretas com os brasileiros para a um tratado comercial, que incluiria uma cláusula com a abolição do tráfico de escravos. A assinatura desse contrato evidentemente representaria o reconhecimento britânico do Império Brasileiro independente.

Depois de árduas negociações em Lisboa, Stuart finalmente conseguiu persuadir D. João a inevitavelmente aceitar a independência do Brasil. A ele então foi delegada a tarefa de negociar com o governo brasileiro em nome de Portugal e também da Inglaterra. Em 29 de agosto, no Rio de Janeiro, depois de não menos que treze reuniões com a equipe negociadora brasileira, um tratado foi assinado por meio do qual D. João reconhecia o filho D. Pedro como imperador de um Brasil independente. Em troca, o Brasil se comprometeu a pagar uma compensação aos portugueses, que atingia a quantia de 2 milhões de libras esterlinas. O tratado foi ratificado por D. Pedro em 30 de agosto, e as celebrações tiveram lugar em 7 de setembro, terceiro aniversário da Declaração de Independência do Brasil.

Chegou então a hora de o Brasil pagar o preço pelos serviços britânicos pela garantia do reconhecimento internacional de sua independência – e pelos futuros suporte e amizade britânicos. Em outubro, o Brasil assinou tratado, estendendo o tratado comercial de 1810, e outro, abolindo o tráfico de escravos. Porém Canning achou que Stuart, demasiadamente apressado para completar o que ele chamou de "a mais infernal missão que já cumpri" e ansioso para sair do Rio de Janeiro, "esse detestável lugar"[15], tinha ido além de suas instruções e feito concessões em excesso aos brasileiros. "Isso vem de um homem que se julga mais inteligente do que o resto da humanidade e se vê protegido pelo Rei contra os ministros sob os quais trabalha", comentou Canning.[16] Ele rejeitou os tratados e chamou Stuart de volta. Embora um ano tivesse sido perdido, o império brasileiro tivesse ficado mais firme, e a situação, portanto, menos favorável, o sucessor de Stuart, Robert Gordon ("aquele escocês mal-educado e teimoso", qualificou-o D. Pedro) negociou com sucesso dois tratados com o Brasil, aceitáveis por Canning. Pelo primeiro, assinado em 23 de novembro de 1826, a importação de escravos pelo Brasil se tornaria ilegal por completo, três anos após sua ratificação. "O direito de busca e apreensão" da Royal Navy foi estendido a todos os navios brasileiros suspeitos de transportar escravos, ao norte ou ao sul do Equador. Os navios detidos seriam julgados perante os *mixed commission courts* existentes em Freetown, Serra Leoa e no Rio de Janeiro, que se tornaram cortes anglo-brasileiras. O tratado foi ratificado em 13 de março de 1827. O segundo, assinado em agosto de 1827 e ratificado três meses depois, mantinha o máximo de 15 por cento de taxação sobre os bens britânicos importados pelo Brasil, assim como o direito de nomear magistrados especiais para julgar os casos de residentes britânicos no Brasil e todos os direitos dos mercadores britânicos previstos no tratado anglo-português de 1810.[17]

Assim foi concluído o processo começado em 1810, pelo qual a Inglaterra transferiu com sucesso sua posição econômica privilegiada em Portugal para o Brasil e, ao mesmo tempo, assegurou a abolição (ou pelo menos a ilegalidade) do comércio de escravos da África para o Brasil. Estavam lançadas as bases para o domínio econômico e político da Grã-Bretanha no Brasil ao longo de todo o século XIX. No julgamento do ministro dos EUA no Rio de Janeiro, Condy Raguet, em novembro de 1825: "O Brasil, na esteira de Portugal, lançou-se inteiramente nos braços da Inglaterra e, em certa medida, transformou sua lealdade colonial de um país para o outro".[18]

Houve raiva e indignação no Brasil em virtude do preço pago à Inglaterra por facilitar o reconhecimento de sua independência. Robert Gordon admitiu que os tratados anglo-brasileiros referentes ao comércio e à abolição do tráfico de escravos tinham sido "favoráveis às nossas demandas em oposição às opiniões e desejos de todo o Império".[19] Os tratados foram amplamente considerados como sendo excessivo (e talvez desnecessário) sacrifício dos interesses nacionais (ou ao menos aos interesses da classe dominante dos proprietários de terras e dos donos de escravos) e da soberania nacional devido à insistência da poderosa e imperial Inglaterra em proveito de seus próprios interesses econômicos, políticos e ideológicos, quando o recém-nascido Império de Brasil estava mais vulnerável. Os historiadores brasileiros têm, em geral, concordado com esse ponto de vista contemporâneo.[20]

II

Segundo o tratado anglo-brasileiro de 1826 todo o comércio de escravos no Brasil tornou-se ilegal em março de 1830. O governo brasileiro passou imediatamente a sofrer intensa pressão britânica pelo cumprimento de sua obrigação e para formular legislação que banisse a importação de escravos para o país, colocando-a logo em vigor. Uma lei foi finalmente aprovada em 7 de novembro de 1831. Foi, como se repetia com frequência, simplesmente *para inglês ver*, ou seja, para não ser respeitada. No início, algum esforço foi feito pelos servidores aduaneiros, delegados de polícia e juízes para apreender e libertar escravos ilegalmente importados, porém passados poucos anos, a tarefa foi em grande parte abandonada. As demandas brasileiras por escravos continuou se expandindo com o crescimento do setor do café, e sucessivos governos brasileiros se mostraram incapazes ou não desejosos de cumprir os termos da lei de 1831. A Inglaterra empregou seu poder naval para capturar navios negreiros do Brasil em alto-mar e enviá-los para indiciamento diante de tribunais internacionais, criados para os propósitos ditados pelo tratado de 1826: as comissões mistas anglo-brasileiras em Freetown, Serra Leoa e Rio de Janeiro. Mas elas se viram prejudicadas em seu funcionamento pelos limitados poderes e recursos. Entre 1831 e 1850, mais de 750 mil escravos foram importados pelo Brasil – todos eles ilegalmente.

Quando, em 1844, o governo brasileiro decidiu não só revogar o tratado comercial com a Inglaterra como também o tratado para a abolição do comércio de escravos, a reação do governo britânico foi decisiva – e possivelmente ilegal. A controversa Lei sobre o Comércio de Escravos no Brasil de 1845, a famosa *bill Aberdeen* (que levou o nome de lorde Aberdeen, o *Foreign Secretary* britânico) qualificou o comércio brasileiro de escravos como pirataria de acordo com questionável interpretação do tratado de 1826, veementemente contestada pelo Brasil. A Marinha britânica podia capturar navios brasileiros ilegalmente engajados no comércio de escravos, enviá-los para indiciamento pelos tribunais do vice-Almirantado britânico sediados em Santa Helena, em meio à vastidão do oceano Atlântico, em Serra Leoa, na costa ocidental da África e no Cabo da Boa Esperança, conquistado dos holandeses em 1795 durante as Guerras Napoleônicas e incorporado ao Império Britânico como Colônia do Cabo em 1815. Se condenados os seus escravos deveriam ser libertados.

Entretanto, a despeito da Lei Aberdeen, o tráfico ilegal de escravos continuou a florescer. Na realidade, em 1848, ele atingiu seu ápice: cerca de 60 mil escravos foram importados para o Brasil. Pela primeira vez surgiram sinais de que a pressão inglesa em breve afrouxaria ou mesmo seria interrompida. O ministro britânico no Rio, lorde Howden, não conseguiu progresso algum na questão do comércio de escravos com quaisquer governos brasileiros, conservadores ou liberais, e o problema começou a abalar as relações anglo-brasileiras de uma maneira geral. "Todos os partidos nos odeiam igualmente", disse ele a lorde Palmerston, *Foreign Secretary*.[21] Ao mesmo tempo, existiam crescentes dúvidas na própria Inglaterra quanto à eficácia das medidas adotadas para acabar com o comércio de escravos. E a oposição doméstica quanto ao fato de a Inglaterra ter-se arvorado o papel de polícia mundial antiescravatura passou a ser mais vocal, tanto no Parlamento quanto na imprensa.

Lorde Palmerston, famoso por opiniões como "governos semicivilizados (...) necessitam de repreensão a cada oito ou dez anos para que se comportem (...) e eles não devem apenas ver a vara, e sim sentirem-na em suas costas" [essa em setembro de 1850][22], precisava desesperadamente levar o comércio brasileiro de escravos a uma bem-sucedida conclusão, se necessário pelo emprego de maior força. Em 1850, ele robusteceu o esquadrão naval na América do Sul e ordenou, em flagrante violação da soberania do Brasil, que em cumprimento da Lei Aberdeen, ele capturasse navios suspeitos em águas territoriais brasileiras e em portos brasileiros. Não demorou para que tiros fossem trocadas entre navios de guerra britânicos e fortalezas da costa brasileira, notadamente em Paranaguá, em julho.

O ministro brasileiro do Exterior, Paulino Soares de Souza, futuro visconde do Uruguai, argumentou que não era mais possível que o Brasil resistisse "às ideias da era em que vivemos". A alternativa para a aquiescência à demanda inglesa de que se fazia necessário pôr um fim ao tráfico ilegal de escravos era, na melhor das hipóteses, uma interminável série de violentos conflitos com a Royal Navy, que tumultuaria severamente o comércio litorâneo do país, e pior ainda, o total bloqueio econômico ou mesmo uma guerra contra a Inglaterra (na ocasião em que o Brasil se preparava para ir à guerra contra Rosas pelo Uruguai). O Império brasileiro pareceu estar diante de importante ameaça à sua soberania e às suas duramente conquistadas unidade, estabilidade e prosperidade econômica.

Ocorreu que, talvez pela primeira vez desde a independência do Brasil, a pressão britânica foi exercida sobre um governo que, como resultado de mudança política, centralização administrativa e crescimento econômico nos anos 1840, detinha a legitimidade e os recursos para ignorar os interesses dos donos de escravos e para tomar providências contra o tráfico dos navios negreiros. E essa tarefa tornou-se relativamente mais fácil pelo fato de ter havido naquela ocasião um temporário excesso de oferta no mercado de escravos. Uma nova lei contra o comércio da escravidão foi exarada em 4 de setembro de 1850 e ela foi efetivamente implementada por presidentes provinciais, chefes de polícia e magistrados locais. Assim foi que o transporte de escravos da África para o Brasil, combatido legalmente por trezentos anos e ilegalmente (malgrado os esforços britânicos) por vinte, chegou a um súbito, dramático e permanente fim. Apenas 3.278 escravos foram importados para o Brasil em 1851, e menos de mil, em 1852. A última tentativa conhecida para desembarque de escravos em território brasileiro teve lugar em 1855.[23]

Depois dos anos de 1850-51, a Lei Aberdeen permaneceu em vigor com salvaguarda contra o renascimento do tráfico de escravos, "pronta para ser usada", como Palmerston declarou em 1858, "no caso de os brasileiros retornarem aos maus caminhos. Enquanto se tiver a lei em reserva, os governos brasileiros perseguirão as políticas que foram compelidos a adotar".[24] (Ela só foi revogada em 1869.) E ao longo dos anos 1850 e início dos 1860, os diplomatas britânicos de queixaram regularmente – e deram mais do que indícios de que talvez fosse necessário que a Inglaterra interviesse novamente – a respeito das condições dos chamados *emancipados*, de 4 a 5 mil escravos libertados, entre 1819 e 1845, pelos tribunais de comissões mistas anglo-portuguesas e anglo-brasileiras no Rio de Janeiro, que ainda estivessem vivos.[25] "Foi sempre com uma ameaça nos lábios que o governo inglês falou com o Brasil", reclamou Sérgio Teixeira de Macedo, ministro brasileiro em Londres, ao *Foreign Secretary* lorde Clarendon, em 1854.[26] Os diplomatas britânicos também inquiriam com frequência sobre o destino dos *africanos livres*, os de 3 a 4 mil dos escravos ilegalmente importados, que haviam sido libertados pelas autoridades brasileiras em função da lei de 1831 e, mais especificamente, da de 1850. Apesar de nominalmente sob a proteção dos governos brasileiros, esses escravos livres – *emancipados* e *africanos livres* (quase sempre grupados como *africanos livres*) - eram empregados em obras públicas, ou contratados por indivíduos privados (legalmente pelo prazo de catorze anos – prazo frequente e unilateralmente estendido) – a fim de prepará-los para a repatriação à África ou para "trabalho livre" no Brasil. Era fato bem conhecido que a maioria desses trabalhadores terminava em condições próximas à escravatura.[27] Não há dúvida de que a pressão britânica, culminando com um discurso de lorde Palmerston, então primeiro-ministro, na Câmara dos Comuns, de 12 de julho de 1864, no rescaldo da chamada "questão Christie" (mais adiante descrita) acelerou a concessão de "cartas de alforria" a cerca de 5 mil restantes africanos livres pelo ministro da Justiça, como estipulado pelo decreto de 24 de setembro.[28]

Mais do que isso, foi opinião do governo britânico que, segundo o tratado de 1826 e a subsequente legislação brasileira de 1831, todos os escravos brasileiros importados depois de 1830 – e seus filhos e netos – estavam legalmente livres.[29] Em 1850, quando a necessidade de ação britânica mais forte contra o comércio brasileiro de escravos foi debatida na Câmara dos Comuns, o futuro primeiro-ministro liberal William Gladstone declarou que a Inglaterra tinha "o perfeito direito de se dirigir ao Brasil e instá-lo a emancipar os escravos importados desde 1830 e, caso houvesse recusa, entrar em guerra contra eles (*sic*), mesmo ao extermínio" (embora continuasse expressando a esperança de que esse direito não fosse exercitado).[30] Faltando dois anos para o efetivo término do comércio, Sérgio Teixeira de Macedo foi pressionado sobre a questão de centenas de milhares de escravos – mais de três quartos de 1 milhão – importados para o Brasil desde 1830. O ministro brasileiro retrucou que a solução do problema equivaleria à emancipação da vasta maioria dos escravos em idade de trabalho, e que uma séria obstrução do sistema de escravos inevitavelmente "provocaria uma revolução geral e aniquilaria o Império brasileiro". Declarou então categoricamente que "na escravidão hão de ficar".[31] Todavia, os políticos em Londres e os diplomatas no Rio mantiveram a questão viva durante os anos 1850 e 1860 até que a questão foi resolvida em favor dos donos ilegais de escravos importados e de seus dependentes, pelo menos temporariamente, mediante a criação de um cadastro nacional dos escravos existentes em 1872 (Ver Ensaio 4).

O governo britânico não se envolveu diretamente com a abolição final da escravatura no Brasil, mas a opinião pública inglesa, se não foi decisiva, seguramente influiu bastante. Joaquim Nabuco, que abraçou a causa da abolição no Parlamento em 1879 e, com outros brasileiros abolicionistas, fundou a Sociedade Brasileira contra a Escravidão, em setembro de 1880, acreditou desde o começo, que para o sucesso da luta pela abolição no Brasil, ela deveria receber suporte de âmbito mundial. Tirou então proveito de três visitas a Londres (fevereiro a maio de 1881, dezembro de 1881 a abril de 1884 e abril a agosto de 1887) para incitar a conscientização internacional quanto à continuada existência da escravidão no Brasil e mobilizar a opinião internacional em favor de sua abolição, fornecendo informações, em especial ao seu amigo Charles Allen, secretário da *British and Foreign Anti-Slavery Society*. Allen, por seu turno, assegurou que fosse dada pela imprensa inglesa a cobertura máxima à escravidão brasileira, em particular no *Times* de Londres (para Nabuco, "a voz da civilização"), que gozava de considerável influência no Brasil. Os brasileiros donos de escravos e seus representantes no Parlamento, entretanto, resistiram à pressão abolicionista, tanto doméstica quanto internacional, até maio de 1888 (ver Ensaio 4).

III

O TRATADO COMERCIAL ANGLO-BRASILEIRO DE 1827 sempre foi impopular no Brasil. Os quinze por cento de tarifa máxima sobre os bens importados da Inglaterra – estendidos às nações mais favorecidas europeias e aos Estados Unidos por meio de acordos – diminuíam severamente a receita do governo brasileiro, que se devia principalmente aos recursos da aduana. E a Inglaterra não oferecia reciprocidade: as principais exportações agrícolas do Brasil enfrentavam acirrada competição no mercado britânico com as importações, beneficiadas com taxas preferenciais, de suas colônias. A balança de pagamentos, portanto, era avassaladoramente favorável à Inglaterra. E os direitos extraterritoriais, que os súditos britânicos gozavam no Brasil, eram absolutamente incompatíveis com a soberania do país como nação independente.

Quando o diplomata britânico Henry Ellis desembarcou no Brasil em 1842 para negociar a renovação do tratado, previsto para expirar após quinze anos, enfrentou uma imprensa e uma opinião pública "absurdamente violentas e impertinentes" em sua oposição "à escravidão do Brasil pelos tratados".[32] A Inglaterra recorreu aos dois anos de extensão permitidos pelo tratado a fim de ganhar tempo adicional para as negociações. Porém, em 1844, o Brasil revogou o tratado comercial com a Grã-Bretanha, resgatando sua autonomia fiscal (as taxas de importação foram imediatamente elevadas entre 25 e trinta por cento e, na década de 1880, alcançaram quase cinquenta por cento), bem como sua soberania nacional (os tribunais especiais britânicos, símbolos dos direitos extraterritoriais da Inglaterra no Brasil, foram extintos).

No fim, o governo britânico aceitou a decisão brasileira de denunciar o tratado de 1827 com certa tranquilidade de espírito porque ele não era mais necessário (se é que alguma vez o foi) para a continuidade da predominância da Inglaterra sobre o comércio internacional do Brasil. A proporção do total das exportações mundiais inglesas absorvido pelo Brasil declinou de quinze por cento nos anos 1820 a menos de dez por cento no início dos 1840, mas em meados das décadas do século XIX, a Grã-Bretanha supria quase cinquenta por cento das importações brasileiras (48,4 por cento em 1842-43, 53,3 por cento, em 1852-53, 51,5 por cento em 1872-73).[33] Os 'entrepostos comerciais ingleses' no Brasil importavam e distribuíam os bens britânicos, 75 por dento dos quais eram têxteis (algodões, lãs, linhos, etc.), mas que também abarcavam vasta gama de outros bens manufaturados de consumo, que iam dos produtos de ferro, talheres, porcelana e vidro até mobília, pianos e vestuário, alguns bens alimentícios, remédios e matérias primas, carvão especial. Mais tarde no século, contemplavam também bens de capital, inclusive maquinaria industrial e agrícola e, sobretudo, equipamentos para ferrovias, de maior importância. Todavia, a parcela inglesa do mercado brasileiro declinou no fim do Império e nos primeiros anos da República; ele foi de apenas 31,4 por cento em 1900 e 25-30 por cento no período imediatamente anterior à Primeira Guerra Mundial.

Três produtos agrícolas, todos dependentes da mão de obra escrava, constituíam de setenta a oitenta por cento das exportações do Brasil durante o Império. Todos os três experimentaram substancial crescimento em função do aumento da demanda mundial, mas sua importância relativa no comércio internacional do Brasil mudou com o tempo. Nas décadas intermediárias do século o açúcar constituiu de 20-30 por cento das exportações, mas, nos anos 1880, enfrentando forte competição caribenha, nos mercados mundiais, em particular de Cuba, e o crescimento do açúcar de beterraba na Europa, o comércio do açúcar caiu para menos de dez por cento. O algodão foi responsável por 5-10 por cento das exportações brasileiras em meados do século, mas chegou a vinte por cento durante a Guerra Civil Americana, quando a produção dos EUA entrou em colapso, para depois cair a menos de cinco por cento no fim do Império em função da retomada das exportações norte-americanas e da emergência de um novo competidor – o Egito. A parcela do café nas exportações brasileiras não parou de subir regularmente de 20-30 por cento das exportações brasileiras nos anos 1820 e 1830, a cinquenta por cento nos anos 1850 e entre sessenta e setenta por cento nas duas décadas finais do Império, quando se tornou, de longe, o mais importante fator para a crescente participação do Brasil na economia internacional. Nessa ocasião, o país supria 60-70 por cento do café do mundo. O país também exportava tabaco, cacau, peles e diversos tipos de madeiras.

No fim do Império, a borracha colhida pelos *seringueiros* na floresta amazônica começa a ser significativa exportação brasileira. Para atender à exponencial demanda por borracha no mundo, as exportações do produto cresceram de menos de 1.500 toneladas em 1850 para 7 mil toneladas em 1880 e 17 mil em 1887, quando a borracha representou quase quinze por cento das exportações brasileiras. No *boom* ocorrido imediatamente antes da Primeira Guerra Mundial até o *crash* que iria se seguir ao término do conflito armado – queda que teve origem no lendário "roubo botânico" de 70 mil sementes de seringueira da floresta tropical amazônica pelo aventureiro inglês Henry Wickham, em 1876, sua exportação não autorizada para Liverpool, de lá para o Kew Gardens, e a subsequente transferência de

2 mil sementes para as plantações do Sudeste Asiático – a borracha respondia por quarenta por cento das exportações do país.

Da mesma forma que nas importações brasileiras, os entrepostos britânicos se encarregavam do grosso das exportações do país. Por exemplo, a Edward Johnston & Co., fundada em 1842 (mais tarde, Brazilian Warrant, c. 1910) e a Philipp Brothers & Co. eram as principais companhias exportadoras de café, os mais importantes exportadores do Império.[34] Três dos cinco entrepostos responsáveis por oitenta por cento das exportações brasileiras de borracha, ao fim do Império, eram também ingleses. E as companhias britânicas de marinha mercante eram as principais transportadoras das exportações do Brasil para os mercados estrangeiros, embora a Grã-Bretanha só importasse de 25-35 por cento dessas exportações durante o Império (27,9 por cento em 1842-43, 35,5 por cento em 1852-53, 36,9 por cento em 1872-73) e menos de quinze por cento no começo o século XX.[35] Os ingleses simplesmente não bebiam café suficiente. O café brasileiro era principalmente levado para os Estados Unidos, mas também ia para a Europa, em especial França, Alemanha, Holanda e Escandinávia.

A *City* de Londres se encarregava de todos os empréstimos tomados pelo governo brasileiro e da maior parte do capital estrangeiro investido no Brasil. Foram feitos empréstimos ao Brasil de 1,7 milhão de libras em agosto de 1824 e 2 milhões em janeiro de 1825, e diversos outros entre metade de 1 milhão e 1 milhão nas três décadas seguintes. Em 1855, N.M. Rothschild and Sons tornaram-se os agentes exclusivos do governo brasileiro (até 1908), responsáveis por todos os empréstimos levantados em Londres; dois deles totalizando 3,8 milhões de libras em 1863 e 7 milhões em setembro de 1865 "para saldar despesas extraordinárias do Império" foram feitos às vésperas da Guerra do Paraguai; empréstimos adicionais entre 3,5 milhões de libras e 6,5 milhões foram proporcionados em 1871, 1875, 1883, 1886 e 1888. Ao fim do Império, 98 por cento da dívida pública brasileira (33,6 milhões de libras) tinham origem em empréstimos levantados em Londres.[36] Com a criação da República, os Rothschilds intermediaram um *funding loan* ao governo federal de 10 milhões de libras em 1898, descrito por Marcelo de Paiva Abreu como "um divisor de águas na história financeira e monetária do Brasil: ele envolveu uma renegociação da dívida externa (...) e estabeleceu as condições que obrigavam o país a formular um programa de ajuste doméstico com a finalidade de equilibrar o orçamento e estabilizar a taxa de câmbio". [37] Diversos empréstimos vultosos foram feitos aos governos estaduais e municipais na primeira metade do século XX. E o governo federal tomou um *funding loan* adicional de 15 milhões de libras, em Londres, em 1914.

Os investimentos diretos da Inglaterra no Brasil foram modestos antes dos anos 1860, quando os primeiros bancos comerciais britânicos se estabeleceram no Rio de Janeiro, e as primeiras empresas *joint stock* começaram a investir no desenvolvimento inicial ferroviário e nos serviços públicos. Até então, como a mobilidade de capital doméstico não era muito institucionalizada, os entrepostos britânicos proporcionaram valiosos serviços financeiros não só às comunidades inglesas no Brasil como também aos clientes brasileiros locais em atividades comerciais e agrícolas. E também investiram, modestamente é verdade, em terras, mineração e processamento de alimentos. Entre 1865 e 1885, contudo, os investimentos diretos britânicos no Brasil quase que triplicaram de 7,3 milhões de libras para 24,4 milhões, e chegaram a 40,6 milhões em 1895. Até 1895, quase todos os investimentos diretos estrangeiros no Brasil eram ingleses. De novo, investimento direto britânico mais que triplicou entre 1895 e 1913, quando atingiu 134,2 milhões de libras. Entretanto, em 1905, o investimento britânico era só de 75 por cento de todo o investimento estrangeiro e, em 1913, caiu para 65 por cento.[38]

Aproximadamente oitenta por cento do capital britânico foi dirigido para o desenvolvimento do sistema ferroviário e dos serviços públicos nas mais importantes cidades do país. A primeira ferrovia inglesa (embora não a primeira ferrovia no Brasil) foi a Recife &

São Francisco Railway (1858), seguida pela Bahia & São Francisco Railway, a Minas & Rio Railway e, acima de todas, a São Paulo Railway Company – a *Inglesa*, como era conhecida – que começou a operar em 1867 e constituiu o grande feito da engenharia da era victoriana: apenas 139 quilômetros, mas elevando-se a mil metros de Santos, no litoral, passando pela cidade de São Paulo, onde a Estação da Luz, a terceira construída no mesmo terreno, tornou-se (e ainda é) um dos marcos das construções na capital paulista, até Jundiaí, nas cercanias da fronteira da expansível cultura do café. Nos anos 1880, os investidores ingleses compraram, os engenheiros ingleses construíram ou planejaram (com trilhos e material rolante importados da Grã-Bretanha), e empregados e supervisores ingleses operaram a Brazil Great Southern Railway, a Great Western of Brazil Railway Co, uma rede de 1700 quilômetros em Pernambuco e em três outros estados do Nordeste, e a Leopoldina Railway (Rio de Janeiro, Minas Gerais e Espírito Santo), a maior das redes ferroviárias brasileiras. Os ingleses eram proprietários de três ferrovias em 1865, de onze em 1880, de catorze em 1885 e de 25 em 1889.[39]

Os ingleses também investiram em bondes urbanos, água e esgotos, gás, mais tarde em energia elétrica e telefonia no Rio de Janeiro, Salvador, São Paulo, Porto Alegre, Fortaleza, Belém e outras cidades; na modernização dos portos do Rio de Janeiro e Santos; em linhas telegráficas do Pará, no norte, ao Rio Grande do Sul, no sul (Western and Brazilian Telegraph Co) e nas linhas telegráficas transatlânticas do Brasil para a Europa e para os Estados Unidos (Brazil Submarine Telegraph Co.); em plantações de café, armazéns de café e no comércio de *commodities*; na mineração do ouro (a St John d'el Rey Mining Company, Morro Velho)[40]; em fábricas de tecidos (J & P Coats), em fábricas de sapatos (Clark Shoe Co.), cervejarias, moinhos de farinha (a Rio de Janeiro Flour Mills and Granaries) e em centrais de açúcar no Rio de Janeiro, Bahia e Pernambuco; em linhas de marinha mercante, fazendo transporte regular ao longo do litoral brasileiro e através do Atlântico (a Royal Mail Steam Packet, Lamport and Holt, a Anglo-Brazilian Steam Navigation Co., Booth Steamship Co.); em companhias de seguros (Marine Insurance, Royal Insurance of Liverpool, Liverpool and London Globe, Guardian Assurance); e não menos importante, em bancos comerciais (o London & Brazilian Bank, o primeiro, fundado em 1862, o English Bank of Rio de Janeiro, o London and River Plate Bank). No fim do Império, o Londres & Brazilian Bank era o maior dos bancos estrangeiros com sucursais em todo o país, de Manaus e Belém a Curitiba e Porto Alegre.[41] Em 1913, mais da metade das companhias de seguros, que operavam no Brasil, eram inglesas, e os bancos ingleses detinham um terço do total dos ativos bancários, domésticos e estrangeiros, no Brasil.

IV

FARIA O BRASIL PARTE DO "IMPÉRIO INFORMAL" britânico na América Latina? A ideia de que em qualquer debate sobre o Império Britânico e o imperialismo britânico no século XIX é importante fazer uma distinção entre o império formal – no qual determinados território e população ficam sob o controle político-administrativo e mesmo legal-institucional do estado imperial – e outras formas de subordinação política, que resultam da expansão da economia global capitalista dominada pela Grã-Bretanha, tem uma longa história. A expressão "império informal" foi aparentemente criada por C.R. Fay em seu *Imperial economy and its place in the foundations of economic doutrine, 1600-1932* (Oxford, 1934) e repetida em seu capítulo "The movement towards free trade, 1820-53" no *Cambridge History of the British Empire*, volume II, *The growth of the new empire 1783-1870* (1940). Ela foi empregada principalmente em relação à África, num artigo pioneiro e bastante influente de J Gallagher e R.E. Robinson, "The imperialism of free trade" na *Economic History Review* (1953) e no livro *Africa and the Victorians: the oficial mind of imperialism* (1961). Foi usada pela primeira vez em relação à América Latina no século XIX num artigo de H.S. (Harry) Ferns, "British's informal empire in Argentina, 1806-1914" na revista *Past and Present* (1953) e em seu livro *Britain and Argentina in the nineteenth century* (1960).[42] No tocante à América Latina, o conceito tem longa e interessante vida, mas foi sempre alvo de críticas daqueles que o consideravam analiticamente impreciso e vulnerável à pesquisa empírica especializada.[43]

Depois da invasão britânica do Rio da Prata em 1806-07, uma tentativa tanto de libertar quanto de conquistar o máximo possível da América espanhola, pelo menos em seu início totalmente não autorizada, que durou apenas um ano e meio e que terminou com a expulsão das forças britânicas, a Grã-Bretanha jamais demonstrou desejo de assumir as responsabilidades políticas e militares de império na América do Sul ou na América Central. No século XIX, a Inglaterra possuía apenas duas "colônias da Coroa" na América do Sul – Guiana Inglesa (parcialmente contestada pela Venezuela e pelo Brasil) e as ilhas Falklands/Malvinas (contestadas pela Argentina) – e uma na América Central: Honduras Britânica/Belize. A América do Sul foi a única região do mundo a permanecer em sua maior parte livre de impérios no século XIX, do Império Britânico ou dos impérios de qualquer outra potência europeia. No entanto, argumenta-se que as repúblicas independentes da América espanhola e o Império do Brasil faziam parte do império informal britânico.

Por mais de um século – das Guerras Napoleônicas e, mais especificamente, dos dramáticos eventos de 1807-08 na Península Ibérica que, no fim, resultaram no rompimento dos impérios de Espanha e Portugal, até a deflagração da Primeira Guerra Mundial (e em menor grau até a Depressão de 1929 e mesmo até a Segunda Guerra Mundial) – a Inglaterra foi o fator externo dominante nas questões econômicas e, em menor dimensão, nas questões políticas da América Latina, em particular da América do Sul. Isso não é difícil de explicar. Em primeiro lugar, a Inglaterra esteve "presente na criação". As fundações da política britânica e das proeminências comercial e financeira foram firmemente plantadas ao tempo das criações dos Estados independentes latino-americanos, ao longo das segunda e terceira décadas do século XIX. Em segundo, de 1815 a 1860 ou 1870, a Inglaterra exerceu inquestionável hegemonia global e, até 1914 uma não tão segura supremacia global. A Royal Navy "ruled the waves'. Em terceiro, e talvez o fator mais importante, a Inglaterra foi "a primeira nação industrial", "the workshop of the world", suprindo a maior parte dos bens manufaturados e de capital importados pela América Latina, e a City de Londres, a mais importante fonte de capital do mundo, concedeu a maioria dos empréstimos aos governos latino-americanos e a maior parte do capital investido na infraestrutura da América Latina (sobretudo ferrovias e serviços públicos), na agricultura e na mineração. A Inglaterra tinha mais da metade dos navios da marinha mercante e foram eles que transportaram o grosso das exportações da América Latina para os mercados de todo o mundo. Finalmente, a Inglaterra em si foi importante mercado para os produtos alimentícios e matérias primas latino-americanos.

Para justificar o uso da expressão "império informal", todavia, a predominância da Inglaterra no comércio e nas finanças, pode-se dizer, é necessária, mas não suficiente. Também é requerido o exercício da influência *política*, combinado talvez com a ameaça da coerção para persuadir um estado formalmente independente a adotar políticas do interesse do poder imperial – restringindo assim a soberania nacional desses estados.

Existem muitos exemplos na América Latina do século XIX de alta pressão política feita por diplomatas britânicos inclinados a empregar arrogantes modos imperialistas (ainda mais porque eles ficavam de três a seis meses separados do Foreign Office). Em algumas poucas ocasiões, notoriamente durante o bloqueio anglo-francês do rio da Prata em meados dos anos 1840 e durante o bloqueio anglo-germano-italiano em 1902-03 – a Inglaterra (com outras potências) apelou para demonstrações de poderio naval (*gunboat diplomacy*), para a proteção das vidas, liberdades e propriedades dos súditos britânicos, para a promoção do comércio e para a coleta de débitos comerciais. No total, contudo, considerando-se a dimensão da superioridade econômica britânica – e sua avassaladora supremacia naval – os governos britânicos não exerceram demasiado grau de restrições e foram, em geral, extremamente relutantes em interferir de forma direta, muito menos de intervir nas questões domésticas dos Estados soberanos da América Latina.

Na historiografia do império informal da Inglaterra na América Latina, a Argentina não só recebeu, como vimos, como continua a receber, a maior parte da atenção. Os quatro principais artigos – de Alan Knight, David Rock, Colin M. Lewis e Charles Jones – no mais recente estudo sobre o império informal britânico na América Latina, Matthew Brown (ed.), *Informal empire in Latin America. Culture, commerce and capital* (Oxford, 2008) são todos sobre a Argentina. E sobre o Brasil? O século XIX foi para o Brasil "o século inglês". O domínio inglês sobre o comércio do Brasil foi em grande parte incontestável no período entre a independência do país até c. 1870/80 (ver acima). E a Inglaterra permaneceu como principal parceira comercial do Brasil até a Primeira Guerra Mundial, suprindo bens manufaturados e de capital e transportando o grosso das exportações brasileiras para mercados espalhados pelo mundo. Porém a parcela inglesa do mercado brasileiro, nunca maior do que 55 por cento, declinou com constância depois de 1870/80, como vimos. Isso se deveu em grande parte por causa da queda relativa geral da própria Inglaterra. Outras potências europeias, especialmente a Alemanha, e os Estados Unidos passaram a ser grandes competidores, e a parcela da produção dos bens manufaturados e do comércio global da Inglaterra inevitavelmente caiu. A indústria britânica também deixou de ser competitiva por não acompanhar os progressos tecnológico ocorridos principalmente na Alemanha e nos Estados Unidos. A Inglaterra simplesmente não pôde concorrer com a Alemanha, que abocanhou em 1913 cerca de vinte por cento do mercado brasileiro, muito menos concorrer com os Estados Unidos na produção – e venda – de bens pelos quais a demanda brasileira aumentava muito rapidamente: artigos elétricos, químicos, drogas patenteadas, automóveis. Em 1901 as exportações conjuntas da Alemanha e dos EUA para o Brasil eram dois terços do valor das exportações britânicas; em 1912, exportações britânicas era três quartos dos exportações da Alemanha e os Estados Unidos.[44] Simultaneamente, o crescimento da indústria manufatureira no Brasil chegou a um ponto em que muitos dos bens (especialmente têxteis), que dominaram as exportações britânicas por mais de um século, passaram a ser cada vez mais produzidas domesticamente.

A Grã-Bretanha continuou sendo, de fato e de longe, a mais importante fonte de empréstimos para governos, federais, estaduais e municipais, e de investimentos diretos no Brasil até a Primeira Guerra Mundial, embora já existissem àquela época uns poucos investimentos diretos no país por parte de franceses, alemães e norte-americanos. Uma consequência disso, por exemplo no caso do *funding loan* de 1898, como mencionamos, foi com a insistência da Inglaterra em prol dos credores britânicos que os governos do Brasil perseguiram políticas fiscais e monetárias ortodoxas, ou seja, o equilíbrio dos orçamentos e a manutenção da estabilidade monetária.

Os historiadores, sociólogos e economistas latino-americanos da "escola de dependência" nos anos 1970 e 1980 ponderaram que a "dependência" brasileira das finanças britânicas, e no particular caso das "condições" ligadas aos empréstimos britânicos, reforçaram os obstáculos estruturais para o desenvolvimento independente da economia do Brasil, principalmente com o acúmulo de capital para a industrialização. Na medida em que isso possa ser verdadeiro e que a argumentação continue controversa, ele foi apenas um dos diversos fatores que concorreram para o subdesenvolvimento do Brasil no século XIX (comparado, por exemplo, com o dos Estados Unidos). E deve ser lembrado, que depois da difícil relação com a Inglaterra durante o período da independência, as elites econômicas e políticas do Império e da incipiente República ("elites colaboradoras", digamos assim) acolheram a "penetração" econômica da Inglaterra e perseguiram, com considerável entusiasmo, a modernização do modelo capitalista por meio dos empréstimos, do investimento estrangeiro direto, o crescimento baseado nas exportações agrícolas e minerais, e na integração com os mercados mundiais

No que respeita à influência política, às coerções ou ameaças de coerções para forçar o governo brasileiro a adotar políticas internas e externas contra seus próprios interesses, o tratado comercial e o tratado para a abolição do tráfico de escravos impostos ao Brasil em troca do reconhecimento de sua independência e, por certo, da campanha de vinte anos pela abolição do comércio ilegal de escravos podem se encaixar nesse contexto. A intensa pressão diplomática britânica sobre os governos brasileiros para que honrassem as obrigações dos tratados, o emprego da força pela Royal Navy em mares abertos para a supressão do tráfico e, finalmente, o desdobramento de navios de guerra ingleses contra os navios negreiros em águas territoriais brasileiras, em 1850, que, ao fim e ao cabo, forçaram o governo brasileiro a tomar as providências necessárias para abolir o tráfico ilegal, constituem claro exemplo de a Inglaterra agindo como uma potência imperial em suas relações com o independente Império do Brasil, se bem que por uma causa predominantemente humanitária.[45]

Em dezembro de 1862, William D. Christie, o ministro britânico no rio de Janeiro e um diplomata particularmente arrogante e presunçoso, que já irritara o governo brasileiro por advogar consistentemente a causa dos emancipados, africanos livres e escravos ilegalmente importados desde 1831, autorizou um bloqueio naval do Rio de Janeiro como represália pelo não pagamento de compensação pelo saque do navio britânico *The Prince of Wales*, que havia naufragado ao largo do litoral do Rio Grande do Sul em junho de 1861 e pelos alegados maus-tratos infligidos a três oficiais navais do HMS *Forte*, acusados de promover desordens nas ruas do Rio de Janeiro, em junho de 1862. O bloqueio só durou seis dias, e apenas seis navios mercantes brasileiros foram capturados. Mas o governo brasileiro considerou o fato como inaceitável "agressão" e, em maio de 1863, cortou as relações diplomáticas com a Grã-Bretanha. Christie, criticado pela comunidade brasileira no Rio, pelos interesses comerciais em

Manchester e Londres, e pela oposição no Parlamento britânico, foi afastado do cargo. Depois da arbitragem (em favor do Brasil) pelo rei Leopoldo II da Bélgica e da mediação do rei de Portugal, as relações diplomáticas foram restabelecidas em setembro de 1865, quando Edward Thornton, ministro britânico em Buenos Aires, apresentou as desculpas da rainha Victoria a D. Pedro II, em Uruguaiana, onde o imperador visitava as tropas brasileiros no início da Guerra do Paraguai. Dessa forma, a "questão Christie" terminou com uma vitória diplomática do Brasil.[46]

É um mito a afirmação de que a Inglaterra manipulou o Brasil (e a Argentina) na declaração de guerra ao Paraguai e de que desempenhou papel decisivo na Guerra do Paraguai (1864-70) (Ver Ensaio 3). O governo britânico não se envolveu diretamente na abolição final da escravatura no Brasil, como já descrevemos; e tampouco teve alguma coisa a ver com a queda do Império e com a Proclamação da República em 1889. Uma tentativa foi feita de se chegar a um novo tratado comercial pelo qual diminuiriam as tarifas sobre os bens britânicos importados pelo Brasil em troca do reconhecimento inglês do novo governo republicano, mas ela fracassou.[47] O ministro britânico no Rio e o comandante das forças navais britânicas ancoradas na baía de Guanabara ficaram estritamente neutros durante a revolta naval contra o presidente Floriano Peixoto (setembro de 1893-março de 1894), a despeito de algumas perdas comerciais britânicas, em virtude de Floriano ter espalhado rumores de que os ingleses apoiavam secretamente os rebeldes para restaurar a monarquia no Brasil.[48]

Em janeiro de 1895, os ingleses ocuparam Trindade, uma desolada e não habitada ilha (não muito maior do que um rochedo) no meio do Atlântico, a cerca de 750 quilômetros a leste do Rio de Janeiro, com o objetivo de lá instalar uma estação para cabos submarinos. Houve violentos protestos antibritânicos no Brasil, em julho e agosto, no entanto, semelhantes aos protestos ocorridos em 1863 (a "questão Christie"). Em agosto de 1896, a Grã-Bretanha reconheceu a derrota e se retirou da ilha.

Na duradoura disputa entre Brasil e Inglaterra quanto ao extenso (30,000 km2) e quase todo desabitado território ao norte da bacia do Amazonas entre o Brasil e a Guiana Inglesa, no entanto, os ingleses alcançaram expressivo triunfo. Os pleitos portugueses, e depois brasileiros, pelo território foram enfrentados pelos britânicos após as explorações feitas por Sir Robert Schomburgk em nome da Sociedade Geográfica Real, nos anos 1840. Em novembro de 1901, sem conseguir acordo, os dois lados concordaram com a arbitragem internacional pelo rei da Itália. Joaquim Nabuco, ministro brasileiro em Londres na oportunidade, gastou todo o ano seguinte preparando o caso brasileiro sob a forma de memorando *Frontières du Brésil et de la Guyane Anglaise. Le droit du Brésil*, em cinco volumes. Depois que os ingleses apresentaram seu caso em memorando escrito, Nabuco e seus seis assistentes, durante o verão de 1903, prepararam a resposta brasileira: *La Pretention Anglaise, Notes sur la partie historique du Première Mémoire Anglais* e *La Preuve Cartographique*. Um memorando final, em quatro partes, concluindo com uma *Exposé final*, foi preparada no inverno de 1903-04. No cômputo total, o Brasil submeteu 2 mil páginas escritas, mais mapas e documentos, em não menos do que dezoito volumes. Em 14 de junho de 1904, Nabuco, confiante na vitória, foi convocado ao Quirinal, juntamente com o embaixador britânico em Roma, para receber a decisão do rei Victor Emmanuel III. Ele concedeu três quintos do território em disputa à Grã-Bretanha.[49]

Finalmente, há a questão do imperialismo cultural. Na sua Introdução ao livro *Informal Empire in Latin America. Culture, Commerce and Capital*, acima citado, Matthew Brown pondera, que além do comércio, capital, e controle político, para que o império informal exista "tem que haver um papel visível na cultura, seja em apoiando relações [político e diplomático], seja como uma variável independente (tais como a conscientização local das relações assimétricas de poder). (...) Os tentáculos do império informal precisam ser vistos no terreno e também (...) nas mentes dos cidadãos e nações, cujas soberanias estão sendo comprometidas. O império informal tem que ser vivo, e conhecido."[50] No Brasil, como registramos, os "encontros culturais" entre britânicos e brasileiros, as "relações do dia a dia formadas entre colonizados, colonizadores e mediadores", foram muito limitadas, exceto talvez no caso do protestantismo e do futebol, e a influência social e cultural que a Inglaterra pudesse ter no Brasil era rapidamente aceita e absorvida. Além disso, as influências externas sociais, culturais – e intelectuais – sobre as elites brasileiras, durante o Império e o início da República, foram tanto, se não maiores, francesas quanto inglesas.

V

No seu livro *Os ingleses no Brasil* (1948) Gilberto Freyre examina com muita argúcia a influência das pequenas comunidades de súditos britânicos estabelecidas nos portos do Rio de Janeiro, Salvador e Recife, desde a abertura dos portos brasileiros ao comércio exterior em 1808 e a importação de bens manufaturados ingleses de consumo nas vidas privadas e sociais das classes urbanas alta e média na primeira metade do século XIX.[51]

A segunda metade do século XIX e o período imediatamente anterior à Primeira Guerra Mundial testemunharam a imigração de massa para o Brasil. Primeiro os portugueses, robustecendo assim a presença portuguesa na vida cultural e social do Império brasileiro, depois os italianos, espanhóis, europeus orientais e, finalmente (a partir de 1908), os japoneses chegaram ao Brasil em grandes quantidades. Mais de 2 milhões de imigrantes, dois terços deles italianos, entraram no Brasil entre 1889 e 1914. Não houve imigração em massa britânica para o Brasil. A classe trabalhadora britânica preferiu seguir para o Canadá, Nova Zelândia e Austrália. Diversas centenas de lavradores ingleses e irlandeses foram atraídos pelos esquemas de colonização no sul do Brasil entre 1867 e 1873 – mas todos eles fracassaram.[52] Por outro lado, como resultado do aprofundamento das relações entre o Brasil e a Grã-Bretanha, as comunidades britânicas no Rio de Janeiro, Salvador e Recife, agora juntas com comunidades menores em São Paulo e Santos, bem como em outras cidades portuárias do Brasil, cresceram. No fim do Império, já existiam 1.500 residentes britânicos no Rio de Janeiro, algumas centenas em Salvador, Recife, Santos/São Paulo, e menores quantidades em Porto Alegre, Fortaleza, São Luís do Maranhão, Belém e Manaus. E as características das comunidades britânicas mudaram. Elas não mais se constituíam, primordialmente, de diplomatas, negociantes, juízes, advogados e de alguns artesãos (alfaiates, carpinteiros, etc.). Agora elas também incluíam engenheiros civis, técnicos e operários qualificados em ferrovias e mineração, gestores e equipes administrativas de ferrovias, serviços públicos urbanos, bancos, telégrafo, companhias transportadoras e de seguros, assim como professores e missionários – muitos com suas famílias.[53]

Os ingleses no Brasil tinham seus próprios *country clubs*, escolas, hospitais, igrejas, cemitérios e jornais. Como por todos os lados do Império – e do império informal – as comunidades britânicas no Brasil tentavam ser exclusivas e autossuficientes quanto possível, mas inevitavelmente interagiam com a sociedade brasileira local e a impactavam (nos estilos de vida, moda, alimentos, língua, valores, etc.). As igrejas anglicanas e os missionários não-conformistas, como os Congregacionalistas Escoceses, e a partir de meados dos anos 1850 as organizações evangélicas e os editores sediados em Londres especializados em publicações religiosas, a *British and Foreign Bible Society* (fundada em 1804) e a *Religious Tract Society*, (fundada em 1799), decerto tiveram papel importante no crescimento do Protestantismo e das ideias de liberdade religiosa e pluralismo em um país predominantemente católico.[54] E os ingleses apresentaram aos brasileiros uma série de esportes ao ar livre: tênis, ciclismo, remo e vela, golfe (o campo de nove buracos de São Paulo era chamado o Morro dos Ingleses), rugby, corrida de cavalos, atletismo (o São Paulo Athletics Club, fundado em 1888), críquete (o English Payssandú Cricket Club, o Rio Cricket Club em Niterói) e, sobretudo, o futebol – talvez a mais duradoura influência sobre a sociedade e cultura brasileiras.[55]

Existem umas poucas provas sobre um tipo de futebol que era jogado nas escolas jesuítas e entre os tripulantes dos navios mercantes e os marinheiros britânicos nos anos 1870 e 1880. Mas é quase geralmente aceito que o futebol moderno no Brasil data da chegada em Santos de um estudante inglês de dezenove anos Charles Miller, em outubro de 1894. Miller, que nascera no Brasil de pai escocês e mãe brasileira, frequentara escola em Southampton e desembarcou em Santos trazendo duas bolas de couro, um conjunto de peças do vestuário para o jogo, inclusive botas, e uma cópia do exemplar das regras do futebol da *Football Association* britânica (publicadas pela primeira vez em 1863). Ele rapidamente convenceu o São Paulo Athletics Club a adotar o futebol. O primeiro jogo no Brasil foi disputado entre o São Paulo Railway Team contra o Gas Team (da companhia municipal de suprimento de gás), em abril de 1895. Um anglo-suíço-brasileiro Oscar Cox trouxe o futebol da Europa para o Rio de Janeiro em 1897. Clubes foram criados em São Paulo, Rio de Janeiro, Bahia, Recife (Náutico em 1901, Sport em 1905) e por todo o Brasil. De esporte da elite, o futebol logo se tornou popular com a criação dos Clubes de Fábricas: por exemplo, Votorantim Athletics Club, na Fábrica de Tecidos Votorantim, em Sorocaba, interior de São Paulo, cujos donos eram ingleses; o Bangú na firma têxtil gerenciada por ingleses, Companhia Progresso Industrial do Brasil, na zona norte do Rio de Janeiro. O famoso clube amador inglês Corinthians visitou o Brasil em 1910, 1913 e 1914 (mas foi forçado a retornar à Inglaterra em virtude da eclosão da Primeira Guerra Mundial); o clube profissional Exeter City fez três jogos no Rio em 1914. Em 1922, Lima Barreto escreveu: "Todos nesta boa cidade do Rio, desde que não tenham pés de chumbo (...) jogam o chamado esporte inglês".[56]

Sobre a elite do fim do Império e início da República, no entanto, a predominante influência cultural de fora foi francesa. Desde a chegada da Missão Artística Francesa, em 1816, a arte e a arquitetura no Brasil passaram a ser pesadamente influenciadas pelas francesas. A moda francesa era intensamente seguida. As óperas francesas de

Mayerbeer, Ambroise Thomas, Offenbach, Gounod eram seguidamente apresentadas nas diversas teatros de ópera do Rio de Janeiro e de outras cidades brasileiras, se bem que a ópera italiana – Rossini, Donizetti, Bellini, Verdi – fossem dominantes. A literatura francesa era a mais amplamente lida; pensadores franceses – por exemplo, o filósofo e historiador Ernest Renan, Arthur, Comte de Gobineau, melhor lembrado por sua teoria sobre a raça e, mais que todos, Auguste Comte, fundador do positivismo, que faleceu em 1857, foram também importantes para a vida intelectual brasileira.

É hoje reconhecido que romancistas ingleses, irlandeses e escoceses – Swift, Defoe, Fielding, Richardson, Sterne, Sir Walter Scott, Dickens e muitos outros – fizeram significativa contribuição para a formação do romance brasileiro, embora com frequência fossem lidos em suas versões para o francês.[57] Um grande número de homens de letras britânicos foram amplamente lidos por intelectuais brasileiros: Jeremy Bentham; o historiador Thomas Babington Macaulay; Charles Darwin; John Stuart Mill, autor do clássico *On Liberty* (1859); o escritor escocês Thomas Carlyle, a quem Rui Barbosa muito admirada; Walter Bagehot cujo livro *The English Constitution* (1867) teve uma profunda influência no pensamento político de Joaquim Nabuco; e, sobre tudo, o sociólogo e darwinista social Herbert Spencer. [58]

Entre os intelectuais públicos brasileiros, Joaquim Nabuco foi excepcional na extensão com que foi influenciado pelas ideias inglesas. Ele admitiu que a "dominante paixão cosmopolita" da maioria dos membros das elites política, social, cultural e intelectual brasileiras era Paris. Ele próprio descreveu um encontro com Renan em Paris como "minha maior influência literária na vida, o mais perfeito intoxicante do espírito (...) minha *coup de foudre* intelectual".[59] Mas Nabuco preferia Londres, a metrópole Imperial, a Paris. Sua admiração de vida toda pela Inglaterra e por tudo que era britânico, recebe expressão completa nos capítulos sobre "Bagehot", "Londres", "32 Grosvenor Gardens" (residência do ministro brasileiro em Londres, o barão de Penedo, na fase final do Império). "A influência inglesa" e

"O espírito inglês" na sua "autobiografia literária, intelectual e política" *Minha formação* (1900).[60]

Jeffrey Needell conclui seu estudo da *belle époque* no Rio de Janeiro: "Em 1900, um membro da elite carioca era parte de uma profundamente cultura *eurófila*, que influenciava todos os aspectos da vida dele ou dela (...) todos [os] aspectos delicados e cruciais da cultura e da sociedade eram crescentemente sugestionados pelos paradigmas aceitos da aristocracia *franco-inglesa*, por essa elite tropical como Civilização." (itálicos do autor).[61]

VI

A Primeira Guerra Mundial destruiu a ordem internacional do "longo século XIX", dominado pela Grã-Bretanha. No período entre a Primeira e a Segunda Guerra Mundial, os Estados Unidos sobrepujaram a Inglaterra como maior país industrializado e nação credora do mundo. Os EUA aumentaram persistentemente seu comércio e seus investimentos com os vizinhos da América Latina. A Inglaterra fortaleceu seus laços comerciais e financeiros com o Império Britânico, em especial com os Domínios da Coroa (Canadá, Austrália, Nova Zelândia e África do Sul) às expensas da América Latina, salvo com a Argentina (até o período do pós-guerra). No Brasil, os Estados Unidos, que foram por longo tempo o principal mercado do produto brasileiro mais exportado – o café – substituiu a Inglaterra como primeiro exportador de bens de capital e manufaturados para o Brasil. A parcela britânica do mercado brasileiro caiu vinte por cento durante os anos 1920, e dez por cento nos 1930. A Inglaterra importou apenas de três a cinco por cento das exportações brasileiras durante os anos 1920, e de nove a doze por cento nos 1930. Os investimentos diretos britânicos no Brasil declinaram durante os anos 1920, porém em 1930 a Inglaterra permaneceu sendo o principal investidor externo no Brasil e ainda era a maior credora do débito externo brasileiro.

Ao longo dos anos 1930 e da Segunda Guerra Mundial (e do período imediato do pós-guerra) os investimentos britânicos no Brasil caíram dramaticamente. Ao mesmo tempo, os Estados Unidos substituíram a Grã-Bretanha como primeira fonte de capital, tanto em títulos quanto diretos. A Segunda Guerra Mundial também fortaleceu as relações políticas, militares e culturais entre os Estados Unidos e o Brasil. A transição hegemônica no Brasil, da Inglaterra para os Estados Unidos, foi completa.

APÊNDICE

ESCRITORES E ARTISTAS BRITÂNICOS NO BRASIL DO SÉCULO XIX

A transferência da Corte portuguesa para o Brasil, em 1808, a abertura dos portos brasileiros para o mundo no mesmo ano e as estreitas relações políticas e econômicas entre Inglaterra e Brasil até a Primeira Guerra Mundial ocasionaram a vinda de muitos viajantes britânicos ao Brasil, alguns dos quais se tornaram residents do país. Entre as dezenas de livros sobre o Brasil publicados pelos habitantes e visitantes britânicos, os mais notáveis são os seguintes:[62]

- John Mawe, *Travels in the interior of Brazil, particularly in the gold and diamond districts of that country* (Londres, 1812; 2ª edição expandida, 1821). Mawe, um mineralogista de Derbyshire, foi o primeiro estrangeiro autorizado a visitar as minas de ouro e diamantes de Minas Gerais.
- John Luccock, *Notes on Rio de Janeiro and the southern parts of Brazil taken during a residence of ten years in that country from 1808 to 1818* (Londres, 1820), descrito pelo grande historiador brasileiro do século XIX Varnhagen como "o mais fiel narrador do estado material, moral e intelectual da capital do Estado do Brasil", no ano imediatamente posterior à chegada da Corte portuguesa. Luccock era um negociante de roupas de Leeds, que importava têxteis e outros tipos de bens manufaturados de West Yorkshire.

- Henry Koster, *Travels in Brazil, in the years from 1809 to 1815* (Londres, 1816; 2ª ed. 2 vols., 1817). Koster era um negociante britânico que crescera em Portugal e estabeleceu-se em Pernambuco em 1809 como plantador de cana de açúcar.
- Maria Graham, *Journal of a voyage to Brazil and residence there during part of the years 1821, 1822, 1823* (Londres, 1824), um dos melhores – e mais citados – relatos do Brasil, em especial do Rio de Janeiro, ao tempo da independência. Graham, mais tarde lady Calcott, era a esposa de um oficial da Marinha britânica que visitou o Brasil em 1821-22, a caminho do Chile, e em 1823 na viagem de volta à Inglaterra. Ela retornou ao país em 1824, a convite do imperador D. Pedro, para ser tutora e governanta de sua filha princesa Maria da Glória.
- Rev. Robert Walsh, *Notices of Brazil in 1828 and 1829* (2 vols., Londres,1830). Walsh, um clérigo anglicano irlandês foi o capelão da missão britânica no Rio de Janeiro.
- John Armitage, *The History of Brazil, from the period of the arrival of the Braganza family in 1808 to the abdication of Dom Pedro the First in 1831* (2 vols., Londres, 1836). Armitage passou oito anos no Rio de Janeiro como negociante de 1828 a 1835. Planejado para ser uma continuação do *History of Brazil* em 3 vols. de Robert Southey, [63] esse foi o primeiro livro de história do período de 1808-31, baseado em documentos estatais e em outras fontes primárias, bem como conhecimento pessoal do país. Traduzido para o português em 1837, o livro permaneceu por muito tempo sendo texto fundamental para todos os historiadores posteriores do período.
- George Gardner, *Travels in the interior of Brazil principally through the northern provinces and the gold mining districts during the years 1836-41* (1846). Gardner, que foi mais tarde superintendente dos Jardins Botânicos do Ceilão, viajou ao Brasil para coletar espécimes botânicas e penetrou em regiões do sudeste, centrais e do nordeste do país raramente visitadas por estrangeiros.
-

- Alfred Russel Wallace, *A narrative of travels on the Amazon and Rio Negro* (Londres, 1853) e Henry Walter Bates, *A naturalist on the River Amazons* (2 vols, 1863). Wallace e Bates, respectivamente com 25 e 23 anos de idade viajaram para o Pará, em 1848, a fim de coletar espécimes para negociantes privados e para o Kew Gardens, que tinha sido remodelado em 1841 e formalmente reconhecido como jardim botânico nacional sob a direção de Sir William Hooker (e, mais tarde, de seu filho Sir Joseph Hooker). Eles permaneceram juntos por dois anos, mas romperam a parceria em 1850. Wallace passou mais dois anos no rio Negro e no Orinoco antes de retornar à Inglaterra; Bates passou outros oito anos no Solimões e no Alto Amazonas. Os livros, assim como os boletins e cartas desses dois grandes naturalistas britânicos deram enorme contribuição para o conhecimento da Amazônia em meados do século XIX.[64] Como Apêndice ao seu livro, Wallace incluiu anotações sobre história natural, geografia e geologia do vale do Amazonas e de suas tribos indígenas, com vocabulários das suas línguas, que representam mero fragmento da história física da Amazônia, que ele planejava escrever. Tornou-se co-criador, com Darwin, da teoria de evolução das espécies pela seleção natural. Darwin acreditava que Bates só perdia para Humboldt no conhecimentos de florestas tropicais e considerava seu livro "o melhor volume de viagens de história natural já publicados".[65]
- Richard Spruce, *Palmae Amazonicae* (Londres, 1869), *The Hepaticae of the Amazon and the Andes of Peru and Ecuador* (1885) e *Notes of a botanist on the Amazon and the Andes* (2 vols., 1908) organizado por Alfred Russel Wallace. Spruce (com 32 anos, porém já reputado por seu trabalho em Yorkshire e nos Pirineus) viajou à Amazônia em 1849, um ano depois de Wallace e Bates. Permaneceu no norte do Brazil, Peru e Equador por quinze anos, até 1864. Wallace e Bates eram primordialmente entomólogos, Spruce, um botânico (apesar de todos os três, diga-se a bem da verdade, também serem

exploradores, geógrafos, geólogos, antropólogos, linguistas e versados em muitas outras especialidades).[66]

- William Scully, *Brazil; its provinces and chief cities, the manners and customs of the people, agriculture, commerce and other statistics...* (Londres, 1866). Scully era um irlandês proprietário e editor do *Anglo-Brazilian Times*, publicado no Rio de Janeiro de 1865 a 1884.
- Sir Richard Burton, *Explorations of the highlands of Brazil, with a full account of the gold and diamond mines, also canoeing down 1500 miles of the Great River São Francisco from Sabará to the sea* (2 vols., 1869). O grande "orientalista" e explorador foi cônsul britânico em Santos de1865 a 1868. Além das viagens a outra grande paixão de Burton era a tradução, sendo o português, que ele aprendeu em Goa, sua língua favorita depois do árabe. Enquanto no Brasil, afora a tradução do *Lusíadas* de Camões, Burton traduziu diversas obras de brasileiros, inclusive o poema épico do século XVIII, *O Uraguai*, de José Basílio da Gama e dois romances contemporâneos: *Iracema* de José de Alencar (1865) e *Manuel de Moraes* de João Manuel Pereira da Silva (1866).[67]
- Charles Barrington Brown e William Lidstone, *Fifteen thousand miles on the Amazon and its tributaries* (Londres, 1878). Brown, um geólogo, e Lidstone, engenheiro civil, eram empregados da Companhia Amazônica de Navegação a Vapor, 1873-75.
- James W. Wells, *Exploring and travelling three thousand miles through Brazil from Rio de Janeiro to Maranhão* (2 vols., Londres, 1886). Wells era um engenheiro civil que fez essa jornada em 1873-75. Suas viagens coincidiram em muitos locais com as duas antes realizadas por George Gardner e Richard Burton.
- J. P. Wileman, *Brazilian exchange. The study of an inconvertible currency* (Buenos Aires, 1896). Wileman foi um engenheiro civil que viveu no Rio Grande do Sul por muitos anos e morreu no Rio em 1914. Seu livro foi a primeira análise sistemática da história financeira do Brasil, cobrindo o período de1860 a 1894, e teve grande influência sobre os governos da nova República Brasileira.

Ele também fundou em 1898 o semanário *Brazilian Review* (editado depois de 1914 por seu filho H.F. Wileman com o título *Wileman's Brazilian Review* – até 1941), uma fonte importante de notícias econômicas, financeiras e de negócios, dirigida a assinantes do exterior.

- H.M. Tomlinson, *The sea and the jungle (being the narrative of the voyage of the tramp steamer* Capella, *1909 and 1910* (Londres, 1912), relato de uma jornada da Inglaterra ao Pará, ao longo dos rios Amazonas e Madeira, e de volta ao seu país. O livro é considerado um clássico da literatura sobre viagens.

Artistas britânicos, profissionais e amadores, alguns que passaram longos períodos no Brasil, mas muitos deles, como oficiais da Marinha ou artistas embarcados em navios da Royal Navy, que tiveram estadias no Brasil de apenas dias ou semanas, fizeram significativas contribuições para a iconografia do país no século XIX. A obra deles está espalhada em coleções, públicas e privadas, por todo o mundo. Os listados abaixo ou tiveram seus trabalhos publicados à época ou foram objetos de estudos posteriores:

- Richard Bate, um negociante (instrumentos óticos e náuticos) e talentoso artista amador, viveu vinte anos no Rio de Janeiro entre 1808 e 1848.[68]
- William Swainson, botânico e ornitólogo, passou ano e meio em Pernambuco, Bahia e Rio de Janeiro em 1816-1818. Swainson é considerado o melhor ilustrador da flora e da fauna, especialmente dos pássaros do Brasil desde os artistas holandeses residentes em Pernambuco de meados do século XVII.[69]
- Henry Chamberlain, um tenente da Artilharia Real e artista amador, filho do cônsul geral britânico/*chargé d'affaires,* visitou o Rio de Janeiro aos 22 anos de idade, em 1819-20. Suas aquarelas formam a base de famoso álbum com 36 litogravuras.[70]

- Augustus Earle, artista profissional treinado na Royal Academy passou dois meses em 1820 e depois mais de três anos no Rio de Janeiro (dezembro de 1820 a fevereiro de 1824).[71]
- Charles Landseer, artista profissional também treinado na Royal Academy, e William John Burchell, botânico e artista amador, chegaram ao Rio com a missão Stuart, em 1825, para negociar o reconhecimento da independência do Brasil de Portugal.[72]
- William Smyth, tenente da Royal Navy e artista amador, esteve no Rio de Janeiro em várias ocasiões durante os anos 1830.[73]
- Sir William Gore Ouseley, diplomata e artista talentoso, chegou ao Rio de Janeiro como secretário da legação britância e se tornou *chargé d'affaires* em 1838 (até ser transferido como ministro para Buenos Aires em 1844). Suas pinturas são principalmente sobre o Rio e a Bahia.[74]
- Oswald Brierly, artista profissional de diversos navios da Royal Navy – *Wanderer, Rattlesnake, Meander, Galatea* – visitou o Rio de Janeiro em diferentes ocasiões entre 1842 e 1867.[75]
- George Lothian Hall, artista profissional que passou os anos de 1848 a 1854 no Rio de Janeiro (como negociante?) e fez exibições em Londres, por exemplo, na Royal Society of British Artists e na Royal Academy em várias oportunidades durante as duas décadas seguintes.[76]
- Benjamin Robert Mulock, o único fotógrafo britânico de importância, que trabalhou como engenheiro em Salvador e no interior da Bahia entre novembro de 1859 e abril de 1862, durante a construção da Ferrovia Bahia-São Francisco.[77]
- Marianne North, a famosa "botanical globetrotter" e artista prolífica esteve no Rio de Janeiro e Minas Gerais em 1872-73. Ela legou grande quantidade de pinturas e desenhos tanto de plantas como da topografia para o Kew Gardens.[78]

Notas

Ensaio 2

[1] Citado em Alan K. Manchester, *British pre-eminence in Brazil: its rise and decline* (Chapel Hill, N.C.: University of North Carolina Press, 1933), p. 67.
[2] Ver Leslie Bethell, *The Abolition of the Brazilian Slave Trade, Brazil and the Slave Trade Question, 1807-1869* (Cambridge: Cambridge University Press, 1970).
[3] João Pedro Marques, *The Sounds of Silence. Nineteenth-century Portugal and the Abolition of the Slave Trade* (Nova York: Berghahn Books, 2006), p. 35.
[4] Strangford para Castlereagh, 20 de fevereiro de 1814, citado em Patrick Wilken, *Empire Adrift. The Portuguese Court in Rio de Janeiro, 1808-1821* (Londres: Bloomsbury, 2004), p. 142.
[5] Em Viena, em 8 de fevereiro de 1815, numa significativa declaração na história da lei internacional e dos direitos humanos, o comércio de escravos foi denunciado por um comitê de todos os oito signatários do Tratado de Paris, inclusive Portugal, como "repugnante aos princípios da humanidade e da moralidade universal". Sobre a questão da abolição do comércio de escravos em Viena, ver Brian E. Vick, *The Congress of Vienna. Power and Politics after Napoleon* (Cambridge, MA: Harvard University Press, 2014) pp. 195-212.
[6] Strangford para Castlereagh, 20 de fevereiro de 1814, citado em Wilken, *Empire Adrift*, p. 142.
[7] Manoel de Oliveira Lima, *D. João VI no Brasil* [1908] (4ª edição, Rio de Janeiro: Topbooks, 2006), pp. 385, 439-40; Valentim Alexandre, *Os Sentidos do Império. Questão Nacional e Questão Global na Crise do Antigo Regime Português.* (Porto: Edições Afrontamento, 1993), p.336; Jorge Miguel Pedreira & Fernando Dores Costa, *D. João VI. Um Príncipe entre dois Continentes* (São Paulo: Companhia das Letras, 2008), p. 302.
[8] Gabriel Paquette, *Imperial Portugal in the Age of Atlantic Revolutions. The Luso-Brazilian World, c. 1770-1850* (Cambridge: Cambridge University Press, 2013), p. 103.
[9] Ver Thomas Cochrane, 10° conde de Dundonald, *Narrative of services in the liberation of Chile, Peru and Brasil, from Spanish and Portuguese domination* 2 vols., (Londres, 1858-59). Ver também Brian Vale, *Independence or Death! British sailors and Brazilian Independence 1822-25* (Londres: I.B.Tauris, 1996) e *The Audacious Admiral Cochrane. The true life of a naval legend* (Londres, 2004) e George Ermakoff, *O Lorde Thomas Cochrane. Um guerreiro escocês a serviço da independência do Brasil.* Biografia (Rio de Janeiro: G. Ermakoff. Casa Ediorial, 2021).
[10] Manchester, *British pre-eminence*, p. 193, nota 25.
[11] Canning para Thornton, 23 de dezembro de 1823, citado em Paquette, *Imperial Portugal*, p. 212.
[12] Citado em Bethell, *Abolition*, p. 31.

[13] Em março de 1824, uma revolta armada em Pernambuco resultou na criação de uma república independente, a Confederação do Equador. Ela recebeu suporte do Rio Grande do Norte, Paraíba e Ceará, e atraiu a simpatia de todo o Nordeste. Tal qual a tentativa anterior de criar uma república em Pernambuco (em 1817), a de 1824 viveu pouco: foi suprimida por tropas imperiais depois de seis meses.
[14] Parecer de 11 de outubro de 1824 ao Conselho de Estado, citado em Paquette, *Imperial Portugal*, p. 212, n. 203.
[15] Stuart para Joseph Planta, sub-secretário de Estado, 19 de agosto e 5 de setembro de 1825, Canning correspondência, arquivo 109, Leeds District Archive. "Seja qual for o infortúnio que ocorra em sua vida", Stuart alertou um amigo, "jamais vá para os Brasils". Citado em Paquette, *Imperial Portugal*, p. 227.
[16] Harold Temperley, *The Foreign Policy of Canning 1822-27: England, the neo-Holy Alliance and the New World* (Londres, 1925), pp. 508-09.
[17] Canning, que se tornou primeiro-ministro em maio de 1827, não presenciou o ato. Após apenas 119 dias na função, ele faleceu em 8 de agosto.
[18] Citado em Joseph Smith, *Brazil and the United States: Convergence and Divergence* (Athens & Londres: University of Georgia Press, 2010), p. 197, nota 10. Manoel Rodrigues Gameira Pessoa, o agente brasileiro em Paris, que se tornou o primeiro ministro do Brasil em Londres, alertou D. Pedro contra "a colocação do Brasil sob a influência [da Inglaterra] e também sobre a dificuldade de se extricar depois, como o exemplo de Portugal demonstra. (...) O Brasil deveria ser amigo da Inglaterra, e não pupilo". Citado em Paquette, *Imperial Portugal*, p. 26.
[19] Citado em Bethell, *Abolition*, p. 62.
[20] Ver, por exemplo, José Honório Rodrigues, *Aspirações nacionais. Interpretação histórico-política* (São Paulo, 1965); Rubens Ricupero, "O Brasil no mundo", em Alberto da Costa e Silva (org.) *Crise Colonial e Independência 1808-1830* vol. I *História do Brasil Nação 1808-2010*, (org.) Lilia Moritz Schwarcz (Madrid: Fundación Mapfre/ Rio de Janeiro: Editora Objetiva, 2011).
[21] Citado em David McLean, *War, Diplomacy and Informal Empire. Britain and the Republics of La Plata, 1836-1853* (Londres: British Academic Press, 1996), p.178.
[22] Citado em R. Hyam, *Britain's imperial century, 1815-1914: a study of empire and expansion* (Londres: Palgrave Macmillan, 1983), p. 119.
[23] Para relato mais completo sobre os esforços ingleses para terminar com o comércio brasileiro de escravos, ver Bethell, *Abolition*. Sobre a literatura revisionista desde 1970, Jeffrey D. Needell, "The abolition of the Brazilian slave trade in 1850: historiography, slave agency and statesmanship", *Journal of Latin American Studies*, 33 (2001). Ver também Beatriz Gallotti Mamigonian, *Africanos livres. A abolição do tráfico de escravos no Brasil* (São Paulo: Companhia das Letras, 2017), capítulos 6 e7.
[24] Citado em Bethell, *Abolition*, p. 379.
[25] Sobre os *emancipados*, ver Robert Conrad, "Neither slaves nor free: the *emancipados* of Brazil, 1818-1868", *Hispanic American Historical Review*. 53/1, 1973, pp. 50-70.
[26] Citado em Manchester, *British preeminence*, p. 288.

[27] Mamigonian, *Africanos livres, passim.*
[28] *Ibid.* pp. 374-76.
[29] Isso foi uma preocupação das autoridades brasileiras e dos donos de escravos desde que ficou claro, em meados dos anos 1830, que a lei de 1831 não podia ser implementada, e o comércio (ilegal) de escravos fugira do controle. Duas vezes – em junho de 1837 e setembro de 1848 – o Parlamento brasileiro (em sessão secreta) considerou a possibilidade de revogação da lei de 1831 – retroativamente, oferecendo assim impunidade aos que mantinham escravos importados para o Brasil depois de 1831. No fim, sucessivos governos brasileiros preferiram simplesmente continuar ignorando a existência da lei de 1831. Sobre as atitudes e políticas brasileiras em relação a escravos ilegalmente importados para o Brasil após 1831, ver Sidney Chalhoub, *A força da escravidão. Ilegalidade e costume no Brasil oitocentista* (São Paulo: Companhia das Letras, 2012) capítulos 4, 5 e 7, e Beatriz Gallotti Mamigonian, "O Direito de Ser Africano Livre: os escravos e as interpretações da lei de 1831", em Silvia Hunold Lara & Joseli Maria Nunes Mendonça (orgs.), *Direitos e Justiças no Brasil. Ensaios de História Social* (Campinas: Editora Unicamp, 2006).
[30] Bethell, *Abolition*, p. 381.
[31] Citado em Bethell, *Abolition*, op. cit., p. 382.
[32] Bethell, *Abolition*, p. 232.
[33] Marcelo de Paiva Abreu & Luiz Aranha Correa do Lago, "A economia brasileira no Império, 1822-1889", em Marcelo de Paiva Abreu (org.), *A Ordem do Progresso. Dois séculos de política econômica no Brasil* (2ª ed.. Rio de Janeiro: Elsevier, 2014), p. 17. Tabela 1.1. A França detinha a segunda maior parcela do mercado brasileiro, 12 a 15 por cento (tecidos de algodão, linho, lã e seda, uma variedade de bens luxuosos, inclusive sapatos, chapéus e perfumes, e alguns produtos químicos e farmacêuticos), vindo depois: Portugal (óleo de oliva e vinho) 8 por cento, Alemanha, 5-7 por cento e Estados Unidos, 6 por cento.
[34] Ver Robert Greenhill, "E. Johnston: 150 anos em café", em Marcellino Martins & E. Johnston Exportadores Ltd., *150 Anos de Café* (2ª ed. rev., 1992).
[35] Abreu & Correa do Lago, em Abreu (org.), p. 17, Tabela 1.1; Marcelo de Paiva Abreu, "British business in Brazil: maturity and demise, *Revista Brasileira de Economia* 54 (4), 2000, pp. 389-90.
[36] Abreu & Correa do Lago, em Abreu (org.), p. 26.
[37] Abreu, "British business in Brazil", p. 393.
[38] Abreu & Lago, em Abreu (org.) p. 17, Tabela 1.1; Abreu, "British business in Brazil", pp. 385, Tabela 1, 386.
[39] Sobre as ferrovias no Brasil, ver Richard Graham, *Britain and the Onset of Modernization in Brazil 1850-1914* (Cambridge, Cambridge University Press, 1968), capítulo 2; Colin M. Lewis, *Public policy and private initiative railway building in São Paulo, 1860-89* University of London Institute of Latin America Studies Research Paper 26, 1991; William R. Summerhill, *Order against Progress. Government, Foreign Investment, and Railroads in Brazil, 1854-1913* (Stanford, CA: Stanford

University Press, 2003); William Edmundson, *The Great Western of Brazil Railway* (Chippenham: Mainline & Maritime, 2016).

[40] Ver Marshall C. Eakin, *British Enterprise in Brazil. The St John d'el Rey Mining Company and the Morro Velho Gold Mine, 1830-1960* (Durham, NC: Duke University Press, 1989).

[41] Ver David Joslin, *A century of banking in Latin America* (Londres, 1963); Geoffrey Jones, *British multinational banking, 1830-1990* (Oxford: Oxford University Press, 1993).

[42] Ver também H.S. Ferns: "Argentina: part of an informal empire?", em Alistair Hennessy e John King (eds.), *The land that England lost. Argentina and Britain: a special relationship* (Londres: British Academic Press, 1992); A.S. Thompson "Informal empire? An exploration in the history of Anglo-Argentine relations, 1810-1914", *Journal of Latin American Studies*, 24/2, 1992: A.G. Hopkins, "Informal empire in Argentina: an alternative view", *Journal of Latin American Studies*, 26/2, 1994.

[43] O historiador britânico D.C.M. (Christopher) Platt, em vários artigos e livros sobre a América Latina, especialmente sobre a Argentina, publicados nos anos 1960 e 1970, mostrou-se muito disposto a solapar e desacreditar o conceito de "império informal". Para uma visão geral da historiografia, ver Rory M. Miller, "Informal empire in Latin America", em William Roger Louis (ed.), *The Oxford History of the British Empire*, vol. V, *Historiography* (Oxford: Oxford University Press, 2001).

[44] Abreu, "British business in Brazil", p. 396.

[45] Joaquim Nabuco, futuro líder pela abolição da escravatura no Brasil, escreveu em um texto "A Escravidão" (1870): "A implementação da *bill Aberdeen* [1845] foi um escândalo, um insulto à nossa dignidade como povo independente. A recusa da Inglaterra em revogar a lei (até abril de 1869) obrigou o Brasil a viver 25 anos sob a tutela da Inglaterra". Entretanto, continuou ele, "a vergonha é nossa" porque deixamos a Inglaterra sozinha "com o papel de defensora da humanidade". O texto, doado pela viúva de Nabuco ao Instituto Histórico e Geográfico Brasileiro em 1924, foi publicado pela primeira vez na *Revista do Instituto Histórico e Geográfico Brasileiro*, vol. 204 (1949), 2ª ed. Recife: Fundação Joaquim Nabuco/Editora Massangana, 1988.

[46] Ver Richard Graham, "Os fundamentos da ruptura de relações diplomáticas ente o Brasil e a Grã-Bretanha em 1863: a "Questão Christie", *Revista de História* vol. 24, nº 49, pp. 117-377, 379-400. Ver também Mamigoniam, *Africanos livres*, capítulo 9, A Questão Christie e a questão dos africanos livres. William D. Christie, *Notes on Brazilian Questions* (Londres, 1865) trata da chamada "questão Christie" e muitas outras "questões brasileiras" na época, inclusive escravidão, abolição e relações comerciais com o Brasil.

[47] Ver Joseph Smith, "Limits of diplomatic influence: Brazil versus Britain and the United States, 1886-1894", *History*, 92, 2007, pp. 472-95.

[48] Ver Joseph Smith, "Britain and the Brazilian naval revolt of 1893-94", *Journal of Latin American Studies* 2, 1970, pp. 175-98.

[49] Ver Leslie Bethell, *Joaquim Nabuco no Mundo. Abolicionista, jornalista e diplomata* (Rio de Janeiro: Bem-Te-Vi Produções Literárias, 2016), capítulo I, Joaquim Nabuco na Europa e nos Estados Unidos.

[50] Matthew Brown (ed.), *Informal Empire in Latin America. Culture, Commerce and Capital* (Oxford: Blackwell, 2008), p. 21.

[51] Gilberto Freyre, *Os ingleses no Brasil (Aspectos da influência britânica sobre a vida, a paisagem e a cultura do Brasil)* (1948); traduzido para o inglês como *The English in Brazil* Oxford: Boulevard Books, 2011). Ver também, sobre uma comunidade britânica nesse período, Louise H. Günther, *British merchants in nineteenth-century Brazil: business, culture and identity in Bahia, 1808-1850* (Oxford: Centre for Brazilian Studies, 2004).

[52] Ver Oliver Marshall, *English, Irish and Irish-American Pioneer Settlers in Nineteenth-Century Brazil* (Oxford: Centre for Brazilian Studies, 2005).

[53] Além de Freyre e Günther citados (nota 51) existem relativamente poucos estudos sobre as comunidades britânicas no Brasil. Mas veja Graham, *Britain and the Onset of Modernisation in Brazil*, op. cit., capítulo 4 "The Urban Style", e José Antonio Gonsalves de Mello, *Ingleses em Pernambuco. História do Cemitério Britânico do Recife e da participação de ingleses e outros estrangeiros na vida e na cultura de Pernambuco, no período de 1813 a 1909* (Recife, 1972).

[54] Ver D.G. Vieira, *O Protestantismo, a Maçonaria e a Questão Religiosa no Brasil* (Brasília, 1980) e Graham, *Britain and the Onset of Modernisation*, capítulo 11 "Individual Salvation". Pedro Feitoza está completando uma tese de PhD na Cambridge University sobre as missões protestantes britânicas no Brasil.

[55] Ver Aidan Hamilton, *An Entirely Different Game. The British influence on Brazilian football* (Edimburgo e Londres: Mainstream Publishing, 1998); David Goldblatt, *Futebol Nation. A Footballing History of Brazil* (Londres: Penguin, 2014), capítulo I; Darien J. Davis, "British Football with a Brazilian Beat. The early history of a national pastime (1894-1933)", em Oliver Marshall (ed.), *English-Speaking Communities in Latin America* (Londres: Macmillan, 2000); Fatima Martin Rodrigues Ferreira Antunes, "The Early Days of Football in Brazil: British Influence and Factory Clubs in São Paulo", em Paulo Fontes & Bernardo Buarque de Hollanda (eds.), *The Country of Football. Politics, Popular Culture & the Beautiful Game in Brazil* (Londres: Hurst, 2014); e especialmente Josh Lacy, *God is Brazilian. Charles Miller. The man who brought football to Brazil* (Stroud: Tempus, 2005).

[56] Citado em Goldblatt, *Futebol Nation*, p. 17.

[57] Sandra Guardini Vasconcellos é talvez a única a revisitar a entranhada opinião entre os historiadores e críticos brasileiros de que os romancistas e romances franceses quase exclusivamente influenciaram o desenvolvimento do romance brasileiro no século XIX. Ver, por exemplo, "Migratory literary forms: British novels in nineteenth-century Brazil", em Ana Cláudia Suriani da Silva e Sandra Guardini Vasconcellos (eds.), *Books and periodicals in Brazil 1768-1930. A Transatlantic Perspective* (Londres: Legenda, 2014).

[58] A respeito da influência de Spencer sobre os intelectuais brasileiros, ver Graham, *Britain and the Onset of Modernization in Brazil*, capítulo 9, "Progress and Spencer". Quando, em 1897, os membros da recém-criada Academia Brasileira de Letras se reuniram para eleger vinte *sócios correspondentes* (membros estrangeiros) entre os

escritores e intelectuais de destaque em todo o mundo, elegeram Herbert Spencer – com mais três sócios franceses: Elisée Réclus, Emil Zola e Paul Groussac.

[59] Joaquim Nabuco, *My formative years* (Oxford: Signal Books em associação com a Bem-Te-Vi Produções Literárias, Rio de Janeiro, 2012), p. 7. Com uma Introdução de Leslie Bethell, essa é a primeira tradução para o inglês de *Minha formação* (1900).

[60] Essa foi a própria descrição de Nabuco de *Minha Formação* no registro que ele submeteu ao *Who's Who* em 1906. O registro é reproduzido (traduzido para o português) como um apêndice à mais recente edição, com Introdução de Alfredo Bosi (São Paulo: Editora 34, 2012).

[61] Ver Jeffrey D, Needell, *A Tropical Belle Époque: Elite Culture and Society in Turn of the Century Rio de Janeiro* (Cambridge: Cambridge University Press, 1987).

[62] Para uma lista completa, ver, Leslie Bethell, *Brazil by British and Irish authors* (Oxford: Centre for Brazilian Studies, 2003).

[63] O poeta Robert Southey, que nunca visitou o Brasil, escreveu a história do Brasil desde o começo do século XVI até o começo do XIX. O primeiro volume foi publicado em 1810; o segundo em 1817; o terceiro em1820, quase meio século antes do clássico de Francisco Adolfo de Varnhagen, *História geral do Brasil antes da sua separação e independência de Portugal* (2 vols., 1854-57). O *History de* Southey foi, em certa medida, obscurecido pelo *História* de Varnhagen, embora tenha sido muito elogiado pelos historiadores posteriores do Brasil, João Capistrano de Abreu e Manoel de Oliveira Lima.

[64] Além de numerosas biografias de Wallace, existem diversos estudos de Wallace e Bates sobre a Amazônia. O mais recente e o melhor (que também inclui o de Richard Spruce – ver abaixo) é o de John Hemming, *Naturalists in Paradise. Wallace, Bates and Spruce in the Amazon* (Londres: Thames and Hudson, 2015).

[65] O próprio Darwin esteve duas vezes no Brasil durante a segunda viagem do H.M.S. *Beagle* (dezembro de 1831-outubro de 1836) – na Bahia em fevereiro de 1832 e no Rio de Janeiro de abril a junho de 1832, enviando para a Inglaterra por meio marítimo cuidadosamente rotuladas espécimes, e de novo, brevemente, na Bahia e no Recife, durante a viagem de volta em agosto de 1836. Ver Charles Darwin, *Journals and remarks 1832-36* (Londres, 1839), o terceiro volume dos quatro do *Narrative of the surveying voyages of His Majesty's Ships "Adventure" and "Beagle" between the years 1826 and 1836* de Robert Fitzroy (1839). Ele foi publicado separadamente como *Journal of researches into the geology and natural history of the various countries visited during the voyage of H.M.S. Beagle round the world* (1840).

[66] Ver M.R.D. Seaward e S.M.D. Fitzgerald (eds.), *Richard Spruce (1817-1893). Botanist and explorer* (Londres: Royal Botanic Gardens, Kew, 1996) e Hemming, *Naturalists in Paradise.*

[67] Os biógrafos ficaram fascinados por Richard Burton. Sobre Burton no Brasil, ver Frank McLynn, *From the Sierras to the Pampas: Richard Burton´s travels in the Americas, 1860-69* (Londres, 1991); Alfredo Cordiviola, *Richard Burton, a traveller in Brazil, 1865-68* (Lewiston NY, 2001).

[68] Ver Gilberto Ferrez, *Aquarelas de Richard Bate. O Rio de Janeiro, 1808-48* (Rio de Janeiro, 1965).

[69] William Swainson, *Zoological Illustrations* (primeira série, Londres, 1820-33, segunda, Londres, 1829-33), *The ornithological drawings of William Swainson.* Série I: *The birds of Brazil* (1834-36), e *A selection of the birds of Brazil and Mexico. The drawings* (Londres, 1841). Ver Leslie Bethell, "William Swainson: naturalista britânico no Brasil, 1817-18", *Revista do Instituto Histórico e Geográfico Brasileiro*, ano 182, n° 487, setembro-dezembro de 2021, pp. 103-120.

[70] Henry Chamberlain, *Views and costumes of the city and neighbourhood of Rio de Janeiro, Brazil, from drawings taken by Lieutenant Chamberlain during the years 1819 and 1820, with descriptive explanations* (Londres, 1822).

[71] Ver David James, "Um pintor inglês no Brasil do Primeiro Reinado", *Revista do SPHAN*, 12 (1955) e Jocelyn Hackforth-Jones, *Augustus Earle, travel artist: paintings and drawings in the Rex Nan Kivell Collection, National Library of Australia* (Londres, Scholar Press, 1980).

[72] Ver Leslie Bethell (org.), *Charles Landseer. Desenhos e aquarelas de Portugal e do Brasil 1825- 1826* (2010); Gilberto Ferrez, *O Brasil do Primeiro Reinado visto por William John Burchell 1825/1829* (Rio de Janeiro: Fundação João Moreira Salles & Fundação Pro-Memória, 1981); Leslie Bethell, "Dois artistas ingleses no Brasil: Charles Landseer (1825-26) e William John Burchell (1825-30)", *Revista do Instituto Histórico e Geográfico Brasileiro*, ano 173, nº 456, julho-setembro de 2012, pp. 77-96.

[73] Ver Paulo Geyer (ed.), *Aquarelas de William Smyth, 1832-1834* (Rio de Janeiro, 1987).

[74] Ver William Gore Ouseley, *Views of South America, from original drawings made in Brazil, the River Plate, the Parana, etc* (Londres, 1852).

[75] Ver Pedro da Cunha e Menezes, *Oswald Brierly. Diárias de viagens ao Rio de Janeiro 1842-1867.* (Rio de Janeiro: Andrea Jakobsson Estúdio, 2006).

[76] Ver *Views of Rio de Janeiro from sketches by George L. Hall* s/d. Um álbum raro publicado em Londres por Maclure, MacDonald & MacGregor, litógrafos para a rainha, c. 1857.

[77] Ver "Um fotógrafo inglês na Bahia: Benjamin Robert Mulock (1829-63)". Biblioteca Nacional, Rio de Janeiro (http://brasilianafotografica.bn.br/?p=8946).

[78] Ver Laura Ponsonby, *Marianne North at Kew Gardens* (Londres, 1990) e Júlio Bandeira, *A viagem ao Brasil de Marianne North 1872-3* (Rio de Janeiro: Sextante, 2012).

ENSAIO 3

A GUERRA DO PARAGUAI (1864-1870)*

A Guerra do Paraguai ou Guerra da Tríplice Aliança (Brasil, Argentina e Uruguai) contra o Paraguai, que durou mais de cinco anos, de dezembro de 1864 a março de 1870, não foi apenas a mais longa, como também a mais sangrenta guerra inter-estados na história da América Latina, na verdade, salvo a Guerra da Crimeia (1853-6), a mais sangrenta guerra inter-estados em qualquer parte do mundo entre o fim das Guerras Napoleônicas em 1815 e a eclosão da Primeira Guerra Mundial em 1914.[1] Ela custou cerca de 200 mil vidas (em sua maioria, paraguaios e brasileiros), quer em ação, quer pelas doenças e privações associadas ao conflito armado. E teve profundo efeito sobre as economias, políticas e sociedades dos quatro países beligerantes, em especial para os dois que mais participaram das batalhas: Paraguai, o principal derrotado, e Brasil, o principal vencedor.

---

*Este ensaio extrai material do "A Guerra do Paraguai: história e historiografia", "Cronologia da Guerra" e "O imperialismo britânico e a Guerra do Paraguai", em Maria Eduarda Castro Magalhães Marques (org.), *A Guerra do Paraguai: 130 anos depois*, (Rio de Janeiro: Editores Relume Dumará, 1995), pp. 11-26, 26-36, 131-150); do *The Paraguayan War (1864-1870)* (Documento de pesquisa do Institute of Latin American Studies, Londres, 1996); e do "O Brasil no mundo [1822-1889]", em *História do Brasil Nação*, Lilia Moritz Schwarcz (org.), vol. II *Construção nacional 1830-89* org. José Murilo de Carvalho (Madrid: Fundación MAPFRE e Rio de Janeiro: Editora Objetiva, 2012), pp. 157-68.

I

Em certo sentido, todas as três guerras do Brasil no rio da Prata, durante meio século após a independência – a primeira, em 1825-28, contra as recém-independentes Províncias Unidas do Rio da Prata; a segunda, em 1855-52, em aliança com o Uruguai e as províncias argentinas de Entre Rios e Corrientes, contra a província de Buenos Aires; a terceira e, de longe, a mais importante, em 1864-70, em aliança com Argentina e Uruguai contra o Paraguai – tiveram suas raízes na rivalidade entre Portugal e Espanha durante os séculos XVII e XVIII. O envolvimento de Portugal no rio da Prata começou com o assentamento na Colônia do Sacramento, em 1680. Os espanhóis, no entanto, mais tarde se estabeleceram em Montevidéu e, pelas cláusulas do Tratado de San Idelfonso (1777), Portugal cedeu à Espanha toda a margem leste do rio Uruguai. Em 1811, numa época de revolução e guerra no rio da Prata, percebendo a oportunidade de reconquistar território perdido e temeroso com o alastramento de ideias liberais, inclusive de emancipação de escravos, na província da Rio Grande do Sul, o príncipe-regente D. João enviou tropas portuguesas para a Banda Oriental; mas essa força foi rapidamente retirada. Em 1816, pela segunda vez, tropas portuguesas invadiram a Banda Oriental, contudo, nessa segunda empreitada, elas ocuparam Montevidéu. E, em 1821, a Banda Oriental foi incorporada ao Reino Unido de Portugal, Brasil e Algarves como Província Cisplatina. Dessa forma, a província fazia parte do Brasil por ocasião da declaração da independência do país em 1822.

Os governos das Províncias Unidas do Rio da Prata, entretanto, jamais abandonaram a ideia de incorporar ao novo estado a Banda Oriental, bem como o Paraguai e o Alto Peru (Bolívia), de vez que todos eles tinham outrora pertencido ao Vice-Reinado do Rio da Prata. Em 1825, uma revolta contra o mando do Brasil, seguida por invasão da parte de exilados que estavam sediados em Buenos Aires, resultou na anexação da Banda Oriental. Preocupado não apenas com a perda de território como também com as consequências do equilíbrio de poder na região e consequente ameaça à livre navegação no rio da Prata, o Brasil declarou guerra imediatamente. A guerra durou quase três anos; finalmente chegou ao seu término com a mediação da Inglaterra, que, como o Brasil, tinha interesse na estabilidade política e no livre comércio no rio da Prata. Em agosto de 1828, um tratado foi assinado no Rio de Janeiro, segundo o qual foi criada a república do Uruguai como Estado tampão entre a Argentina e o Brasil. Para o Brasil, a prolongada e custosa guerra havia findado com derrota e perda de território considerado parte integrante do Império. O tratado, escreveu o reverendo irlandês Robert Walsh no *Notices of Brazil in 1828 and 1829* (1830), foi recebido no Brasil com "universal desapontamento e insatisfação". Não só a oposição ao tratado do comércio e ao tratado pela abolição do tráfico de escravos recentemente assinados com a Inglaterra (ver Ensaio 2), mas também pela maneira autoritária com que governava o país, sua recusa em se separar totalmente da facção "portuguesa" no Brasil e principalmente a guerra de 1825-28 foram os fatores que contribuíram para a abdicação do primeiro imperador do Brasil D. Pedro I, em abril de 1831.

No Uruguai independente, os conflitos entre os *blancos* (conservadores) e os *colorados* (liberais) levaram à Grande Guerra (1838-51). Juan Manuel de Rosas, governador de Buenos Aires entre 1829 e 1832, que retornara ao poder em 1835, interveio em favor do presidente *blanco* deposto, Manuel Uribe, e começou um cerco de treze anos a Montevidéu. Em consequência desse fato, primeiro a França (1838-40), depois França e Inglaterra juntas (1843-1850) concretizaram um bloqueio naval do rio da Prata para proteger o comércio delas e as vidas e propriedades de seus cidadãos. O Brasil permaneceu neutro, mas foi se preocupando em manter o Uruguai livre das mãos de Rosas, em defender os interesses dos estancieiros no Rio Grande do Sul (e a crescente quantidade de estancieiros brasileiros no Uruguai), em preservar o irrestrito comércio através da fronteira (numa ocasião em que o governo no Rio batalhava para derrotar o movimento farroupilha pela separação da província do Rio Grande do Sul do Império) e em manter o livre acesso aos rios Paraná e Paraguai, de modo a se poder chegar à província brasileira isolada do Mato Grosso. Uma missão diplomática a Paris e Londres, chefiada pelo visconde de Abrantes (1844-46) propôs um intervenção "das três potências" (*sic*) no Uruguai, mas foi malsucedida porque nem França nem Inglaterra pretendiam realizar uma invasão terrestre.

Paulino José Soares de Souza (a partir de 1854, visconde do Uruguai), ministro das relações exteriores nomeado em outubro de 1849 no governo Conservador que chegara ao poder no setembro anterior, finalmente perdeu a paciência e abandonou a neutralidade do país. Em maio de 1851, após uma missão diplomática chefiada por Honório Carneiro Leão, marquês de Paraná, ter alcançado um acordo com os governadores das províncias argentinas de Entre Rios e Corrientes, inimigas de Rosas, o Brasil entrou em guerra contra Buenos Aires. O cerco de Montevidéu foi levantado e, em fevereiro de 1852, na batalha de Monte Caseros, Rosas sofreu derrota completa. O Brasil tornou-se a potência dominante regional, pelo menos temporariamente. A independência do Uruguai de Buenos Aires foi garantida e, com quinhentos militares brasileiros ocupando o país, o Uruguai ficou até 1855 politicamente subordinado ao Brasil. A penetração econômica brasileira na economia do Uruguai continuou muito ativa no período pós-guerra. Pelo fim da década, mais de 20 mil brasileiros – na maioria, gaúchos do Rio Grande do Sul, juntamente com seus escravos, estavam assentados em território uruguaio. Os brasileiros constituíam entre dez e quinze por cento da população; eram donos de talvez trinta por cento da terra, inclusive algumas das melhores estâncias, e transportavam livremente seu gado para os saladeiros no Rio Grande do Sul.

A guerra de 1851-52 não deu fim ao violento conflito na política do Uruguai; houve uma rebelião em março de 1863, liderada pelo caudilho *colorado* general Venancio Flores, para derrubar o governo *blanco* do presidente Bernardo Berro, eleito em 1860. A Argentina e o Brasil apoiaram a revolta *colorada* – a primeira vez que os dois países ficaram do mesmo lado no conflito do Uruguai. O presidente Bartolomé Mitre da Argentina, um liberal eleito em outubro de 1862, assumiu essa postura porque os *colorados* uruguaios o haviam apoiado na guerra civil argentina de 1861 e porque achava que os *blancos* no poder em Montevidéu constituíam um possível foco de oposição residual federalista nas províncias do litoral à recém-unida república da Argentina. Para o Brasil, a questão principal era a linha dura que o governo Berro começou a adotar contra os brasileiros no Uruguai, tentando restringir os assentamentos (e o trabalho escravo) e a controlar e taxar o comércio através da fronteira entre os dois países.

O Rio Grande do Sul, que tinha abandonado sua luta pela independência havia apenas quinze anos, esperava que o governo imperial no Rio de Janeiro protegesse os interesses dos brasileiros no Uruguai. O partido Liberal já era dominante no Rio Grande do Sul, e quando uma onda política começou a virar nacionalmente em favor dos Liberais (culminando em janeiro de 1864 com a nomeação de um governo Liberal-Progressista sob a liderança de Zacarias Góis e Vasconcelos), o governo brasileiro tornou-se cada vez mais sensível à pressão do Rio Grande do Sul para que juntasse à Argentina no apoio à revolução dos *colorados* no Uruguai. Foi nessas circunstâncias que o governo *blanco* recorreu ao Paraguai como seu único possível aliado.

O Paraguai, ex-província do Vice-Reinado do Rio da Prata, cuja população falava predominantemente o guarani, havia sido bem-sucedido em se separar tanto da Espanha quanto de Buenos Aires em 1811-13. Sob a ditadura do dr. José Gaspar Rodriguez de Francia (1813-40) e (ao menos até os anos 1850) também sob a ditadura do sucessor de Francia, Carlos Antonio López (1844-62), o Paraguai havia se isolado, política e economicamente, de seus vizinhos. Desempenhara apenas um pequeno papel na guerra civil interestados do rio da Prata durante a primeira metade do século XIX. Mas o país temia e desconfiava dos seus muito maiores, mais populosos e potencialmente predatórios vizinhos: as Províncias Unidas do Rio da Prata e o Brasil. Os dois tinham, relutante e tardiamente, reconhecido a independência do Paraguai – o Brasil em 1844 e as Províncias Unidas em 1852. Os dois também pleiteavam territórios paraguaios: o Brasil, a parte nordeste do Paraguai nas fronteiras do Mato Grosso, entre os rios Apa e Branco, região valiosa por suas florestas naturais de erva mate; a Argentina, o leste do rio Paraná (Misiones), e também o oeste do rio Paraguai (o Chaco), uma área remota e potencialmente valiosa por causa de suas árvores de quebracho das quais podia-se se extrair o tanino. E havia fricções a respeito da liberdade de navegação no sistema de rios Paraguai/Paraná. Durante os anos 1850, quando o Brasil adotou o que o Paraguai viu como política predatória e imperialista em relação ao Uruguai, o governo López perseguia com crescente urgência a modernização econômica – e militar – do Paraguai, com ênfase na indústria e na infraestrutura, fazendo efetivo uso da tecnologia e dos técnicos britânicos.[2]

Francisco Solano López, a quem o governo *blanco* do Uruguai apelou por auxílio em julho de 1863, chegara ao poder no Paraguai no outubro anterior com a morte de seu pai. De início, ele hesitou em fazer uma aliança formal com os *blancos,* seus aliados naturais, contra os *colorados* no Uruguai, já que agora estes últimos tinham o suporte de Brasil e Argentina. Mas durante a segunda metade do ano, Solano López emitiu alertas contra o que considerava crescente ameaça ao equilíbrio do poder existente no rio da Prata, o qual garantia a segurança, integridade territorial e independência do Paraguai. Também percebia uma oportunidade para marcar presença na região tomando atitudes que fossem compatíveis com o novo poder econômico e militar de seu país. Possuía um exército com efetivo de cerca de 70 mil homens (comparado com o do exército brasileiro com menos de 20 mil e apenas 2 mil sediados no Rio Grande do Sul). Em fevereiro de 1864, Solano López começou a mobilizar o Paraguai para uma possível guerra.

Quando, após o fracasso da missão diplomática de José Antônio Saraiva, em maio de 1864, em resolver suas diferenças com o Uruguai, o Brasil exarou, em agosto, um ultimato ao governo uruguaio ameaçando retaliação por alegados abusos sofridos por súditos brasileiros. Solano López, por seu turno, emitiu também ultimato alertando contra a intervenção militar brasileira. Subestimando o poder militar paraguaio e acreditando que aquele país não tinha uma boa razão para ser hostil ao Brasil, o governo brasileiro ignorou o alerta e, em 16 de outubro, tropas brasileiras invadiram o Uruguai. Seguindo-se a um incidente envolvendo a captura de um navio mercante a vapor brasileiro, o *Marquês de Olinda*, que deixava Assunção na rota de Corumbá, levando a bordo o presidente do Mato Grosso, em 12 de novembro, o Brasil cortou relações diplomáticas com o Paraguai. Em 13 de dezembro, Solano López tomou a intempestiva decisão de declarar guerra ao Brasil e invadiu o Mato Grosso. Após a Argentina recusar permissão para que o Exército paraguaio cruzasse a disputada e em grande parte desabitada região das Misiones, para invadir o Rio Grande do Sul, Solano López, em 18 de março de 1865 também declarou guerra à Argentina e, no mês seguinte, invadiu a província argentina de Corrientes.[3]

Em que medida as ações de Solano López foram racionais, provocado pelo Brasil (apoiado pela Argentina) e essencialmente em defesa de interesses nacionais ameaçados (talvez até a sobrevivência de seu país), ou irracionais, agressivas e expansionistas – a intervenção do Brasil no Uruguai oferecendo um pretexto para que um megalomaníaco realizasse o sonho de um império? – ainda provoca debates. Mas qualquer que seja o racional por trás de suas ações, a decisão de Solano López de declarar guerra, primeiro ao Brasil e, depois, à Argentina, e de invadir territórios dos dois países, provou ser um erro de cálculo, que traria graves consequências para o povo paraguaio. No mínimo, Solano López fez uma enorme aposta – e perdeu. Ele superestimou o poder econômico e militar de seu país e subestimou o *potencial* poder militar do Brasil – e sua predisposição para combater.

E errou em pensar que a Argentina se manteria neutra numa guerra entre o Paraguai e o Brasil pelo Uruguai, de vez que Mitre não acreditava que os interesses da Argentina estivessem ameaçados pelo que esperava ser uma breve e cirúrgica intervenção brasileira no Uruguai. Solano López também exagerou as contradições internas na Argentina e a possibilidade, por exemplo, que Entre Rios (sob a liderança do poderoso general José Justo de Urquiza) e Corrientes evitariam que a Argentina entrasse em guerra contra o Paraguai ou, na eventualidade de conflito armado, as duas províncias ficariam ao lado do Paraguai contra Buenos Aires.

As impensadas ações de Solano López causaram o que mais ameaçava a segurança, e mesmo a existência, de seu país: a união de dois poderosos vizinhos – na verdade, desde que Flores conseguiu tomar o poder em Montevidéu, em fevereiro de 1865, a união de todos os seus três vizinhos – em aliança e guerra contra ele. Nem a Argentina tampouco o Brasil tinham desavenças com o Paraguai suficientes para deflagrar hostilidades armadas. Muito menos queriam ou planejavam uma guerra contra o Paraguai. Não havia demanda popular pela guerra ou apoio a ela; na realidade, o conflito provou ser generalizadamente impopular nos dois países, em particular na Argentina. Ao mesmo tempo, nenhum esforço foi feito pelos dois para evitá-la. E a agressão paraguaia (por mais que provocada e justificada) ofereceu tanto ao Brasil quanto à Argentina não só a oportunidade para um acerto de contas com o Paraguai sobre territórios e navegação hidroviária, como também para punir e enfraquecer, talvez destruir, uma emergente, problemática e possivelmente expansionista potência regional. Mitre aproveitou a ocasião para tirar do poder um regime que, como o Uruguai sob o mando dos *blancos*, ele considerava foco permanente de resistência federalista a Buenos Aires e, por conseguinte, constante ameaça ao processo de construção na nação argentina. O imperador Pedro II tirou proveito para fortalecer e consolidar o sistema imperial no Brasil, assegurar a indisputável hegemonia do país na região e, em particular, a hegemonia brasileira – e não a argentina – sobre o Paraguai e o Uruguai.

Os principais objetivos estabelecidos no Tratado da Tríplice Aliança, assinado por Brasil, Argentina e Uruguai em 1º de maio de 1865, eram: (1) derrubar a ditadura de Solano López; (2) a livre navegação nos rios Paraguai e Paraná; e (3) anexar territórios pleiteados pelo Brasil, no nordeste do Paraguai, e pela Argentina, no leste e oeste do Paraguai – esse último objetivo foi mantido sigiloso até que revelado pela Inglaterra em 1866. Com o progresso das hostilidades, foi se tornando claro, pelo menos para o Brasil, que a guerra era pela civilização e pela democracia (*sic*) contra o barbarismo e a tirania. Tal avaliação era feita, apesar do incômodo fato de que, com a emancipação dos escravos nos Estados Unidos imediatamente após a Guerra Civil Americana (Lincoln exarou sua Proclamação de Emancipação em 1º de janeiro de 1863; a 13ª Emenda à Constituição, finalmente ratificada em dezembro de 1865), o Brasil era então o último estado independente (assim como a única monarquia remanescente) no Hemisfério Ocidental cuja economia e sociedade se baseavam na escravidão.

A Guerra do Paraguai não era inevitável. Nem necessária. E poderia, sim, ser evitada se: (a)o Brasil tivesse sido menos assertivo em defesa dos interesses de seus súditos no Uruguai e, particularmente, não interviesse militarmente em benefício deles; (b) a Argentina permanecesse neutra no conflito subsequente entre Paraguai e Brasil; e, de modo crucial, (c) o Paraguai tivesse se comportado com mais prudência, reconhecesse as realidades do poder na região e tentasse defender seus interesses pela diplomacia, e não pela guerra.

II

Considerando-se a enorme disparidade entre os dois lados em tamanho, riqueza e população (e, portanto, em reais e potenciais recursos humanos e materiais) – Brasil (população de quase 10 milhões de habitantes), Argentina (1,7 milhão) e Uruguai (250-300 mil) contra Paraguai (300-400 mil; por certo muito menos que o 1 milhão frequentemente apregoado) – a Guerra do Paraguai pareceria, desde seu começo, uma luta desigual. Militarmente, contudo, os dois lados aparentavam estar mais equilibrados.[4] No início da guerra, como vimos, e pelo menos no primeiro ano, o Paraguai gozou de superioridade militar numérica. O Exército paraguaio certamente estava melhor preparado e equipado do que os de seus vizinhos. Além disso, quando as forças paraguaias foram expulsas do território argentino (e não possuíam sérias possibilidades de retornar), a Argentina reduziu seu comprometimento com o esforço de guerra aliado, de sorte que, no fim da guerra, existiam apenas cerca de 4 mil soldados argentinos em solo paraguaio. O Uruguai nunca exerceu mais do que uma simbólica presença no teatro de operações. O Brasil, por outro lado, expandiu seu Exército regular de 18 mil para 60-70 mil homens durante o primeiro ano de hostilidades. Isso foi conseguido por meio de transferências da Guarda Nacional e da Polícia Militar, de apelos ao patriotismo e à formação de corpos de voluntários da pátria (alguns mais voluntários do que outros) e do recrutamento forçado de civis, em especial dos libertos (ex-escravos), incluindo africanos livres, escravos libertados pelos tribunais anglo-portugueses e anglo-brasileiros de comissões mistas no Rio de Janeiro, entre 1819 e 1845, e pelas autoridades brasileiras segundo a lei de 1831 e, mais especificamente, pela de 1850, mas mantidos em condições próximas da escravatura por catorze anos ou mais, aos quais foi finalmente concedidas Cartas de Alforria em setembro de 1864 (ver Ensaio 2). Em outubro de 1866, depois de quase dois anos de guerra, a derrota na batalha de Curupaití (ver abaixo) e o entendimento de que o conflito armado pudesse durar bem mais do que o esperado, foi tomada a decisão (após muito debate no Conselho de Estado) de libertar escravos mantidos na corte imperial e nas fazendas e indústrias estatais ("escravos da nação"), escravos mantidos pela Igreja e pelas ordens religiosas, e alguns (embora poucos) de propriedade privada, para combater na guerra.[5] (No cômputo total, apenas alguns milhares de escravos foram liberados do serviço militar.)

Durante todo o conflito, foi estimado que o Brasil mobilizou aproximadamente 140 mil homens (menos do que os 200 mil indicados por alguns historiadores).[6] E, diferentemente do Paraguai, que teve que contar com seu próprio arsenal e estaleiro, o Brasil teve acesso a armas, munições e navios de guerra, tanto comprados no exterior (a maior parte na Europa) e manufaturados ou montados no Brasil, bem como conseguiu um empréstimo de 7 milhões de libras levantados pelos Rothschilds na City de Londres, em setembro de 1865, para ajudar a pagar tal material bélico (ver abaixo). Finalmente, o Brasil tinha a maior e mais poderosa Marinha na região (33 navios de guerra a vapor e doze a vela, com os primeiros *ironclads* chegando em dezembro de 1865).

A guerra pode ser dividida em três fases.[7] A primeira começou com as limitadas ofensivas paraguaias contra Mato Grosso, em dezembro de 1864, e Corrientes, em abril de 1865. Em maio de 1865, o Exército paraguaio finalmente atravessou Misiones e invadiu o Rio Grande do Sul. Inicialmente bem-sucedidas, as invasões acabaram contidas pelas forças aliadas. Os paraguaios jamais chegaram ao Uruguai. O comandante paraguaio, coronel Estigarribia rendeu-se ao presidente Mitre (comandante das forças aliadas durante os primeiros dois anos e meio de hostilidades), ao imperador Dom Pedro II – na sua única visita ao campo de batalha – e ao presidente Flores, em Uruguaiana, em 14 de setembro. O Exército paraguaio recuou então cruzando de volta o rio Paraná e preparando-se para defender a fronteira sul do país. Ao fim do primeiro ano de guerra, as únicas tropas paraguaias deixadas em território aliado foram os militares (poucos) em Mato Grosso (que permaneceu sendo uma frente secundária da guerra). Entrementes, em 11 de junho, em Riachuelo, às margens do rio Paraná logo ao sul de Corrientes, na única grande batalha naval do conflito, a Marinha brasileira destruiu a paraguaia e instituiu um efetivo bloqueio do Paraguai, que foi mantido pelo restante da guerra.

A segunda e mais importante fase (que abarcou diversos períodos em que não houve combates autênticos) começou quando os aliados por fim invadiram o Paraguai, em abril de 1866 e instalaram seu quartel-general em Tuiutí, na confluência dos rios Paraná e Paraguai. Lá, em 24 de maio, na primeira importante batalha terrestre da guerra, que deixou o comandante das tropas brasileiras, Manuel Luís Osório, severamente ferido, foi repelido um feroz assalto paraguaio. Foi, no entanto, mais de três meses antes que os exércitos aliados começaram a subir o rio Paraguai. Em 12 de setembro, numa reunião secreta com Mitre em Yatayti-Cora, Solano López ofereceu concessões, inclusive territoriais, para pôr fim à guerra, desde que ele próprio sobrevivesse e que o Paraguai não fosse totalmente desmembrado ou permanentemente ocupado. A proposta foi rejeitada. Dez dias mais tarde, em Curupaití, poucos quilômetros ao sul da grande fortaleza de Humaitá no rio Paraguai, os aliados sofreram sua pior derrota na guerra. Eles não retomaram a ofensiva até julho de 1867, quando foi iniciado um deslocamento para cercar Humaitá (a Sebastopol do Paraguai), que bloqueava o acesso ao rio Paraguai e à capital paraguaia Assunção. Mesmo assim, decorreu mais um ano para que os aliados ocupassem Humaitá (5 de agosto de 1868) e mais cinco meses, seguindo-se à decisiva derrota e virtual destruição do Exército paraguaio na batalha de Lomas Valentinas, em 27 de dezembro, para que as tropas aliadas (na maior parte, brasileiras) sob o comando do marechal Luís Alves de Lima e Silva, marquês de Caxias, comandante em chefe brasileiro desde outubro de 1866 e comandante em chefe aliado desde janeiro de 1868 (substituindo o presidente Mitre) entrassem numa praticamente deserta Assunção, em 1º de janeiro de 1869, e levassem a guerra a seu término. Ou assim pensavam.

Houve, todavia, uma terceira fase da guerra. Solano López escapou, formou um novo exército na cordilheira a leste de Assunção e começou uma campanha de guerrilhas. Caxias havia retornado ao Brasil depois da queda de Assunção (acreditando que sua missão estava cumprida!) e, em março, D. Pedro nomeara seu genro, Gastão de Orléans, o conde d'Eu, comandante das forças aliadas. Solano López foi derrotado e suas tropas massacradas na última grande batalha da guerra em Campo Grande ou Acosta Nu, a nordeste de Assunção, em 16 de agosto de 1869. Mesmo derrotado, Solano López conseguiu de novo escapar da captura. Ele e sua companheira irlandesa Eliza Alicia Lynch foram perseguidos a nordeste pelas tropas brasileiras por mais seis meses, antes que ele fosse encurralado e morto em Cerro Cora, no nordeste extremo do país, em 1° de março. Os primeiros contingentes de voluntários da pátria de Minas Gerais, Bahia e Pernambuco já haviam deixado o Paraguai. Eles foram recebidos como heróis de guerra em sua chegada ao Rio de Janeiro em 23 de fevereiro (como também o foi o conde d'Eu em 19 de abril). Um tratado preliminar de paz foi assinado em 27 de julho de 1870.

Por que demorou tanto para que os aliados levassem a guerra a uma conclusão bem-sucedida, a despeito de avassaladora força naval e, ao menos depois de Tuiutí, da sua superioridade militar? No início da guerra, Mitre havia se jactado, famosamente, de que os aliados entrariam em Assunção no prazo de três meses; na realidade, só quase quatro anos depois eles alcançaram a capital paraguaia. Ainda assim, a guerra se arrastou por mais de um ano. A explicação está, de um lado, entre os próprios aliados, ou melhor, entre os brasileiros, pois após, mais ou menos, o primeiro ano de luta o Brasil combateu praticamente sozinho. Os governos brasileiros enfrentaram enormes problemas logísticos, primeiro para organizar, depois transportar suas tropas por milhares de quilômetros, seja por terra, mar ou subindo rios, e finalmente para suprir os combatentes E subjugar as excelentes defesas paraguaias em terra e nos rios não foi tarefa fácil. Mas é verdade também que os comandantes brasileiros demonstraram alto grau de incapacidade tática e estratégica. Por outro lado, as tropas paraguaias, na realidade o povo paraguaio, permaneceu leal a Solano López e combateu com extraordinária tenacidade e, no fim, quando a sobrevivência nacional foi ameaçada, com muito heroísmo.

III

Existe um mito – um mito poderoso, originário dos escritos de André Gunder Frank (*Capitalism and Underdevelopment in Latin America*, 1967) e de Eduardo Galeano (*Las Venas Abiertas da América Latina*, 1971) e propagado por historiadores revisionistas da América Latina, tanto da esquerda marxista quanto dos nacionalistas de direita, nos anos 1970 e 1980 – de que, na Guerra do Paraguai ou Guerra da Tríplice Aliança, Brasil e Argentina foram instrumentos do capitalismo britânico, "estados-clientes", "neo-colônias", estimulados e manipulados pela Grã-Bretanha, o "indispensável quarto aliado", para guerrear contra o Paraguai.[8] Alegadamente, o objetivo da Grã-Bretanha foi minar e destruir o "modelo" de desenvolvimento econômico nacionalista e estatal do Paraguai, criado pelo dr. Francia e seu sucessor Carlos Antonio López na metade do século posterior à independência, que supostamente ameaçava seu próprio "modelo" capitalista liberal na região. Mais especificamente, o propósito inglês seria abrir uma das remanescentes economias fechadas da América Latina aos bens manufaturados e ao capital britânicos, assim como de garantir para a Inglaterra novas fontes de matérias primas, em particular o algodão, já que o suprimento dessa commodity pelos EUA havia sido desarticulado pela Guerra Civil.

Trata-se de uma argumentação atraente e intelectualmente estimulante, porém, infelizmente, existem poucas evidências empíricas para dar apoio à tese, que demonstra um entendimento equivocado tanto da natureza da relação da Inglaterra com o Brasil (e Argentina) como dos interesses britânicos no Paraguai. A Grã-Bretanha não exercia o grau de controle sobre o Brasil (ou sobre a Argentina) necessário para manipular o país a guerrear contra o Paraguai, nem desejava exercê-lo. Existiam aqueles, muitos deles entre a comunidade negociante britânica em Buenos Aires, que acreditavam ser o Paraguai a "China americana", com enorme potencial para investimentos e mercados britânicos, mas eles constituíam pequena minoria com pouca influência sobre a política britânica, e seus pontos de vista, de um modo geral, tinham escassa credibilidade. O Paraguai era um país distante e atrasado, com população não maior do que 400 mil almas, sobre o qual quase nada era conhecido e que despertava apenas interesse marginal para os governos, industriais, mercadores ou mesmo para a *City* de Londres na primeira metade do século XIX. Não existe indício de que o interesse no Paraguai como mercado ou fonte de matérias primas, tivesse aumentado nos anos 1860. Quanto à dependência da indústria têxtil britânica de algodão importado, sobre a qual a literatura fez estardalhaço, a Inglaterra já havia encontrado fontes alternativas para o algodão da América do Sul – as Índias Ocidentais Britânicas, o Egito e o próprio Brasil. Além do mais, a Inglaterra não desejava piorar as já existentes querelas no rio da Prata, muito menos provocar guerra, que só poderia prejudicar a livre navegação nos rios Paraná e Paraguai, o comércio e as vidas e propriedades britânicas.

No curso dos eventos que realmente desembocaram na guerra, da invasão brasileira do Uruguai, em outubro de 1864, com a aquiescência da Argentina, desafiando o ultimato do ditador paraguaio Francisco Solano López, até a invasão paraguaia da província brasileira de Mato Grosso em dezembro e a da província argentina de Corrientes em abril de 1865, a Grã-Bretanha, assim parece, exercia pouca influência. Os interesses britânicos eram obviamente superiores na Argentina e no Brasil do que no Paraguai, e Edward Thornton, o ministro britânico em Buenos Aires, que também tratava das relações de seu país com o Paraguai, juntamente com os mercadores britânicos na região, eram críticos do regime de Solano López, não gostavam dos paraguaios e, em geral, os culpavam pela guerra. Eles eram favoráveis aos aliados, o que deve ter concorrido bastante para o mal-entendido.

Mas o governo britânico nada fez para encorajar ou promover a guerra, ao contrário, ficou neutro durante todo o seu decorrer, não fez coisa alguma que levasse à derrota do Paraguai e, consistentemente, usou sua influência no interesse da paz. É verdade que os mercadores britânicos venderam armas e munições aos beligerantes

– isto é, ao Brasil e à Argentina, já que o Paraguai rapidamente ficou sob o bloqueio brasileiro. Fato apenas relacionado com a oportunidade de negócios para a iniciativa privada britânica, como o foi igualmente para a francesa e a belga – lucrar com a guerra. É também verdade que o empréstimo de 7 milhões de libras, levantado pelos Rothschilds para o governo brasileiro, em setembro de 1865, foi empregado na compra de navios de guerra e, nesse particular, a Inglaterra fez importante contribuição para a vitória final dos aliados sobre o Paraguai. Não foram feitos, porém, empréstimos posteriores até o fim da guerra. Carlos Marichal calculou que os empréstimos britânicos representaram só quinze por cento do total das despesas do Brasil (e vinte por cento do total da Argentina) na Guerra do Paraguai.[9]

Bem verdade que a Grã-Bretanha fez pequeno esforço para mediar. Mas a realidade foi que nem o Paraguai nem os aliados estavam interessados em mediação. E a Grã-Bretanha tinha sua própria contenda com o governo paraguaio contra sua recusa de liberar os súditos britânicos, detidos no Paraguai contra sua vontade (principalmente porque muitos deles eram essenciais para o esforço de guerra paraguaio). Após o verão de 1865, foi impossível deixar o Paraguai. Em três ocasiões, navios de guerra britânicos penetraram pelo bloqueio brasileiro para resgatar súditos britânicos.[10] Mas não houve grande exibição de força ou intervenção direta em prol dos aliados. Como os ministros diplomáticos britânicos insistiram em repetir durante todo o tempo das hostilidade, nunca houve o menor perigo de a própria Inglaterra ser arrastada para o conflito armado.

Por fim, se a Grã-Bretanha tivesse se envolvido profundamente na Guerra do Paraguai, como alguns historiadores tentam nos fazer acreditar, foi um segredo muito bem guardado em Londres. Sir Richard Burton, acadêmico e explorador britânico, cônsul em Santos (1865-68) e autor de *Explorations of the Highlands of Brazil* (2 vols., 1869), viajou ao Paraguai para reportar sobre a guerra; esteve lá duas vezes: por três semanas em agosto-setembro de 1868, e por duas em abril de 1869. Seu excelente *Letters from Battlefields of Paraguay* (1870), diz-se, influenciou bastante Conrad na preparação do seu *Nostromo*. Retornando à Inglaterra no fim da guerra, Burton deparou-se com "expressões pálidas toda vez que a palavra Paraguai (...) era pronunciada e uma confissão geral de total ignorância e desesperadora falta de interesse".[11] Não há como evitar a conclusão de que a principal responsabilidade pela Guerra do Paraguai deve ser atribuída ao Brasil, à Argentina, em menor dose ao Uruguai e, é claro, em sua maior dimensão e tristemente, ao próprio Paraguai.

IV

O GRANDE NÚMERO DE RELATOS BRASILEIROS em primeira mão da guerra inclui o *Reminiscências da Campanha do Paraguai, 1865-70* do general Dionísio Cerqueira; André Rebouças, *Diário: A guerra do Paraguai (1866)*; e os diversos escritos de Alfredo d'Escragnolle Taunay – *Em Mato Grosso (1866-67)*, *Marcha das forças (expedição de Mato Grosso: 1866-67)*, *Recordações de guerra e de viagem*, *Memórias* e, sobretudo, *La retraite de Laguna* (ver abaixo). Igualmente valiosos são os escritos de Bartolomé Mitre, publicados como volumes I-VI do *Archivo del General Mitre* (1911-13), e de outros participantes argentinos e paraguaios da guerra. Os relatos de combatentes estrangeiros e de observadores de fora contemplam, além do *Letters from the Battlefields of Paraguay* (1870) de Sir Richard Burton, acima citado, *The War in Paraguay* (1869) pelo coronel George Thompson, ex-oficial do Exército britânico e especialista em fortificações e trincheiras, que foi um dos engenheiros militares seniores de Solano López até sua captura pelos aliados em 1868; *Seven Eventful Years in Paraguay* (1869) de George Frederick Masterman, o jovem militar farmacêutico britânico, que dirigiu os serviços de sua especialidade no Exército paraguaio até sua prisão por tramar contra Solano López em 1868; e *The History of Paraguay, with notes of personal observations* (1871) de Charles Ames Washburn, que foi ministro dos EUA em Assunção até sua expulsão do país em 1868.

A literatura produzida no Brasil durante a Guerra do Paraguai – romances como *Amores de um voluntário*, peças como *Um herói do Riachuelo*, representada no Teatro São José, em São Paulo, e *Os voluntários da honra*, no Teatro Santa Isabel, no Recife – não foi de boa qualidade. Mais interessante e de maior tempo de duração foi a literatura não diretamente ligada à guerra, mas refletindo o emergente patriotismo/nacionalismo brasileiro. Um dos maiores poetas do Brasil Castro Alves, que se alistou como voluntário em agosto de 1865, com dezoito anos de idade, e serviu por quatro meses, exibiu sua peça *Gonzaga ou a Revolução de Minas*, baseada na vida do poeta mineiro do século XVIII Thomas A. Gonzaga, no Teatro São João, em Salvador da Bahia, em 1867. A peça tanto impressionou José de Alencar e Machado de Assis (que cognominaram o autor de "jovem Dante"), que serviu de passaporte para seu ingresso no círculo literário do Rio de Janeiro e São Paulo.

Famoso por sua poesia contra a escravidão, Castro Alves também dedicou poemas à campanha para ajudar os órfãos de heróis da guerra. No fim da guerra, Castro Alves publicou seu primeiro livro de poemas *Espumas Flutuantes* (1870), realista social no tema, romântico no sentimento, antes de sua prematura morte em 1871, aos 24 anos. O próprio Machado de Assis era conhecido pelos artigos e ensaios nos jornais, especialmente seu *Crônicas* em apoio à guerra (até a invasão do Paraguai) no *Diário do Rio de Janeiro*, 1864-65. Alencar publicou seu famoso romance *Iracema*, em 1865, mas os grandes romances de Machado vieram depois. No entanto, John Gledson realçou a influência da Guerra do Paraguai nos romance de Machado de Assis, *Iaiá Garcia* (1878), *Bras Cubas* (1881), *Quincas Borba* (1891) e, em particular, *Dom Casmurro* (1899).[12]

A inquestionável obra prima literária produzida pela guerra foi *La retraite de Laguna*, de Alfredo d'Escragnolle Taunay, o relato de uma fracassada operação militar brasileira, em Mato Grosso, no início de 1867, pelo então engenheiro e mais tarde romancista (*Inocência*, 1872) e historiador. A obra foi escrita e publicada pela primeira vez em francês pela Imprensa Nacional, em 1871. Uma tradução para o português produzida por Salvador de Mendonça seguiu-se em 1874. *A Retirada da Laguna* é colocada em pé de igualdade com *Os sertões* (1902), escrito por Euclides da Cunha, também engenheiro, sobre a rebelião de Canudos, ocorrida no interior da Bahia em 1897, como uma das peças clássicas da literatura brasileira. Outra obra de realce dessa mesma literatura, que cobre em boa parte as origens e a condução da Guerra do Paraguai, é a biografia de Joaquim Nabuco sobre seu pai: *Um estadista do Império: Nabuco de Araújo* (2 vols., 1898-99).

A guerra também gerou uma extraordinária e rica iconografia, Talvez melhor conhecida seja a obra de Cândido López, o jovem pintor de Buenos Aires que se juntou às forças argentinas por ocasião do deflagrar da guerra, perdeu o braço direito na batalha de Curupaiti, aprendeu por conta própria a pintar com a mão esquerda e passou os vinte anos seguintes pincelando a guerra a óleo a partir dos esboços e anotações que fez das cenas e, em especial, das batalhas que testemunhou.[13] Diversos artistas brasileiros, notavelmente Victor Meireles de Lima (*Batalha Naval de Riachuelo, Passagem de Humaitá*) e Pedro Américo de Figueiredo e Melo (o magnífico *Batalha do Avaí*, 10 x 5 metros) captaram cenas de batalhas. Porém, diferentemente de Cândido López, eles se restringiram ao estético do neo-classicismo, introduzido pela primeira vez no Brasil pela missão artística francesa de 1816. O oficial da Marinha italiana e artista amador Edoardo de Martino, que chegou a Montevidéu em 1864 e ao Rio de Janeiro em 1868, foi comissionado por D. Pedro II para acompanhar os almirantes Tamandaré e Barroso e registrar as batalhas navais da guerra. O natural da Suíça e argentino naturalizado Adolf Methfessel, o argentino José Ignacio Garmendia, o uruguaio Juan Manuel Blanes, os paraguaios, cujos entalhes em madeira foram publicados nas revistas ilustradas *Cabichuí* e *El Centinela*, todos deixaram imagens indeléveis da guerra.

Mais interessantes – e talvez mais úteis – foram os trabalhos de dois destacados caricaturistas brasileiros: o nascido na Alemanha, Henrique Fleiuss, que chegou ao Brasil em 1858 com 35 anos de idade, e o nascido na Itália Angelo Agostini, que chegou em 1859 com dezesseis anos. O trabalho de Fleiuss apareceu na *Semana Ilustrada*, o primeiro e famoso semanário em grande parte ilustrada do Rio de Janeiro (1860-76). A obra de Agostini, ainda mais brilhante e certamente mais selvagem, surgiu primeiro na *O Diabo Coxo* (1864) e na *O Cabrão* (1866-67), em São Paulo, depois na *O Arlequim* (1867) e, a partir de 1868, na *Vida Fluminense* (1868-75), ambas publicadas no Rio de Janeiro – e, mais tarde, na *Revista Ilustrada* (1876-98).[14]

A Guerra do Paraguai foi o primeiro conflito armado sul-americano a ser registrado por fotógrafos. E as fotos constituíam a base da litografias publicadas pela imprensa ilustrada em Buenos Aires, no Rio de Janeiro e nas capitais europeias, como também era um recurso-chave para as pinturas históricas. Não possuímos um registro visual completo da Guerra do Paraguai, do tipo proporcionado por Mathew Bray e seus assistentes, particularmente Alexander Gardner, da Guerra Civil Americana. A empresa Bate & Co., criada pelo foto-jornalista nascido na Irlanda George Thomas Bate, em Montevidéu (em maio de 1866 vendida ao sócio belga de Bate Juan Vander Weyde), foi a pioneira em fotos dos campos de batalha nos primeiros dias da guerra. Uma coleção do trabalho de Javier López e de seu assistente pode ser encontrada na Biblioteca Nacional de Montevidéu. O governo Brasileiro enviou fotógrafos para documentar os últimos estágios da guerra. Vale a pena ver o álbum de Carlos César *Recordações da Guerra do Paraguai* no cerco a Humaitá e dois álbuns de fotógrafos não identificados, *Lembranças do Paraguay* e *Excursões ao Paraguay*, sobre a ocupação de Assunção na Biblioteca Nacional do Rio de Janeiro.[15]

Houve durante a guerra uma torrente de música patriótica – hinos e canções como *Hino da guerra, Hino da vitória, Vitória ou morte, Viva o Brasil, Os voluntários da pátria, A vitória de Paissandú, Os vencedores, Aliança triunfante ou Queda do tirano López,* etc.[16] Porém a mais extraordinária criação nesse período, apesar de apenas indiretamente ligada à guerra, foi a ópera *Il Guarany* de Antonio Carlos Gomes, o maior compositor do Brasil do século XIX (e da América Latina). Muito influenciada por Verdi, ela foi escrita na Itália, onde Carlos Gomes passou todo o período da guerra. Contudo, baseada no romance *O Guarani* (1857) de José de Alencar, que se passa no Brasil colonial do século XVI, seu tema foi nativista. A ópera foi inicialmente encenada no teatro La Scala de Milão em 19 de março de 1870 (menos de três semanas após o fim do conflito), então, nove meses mais tarde (2 de dezembro), no Teatro Lírico Fluminense no Rio de Janeiro. Nenhuma das apresentações incluiu a sinfonia de abertura, que foi adicionada em 1871 e se transformou no segundo hino brasileiro. *O Guarani* fez tremendo sucesso na Europa e por todas as Américas, e vem permanecendo no repertório das companhias de óperas e das orquestras desde então.

Quando a guerra caminhava para o fim, em 3 de maio de 1869, poucos dias anos de seu 40° aniversário, Louis Moreau Gottschalk, natural de Nova Orleans, o maior compositor norte-americano e virtuoso pianista do século XIX, chegou ao Rio de Janeiro ao término de seu giro pela América do Sul. Extremamente popular nas Américas por suas composições românticas para orquestra, orquestra e piano, e piano solo, bem como por suas peças para piano sincopadas (cinquenta anos antes do *ragtime*), Gottschalk havia visitado Peru e Chile antes de passar dois anos entre Montevidéu e Buenos Aires. Ele encontrou no Rio o que considerou o "cenário musical mais vigoroso" do Novo Mundo. Seu primeiro concerto, em 3 de junho, no Teatro Lírico Fluminense e com a presença de D. Pedro II e de membros da família real, como muitos subsequentes concertos nos três meses seguintes, contaram com plateias lotadas.

Para o seu primeiro "concerto monstro" à la Berlioz, em 5 de outubro, ele fez os arranjos para as músicas (inclusive as dele mesmo) executadas por dezesseis pianos, 32 pianistas e duas orquestras. E para 'o maior concerto já executado' no Teatro Lírico Brasileiro, em 24 de novembro, ele grupou 650 artistas e nove bandas (na realidade, um pouco menor que o grupo de artistas que ele reuniu para o concerto no Teatro Grand Tacón, em Havana, em 1860). O concerto no Rio de Janeiro terminou, para verdadeira ovação do público, com sua *Grande fantasie triomphale sur l'hymne National brésilien* (opus 69) para piano solo, obra composta no Brasil, e com sua *Gran Marcha Solemne*, composta em Santiago para uma plateia chilena, mas retrabalhada primeiro em Buenos Aires e, depois, no Rio de janeiro com a ajuda do pianista brasileiro Arthur Napoleão. A obra foi dedicada ao imperador e re-intitulada, significativamente, *Humaitá*. O concerto deveria ser repetido dois dias mais tarde. Nesse meio tempo, durante um concerto regular na Sociedade Philarmônica Fluminense, em 25 de novembro, imediatamente depois de tocar uma de suas mais populares composições *Tremolo*, no seu favorito piano *Chickering* importado de Boston, Gottschalk hesitou nas primeiras notas de uma música intitulada *Morte!* (Op. 60) e tombou a cabeça sobre o teclado. Ele faleceu três semanas depois, em 18 de dezembro, no Hotel Bennett, na Tijuca, exatamente quatro anos depois da morte de Francisco Manoel da Silva, compositor do hino nacional brasileiro.[17]

V

PARA O PARAGUAI A GUERRA DA TRÍPLICE ALIANÇA foi um desastre absoluto.[18] O país acabou sobrevivendo como estado independente, embora no período imediato do pós-guerra sob ocupação e tutela brasileiras. (2.000 soldados brasileiros e seis navios de guerra brasileiros só foram retirados em julho de 1876.) A consequência final da derrota total, o desmembramento completo, foi evitado, mas o território do país foi reduzido em quarenta por cento. O que restou do Exército paraguaio foi desarmado, e suas famosas e formidáveis fortificações nos rios foram permanentemente desmanteladas. Apesar de a perda de habitantes ter sido grosseiramente exagerada – chegando a ser estimada como de sessenta a setenta por cento da população pré-guerra (já usualmente inflada) – recentes e mais modestas estimativas de quinze a vinte por cento de uma bem menor população pré-guerra, isto é, de 50 mil a 80 mil mortes, em combate e devido a doenças (sarampo, varíola, febre amarela, cólera) são percentagens extraordinariamente elevadas pelos padrões de qualquer guerra moderna.[19] A economia do Paraguai ficou em ruínas, sua base manufatureira e sua infraestrutura destruídas, o comércio exterior e uma maior integração na economia capitalista mundial atrasadas por uma geração. Por fim, as pesadas indenizações impostas pelos vencedores, apesar de nunca terem sido coletadas e, no fim, sido canceladas (no entanto, não no caso do Brasil até a Segunda Guerra Mundial).

A Argentina sofreu perdas estimadas (possivelmente exageradas) de 18 mil em combate, mais 5 mil em perturbações internas disparadas pela guerra e 12 mil em epidemias de cólera. O território que ela ganhou foi menor do que suas ambições. No tratado que ela finalmente assinou com o Paraguai em fevereiro de 1876, a Argentina assegurou Misiones e o Chaco Central entre os rios Bermejo e Pilcomayo. Mas a astuta diplomacia brasileira manteve a Argentina fora do Chaco Norte, entre os rios Pilcomayo e Verde. (Essa área a Argentina foi persuadida a submeter à arbitragem e, em novembro de 1878, o presidente dos EUA Rutherford Hayes a atribuiu ao Paraguai.) Todavia, um crescentemente forte e potencialmente expansionista Paraguai foi removido da política do rio da Prata. Em termos de equilíbrio, a guerra contribuiu positivamente para a consolidação nacional: Entre Rios e Corrientes não se desagregaram; rebeliões dos *montoneros* em várias províncias foram suprimidas; Buenos Aires foi aceita como indisputável capital da unida República Argentina; a identidade nacional foi consideravelmente fortalecida. Estava aberto o caminho para uma notável transformação econômica, social e política, que iria perdurar pelo meio século seguinte.

O Brasil, que fizera a contribuição mais importante para o esforço de guerra, sofreu perdas humanas que chegaram pelo menos a 50 mil mortes em combate, e mais por doenças, se bem que menos que o total de 100 mil algumas vezes reivindicado. O custo financeiro da guerra colocou as contas públicas do país sob grande pressão. Entretanto, o Brasil tinha conseguido com sucesso todos os seus objetivos.

Sob as cláusulas do tratado assinado com o Paraguai em janeiro de 1872, o Brasil ganhou todo o território que pleiteou entre os rios Apa e Branco. A Argentina também abocanhou território, mas foi mantida fora do Chaco Norte. A livre navegação nos rios Paraná e Paraguai, importante para o Mato Grosso e para o oeste de São Paulo, foi assegurada. E o próprio Paraguai, ainda mais que o Uruguai, passou a ficar firmemente sob o controle e influência do Brasil. O Brasil consolidou, na ocasião, sua inquestionável hegemonia regional, embora a rivalidade com a Argentina continuasse até bem depois da queda do Império em 1889.

A Guerra do Paraguai provocou também um profundo impacto na economia, sociedade e política brasileiras. A guerra estimulou a indústria do país, diretamente no caso dos fabricantes de tecidos de algodão (para os uniformes dos combatentes) e do arsenal do Rio, indiretamente como resultado do protecionismo gerado pelas tarifas mais altas impostas às importações de um modo geral para financiar os déficits do governo. De algum modo, a guerra também modernizou a infraestrutura e a rudimentar organização do Estado, que, rápida e inesperadamente, se responsabilizou pelo recrutamento, instrução, fardamentos, armamento e transporte de um considerável efetivo para combater além das fronteiras do país.

Ao mesmo tempo, o conflito aguçou as tensões no Brasil de uma diversidade de maneiras – as inevitáveis consequências da mobilização em massa (e, depois da guerra, da desmobilização). Não é fácil desembaraçar o impacto da emancipação dos escravos nos Estados Unidos (e outras influências e pressões internacionais na ocasião, notavelmente por parte da Inglaterra e da França) do impacto da própria Guerra do Paraguai – justificado como uma luta entre a civilização e o barbarismo – explicando-o como início de uma mudança no clima intelectual e político do Brasil em relação à questão da escravatura. O fato é que foi necessário, como apreciamos, oferecer a liberdade a alguns milhares de escravos recrutados para travar a guerra, Além do mais, impulsionados pelo imperador, vários projetos para a gradual, se bem que não imediata, abolição da escravatura no Brasil foram levados à apreciação do Conselho de Estado nos anos iniciais da guerra. Simultaneamente, o conflito proporcionou uma razão, ou um pretexto, para retardar quaisquer passos definitivos para a abolição final da escravidão. Apesar disso, o terreno foi preparado ao menos para a "lei do ventre livre", apresentada e aprovada em 1871, imediatamente depois do término das hostilidades (ver Ensaio 4.)

A Guerra do Paraguai também estimulou debates sobre reforma política no Brasil. O confronto entre, de um lado, Caxias, o comandante em chefe brasileiro a partir de outubro de 1866 (e, a partir de 1868, comandante das forças aliadas) e líder político Conservador, e, do outro, Zacarias Góis e Vanconcelos, primeiro-ministro Liberal a partir de agosto de 1866, que dominou o cenário político nos anos intermediários da guerra e levantou, pela primeira vez no Brasil, a questão do controle dos militares pelos civis. Tal confronto culminou com o chamado "golpe" conservador de julho de 1868 (que também objetivava emperrar o progresso na direção da abolição).[20] A renúncia de Zacarias, contudo, levou diretamente à criação de novos Centros e Clubes Radicais e Liberais, muitos deles ligados ao conde d'Eu, genro francês do imperador, comandante das forças brasileiras no Paraguai nos estágios finais da guerra (a partir de março de 1869) e bem conhecido como um Liberal (e oponente da escravidão). Um Manifesto de Reforma (maio de 1869) levantou ampla gama de questões políticas e constitucionais e propôs, entre outras medidas, maior autonomia para o judiciário, limitado mandato para os senadores, redução nos poderes do Conselho de Estado e a emancipação dos escravos. Ele foi seguido pelo Manifesto Radical (novembro de 1869), que acrescentou à agenda da reforma uma extensão do sufrágio, a eleição dos presidentes provinciais e um fim do "poder moderador" do Imperador (usado para a demissão de Zacarias) e, em dezembro de 1870, pelo Manifesto Republicano e a formação do Partido Republicano.

A Guerra do Paraguai resultou na criação, também pela primeira vez no Brasil, de um Exército profissional, que aspirou desempenhar um papel político e foi ficando crescentemente insatisfeito com as instituições políticas existentes no país.[21] A ligação entre a Guerra, a "questão militar" nos anos 1870 e 1880 e o golpe militar de novembro de 1889, que derrubou o Império e criou a República, apenas dezoito meses após a abolição da escravatura, é também bastante conhecida para requerer mais elaboração neste ensaio. Para muitos historiadores brasileiros, a vitória do Brasil na Guerra do Paraguai representou um divisor de águas na história da monarquia fundamentada na escravidão – seu apogeu e o começo de seu declínio.

Notas

Ensaio 3

[1] 450 mil (dois terços, russos) perderam a vida na Guerra da Crimeia. Existiram, é claro, diversas guerras civis prolongadas e extremamente selvagens nas décadas de meados do século XIX, notadamente as Guerras Civis de Taiping, na China, nos anos 1850 e 1860, com incalculável perda de vidas, e a Guerra Civil Americana (1861-65), na qual mais de 600 mil soldados ianques e confederados morreram. No *The Age of Capital* (1975), Eric Hobsbawn descreveu os anos 1860 como "por quaisquer padrões (...) a década de sangue".

[2] No *The British in Paraguay, 1850-1870* (Oxford, 1976), Josefina Piá estima que existiam no Paraguai cerca de duzentos britânicos (excluídas as mulheres e crianças) no período anterior à guerra, a maioria deles contratada pelo governo como engenheiros e trabalhando em estaleiro, no arsenal de Assunção, na siderúrgica de ferro em Ibicui, nas construção de ferrovias e de linhas telegráficas ou no corpo médico do Exército. O engenheiro-chefe no Paraguai, a partir de 1855 era o escocês William K. Whytehead. Agentes paraguaios em Londres, J. and A. Blyth de Limehouse, supriam material bélico e industrial (ferro-gusa, material para ferrovias, armas e munições, até um ou dois navios de guerra a vapor).

[3] Sobre as origens da Guerra do Paraguai, a moderna literatura secundária começa com Pelham Horton Box, *The Origins of the Paraguayan War* (1927), um útil, porém tradicional, relato (predominantemente diplomático), no qual Solano López é bastante acusado de ser o causador da guerra. Ver também Ramón J. Cárcano, *Guerra del Paraguay: origines y causas* (Buenos Aires, 1939) e *Guerra del Paraguay: acción y reacción de la triple alianza*, 2 vols. (Buenos Aires, 1941); Luiz Alberto Muniz Bandeira, *O expansionismo brasileiro e a formação dos estados na Bacia do Prata: da colonização à Guerra da Tríplice Aliança* [1974], 3ª ed. (Rio de Janeiro: Editora Revan/Brasília: Editora da UnB, 1998); Alfredo da Mota Menezes, *Guerra do Paraguai. Como construímos o conflito* (Cuiabá, MT, 1998); Mario Pastore, "Análisis de las causas económicas de la Guerra del Paraguay", *Revista Paraguaya de Sociologia*, 39/113 (2002); e Thomas L. Whigham, *The Paraguayan War*, vol. I, *Causes and early conflict*, (Lincoln, Nebraska: University of Nebraska Press, 2002). Quanto à guerra em si, ver Francisco Doratioto, *Maldita Guerra. Nova história da Guerra do Paraguay* (São Paulo: Companhia das Letras, 2002); Luc Capdevila, *Una guerra totale: Paraguay, 1864-1870* (Buenos Aires, 2010); e Thomas L. Whigham, *The Road to Armageddon. Paraguay versus the Triple Alliance 1866-1870* (Calgary: University of Calgary Press, 2017).

[4] Para dados comparativos em população, receitas dos governos, forças armadas, etc., ver Diego Abente, "The War of Triple Alliance: three explanatory models", *Latin American Research Review*, vol. 22/2 (1987), Tabela I, Capacitação de poder

regional de Paraguai, Argentina, Brasil e Uruguai, c. 1860, Tabela 2, Índice de Capacidades de Poder.

[5] Sobre o recrutamento em massa para a guerra, especialmente de negros (escravos, africanos livres e emancipados), ver Ricardo Salles, *Guerra do Paraguai: escravidão e cidadania na formação do exército* (São Paulo: Paz e Terra, 1990); Hendrik Kraay, "Patriotic Mobilisation in Brazil: The Zuavos and other Black Companies", em Hendrik Kraay & Thomas L. Whigham (orgs), *I Die with My Country. Perspectives on the Paraguayan War, 1864-1870* (Lincoln: University of Nebraska Press, 2004); Vitor Izecksohn, *Slavery and War in the Americas. Race, citizenship, and state building in the United States and Brazil, 1861-1870* (Charlottesville: University of Virginia Press, 2014) capítulos 3 e 5. Em *Prince of the People. The Life and Times of a Brazilian Free Man of Colour* (Londres: Verso, 1993), Eduardo Silva oferece um retrato singular de um negro livre voluntário, Cândido Fonseca Galvão, mais conhecido como Dom Oba II d'África. Ver também Eduardo Silva, "O Príncipe Oba, um Voluntário da Pátria", em Maria Eduarda Castro Magalhães Marques (org.), *A Guerra do Paraguai: 130 anos depois* (Rio de Janeiro: Editores Relume Dumará, 1995).

[6] Francisco Doratioto oferece as seguintes estimativas das tropas brasileiras alistadas depois da deflagração da guerra (juntando-se ao exército regular de cerca de 18 mil homens): voluntários da pátria, 54.992; Guarda Nacional. 59.669; recrutamento geral e escravos libertados para combater, 8.489, em *Maldita Guerra*, p. 458.

[7] Augusto Tasso Fragoso, *História da Guerra entre a Tríplice Aliança e o Paraguai*, 5 vols. (Rio de Janeiro, 1934) é a clássica história militar brasileira da guerra.

[8] Ver, por exemplo, León Pomer, *La Guerra del Paraguay. Gran negocio!* (Buenos Aires, 1968, trad. para o português São Paulo, 1980); Júlio José Chiavenatto, *Genocídio Americano: A Guerra do Paraguai* (São Paulo, 1979); José Alfredo Fornos Peñalba, The fourth ally: Great Britain and the War of the Triple Alliance, tese de doutorado não publicada, University of California, Los Angeles, 1979. Para uma visão alternativa, ver Leslie Bethell, "O imperialismo britânico e a Guerra do Paraguai", em Maria Eduarda Marques (org.), *A Guerra do Paraguai*, pp. 131-64; reimprimido em *Estudos Avançados* 9/24 (1995). Ver também Juan C. Herken Krauer e Maria Gimenez de Herken (historiadores paraguaios). *Gran Bretana y la Guerra de la Triple Alianza* (Assunção, 1983); e mais recentemente Alfredo da Mota Menezes (historiador brasileiro), *A Guerra é Nossa. A Inglaterra não provocou a Guerra do Paraguai* (São Paulo: Editora Contexto, 2012).

[9] Carlos Marichal, *A Century of Debt Crises in Latin America: From Independence to the Great Depression, 1820-1929* (Princeton: Princeton University Press, 1989), pp. 92-93.

[10] E.N. Tate, "Britain and Latin America in the 19th century: the case of Paraguay, 1811-1870", *Ibero-Amerikanisches Archiv*, 1979, pp. 62-63.

[11] Sir Richard Burton, *Letters from Battlefields of Paraguay* (Londres, 1870), p. vii.

[12] John Gledson, *The Deceptive Realism of Machado de Assis* (Liverpool: Francis Cairns, 1984), pp.140-56.

[13] Ver *Cándido* López (Buenos Aires: Colecciones del Museo Nacional de Bellas Artes, 1971), textos de Marta Gil Solá e Marta Dujovne, e *Cándido* López (Buenos Aires: Ediciones Banco Velox, 1998), texto de Marcelo Pacheco.

[14] Ver Herman Lima, *História da Caricatura no Brasil*, 4 vols. (Rio de Janeiro, 1963, vol.1, e Mauro César Silveira, *A Batalha de Papel. A Guerra do Paraguai através da caricatura* (Porto Alegre: L & PM Editores, 1996).

[15] Sobre a iconografia da Guerra do Paraguai, ver Miguel Angel Cuarterolo, *Soldados de la Memoria. Hombres e imágenes de la Guerra del Paraguay* (Buenos Aires: Editora Planeta, 2000) e "Images of War: Photographers and Sketch Artists of the Triple Alliance Conflict", em Kraay & Whigham (orgs), *I Die with My Country*; André Meneses Toral, *Imagens em desordem. A iconografia da Guerra do Paraguay (1864-1870)* (São Paulo: Humanitas, 2001); e, mais importante, Ricardo Salles, *Guerra do Paraguay. Memórias e Imagens* (Rio de Janeiro: Edições Biblioteca Nacional, 2003).

[16] Ver Mercedes de Mora Reis, *A música militar no Brasil do século XIX* (Rio de Janeiro: Imprensa Militar, 1952), que tem toda uma seção sobre "dobrados patrióticos da Guerra do Paraguay". Vinícius Mariano de Carvalho engajou-se no estudo das bandas e dobrados militares tocados durante a Guerra do Paraguai. Por exemplo, cinco peças compostas por Filippe Neri de Barcellos, mestre da banda do 7° Batalhão de Voluntários da Pátria, datadas de 1866, foram descobertas na Biblioteca Nacional do Rio de Janeiro: *O rompante de Lopes, O ataque do Riachuelo, O explendido triumpho de Uruguayanna, Hymno de Gloria (O Imperador do Brasil)* e *A patiada aos paraguays.* Ver Vinícius Mariano de Carvalho & Rosie McMahon, Military Music in the War of the Triple Alliance: Explanatory Notes and Revealed Manuscripts, texto não publicado.

[17] Sobre Gottschalk, ver S. Frederick Starr, *Bamboula: The Life and Times of Louis Moreau Gottschalk* (Nova York: Oxford University Press, 1995). A autobiografia de Gottschalk, *Notes of a Pianist*, editado e traduzido do original francês por sua irmã Clara Gottschalk Peterson, (Filadélfia, 1881) cobre seu giro pelas Índias Ocidentais, 1857-62, pelos Estados Unidos, 1862-65, e pela América do Sul, 1865-68. Infelizmente, o livro termina antes de sua visita ao Brasil em 1869. Sobre os últimos sete meses de sua vida no Rio de Janeiro, ver "Vida y muerte de Louis Moreau Gottschalk en Rio de Janeiro (1869) *Revista de Estudios Musicales* Universidade de Cuyo, vol. I nº 4, agosto de 1950, vol. II nº 5 & 6, dezembro de 1950/abril de 1951, pelo acadêmico uruguaio, nascido na Alemanha, Francisco Curt Lange. Também José Murilo de Carvalho, "Gottschalk: Glória e Morte de um pianista no Rio", em *Pontos e Bordados, Escritas de história e política* (Belo Horizonte: Editora UFMG, 1998).

[18] Ver John Hoyt Williams, *The Rise and Fall of the Paraguayan Republic, 1800-1870* (Austin, TX: University of Texas Press, 1979), a melhor história da república paraguaia até (e incluindo) a Guerra desde Efrain Cardoso, *Paraguay independente* (1949); Harris Gaylord Warren, *Paraguay and the Triple Alliance: the postwar decade 1869-1878* (Austin, TX: University of Texas Press, 1978).

[19] Sobre as muito debatidas questões das perdas paraguaias e do impacto da guerra, ver Vera Blinn Reber, "The demographics of Paraguay: a reinterpretation of the Great War, 1864-70" *Hispanic American Historical Review*, vol. 68/2 (1988), "Critique" de Thomas L. Whigham e Barbara Potthast, *HAHR*, vol. 70/4 (1990), e uma mais tardia troca de ideias entre Vera Blinn Reber, Jan M. G. Kleinpenning, Thomas L. Whigham & Barbara Potthast em *Latin American Research Review*, vol. 37/3 (2002). Ver também Vera Blinn Reber, "A Case of Total War: Paraguay, 1865-1870", *Journal of Iberian and Latin American Studies*, vol. 5/1 (1999).

[20] Sobre a política doméstica no Brasil durante a Guerra do Paraguai, ver Richard Graham, "Brazil from the middle of the nineteenth century to the Paraguayan War", em Leslie Bethell (org.), *The Cambridge History of Latin America*, vol. III (Cambridge: Cambridge University Press, 1985), pp. 789-91, e Jeffrey D. Needell, *The Party of Order. The Conservatives, the State, and Slavery in the Brazilian Monarchy, 1831-1871* (Stanford: Stanford University Press, 2006, capítulos 5 & 6.

[21] Sobre a militarização da política e a politização dos militares no Brasil durante a guerra, ver Wilma Peres Costa, *A Espada de Damôcles: o Exército, a Guerra do Paraguai e a crise do Império* (São Paulo: Editora Hucitec, 1996); Vitor Izecksohn, *O Cerne da Discórdia. A Guerra do Paraguai e o núcleo profissional do exército* (Rio de Janeiro: E-papers Serviços Editoriais, 2002); e Francisco Doratioto, *General Osório. A espada liberal do Império* (São Paulo: Companhia das Letras, 2008).

ENSAIO 4

DECLÍNIO E QUEDA DA ESCRAVIDÃO NO BRASIL (1850-1888)*

Em meados do século XIX, entre 6 e 7 milhões de africanos e africanos-americanos eram escravos nas três principais sociedades escravagistas remanescentes nas Américas. Algumas das ex-colônias britânicas na América do Norte haviam abolido a escravatura durante o último quarto do século XVIII, o Haiti, ex-colônia francesa de St. Domingue, em 1804, a maioria das repúblicas hispano-americanas durante e imediatamente após as guerras da independência, a Grã-Bretanha nas suas colônias caribenhas em 1834, e a França em suas colônias em 1848. Existiam, entretanto, 4 milhões de escravos (comparados com o meio milhão ao tempo da independência em 1776 e menos de 1 milhão em 1800) no Sul e nas "regiões fronteiriças do Sul" nos Estados Unidos, entre 2 e 2,5 milhões (comparados com os menos de 1 milhão, em 1800, e entre 1 e 1,5 milhão ao tempo da independência em 1822) no Brasil, e 300 a 400 mil (comparados com os menos de 200 mil em 1800) na colônia espanhola de Cuba.

A escravatura nos Estados Unidos foi tornada ilegal durante e logo depois da Guerra Civil (1861-65), quando a população escrava

---

*Este ensaio se vale de material da "Introdução", Leslie Bethell & José Murilo de Carvalho (eds.), *Joaquim Nabuco e os abolicionistas britânicos: Correspondência 1880-1905* (Rio de Janeiro: Topbooks, 2008) e "Joaquim Nabuco e a abolição da escravidão no Brasil em perspectiva internacional", em Leslie Bethell *Joaquim Nabuco no mundo: abolicionista, jornalista, diplomata* (Rio de Janeiro: Bem-Te-Vi Produções Literárias, 2016), capítulo 2, pp. 49-117.

estava em seu apogeu.[1] Mas ela não foi abolida em Cuba até 1880-86 [2] e no Brasil até 1888 – nos dois casos depois de postergado declínio da população escrava.[3]

I

A INJEÇÃO ANUAL DE NOVOS ESCRAVOS DA ÁFRICA por meio do tráfico transatlântico de escravos foi em grande parte responsável pelo constante crescimento da população escrava no Brasil durante a primeira metade do século XIX (diferentemente dos Estados Unidos, onde o tráfico de escravos foi efetivamente abolido em 1808, e a população escrava reproduziu-se entre si mesma, internamente). Mais de 2 milhões de escravos africanos foram importados para o Brasil entre 1800 e 1850 [4], três quartos de 1 milhão ou mais no decorrer dos anos 1830 e 1840, quando o comércio de escravos era totalmente ilegal. O tratado anglo-brasileiro de novembro de 1826, que o recém-independente Império foi compelido a assinar ao preço do reconhecimento e apoio britânicos, declarava ilegal o comércio de escravos três anos depois da ratificação do tratado, ou seja, março de 1830. E a lei brasileira de 7 de novembro de 1831 proibia a importação de escravos pelo Brasil.

Malgrado a persistente pressão diplomática inglesa para persuadir o Brasil a honrar as cláusulas do tratado de 1826, sucessivos governos brasileiros provaram ser em grande parte incapazes ou indesejosos de implementar a lei de 1831. E os esforços da Marinha britânica para suprimir o tráfico em mares abertos foram ineficazes em função dos limitados recursos e, mesmo depois a aprovação do famoso *bill Aberdeen* em 1845, limitados poderes. Por fim, entretanto, a decisão do governo britânico, em 1850, que permitiu a entrada de sua Marinha em águas territoriais e portos brasileiros, a fim de perseguir navios negreiros, violando de forma gritante a soberania do país, foi largamente responsável por convencer o governo brasileiro a legislar contra o tráfico de escravos e, pela primeira vez, esforçar-se para que essa legislação vigorasse.[5] (Ver Ensaio 2)

A supressão final do tráfico transatlântico pelo governo brasileiro em 1850-51, desferiu decisivo golpe na instituição da escravatura no Brasil, tal era sua dependência do fluxo massivo de escravos a cada ano da África. Em contraste com os Estados Unidos, onde a população escrava cresceu três ou quatro vezes entre o fim do tráfico de escravos e o início da Guerra Civil, no Brasil a população escrava entrou imediatamente num período de declínio após a abolição final do tráfico. As taxas de nascimentos foram menores que as do Sul dos Estados Unidos (em parte por causa do balanço entre a população masculina e feminina na população escrava, que por si mesma foi um reflexo da prévia dependência do sistema de escravos do suprimento externo, em sua maioria, de homens); as taxas de mortalidade foram maiores (particularmente devido aos maus-tratos, porém ainda mais por causa das doenças provocadas pelo ambiente nutricional e sanitário do Brasil daquele tempo). O Brasil também teve uma longa história, seja da alforria seja dos quilombos (assentamentos de escravos fugitivos).

Apesar disso, em 1866-67, quando Agostinho Marques Perdigão Malheiro publicou seu grande estudo *A Escravidão no Brasil: ensaio histórico, jurídico e social*, estimou ele que existiam cerca de 1,7 milhão de escravos no país; o primeiro censo nacional no país, feito em 1872, indicou o total aproximado de 1,5 milhão. Todavia, os escravos constituíam apenas quinze por cento da população total (comparados com os de trinta a quarenta por cento que existiam durante a primeira metade do século XIX, para a qual não há números precisos, apenas estimados).

A partir de 1850, impulsionada pela demanda e pelos preços relativos dos escravos, houve significativa realocação da população escrava brasileira mediante o comércio inter-provincial (de cinco a seis mil por ano, durante vinte anos) do Norte e do Nordeste, e em menor extensão do Sul, para o Centro e para o Sudeste, onde três províncias – "as províncias negreiras da nação": Rio de Janeiro, Minas Gerais e São Paulo – contabilizavam mais da metade da população escrava total. Houve também comércio de escravos inter-provincial, inclusive dentro do próprio Centro-Sul: entre cidades e interior (no Rio de Janeiro, que tinha sido uma cidade mais caracterizada pela escravatura do que, por exemplo, Nova Orléans ou Havana, e onde, em meados do século XIX, entre quarenta e cinquenta por cento da população eram de escravos, essa população declinou para menos de vinte por cento); entre as fazendas menos lucrativas e de menor tamanho para as de vastas plantações; entre a agricultura não exportável ou de subsistência a agricultura de maior vulto, que plantava particularmente café; e entre as áreas de produção declinante, como as do vale do Paraíba, e as do interior de São Paulo, onde existiam então bem mais escravos do que vinte anos antes.[6]

A escravidão, porém, podia ser encontrada em todas as províncias: no Norte e no Sul (não existiam províncias de "solo livre" no Brasil), nas áreas urbanas e nas rurais, na agricultura exportável e a de consumo interno. Diferentemente dos Estados Unidos de antes da Guerra Civil, a escravatura no Brasil permaneceu sendo uma "instituição nacional", profundamente incrustada na economia, na sociedade e na cultura de todo o país.

A escravidão no Brasil em 1870 não estava fadada inevitavelmente a definhar – ao menos no curto e até médio prazo. Ela permaneceu altamente lucrativa – como aconteceu no Sul dos EUA antes da Guerra Civil. Não houve indícios de fraqueza no engajamento com o trabalho dos escravos por parte dos senhores que os possuíam. Esses donos de escravos não estavam conscientemente caminhando nem para o trabalho livre, quer por preferência quer por necessidade, a despeito do custo crescente dos escravos e do início das dificuldades de encontrá-los no mercado. Não houve uma mobilização significativa pela mão de obra livre ou liberta na agricultura de subsistência e na não exportável, que então representavam mais de oitenta por cento da força de trabalho rural no país como um todo (comparados com os menos de cinquenta por cento em 1822), para o trabalho nas grandes fazendas. Tampouco houve significante tentativa para atrair imigrantes europeus para a agricultura brasileira.

Os senhores de escravos e seus representantes políticos no Parlamento – tanto do partido Conservador quanto do partido Liberal – não tinham problemas para justificar a escravatura. Comparado com o Sul dos EUA, havia no Brasil menos comprometimento ideológico com a escravidão enquanto instituição permanente. Os brasileiros também tinham menor racionalização sobre a escravidão fundamentada na raça e na identidade, pois no Brasil mais de quarenta por cento da população, no censo de 1872, era constituída por negros e mulatos libertos. Mas os imperativos econômicos que sustentavam a escravidão eram igualmente fortes. Como poderia ser organizado um mercado com mão de obra livre nas circunstâncias de fronteiras abertas e terras devolutas, especialmente nas regiões de cultura do café, produto que respondia por sessenta a setenta por cento das exportações do Brasil? Além do mais, com o acesso à terra, uma boa medida de mobilidade espacial e, portanto, possuidores de alternativas estratégicas de sobrevivência, por que os pequenos produtores, arrendatários e meeiros das mais diversas espécies, ou mesmo os camponeses e trabalhadores rurais, venderiam o produto de seu trabalho e se submeteriam à rigorosa disciplina da agricultura das grandes fazendas, as quais sempre vinham se servindo do trabalho escravo ou estavam associadas a ele?

Desde que José Bonifácio de Andrada e Silva submeteu a sua "Representação" à Assembleia Constituinte, em 1823, argumentando em prol do fim do comércio escravagista e da gradual emancipação dos escravos, existiram vozes individuais brasileiras denunciando a escravidão pela sua inerente injustiça e por sua alegada ineficiência econômica (por exemplo, Aurélio Cândido Tavares Bastos no *Cartas do solitário*, 1863), mas não havia uma opinião abolicionista amplamente difundida. Formaram-se associações filantrópicas, quase todas de curta vida, para acelerar o processo pelo qual os escravos garantiam sua liberdade mediante a alforria, porém nunca houve um movimento abolicionista organizado, nenhuma mobilização popular, primeiro, contra o tráfico de escravos e, depois, contra a instituição da escravatura, do tipo que ocorreu na Inglaterra e nos Estados Unidos no alvorecer do século XIX. E depois de rejeitar o projeto de lei apresentado por Pedro Pereira da Silva Guimarães, em 1852, imediatamente após a supressão do tráfico de escravos, pela gradual emancipação dos escravos, começando pela liberdade das crianças nascidas de mães escravas, o Parlamento brasileiro calou-se por mais de uma década e meia sobre a questão.

II

Foi o Imperador D. Pedro II quem colocou, pela primeira vez, o futuro da escravidão na pauta política de meados dos anos 1860. Ele pessoalmente adotou a opinião de que a escravatura no Brasil não mais se justificava e de que seu evidente declínio desde o fim do tráfico de escravos deveria ser acelerado, se bem que de forma gradual e controlada, a fim de assegurar as mínimas perturbações econômicas e sociais. Também estava plenamente consciente do isolamento internacional do Brasil em função desse problema: todas as repúblicas hispano-americanas, já então, haviam abolido a escravidão, e a esperada aprovação da 13ª Emenda à Constituição (aprovada pelo Senado em junho de 1864 e pela Câmara dos Representantes em janeiro de 1865), acabaria finalmente com a escravatura nos Estados Unidos como um todo.

Ao mesmo tempo, o governo britânico se mostrava incansável em exigir informação sobre o destino dos *emancipados* (escravos libertados pelos tribunais mistos anglo-portugueses e anglo-brasileiros, no Rio de Janeiro, de 1819 a 1845) e os *africanos livres* (escravos ilegalmente importados, capturados e libertados pelas autoridades brasileiras após 1831 e especialmente após 1850). Eles estavam sob a responsabilidade do governo brasileiro, mas eram mantidos em regime de semi-escravidão. (Sob pressão britânica, todos os africanos livres remanescentes, inclusive os emancipados, receberem cartas de alforria em setembro de 1864, ver Ensaio 2). Mais sério, porque ameaçava a própria existência da escravidão no Brasil, o governo britânico nunca parou de insistir que todos os africanos, que haviam entrado ilegalmente no país desde a aprovação da lei de 7 de novembro de 1831, *e seus filhos e netos,* fossem legalmente libertados. E a chamada "questão Christie", o bloqueio inglês do Rio de Janeiro (dezembro de 1862-janeiro de 1863), ainda que não autorizado e repudiado, e a recusa do governo britânico de repelir o *bill Aberdeen,* foram lembretes de que a Grã-Bretanha seria sempre capaz de recorrer à força em suas tratativas com o Brasil a respeito de escravidão.

As instruções de D. Pedro a Zacarias de Góis e Vasconcelos, o recém-nomeado presidente Liberal-progressista do Conselho de Ministros, em janeiro de 1864, começavam assim: "Eventos na União Americana requerem que pensemos sobre o futuro da escravidão no Brasil, de modo que o ocorrido com o comércio de escravos não se repita aqui. A providência que me parece mais eficaz é a da libertação dos filhos de escravos que nascerem a partir de alguns anos do presente."[7] Em abril de 1865, mês em que terminou a Guerra Civil Americana, D. Pedro convidou o bem conhecido jurista (e amigo) senador José Antônio Pimenta Bueno, o visconde de São Vicente, a minutar legislação não apenas para melhorar as condições dos escravos, como também na direção da gradual abolição – *pelo fim do século.* O mais importante dos cinco projetos de lei, que ele submeteu em janeiro de 1866, propôs que os filhos nascidos de mães escravas fossem a partir de então libertados, porém tal projeto recebeu pouco apoio do governo Conservador, presidido pelo marquês de Olinda, que substituíra Zacarias como primeiro-ministro.

A principal razão (ou desculpa) apresentada para a inação foi o envolvimento do país, desde o fim de 1864 na guerra (com a Argentina e o Uruguai) contra a ditadura de Solano López no Paraguai. Em outubro de 1866, quando uma escassez de mão de obra para a guerra se tornou crítica, e a despeito de séria divisão no Conselho de Estado sobre a questão, foi tomada a decisão de libertar escravos para servir ao Exército; primeiro, os 'escravos da nação', que trabalhavam para a

Corte imperial e para as indústrias e fazendas estatais; em segundo lugar, os escravos mantidos pela Igreja e pelas ordens religiosas; e, por fim, os escravos de propriedade privada – embora nenhuma pressão indevida tenha sido exercida sobre os fazendeiros, em virtude das necessidades da agricultura brasileira. Porem, no cômputo final, apenas alguns milhares de escravos foram liberados para o serviço militar (ver Ensaio 3).

No entanto, em agosto de 1866, o ministro da Justiça no novo governo Liberal liderado por Zacarias causou uma comoção política ao declarar, em resposta a um apelo do Comitê Francês de Emancipação, preparada com total conhecimento do imperador, que "a emancipação de escravos, consequência necessária da abolição do tráfico, é somente uma questão de forma e oportunidade". E na sua "Fala do Trono", em maio de 1867, que Joaquim Nabuco qualificou mais tarde como "um raio, caindo de um céu sem nuvens", D. Pedro repetiu sua opinião de que "o elemento servil do Império não pode deixar de merecer oportunamente a vossa consideração", embora, ele continuou, respeitando 'a propriedade atual' e "sem abalo nossa primeira indústria – a agricultura'.[8]

Um comitê do Conselho de Estado encarregado de consolidar as diversas minutas de Pimenta Bueno numa única proposta de lei, cujo principal artigo seria a libertação de filhos nascidos de mães escravas, foi criado tendo como líder José Thomaz Nabuco de Araújo, um dos poucos proeminentes políticos brasileiros que se opunham à escravatura na ocasião. Como ministro da Justiça (1853-57), ele havia sido responsável pela repressão das últimas e desesperadas tentativas de importar escravos pelo Brasil. Em julho de 1868, entretanto, uma crise política resultou em outra mudança de governo. O imperador, ansioso pela falta de progresso na guerra do Paraguai, demitiu Zacarias e convocou o visconde de Itaboraí para formar novo governo Conservador. Itaboraí se opunha totalmente à abolição, e não haveria mais discussões sobre a questão da escravatura pelos dois anos seguintes.

A crise política de 1868, contudo, revitalizou a facção reformista do Partido Liberal. Nabuco de Araújo denunciou o *coup d'état* que levara à nomeação de Itaboraí; ele ajudou também a criar um jornal Liberal radical *A Reforma*, que adotou postura anti-escravidão; e, em 1869, com outros Liberais reformistas, fundou o Centro Liberal. Apesar de ter como principal propósito a reforma política, o Centro incluiu em seu programa a emancipação da escravatura – a primeira organização política brasileira a fazê-lo. Ao mesmo tempo, diversas associações comprometidas com o encorajamento e o auxílio à emancipação foram criadas: segundo Angela Alonso, que se refere ao fato como "primeiro ciclo de mobilização abolicionista" no Brasil, 25 associações foram criadas, entre 1869 e 1871, em onze das vinte províncias do Império.[9] E a pressão internacional tornou-se contundente. Em 1869 a Associação Abolicionista Internacional, sediada em Paris, enviou uma mensagem ao "povo brasileiro" conclamando-o a dar um fim à escravidão, "a desgraça da humanidade", de uma vez por todas.

A Guerra do Paraguai findou em março de 1870. Em maio, Itaboraí resistiu à pressão do imperador para apressar a questão da escravidão, e renunciou. Em julho, as Cortes Espanholas aprovaram legislação que libertava os escravos acima de sessenta anos e os filhos nascidos de mães escravas desde a Revolução Liberal e o começo da Guerra dos Dez Anos pela independência cubana, em 1868. Em março de 1871, Dom Pedro por fim encontrou um político Conservador, José Maria da Silva Paranhos, o visconde de Rio Branco, desejoso de formar um governo que levaria ao Parlamento brasileiro o projeto de lei sobre a liberdade dos filhos de mães escravas. Após uma série de debates inflamados ao longo de junho, julho e agosto, a lei foi aprovada na Câmara dos Deputados, em 28 de agosto, com 61 votos a favor (de Conservadores e Liberais) e 35 contra (na maioria de Conservadores dissidentes). Encaminhada ao Senado, o projeto foi votado em 27 de setembro com 24 senadores votando a favor e só quatro contra, embora muitos estivessem ausentes. O projeto foi sancionado pela princesa regente Isabel na ausência do imperador, que se encontrava na ocasião em viagem pela Europa, e se transformou em lei em 28 de setembro de 1871.[10]

Impedindo o suprimento doméstico de escravos – ninguém mais podia nascer escravo no Brasil – vinte anos depois que a supressão do tráfico transatlântico cortou o abastecimento externo deles, a "Lei do Ventre Livre" condenou a escravatura à sua extinção eventual; os ponteiros do relógio continuavam apontando para o fim da escravidão no Brasil. Nem um só escravo, no entanto, foi emancipado. Além disso, as crianças nascidas de mães escravas, os "ingênuos", apesar de nominalmente livres, tinham que permanecer com seus senhores até os oito anos de idade (ocasião em que seriam libertados e entregues à proteção do Estado, e os seus donos receberiam títulos do governo como compensação) ou, como provou ser mais comum, continuavam em semiescravidão até que completassem 21 anos de idade, sendo os senhores compensados pelo trabalho que realizassem até aquela oportunidade. Dessa forma, a lei, implicitamente, reconhecia o direito à indenização até e quando a escravidão fosse finalmente abolida. Um modesto Fundo de Emancipação, objetivando o estímulo à emancipação voluntária de escravos por seus senhores, ou a autoaquisição da liberdade pelos próprios escravos, que os donos eram obrigados por lei a permitir se a remuneração total fosse oferecida, demorou a ser criado. Nos dez anos seguintes a 1871, o número de escravos emancipados pela nova lei (menos de um por cento) não foi significativamente maior do que quantidade de escravos libertados com regularidade a cada ano durante as duas décadas anteriores.

Finalmente, a Lei de 1871 especificou que deveria ser criado um cadastro nacional dos escravos existentes. Como muitos políticos e senhores de escravos anteciparam, quando por mais que relutantes deram seu apoio à lei, ela acabou reconhecendo a legitimidade da propriedade *existente* de escravos, não constituindo ameaça *imediata* a essa posse e, ao fim e ao cabo, pondo ponto final (favoravelmente aos senhores) no debate se os escravos importados ilegalmente desde

1830/1831 e seus descendentes estavam legalmente livres.[11] A aprovação da Lei de 1871 e o cadastro nacional de escravos de 1872 acabaram com os debates posteriores sobre a escravidão no Parlamento por quase uma década.

III

Durante os anos 1870, a população escrava brasileira continuou declinando com constância, apesar de relativamente devagar: em 1879, ainda existiam 1,25 milhão de escravos no Brasil (quinze por cento da população). Não obstante, com a intensificação do tráfico *inter*-provincial do Nordeste, especialmente do Ceará que então experimentava implacável seca, para o Centro-Sul – chegou a 10 mil por ano [12] – a concentração regional dos escravos mais se acentuou. No fim da década, os escravos constituíam menos de dez por cento da população em mais da metade das províncias do Brasil, menos de cinco por cento em mais de um quarto (a maior parte no Norte, no Sul e no Centro-Oeste), patamar atingido nos estados do norte dos EUA que haviam optado pela emancipação cem anos antes. Da mesma forma que o progressivo declínio da população escrava em idade de trabalho, a queda da população escrava em relação à população total e o comércio *intra*-provincial de escravos (constantemente esvaziando as cidades de escravos e, em consequência, deixando a população urbana sem forte compromisso pela continuação da escravatura), o comércio *inter*-provincial de escravos contribuiu para acelerar o fim da escravidão ao reduzir o número de províncias que seriam adversamente afetadas por sua abolição, como também tornou a escravatura mais vulnerável de ser atacada nacionalmente.

Em dezembro de 1880 e janeiro de 1881, as assembleias provinciais do Rio de Janeiro, Minas Gerais e São Paulo estavam tão alarmadas pelo fato de áreas inteiras do Brasil estarem se transformando em "solo livre", um paraíso para a fuga de escravos e uma base para o abolicionismo, que elas impusessem taxas extraordinariamente altas para a entrada de escravos de outras províncias. Isso virtualmente acabou com o tráfico inter-provincial, embora ele só se tornasse ilegal em todo o país com a aprovação da Lei dos Sexagenários, em setembro de 1885 (ver adiante).

O Nordeste, onde viviam, em 1822, cerca de dois terços da população escrava brasileira, tinha na década de 1880 menos escravos do que, por exemplo, a província de Minas Gerais. Em Pernambuco e particularmente na Bahia, existiam fazendas de cana de açúcar que absorviam centenas e até milhares de escravos, mas a situação financeira de então se agravou e impediu novos investimentos em escravos; a população servil existente, incapaz de se renovar, foi envelhecendo rapidamente; e, pelo menos em Pernambuco, houve uma adequada disponibilidade de mão de obra alternativa livre, que passou a ser empregada. Embora não promovendo ativamente o seu colapso final, muitos fazendeiros no Nordeste não mais consideravam a sobrevivência do sistema da escravidão uma questão de vida ou morte.

Obstinados escravocratas eram principalmente encontrados no Centro-Sul, em particular, nas velhas e declinantes regiões de produção de café na província do Rio de Janeiro e no sul da província de Minas Gerais. Nelas, muitos latifundiários haviam recentemente investido pesado em escravos (por meio de elevados preços e da manutenção); seus escravos eram mais jovens que os do Nordeste com mobilidade potencial (quer dizer, em função da oportunidade, se encontravam prontos para se deslocar na direção de novas áreas produtoras de café em São Paulo); e não existia para esses grandes fazendeiros mão de obra disponível livre adequada e barata.

Quanto à nova e expansiva fronteira do café no noroeste e oeste da província de São Paulo, o problema era mais complexo. Os fazendeiros de lá, produzindo café para um mercado mundial que não parava de crescer, acabaram enfrentando uma situação inusitada: pela primeira vez na história do Brasil a escravidão não podia mais fornecer a mão de obra necessária ao setor mais dinâmico da economia. Era cada vez mais difícil conseguir escravos, demasiadamente caro comprá-los e mantê-los, o que resultava talvez num pobre investimento de longo prazo. Os chamados fazendeiros "progressistas", ou seja, os mais capitalistas em atitudes relativas à terra, ao crédito, aos investimentos em maquinaria e transportes, se animavam menos com a mão de obra escrava do que os fazendeiros do vale do Paraíba – ou mesmo do que os plantadores de cana de açúcar do Nordeste. É, portanto, um equívoco pensar nesses "progressistas" como necessariamente opositores da escravidão. Os brasileiros livres não eram ainda considerados aptos para a mão de obra disciplinada das grandes plantações de café, nem pareciam interessados em nela se engajar. Ao menos no curto prazo, enquanto uma opção não fosse encontrada, a escravidão continuou sendo o sistema preferido pela maioria dos grandes fazendeiros de São Paulo.

Havia ainda relativamente pequenos debates públicos sobre a inexorável transição de um sistema predominantemente escravo de mão de obra para um de trabalhadores livres. A Lei de Locação de Serviços (março de 1879) foi a primeira tentativa para estruturar um "mercado de mão de obra livre" no Brasil, tornando ilegal a vadiagem, regulando experimentos com contratos de emprego de longo prazo (três anos para europeus, cinco para brasileiros livres e sete para libertos) e controlando os trabalhadores "livres" por meio de punições para as quebras de contratos e resistência coletiva às más condições de trabalho, em especial com as greves.[13] O problema mais amplo de como suprir mão de obra de forma permanente os grandes fazendeiros, em particular os plantadores de café, nunca foi seriamente enfrentado.

Uma possível solução foi o trabalho servo chinês contratado. Aproximadamente mil *coolies* (cules) chineses foram importados em 1874. O governo chinês, entretanto, se mostrou relutante em sancionar a emigração para o Brasil, tendo em vista os notórios maus-tratos infligidos aos chineses em Cuba, no Peru e nas colônias tropicais inglesas. O governo britânico também se opôs: em 1873, a migração de chineses de Hong Kong foi banida (exceto para as próprias colônias inglesas). E, em 1874, as autoridades portuguesas em Macau foram convencidas a fazer o mesmo. Em 1878, o governo brasileiro finalmente declarou-se favorável à imigração chinesa e, no ano seguinte, enviou uma missão àquele país. Entretanto, as opiniões dos fazendeiros, como evidenciadas, por exemplo, em dois Congressos Agrícolas nacionais ocorridos no Rio de janeiro, em julho, e no Recife, em outubro de 1878, ficaram divididas em relação à solução chinesa. A opinião pública e a imprensa brasileiras se mostraram hostis, principalmente por questões étnicas e racistas (medo da "degeneração" da população brasileira). Os abolicionistas também se opuseram porque o tráfico de *coolies* poderia ser tornar "um novo comércio de escravos", alongando a vida da escravidão.[14] No cômputo final, menos de 3 mil chineses foram importados pelo Brasil nos anos 1870.

IV

Em janeiro de 1878, após dez anos de domínio dos Conservadores, o imperador convidou os Liberais para formarem um governo. Porém, a administração liderada pelo visconde de Sinimbu apoiava incondicionalmente a escravatura, e a recém-eleita Câmara dos Deputados, avassaladoramente Liberal, não foi menos comprometida com os interesses dos agricultores e se opôs a emancipação dos escravos com veemência tanto quanto do que a predecessora Conservadora. Todavia, a ala reformista dos Liberais, que foi se tornando cada vez mais frustrada com o pequeno impacto feito sobre a instituição da escravatura no Brasil pela Lei do Ventre Livre de 1871, percebendo uma oportunidade para desafiar o pacto entre o Estado e os senhores de escravos, reabriu a questão da emancipação gradual. E encontrou um novo líder em Joaquim Nabuco.

Antes de sua morte em março de 1878, o senador José Thomaz Nabuco de Araújo, com o suporte de Domingos de Souza Leão, barão de Vila Bela, o líder Liberal em Pernambuco, havia preparado o caminho para seu filho Joaquim, então com 28 anos de idade, para a eleição à Câmara dos Deputados, agendada para setembro. Em abril,

Nabuco, adido à legação brasileira em Londres na ocasião, abandonou sua breve carreira como diplomata e retornou ao Brasil. Ele foi de fato eleito como deputado Liberal em Recife e assumiu a função em janeiro de 1879.

Coube ao Jerônimo Sodré Pereira, um deputado Liberal da Bahia, professor de Medicina, católico ultramontano e genro do senador pela Bahia Manuel Pinto de Sousa Dantas, em discurso de 5 de março, e a Rodolfo Dantas, filho do senador Dantas, em discurso de 22 de março, recolocarem a abolição da escravatura na pauta política pela primeira vez desde 1871. O primeiro discurso de Nabuco foi sobre a questão da liberdade religiosa, e não sobre a emancipação dos escravos. Contudo, ele cedo adotou a problema da escravidão como filho próprio. E de 1879 até que a escravatura finalmente acabou em maio de 1888, Nabuco se dedicou inteiramente à causa, dentro ou fora do Parlamento.[15]

A iniciativa específica que despertou a atenção nacional e internacional para Nabuco como advogado dos escravos no Brasil foi sua denúncia da companhia de mineração inglesa St John d'El Rey Mining Company por ser senhora de escravos – ilegalmente – em seus discursos na Câmara dos Deputados de 26 de agosto e 30 de setembro de 1879. Além dos escravos próprios, a empresa mantinha mais de mil escravos na sua mina Morro Velho em Nova Lima, Minas Gerais, que haviam sido adquiridos ("alugados") das companhias de mineração Cata Branca, Cocais e Gongo Soco, quando elas entraram em colapso em meados de 1840, com cláusulas contratuais de liberdade após catorze anos de serviço. Haviam decorridos, portanto, vinte anos, sem que quaisquer providências tivessem sida tomadas para a emancipação.[16]

Os discursos de Nabuco repercutiram na Europa (produziu comentário favorável, por exemplo, na *Revue des deux mondes*, na França), porem mais particularmente na Grã-Bretanha. O secretário da British and Foreign Anti-Slavery Society, em Londres, Charles Harris Allen, escreveu para parabenizá-lo pela defesa dos escravos de Morro Velho.

Em sua resposta, Nabuco acentuou: "Garanto-lhe que o senhor sempre me encontrará no posto de combate em que agora me encontro. Ponho meu interesse pela emancipação à frente de qualquer outro, acima de qualquer lealdade ou engajamento partidário. Comparadas com essa imensa reforma social (...) as reformas políticas ficam em segundo plano".[17]

Nabuco disse a Allen, em abril de 1880, que planeja apresentar ao Parlamento uma lei pela abolição total da escravidão no Brasil em "1° de janeiro de 1890". A abolição imediata era impossível por causa de seu impacto nas finanças públicas e na produção agrícola. Ele esperava que nem essa modesta proposta fosse aprovada em vista da forte opinião pró-escravatura existente, tanto no Partido Liberal quanto no Conservador. Porém, como Wilberforce tinha feito na Inglaterra, para garantir a passagem da lei que declarou ilegal a escravidão em todo o Império em 1834, ele pretendia apresentar o projeto de lei em cada sessão do Parlamento até que ele fosse finalmente aprovado. "A fronteira da próxima década", previu Nabuco, "não deve ser cruzada no Brasil (...) por um só homem que chama a si mesmo de escravo".[18]

Uma lei visando um abrandamento e abolição final da escravatura foi apresentada na Câmara dos Deputados em 24 de agosto. Ela especificava novas taxas para a propriedade e escravos, a fim de fortalecer o Fundo da Emancipação segundo a lei de 1871, a proibição do comércio de escravos interprovincial, a abolição das punições físicas, a proibição da separação das mães escravas de seus filhos abaixo de oito anos de idade, a maior proteção para escravos com mais de sessenta anos e a emancipação de todos os escravos remanescente de propriedade do Estado. Todavia, em vista do fortalecimento da inevitável oposição, o projeto foi esvaziado a tal ponto que não só previu um período de dez anos antes da emancipação total, como ofereceu uma compensação aos donos de escravos, tal qual a Inglaterra havia feito, sublinhou Nabuco, em suas colônias meio século antes. Não obstante, a lei não conseguiu progredir na sua tramitação. Inicialmente, 38 dos 122 deputados assinaram uma moção pela urgência na votação no lugar do processo habitual, mas quando, uma semana depois, o sucessor de Sinimbu como presidente liberal do Conselho de Ministros, senador José Antônio Saraiva, tornou a moção uma questão de confiança em seu governo, apenas dezoito deputados (catorze deles do Norte e do Nordeste, inclusive sete de Pernambuco) votaram pelo debate imediato, e o projeto de lei foi quietamente retirado da pauta. Nabuco ficou profundamente desapontado. Entretanto, continuou advogando que a abolição era matéria a ser decidida apenas pelo Parlamento. "A emancipação", escreveu ele a Allen, "não pode ser conseguida por meio de uma revolução, pois isso seria destruir tudo. Ela só poderá ser realizada por maioria parlamentar".[19]

Em 1879-80, pela primeira vez desde 1867-71, várias associações dedicadas à emancipação dos escravos foram criadas no Brasil. Seus membros eram principalmente jovens e os mais preparados de uma crescente classe média profissional e urbana, influenciados por aquilo que John Stuart Mill chamou de "the spread of moral convictions (disseminação das convicções morais)", embora no Brasil, diferentemente do que outrora ocorrera na Inglaterra e nos Estados Unidos, essas convicções fossem seculares, e não religiosas: não havia quackers no Brasil como na Inglaterra nem o "Great Awakening (Grande Despertar)" como nos Estados Unidos. Essas associações frustraram-se com os resultados desapontadores da Lei de 1871 e encorajaram-se com a oportunidade de progresso (acreditavam eles) pelo retorno dos Liberais ao poder. As mais importantes eram a Associação Central Emancipadora, criada em agosto de 1880 e liderada por André Rebouças, negro, baiano e professor no Instituto Politécnico no Rio, e pelo jornalista militante José do Patrocínio, um *cafuso* (mistura de índio, europeu e africano), que se identificava como negro, e a Sociedade Brasileira Contra Escravidão, criada por Nabuco e um grupo de companheiros abolicionistas em reunião na residência de Nabuco no dia 7 de setembro, o dia da independência. O próprio Nabuco foi eleito presidente da Sociedade, com seu amigo Rebouças como tesoureiro. Outras associações menores anti-escravidão juntaram-se à

Sociedade e seu comitê executivo possuía sete representantes da Associação Central Emancipadora, assim como cinco deputados e dois ex-presidentes de províncias.

No dia 20 de novembro, no Hotel dos Estrangeiros do Rio de Janeiro, a Sociedade ofereceu o banquete em honra a Henry Washington Hilliard, ministro dos EUA no Brasil.[20] O salão do banquete estava ornamentado com retratos de Abraham Lincoln, William Lloyd Garrison, etc. O menu incluía *mayonaisse de homards à la Wilberforce, jambon d'York à la Garrison, culotes de boeuf à la Paranhos,* etc. Após os discursos foram servidos *liqueurs l'Emancipaction.* Compareceram cinquenta proeminente brasileiros (e uma grande multidão no lado de fora, ouvindo os discursos através das janelas). Em seu discurso, Nabuco enfatizou a necessidade de se mobilizar a opinião pública de todo o mundo em apoio ao movimento pela emancipação dos remanescentes 1,5 milhão de escravos no Brasil. Ela não havia ainda sido incentivada no próprio Brasil e não havia sinal de qualquer diminuição da resistência à abolição no Parlamento. Mas a elite política brasileira, inclusive o imperador e talvez até alguns senhores de escravos, poderia ser sensibilizada pela opinião internacional. O emprego de pressão externa, em especial inglesa e francesa, contra a resistência interna indubitavelmente contribuíra para a introdução e aprovação da Lei do Ventre Livre em 1871. Em dezembro, tirando vantagem do recesso parlamentar, Nabuco viajou à Europa para, pessoalmente, provocar a conscientização internacional para a continuada existência da escravidão no Brasil.

Em Lisboa, Nabuco foi recebido na Câmara dos Deputados como líder do "partido" abolicionista na Legislatura brasileira. Em Madrid, onde um anos antes as Cortes haviam abolido a escravidão em Cuba,[21] ele foi homenageado pela *Sociedad Abolicionista Española.* Em Paris, Nabuco conheceu o veterano presidente da sociedade abolicionista francesa, Victor Schoelcher, que desempenhara papel central para a abolição da escravidão em todas as colônias francesas em 1848.[22] Ao chegar a Londres, em fevereiro de 1881, ele imediatamente procurou a British and Foreign Anti-Slavery Society (BFASS), que foi fundado em 1839 exatamente para servir como centro de intercâmbio para informações sobre escravidão e anti-escravidão e para promover a abolição em todo o mundo. A Sociedade Brasileira contra Escravidão considerava a BFAAS como "a primeira e mais influente organização desse tipo no mundo", cuja cooperação era essencial para a batalha contra a escravidão no Brasil.[23] De sua parte a BFAAS recepcionou Nabuco em sessão especial em sua honra em 4 de março. E em 24 do mesmo mês, foi-lhe oferecido esplendido café de manhã no Hotel Charing Cross, presidido por Thomas Fowell Buxton, filho do famoso abolicionista de mesmo nome. Cento e cinquenta pessoas estiveram presentes, inclusive onze membros do Parlamento. O banquete mereceu grandes reportagens nos jornais de Londres – e, igualmente importante, na imprensa do Rio de Janeiro. A conexão britânica estava consolidada e, em particular, as relações especiais entre Nabuco e Charles Allen, secretário da BFASS, de 1879 até 1898, que se tornou e continuou sendo grande amigo de Nabuco até o falecimento de Allen em dezembro de 1904.

Nabuco voltou ao Brasil em abril de 1881. Quando a Câmara dos Deputados foi dissolvida em 30 de junho – sem avançar nada em termos de abolição – ele se ofereceu como candidato pelo primeiro distrito da Corte (a capital, Rio de Janeiro) nas eleições marcadas para 31 de outubro. A despeito de forte campanha, Nabuco foi derrotado e forçado a deixar o Parlamento. Na Legislatura recém-eleita, os abolicionistas estavam em minoria ainda mais fraca do que a anterior: talvez uma dezena de simpatizantes, na maior parte, Liberais – por exemplo, Adolfo Bezerra de Menezes (RJ), Afonso Celso (MG), Rodolfo Dantas (Bahia) e Rui Barbosa (Bahia), José Mariano (Pernambuco). Apenas Mariano podia ser considerado totalmente engajado com a abolição.

Nem os líderes Liberais, tampouco os Conservadores, estavam dispostos a assumir a responsabilidade por um projeto de lei para a abolição da escravatura, até mesmo gradual. Um primeiro-ministro

Liberal deu lugar a outro, Martinho Campos, mais próximo dos Conservadores e ferrenho opositor da abolição dos escravos. Ele não acreditava que a escravidão devesse durar para sempre; segundo a lei de 1871, ela seria gradualmente substituída pelo trabalho livre. No entanto, ele marcava "um prazo de dez anos" para o fim da escravidão. Era necessária para a "paz e tranquilidade dos estabelecimentos agrícolas" e , por conseguinte , de toda a sociedade.[24] Na sua frustração e malgrado ser acusado por alguns de ter abandonado muito cedo a luta, em dezembro Nabuco deixou o país e retornou à sua querida Londres.

Durante sua estadia na capital britânica, de dezembro de 1881 a abril de 1884, Nabuco ganhou a vida como consultor jurídico de firmas inglesas com investimentos no Brasil e como correspondente do *Jornal do Commercio,* mas devotou grande parte de seu tempo a promover a causa da abolição no Brasil. Trabalhou cerradamente com a BFASS, frequentando suas reuniões mensais e arquitetando com Charles Allen um eficiente esquema de propaganda: ele forneceria informações a Allen, que seria responsável por difundi-las pela imprensa, especialmente no *Times*. Quando, por qualquer motivo, não podia fazer isso, o que raramente acontecia, Allen publicaria as informações no próprio boletim da Sociedade, o *Anti-Slavery Reporter*. O *Times*, que Nabuco qualificava como "a voz da civilização"[25] e que assumiu posição firme em favor da abolição no Brasil, era a via ideal em virtude de sua enorme influência na Inglaterra, e não menor no Brasil.

Nabuco manteve suas ligações com os abolicionistas de Madrid e de Paris e esteve presente em um sem número de encontros internacionais de abolicionistas, notavelmente no Congresso de Direito Internacional que teve lugar em Milão, em setembro de 1883. Ele planejava um grande e internacional Congresso Antiescravidão a ser realizado no Grande Hotel D'Orleans, em Petrópolis, em agosto de 1884, para o qual traria os abolicionistas líderes da Inglaterra e dos Estados Unidos. Porém, o Congresso nunca foi realizado.

Referente à abolição em si, Nabuco adotou uma posição mais radical. Em 14 de julho de 1882, Dia da Bastilha, Antônio Pinto, deputado pela Bahia, apresentou ao Parlamento brasileiro uma petição, escrita por Nabuco em Londres, não dessa vez pela abolição após dez anos, e sim pela "abolição total da escravidão quer imediatamente quer por curto período a ser logo definido" – apesar de prever também indenizações aos senhores de escravos por suas perdas.[26] Inevitavelmente, sua petição não conseguiu nenhum apoio significativo.

No *O Abolicionismo* (1883), a principal peça de propaganda política, para a produção do qual Nabuco havia pesquisado por mais de um ano na biblioteca do falecido Richard Cobden, em Brighton, e no Museu Britânico, ele admitiu mais claramente do que em 1880 que a Lei de 1871, longe de fazer progredir a causa da abolição, a havia paralisado. "Imperfeita, incompleta, injusta e até absurda"; afora, de fato, a declaração de que "ninguém mais nasce *escravo*", a lei havia servido para anestesiar moralmente os senhores de escravos.[27] Repetiu então a necessidade de imediata emancipação, mas agora sem compensação alguma para seus senhores.

Nabuco continuou acreditando que a abolição deveria ser pacífica, e não resultado de insurreição, como no Haiti, ou de guerra, como nos Estados Unidos, mediante lei aprovada pelo Parlamento: "É, assim, no Parlamento e não em fazendas ou quilombos no interior, nem nas ruas e praças das cidades, que se ha de ganhar a causa da liberdade".[28]

Todavia, sua decisão de retornar ao Brasil em maio de 1884, aos 35 anos de idade, após dois anos e meio em Londres, foi evidentemente influenciada pelo fato de o movimento abolicionista fora do Parlamento ter tomado considerável força durante sua ausência. Era tempo de se reengajar pessoalmente com o movimento, de reafirmar sua liderança. "Parece-me que o momento chegou", disse Nabuco a Allen, "para tomar algum tipo de ação enérgica".[29]

V

Nos anos de 1878 a 1885, período do governo Liberal, Angela Alonso estimou que cerca de 230 associações abolicionistas tinham sido criadas (comparadas com as 22 durante o período do governo Conservador antes da aprovação da Lei de 1871, 1867-71, e com as apenas seis durante o governo Conservador, 1872-77). Mais de um terço delas foram estabelecidas só em 1883: trinta e três no Pernambuco, 32 no Rio de Janeiro, 21 no Ceará, catorze no Amazonas, catorze no Rio Grande do Sul, dez no Rio Grande do Norte e dez em São Paulo.[30] Os membros dessas associações eram predominantemente advogados, jornalistas, estudantes, professores, escritores, artistas, tipógrafos – e incluída numerosas mulheres. Eram também avassaladoramente brancos no caso de Pernambuco, por exemplo, mas com forte elemento mulato e africano no Rio de Janeiro.

O movimento abolicionista brasileiro – e é possível, pela primeira vez, considerá-lo como um movimento – era àquela altura amplamente pacífico e moderado em seus métodos e objetivos. Adotava uma política de reuniões públicas e ostensivas para criar pressão popular a fim de sensibilizar relutantes e hostis governos, nacionais e provinciais, que protegiam os interesses dos senhores de escravos. Tais eventos normalmente ocorriam em teatros, em vez de salões públicos, igrejas e capelas como na Inglaterra e nos Estados Unidos (daí o conceito de "teatrização da política" cunhado por Alonso), e contemplava música, poesia e leitura de peças. O propósito era angariar recursos financeiros para reforçar os fundos de emancipação privados e municipais, e os encontros terminavam com a distribuição de diversas cartas de alforria. Simultaneamente, abolicionistas como Luís Gama, filho de pai português e mãe africana, que havia sido vendido como escravo e mais tarde emancipado, revelava casos ante tribunais de escravos importados ilegalmente para o Brasil, violando a Lei de 1831 – e seus descendentes. Gama morreu em 1882, mas seu trabalho continuou sendo executado por outros.

Em maio de 1883, quinze sociedades abolicionistas, onze do Rio mais uma de cada do Espírito Santo, Pernambuco, Ceará e Rio Grande do Sul, juntaram-se para formar a Confederação Abolicionista, sob a presidência de João Clapp, filho de emigrantes norte-americanos que chegara a gerente do Banco do Brasil. Outras províncias também tentaram consolidar suas diversas organizações abolicionistas. Por exemplo, em julho, 14 organizações no Recife tinham se unificadas na Central Emancipadora do Município do Recife.[31] A Confederação Abolicionista proporcionou coordenação nacional ao movimento abolicionista. Não tardou para que ele estivesse ativo em dez das vinte províncias brasileiras, inclusive em sete das nove províncias do Norte/Nordeste. Em agosto, elas emitiram um Manifesto radical em prol da imediata abolição sem indenização.

Ao mesmo tempo, a imprensa do Rio estava cada vez mais se opondo à instituição da escravatura. José do Patrocínio, que desde 1879 escrevia para a *Gazeta de Notícias*, em 1881 mudou para a mais ativista *Gazeta da Tarde*, fundada por José Ferreira de Menezes. O *Rio News*, que era amplamente lido (e não só pela comunidade inglesa), cujo dono e editor era Andrew Jackson Lamoureux, que viera dos Estados Unidos para o Brasil em 1874, apoiava sem esmorecer a abolição imediata sem indenização. O *Jornal de Commercio*, o mais influente na capital, não tomou ostensivamente partido, mas o seu editor chefe desde 1868 Luís de Castro apoiava discretamente a causa e tinha como um de seus editores desde 1880, Francisco Gusmão Lobo, pernambucano, amigo de Nabuco e francamente abolicionista. O semanário *Revista Illustrada* publicava litografias satíricas devastadoras feitas pelo artista nascido na Itália Ângelo Agostini, o Daumier do Brasil. Nabuco mais tarde descreveu a *Revista Illustrada* como "a Bíblia abolicionista do povo, do povo que não sabe ler", ou seja, a vasta maioria dos brasileiros.[32]

Em 25 de março de 1884, o Ceará, onde em município atrás de município seus escravos tinham sido libertados, e onde, em maio de 1883, os jangadeiros de Fortaleza famosamente se recusaram a transportar escravos para os cargueiros a vapor que os levariam aos mercados do sul do país,[33] tornou-se a primeira província do país a emancipar todos os seus escravos. O Ceará foi seguido, em 10 de julho, pelo Amazonas e, em 7 de setembro, pelo Rio Grande do Sul. Essas eram, é claro, províncias com relativamente pequeno número de escravos: 20 mil no Ceará, 1.600 no Amazonas, 60 mil no Rio Grande do Sul. Como Adam Smith disse sobre os quackers na Pensilvânia e sobre outros estados nortistas nos Estados Unidos, que optaram no fim do século XVIII pela emancipação: "[Suas] determinações (...) em libertar todos os seus escravos negros podem nos satisfazer por não serem muito grandes as quantidades". No entanto, houve expressivas celebrações no Recife e no Rio de Janeiro (uma multidão de cerca de 10 mil pessoas), e eventos para marcar a ocasião em Lisboa, Madrid, Paris e Londres. Enquanto José do Patrocínio jantava com Victor Hugo em Paris para celebrar o acontecimento, Joaquim Nabuco participava de um banquete, ao qual compareceram lorde Granville, o ministro do Exterior britânico, e o príncipe de Gales, que lhe foi oferecido pela British and Foreign Anti-Slavery Society em Londres.

VI

Em junho de 1884, reconhecendo a crescente força do abolicionismo como um movimento político nacional, o imperador D. Pedro convidou um dos políticos Liberais mais experientes e de mente mais aberta, senador Manuel Pinto de Sousa Dantas – quatro vezes deputado, presidente de três diferentes províncias, ministro da Agricultura, da Justiça e do Interior, conselheiro do Estado – para formar o governo. Depois uma sucessão de cinco primeiros-ministros Liberais, todos anti-aboliconista, entre 1878 e 1884 – Sinimbu, Saraiva, Martinho Campos, visconde de Paranaguá (a partir de 1882) e Lafayette Rodrigues Pereira (a partir de maio de 1883) - o sexto governo Liberal em seis anos foi disposto a introduzir a primeira legislação anti-escravatura desde a Lei do Ventre Livre de 1871, treze anos antes.

A proposta, submetida à Câmara dos Deputados pelo filho de Dantas, Rodolfo, que era grande amigo de Nabuco, e o deputado pela Bahia, Rui Barbosa, em 15 de julho, ainda fosse a *gradual*, e não a imediata, abolição. Ele reforçava o existente Fundo da Emancipação, pela cobrança de novas taxas que desencorajassem a escravidão em áreas urbanas e propunha a criação de colônias agrícolas para ex-escravos e imigrantes, mas seu principal objetivo era emancipar os escravos que tivessem mais de sessenta anos de idade.

Proposta modesta, pode-se ponderar, mas radical no sentido de representar o primeiro desafio direto à *existente* propriedade de escravos no Brasil. Um número significativo de escravos seria libertado, e nenhuma compensação seria oferecida aos seus senhores. Ademais, a proposta tinha um alcance maior do que parecia à primeira vista, de vez que muitos escravos, que ainda não tinham completado sessenta anos, haviam sido registrados como mais velhos do que eram, de forma que os donos pudessem alegar que os escravos, ou seus pais, haviam chegado antes da Lei de 1831, a que proibiu a importação de escravos pelo Brasil. A proposta de lei visava liberar perto de 110 mil escravos, dez por cento da população de servos, e outros 95 mil até 1894. Todavia, caso nenhuma outra legislação fosse aprovada, a escravidão não teria término até 1930, quando os escravos nascidos antes de 1871 completassem sessenta! *The Times* de Londres foi mais otimista: como consequência desse primeiro passo, o jornal previa que a escravidão seria abolida em dez anos.[34]

O apoio à imediata emancipação dos escravos que tivessem sessenta anos ou mais, sem indenização, ganhou extraordinária força nas semanas seguintes, em especial na imprensa. Embora muitos estivessem frustrados pelo fato de a proposta de Dantas não ter sido mais ousada, a maioria dos abolicionistas, inclusive Nabuco, uniram-se em suporte a ela. Reconheciam que a proposta era o melhor que se poderia esperar da Legislatura eleita em 1881. Na imprensa, os chamados "ingleses de Dantas" adotaram pseudônimos britânicos e norte-americanos: por exemplo, Nabuco assinava seus artigos como

Garrison, Gusmão Lobo como Clarkson, Rui Barbosa como Lincoln. Ao mesmo tempo, havia resistência organizada contra a lei. Petições inundaram o Parlamento, vindas do Rio de Janeiro, Minas Gerais, São Paulo, Bahia e Pernambuco. Um Congresso da Lavoura Nacional teve lugar para defender a importância da escravidão para a agricultura, a prosperidade econômica da nação e, muito importante, a paz e a estabilidade social. A abolição, argumentava-se, representava "suicídio nacional".

Os Liberais contavam com 75 deputados na Câmara, maioria de 28 sobre os Conservadores. Mas Dantas não conseguiu unificar sua bancada em apoio à proposta. Demasiados deputados Liberais se mostraram hostis ou indiferentes. Apenas 29 deram suporte de início. E, no fim, a proposta foi derrotada em moção de confiança. Haviam 52 votos (48 Liberais *dantistas* e 4 Conservadores) em favor, mas 59 votos (Conservadores e Liberais dissidentes) contra. Não obstante, ignorando as vontades do Conselho de Estado, que votou por nove a três contra sua decisão, o imperador garantiu a Dantas a dissolução do Parlamento, e novas eleições foram marcadas para antes do fim do ano.

Surgiu para Nabuco uma oportunidade de voltar ao Parlamento. Ele ainda era considerado o principal líder do abolicionismo, seu melhor candidato, sem dúvida seu melhor porta-voz, a despeito de certa rivalidade com José do Patrocínio e ocasionais ataques a ele por demoradas ausências do Brasil. (Nabuco e Patrocínio nunca foram amigos próximos. Suas personalidades, suas origens sociais e raciais, e as estratégias adotadas pelos dois para a abolição eram marcadamente diferentes. Mas trabalhavam juntos, em geral graças à mediação de André Rebouças.) Nabuco cogitou candidatar-se pelo Ceará. A Confederação Abolicionista o queria novamente na Corte. Porém Dantas, seguindo a intervenção do presidente da província de Pernambuco, Sancho de Barros Pimentel, amigo de Nabuco, que necessitava dele para derrotar o clã dos Souza Leão, julgou que seria melhor ele disputar pelo primeiro distrito de Pernambuco (a cidade do Recife), que o elegera em 1878. O segundo distrito de Pernambuco seria contestado por José Mariano, político popular e, a despeito das ligações de sua família com o açúcar, acirrado oponente da escravidão, que também fora eleito em 1878, fora um dos poucos abolicionistas reeleito em 1881 e um dos primeiros defensores do projeto de lei de Dantas.

Nas eleições de dezembro de 1884, o projeto de lei de Dantas foi a principal, na verdade quase a única, plataforma dos concorrentes. Foram as primeiras eleições disputadas segundo as novas leis eleitorais introduzidas em 1881 (a lei Saraiva). Elas não eram mais indiretas, mas o voto era restrito aos alfabetizados, salvo os que já estivessem registrados para votar. Os abolicionistas esperavam ser os principais beneficiados dessas mudanças, de vez que elas haviam aumentado o peso do voto urbano e reduzido as fraudes flagrantes e a influência do governo nas eleições. Nabuco e Mariano foram os primeiros políticos brasileiros a fazer campanha em eleição nacional tendo como plataforma a imediata abolição sem compensação para os senhores de escravos. Igualmente, se não mais radicais, sob a influência tanto do *Progress and Poverty* (1879) de Henry George, quanto do *Agricultura nacional: estudos econômicos* (1883) de André Rebouças, eles propuseram uma reforma agrária; uma reforma, pleiteou Nabuco em discurso de 5 de novembro, "tão extensa, tão larga e tão profunda que se possa chamar Revolução".[35]

O eleitorado do Recife consistia de 1.500 votantes (evidentemente votantes masculinos), mas Nabuco pronunciou dezoito discursos entre 12 de outubro e 31 de novembro, inclusive seis no Teatro Santa Isabel, no Recife, para plateias de centenas, por vezes de milhares. Foi a primeira vez que qualquer político brasileiro empregou a pressão popular como ferramenta política. Seu nome apareceu em chapéus, caixas de charutos, garrafas de cerveja, etc. A eleição, reportou Nabuco para Allen em Londres, "foi a primeira do tipo no Brasil, parecida com as eleições britânicas ou americanas, disputada em reuniões públicas em não em vez do sistema corrupto de intimidar eleitores e comprar votos, no qual a escravidão baseia sua força".[36]

Em 1º de dezembro, Nabuco derrotou por estreitíssima margem o candidato conservador Manoel do Nascimento Machado Portela (que apesar de se qualificar como "emancipacionista", se opusera à proposta de Dantas) – 746 contra 744 votos. Contudo, em virtude da ocorrência de algumas perturbações, irregularidades e acusações de fraude, o resultado foi declarado inválido pelo comitê de supervisão. Numa segunda eleição, em 9 de janeiro de 1885, Machado preferiu retirar sua candidatura, e Nabuco, por conseguinte, venceu sem oponente, só para o comitê de credenciais da Câmara anular o resultado da eleição de dezembro (51 contra 49 votos), quando ele se reuniu em maio, e concedeu o assento na Câmara, afinal de contas, a Machado Portela. Todavia, o representante do quinto distrito de Pernambuco – os municípios de Nazaré da Mata e Bom Jardim – falecera em março, e os outros potenciais candidatos do Partido Liberal desistiram em favor de Nabuco. Em 5 de junho, ele foi devidamente reconduzido à Câmara dos Deputados. Nabuco descreveu para Allen a recepção por sua vitória: "Nunca antes se viu cena igual. Mais de 50 mil pessoas tomaram parte nela, um verdadeiro feriado; toda a cidade foi tomada por flores, músicas, bandeiras e luzes naquela noite. Isso demonstra o robustecimento que o movimento abolicionista adquiriu. É uma ressureição nacional, ou melhor, um nascimento nacional".[37] Dessa vez foi permitido que ele ocupasse o assento.

Antes que Nabuco voltasse ao Parlamento em agosto de 1885, após uma ausência de quatro anos, no entanto, a proposta de lei de Dantas havia sido introduzida na recém-eleita Câmara (na qual os Liberais tinham ainda maior preponderância) e fora novamente derrotada por 52 votos contra 50. Dantas não conseguira do imperador a garantia de uma segunda dissolução e foi forçado a renunciar em 4 de maio. Foi substituído por José Antônio Saraiva, que em agosto obteve a aprovação da Câmara (73 votos contra 17) de uma muito desidratada versão da proposta de Dantas, destinada a "tranquilizar" os senhores de escravos e seus amigos no Partido Conservador (e Liberal), diminuindo a velocidade do processo de emancipação. Os escravos entre as idade de sessenta e 63 anos seriam libertados, porém teriam que trabalhar por mais três anos. Os escravos com 63 teriam que trabalhar por mais dois anos, ocasião em que seriam emancipados, e seus senhores receberiam compensações financeiras. Só os escravos com mais de 65 anos seriam imediata e incondicionalmente libertados. Os senhores que emancipassem escravos com menos de sessenta anos seriam indenizados por um robustecido Fundo de Emancipação, contudo nesses casos os escravos livres teriam que permanecer em seus municípios e prestar serviços por mais cinco anos. (Os preços para a compra de escravos foram elevados bem acima dos de mercado, não só no interesse dos senhores que optassem por libertar escravos e buscar indenizações se e quando a abolição fosse finalmente abolida, como também para impedir a emancipação de escravos por parte de associações abolicionistas e pela autocompra dos próprios escravos.). *The Times* de Londres calculou que, caso nova legislação não fosse aprovada, a escravidão no Brasil poderia legalmente persistir até 1935![38]

Nabuco se opôs com veemência à "vergonhosa" proposta da lei de Saraiva, por "fazer com que todos nós, as pessoas pobres e os próprios escravos idosos, além de todos aqueles que espontaneamente libertaram seus escravos, paguemos impostos pelo resgate dos escravos de outras pessoas". A "oligarquia política" havia, com sucesso, substituído a proposta de Dantas por uma lei para a liquidação da escravidão (*sic*) "nos melhores termos possíveis para as pessoas nela interessadas". Ele acusou o governo Saraiva de procurar "fazer a morte da escravidão e seu sepultamento muito calma e quietamente a fim de que ninguém os percebesse – nem os senhores, os escravos, o país, tampouco o mundo".[39]

Mesmo assim, a oposição Conservadora foi tal que Saraiva sentiu não ter suporte necessário para aprovar sua lei no Senado. Ele então renunciou depois de apenas três meses no poder, e o imperador convocou o senador João Maurício Wanderley, barão de Cotegipe, líder do Partido Conservador e, junto com seu colega conservador Paulino

José Soares de Sousa Jr., um dos mais ferozes opositores à abolição, tentarem completar o que Saraiva havia começado. A proposta foi aprovada pelo Senado em agosto e se tornou Lei Saraiva-Cotegipe, melhor conhecida como Lei dos Sexagenários, em 28 de setembro de 1885, dia do décimo quarto aniversário da Lei do Ventre Livre.[40] Porém, a lei Saraiva-Cotegipe pouco fez para acelerar o fim da escravidão: menos de 20 mil escravos acima de sessenta anos foram libertados sob os termos da nova lei, durante os primeiros doze meses.

A Câmara Liberal havia, nesse ínterim, aprovado uma moção de desconfiança no governo Cotegipe e, em 26 de outubro, novas eleições foram agendadas para 15 de janeiro de 1886. Porém, foi uma lavada Conservadora. Nabuco, de novo candidato do Recife, foi derrotado. Os Liberais elegeram apenas 22 deputados, todos eles anti-Dantas e em favor da Lei Saraiva-Cotegipe, salvo José Mariano – e sua eleição foi mais tarde anulada pelo comitê de credenciais da Câmara.

VII

Em seguida à rejeição da proposta de lei de Dantas, *duas vezes*, pela Câmara dos Deputados, a bem-sucedida mobilização da resistência anti-Dantas dentro e fora do Parlamento, a nomeação de Cotegipe como primeiro-ministro, a passagem da lei Cotegipe-Saraiva e a eleição de janeiro de 1886, que removeu praticamente todos os deputados Liberais abolicionistas da Câmara, não se esperava nenhuma medida posterior do governo Cotegipe para emancipar os restantes 1 milhão de escravos do Brasil – e, de fato, nenhuma foi tomada. Os representantes políticos da elite de senhores de escravos no Parlamento continuaram, em grande parte, a considerar a escravidão indispensável e legítima; nem o Partido Conservador nem o Liberal eram favoráveis à sua abolição. Deixar-se-ia que a escravidão se exaurisse naturalmente. Até os mais otimistas abolicionistas esperavam que o processo durasse de oito a dez anos. E alguns achavam que ela perduraria por trinta anos. João Alfredo Correia de Oliveira, desde a morte do visconde do Rio Branco, em 1880, líder da ala progressista do Partido Conservador, propôs a abolição final da escravidão no centenário da independência do Brasil, em 1922![41]

Além disso, o governo Cotegipe adotou uma política de repressão contra o movimento abolicionista. Houve o banimento das reuniões públicas; o emprego de militares, bem como da polícia, para perseguir escravos fugitivos; obstáculos jurídicos adicionais para evitar a alforria. A marcha do movimento abolicionista foi temporariamente interrompida. As atividades dos abolicionistas foram reduzidas aos "dias anti-escravidão" como 25 de março (o da abolição da escravatura no Ceará) e 28 de setembro (o da Lei de 1871), além de alguns eventos especiais como a eleição de Patrocínio para vereador do Rio de Janeiro, em julho de 1886, e o funeral, em outubro de 1886, do político Liberal e poeta José Bonifácio de Andrada e Silva, o Moço, que batalhara pela abolição.

Desencantado e desiludido, Nabuco passou a maior parte de 1886 publicando panfletos, inclusive *O erro do Imperador* e *O eclipse do abolicionismo*, nos quais criticou acerbamente o imperador por ter de início encorajado os abolicionistas com a escolha de Dantas e depois rendeu o governo, primeiro para Saraiva e, depois, para o inflexível escravagista Cotegipe. Nabuco também escreveu uma coluna regular no jornal do Rio *O Paiz*, atacando ferozmente o governo pró-escravidão de Cotegipe. O jornal foi criado em 1884 pelo republicano Quintino Bocaiúva, que considerava a propaganda abolicionista útil na sua crítica ao sistema político do Império. Um feito positivo foi forçar o governo a adotar providências para maior proteção dos escravos, em particular a legislação de outubro de 1886 que aboliu o uso do chicote (pena de açoites). Isso ocorreu logo após um tremendo e brutal caso no qual quatro escravos da província do Rio de Janeiro foram, cada um, condenados a trezentas chicotadas, e dois morreram logo depois. Os donos de escravos julgavam que sem os açoites haveria queda da disciplina nas fazendas – como provara ser o caso. No fim, Nabuco reconheceu para Charles Allen em Londres que tinha feito mais pela causa da abolição escrevendo para *O Paiz* do que poderia ter feito como deputado. Foi por causa da imprensa que o governo Conservador se viu obrigado a aprovar uma lei abolindo a pena de açoites, "que se tivéssemos juízes e leis realmente voltadas para os escravos, poderia significar na prática o fim da escravidão."[42]

Em abril de 1887, Nabuco retornou a Londres como correspondente do *O Paiz*, mas não ficou lá por muito tempo. A nomeação de Machado Portela para um cargo ministerial em julho presenteou Nabuco com uma oportunidade para voltar ao Parlamento. Segundo as regras da época, deveria haver "eleição especial" no Recife para ratificar o mandato de Machado Portela. Normalmente tratava-se de uma formalidade; a regra jamais foi seriamente questionada. Mas Nabuco voltou de Londres para contestar a eleição. Foi recepcionado por centenas de seguidores nas docas do Recife em sua chegada de 27 de agosto. No dia seguinte, desafiando a proibição da polícia de reuniões públicas nas ruas e praças da cidade, Nabuco discursou para um grande aglomerado de pessoas no lado de fora do Teatro Santa Isabel. Sua campanha, tendo como plataforma a imediata emancipação dos escravos sem indenização, produziu um nível de mobilização que não era visto no Recife – na verdade, no Brasil – desde sua campanha de 1884. Seus discursos mereceram extensa cobertura jornalística em todo o país, e Nabuco ganhou a eleição de 14 de setembro de 1887 por 1.409 votos contra 1.266. Foi um golpe duro para a credibilidade de Cotegipe, que nunca mais seria totalmente recuperada: "Golpe de morte no ministério Cotegipe", registrou Nabuco em seu diário.[43] No estudo de sua autoria sobre a política da abolição em Pernambuco, Celso Thomas Castilho considerou a vitória de Nabuco em setembro de 1887 "monumental (...) o triunfo mais significativo de um candidato da oposição nos anos 1880".[44] Foi também uma injeção de revigoramento do movimento abolicionista.

VIII

Na segunda metade de 1887, depois das derrotas no período 1884-86, o movimento abolicionista começara de novo a ganhar força e, frustrado com a falta de progresso no Parlamento e com a repressão infligida às suas pacíficas atividades, da parte do governo Cotegipe, se radicalizou.[45] Reuniões foram promovidas, e o trabalho de libertar escravos, município a município, quarteirão a quarteirão e mesmo rua a rua, na Corte, Recife e São Paulo, e em cidades menores como por exemplo nas províncias do Rio Grande do Norte, Goiás e Santa Catarina, continuou. Mas, pela primeira vez, os abolicionistas se engajaram diretamente para subverter o sistema escravagista, quando os escravos começaram a fugir das fazendas em São Paulo, Minas Gerais e até no Rio de Janeiro, em quantidades sem precedentes, por vezes acompanhados pela violência contra senhores e feitores. (Poder-se-ia dizer que os escravos desenraizados de suas famílias pelo comércio interno, do Nordeste para o Centro-Sul, durante os anos 1850, 1860 e 1870, foram os mais prováveis fugitivos e também os que possivelmente recorreram à violência. Porém é necessária mais pesquisa a respeito.) Antônio Bento, em São Paulo, e Carlos Lacerda, em Campos, foram patentes exemplos dos muitos abolicionistas que incitaram escravos a fugir, organizando transportes para as cidades (chamados de *underground railway* nos Estados Unidos) e proporcionando santuários urbanos para os escravos fugitivos.

A fuga dos escravos das fazendas foi facilitada pelo fato de que oficiais mais jovens do Exército Brasileiro, muitos dos quais positivistas, abolicionistas e republicanos, se tornavam cada vez menos propensos a apoiar o sistema escravagista, ameaçando pela coerção que os escravos permanecessem nas fazendas e, em particular, perseguindo escravos fugitivos. Essa foi, em parte, outra contribuição que Nabuco fez à causa. Ele assumiu sua cadeira no Parlamento em 5 de outubro. Dois dias depois, em seu primeiro discurso, Nabuco apelou para que os militares cessassem de perseguir e a capturar escravos.[46] Em 25 de outubro, o presidente do Clube Militar encaminhou bem-sucedida petição à princesa Isabel, regente interina na ausência do imperador, que viajara à Europa em junho para tratamento médico, no sentido de que os militares fossem isentados daquela crescentemente onerosa e desagradável tarefa.

As fugas de escravos aceleraram o declínio natural do sistema escravagista, como contribuiu também a quantidade de emancipações voluntárias por parte de seus senhores. Malgrado esses senhores terem frequentemente proclamado suas intenções humanitárias, na realidade estavam tentando reunir o que existia em torno deles sob alguma forma de controle, antes que ocorresse o total colapso do sistema de trabalhos forçados, oferecendo aos escravos que ainda não tinham escapado uma liberdade final em troca de promessas para que eles permanecessem nas fazendas por mais três anos, garantindo desse modo uma mais ordenada transição para o trabalho livre.

Igualmente significativo para o colapso final da escravidão foi a primeira e crucial ruptura nas fileiras dos defensores da escravidão. Os fazendeiros de café do norte e do oeste de São Paulo, onde a demanda pelo trabalho de escravos era maior, e mais fraco o engajamento com uma escravatura vista como instituição de futuro duradouro, haviam finalmente conseguido, naquele crítico momento, uma alternativa fonte do trabalho: os imigrantes europeus, na maior parte italianos. Já em 1878, Antônio Queirós Telles, futuro visconde de Parnaíba, havia visitado oito países na Europa Ocidental, em nome da Associação Auxiliadora de Colonização e Imigração de São Paulo, e selecionara a Itália, que experimentava um rápido crescimento da população, fome no campo e desemprego, como a mais promissora fonte de trabalho não escravo para a produção de café em São Paulo. Os italianos começaram a chegar em quantidades significativas em meados dos anos 1880. Em 1884, São Paulo recebeu cerca de 5 mil europeus, em grande parte italianos, trabalhadores imigrantes, cujo transporte fora subsidiado pelo governo provincial, 6.500 em 1885, 9.500 em 1886; 32 mil chegaram em 1887. [47] Tais quantidades foram suficientes para que os fazendeiros paulistas do café, satisfeitas suas necessidades de mão de obra, persuadissem seus principais representantes políticos, como o senador Antônio da Silva Prado, de que eles poderiam seguramente apoiar a libertação dos escravos restantes no Brasil. Prado havia concordado em servir como ministro da Agricultura do governo conservador formado por Cotegipe em agosto de 1885. Ele renunciou em maio de 1887 e, antes do fim do ano, rompera com os obstinados anti-abolicionistas.

No começo de 1888, os próceres políticos do Brasil estavam sendo forçados a ver que o sistema escravagista não estava apenas perdendo apoio, mas estava, isso sim, claramente à beira do colapso. A população escrava, que havia declinado vinte por cento entre 1874 e 1884 (de 1,5 para 1,25 milhão) e quarenta por cento entre o ano de 1884 e o cadastro de escravos de março de 1887 (para 725 mil), diminuíra outros cinquenta por cento nos doze mesas de março de 1887 a março de 1888 (para entre 250 mil e 500 mil – menos de quatro por cento da população total do país). Os abolicionistas ameaçaram uma mobilização popular em larga escala a favor da libertação imediata dos escravos, o que provocou exagerados temores de que os estágios finais do colapso da escravidão poderiam ser acompanhados por importante levante social e até por um banho de sangue ao estilo do ocorrido no Haiti. A abolição não podia ser mais evitada, embora, na ocasião, poucos abolicionistas esperassem que fosse imediatamente. Patrocínio julgou que 1889, centenário da Revolução Francesa e da Declaração dos Direitos do Homem, fosse o ano apropriado; Dantas propôs 31 de dezembro de 1889.

Na Legislatura dominada pelos Conservadores, eleita em janeiro de 1886, a maioria dos deputados Liberais se mostrava – finalmente – favorável à abolição; talvez em cinco, quatro, dois anos. Os Conservadores, no entanto, estavam divididos. Por fim, em 10 de março de 1888, Cotegipe foi convencido a renunciar pela princesa regente Isabel. Ele foi substituído pelo moderado João Alfredo Correia de Oliveira, que dera sinais de formar um governo comprometido com a emancipação dos escravos restantes no Brasil. No começo, João Alfredo esperou ser capaz de postergar a abolição final por pelo menos cinco anos e assegurar alguma espécie de indenização aos senhores de escravos. Porém isso provou ser sonho impossível. Antônio Prado retornou ao governo como ministro do Exterior e, passados poucos dias de sua assunção, ele e João Alfredo se reuniram sigilosamente em Petrópolis com André Rebouças, uma dos líderes abolicionistas mais influentes. No fim de março, Rebouças havia minutado legislação para a imediata e incondicional abolição. Ela foi apresentada ao Gabinete em 7 de abril e aprovada em um dia entre 20 e 29 de abril, decisão que foi aceita pela princesa regente.

Joaquim Nabuco se encontrava em Londres quando soube que João Alfredo tinha formado um Gabinete e que a abolição era agora certa.[48] Ele imediatamente embarcou para o Brasil. Em 30 de março, chegou ao Recife onde, em 12 de abril, discursou em outro comício abolicionista ainda maior no Teatro Santa Isabel.[49] Em 18 de abril, já se encontrava no Rio de Janeiro aguardando a reabertura do Parlamento em 3 de maio e preparado para liderar a batalha final pela abolição. Admitiu em seu diário, no entanto, que muitos líderes da Confederação Abolicionista, em especial José do Patrocínio, que escrevia para o *Cidade do Rio*, estavam raivosos por ele passar tanto tempo fora do Brasil.[50]

Em 8 de maio, uma proposta de lei sobre a abolição imediata da escravidão, sem compensação, foi apresentada na Câmara dos Deputados. Nabuco, indisputável líder histórico dos abolicionistas no Parlamento, apesar de estar na oportunidade com apenas 38 anos, assumiu a responsabilidade de garantir que os Liberais apoiassem a lei, a despeito de ela ter sido introduzida por um governo Conservador, que não houvesse uma lavada conservadora no seu compromisso com a abolição imediata e incondicional e que a Câmara mudasse seu normal tempo de procedimento para a aprovação de projetos de lei e a votasse rapidamente no regime de urgência. O projeto foi aprovado por 83 votos contra nove (na maioria de empedernidos Conservadores do Rio de Janeiro) na sua segunda leitura em 9 de maio. Foi feita uma terceira leitura, e a proposta foi enviada ao Senado no dia seguinte. Manuel Pinto de Sousa Dantas se encarregou da tramitação do projeto de lei quando foi considerado em 11 de maio. Ele acabou aprovado em sua segunda leitura, no dia seguinte, por 46 votos contra seis (entre os quais o de Cotegipe) e com oito abstenções. Em 13 de maio depois da terceira e final leitura no Senado, Joaquim Nabuco, que por quase uma década desde 1879 desempenhou papel crucial no lento e (até 1887-88) incerto progresso da causa abolicionista – dentro e fora do Parlamento, no Brasil e no exterior, em particular em Londres – teve a satisfação de se dirigir a uma vasta e entusiástica multidão de uma janela do Paço da Cidade (Paço Imperial), no Rio de Janeiro, onde a princesa regente havia assinado a Lei Áurea, declarando extinta a escravidão no Brasil e libertando todos os de 250 mil a 500 mil escravos remanescentes do país – sem indenizações aos senhores de escravos.[51]

IX

No decurso da guerra civil americana, aproximadamente 600 mil escravos (catorze por cento do total da população escrava) foram libertados, o restante – cerca de 3,3 milhões – somente em dezembro de 1865, quando o arrastado processo de assegurar a ratificação da 13ª Emenda à Constituição dos EUA, por três quartos dos estado, foi concluído.[52] A questão urgente passou então a ser "O que fazer com os negros" após a emancipação. Os republicanos radicais demandaram que a Reconstrução pós-guerra incluísse legislação com o objetivo de inclusão social e política dos ex-escravos. Mas houve feroz resistência à proposta, e não apenas no Sul. Muitos republicanos nortistas, que tinha se oposto à escravidão, foram tão hostis às negros livres, os ex-escravos, e à inclusão racial quanto os democratas do Sul e do Norte que defenderam a escravidão até o fim. Eles se opuseram até ao limitado sufrágio negro proposto por Lincoln em discurso logo após o fim da guerra. Foi o medo da "cidadania negra" que provocou John Wilkes Booth a assassinar Lincoln em 14 de abril de 1865. Quatro milhões de escravos poderiam ter ganhado sua liberdade legal, mas eles encararam um futuro de pobreza, limitada educação, negação dos direitos à cidadania em função de sua raça (e sua falta de alfabetização) e, no fim, a segregação (mesmo no Norte).[53]

"O que fazer com os negros?" não foi uma questão urgente no Brasil quando a escravidão foi abolida. A população escrava vinha em constante declínio por quase quarenta anos, desde o fim do comércio de escravos em 1850-51, ocasião em que existiam entre 2 e 2,5 milhões de escravos no Brasil. Eles eram entre 250 e 500 mil em 1888. A "cidadania negra" não foi um problema porque, sob a legislação de 1881, o voto era restringido aos alfabetizados (homens). Ao tempo da abolição, apenas 120 mil brasileiros, menos de um por cento da população (de 13 milhões), podiam votar. Ao mesmo tempo, não houve no Brasil, diferentemente dos Estados Unidos, o *backlash* (retrocesso) à emancipação dos escravos e a inclusão social dos mesmos liderando à segregação em virtude da raça. A miscigenação sempre fora, desde o século XVI, uma das características da sociedade brasileira com base na escravidão. Os escravos legalmente libertados em maio de 1888 foram absorvidos pela sociedade, na qual mais da metade da população já era negros e mulatos livres. O censo de 1872 mostrara uma população composta de 38,1 por cento de brancos, 19,6 por cento de negros, 38,2 por cento de pardos e 3,9 por cento de índios. Negros e pardos juntos (livres, libertos e escravos) constituíam 57, 8 por cento da população; escravos excluídos, 42,7 por cento eram negros livres e pardos, uma percentagem extremamente alta comparada com as de outras sociedades escravagistas no século XIX.[54] O recenseamento de 1890 mostrou ainda uma população que era ainda menos da metade branca (44 por cento), a despeito do início da imigração em massa de europeus na década anterior.[55]

Nabuco tinha argumentado no *O Abolicionismo* que, em consequência do "contato entre raças" e do "o ilimitado grau de mistura social que ocorreu entre escravos e livres", durante os três séculos de escravidão, nunca houve no Brasil obstáculos para o avanço social baseado apenas na raça. Citou o historiador britânico e político conservador Thomas Babington Macaulay na Câmara dos Comuns, em 1845, ano da Lei Aberdeen: "Eu não julgo improvável que a população preta do Brasil seja livre e feliz dentro de oitenta ou cem anos. Mas, não vejo perspectiva razoável de igual mudança nos Estados Unidos".[56] "No Brasil", escreveu Nabuco em *Minha formação*, "a escravidão é uma fusão de raças; nos Estados Unidos, é a guerra entre elas." Não obstante, ele se mostrou dolorosamente consciente de que a abolição dos escravos no Brasil não tinha sido acompanhada por "medidas sociais complementares em benefício dos libertados", em particular no atinente à educação e à terra, que ele advogara firmemente no *O Abolicionismo* e nos seus discursos de campanha de 1884-85 e 1887. A triste verdade foi que no Brasil "a corrente abolicionista parou no dia mesmo da abolição e no dia seguinte refluía".[57]

Notas

Ensaio 4

[1] A Proclamação da Emancipação de Lincoln (1º de janeiro de 1863) declarou livres os escravos dos estados da Confederação que estivessem se rebelando contra a União, mas só seria aplicada quando esses estados ficassem sob o controle da União. A proposta de Lincoln da 13ª Emenda à Constituição, para dar permanência e constitucionalidade à abolição da escravatura em todos os Estados Unidos, foi aprovada pelo Senado em junho de 1864 e pela Câmara dos Representantes em janeiro de 1865, mas não ratificada pelo número necessário de estados (três quartos deles, isto é, 27 dos então 36 estados) até dezembro de 1865, oito meses após o término da Guerra Civil Americana (e do assassinato de Lincoln).

[2] Em janeiro de 1880, o Parlamento espanhol, que havia terminado a escravidão em Porto Rico em 1873, aboliu a escravidão em Cuba, mas os escravos deveriam ficar por oito anos sob um sistema de "patronato", que por sua vez foi extinguido quinze meses antes, em outubro de 1886.

[3] Existem três estudos gerais recentes sobre a abolição nas Américas: David Brion Davis, *Inhuman bondage. The rise and fall of slavery in the New World* (Nova York: Oxford University Press, 2006); Seymour Drescher, *Abolition. A history of slavery and anti-slavery* (Cambridge: Cambridge University Press, 2009); Robin Blackburn, *The American crucible. Slavery, emancipation and human rights* (Londres: Verso, 2011) – todos excelentes livros, mas é justo que se diga, os capítulos sobre a abolição no Brasil não são os mais fortes.

[4] Desde a primeira tentativa acadêmica para calcular o tamanho do tráfico transatlântico de escravos para as Américas, Philip Curtin, *The Atlantic slave trade: a census* (Madison: University of Wisconsin Press, 1969), os números têm sido geralmente revisados para maiores, especialmente quanto ao Brasil. Ver Herbert S. Klein, *The Atlantic slave trade* (Cambridge: Cambridge University Press, 1999, 2ª ed., 2010); David Ellis, "The volume and structure of the transatlantic slave trade: a reassessment", *William and Mary Quarterly*, janeiro de 2001; e David Ellis & David Richardson (eds.), *Atlas of the transatlantic slave trade* (New Haven: Yale University Press, 2010).

[5] Sobre a abolição do tráfico de escravos, ver Leslie Bethell, *The Abolition of the Brazilian Slave Trade. Britain, Brazil and the slave trade question, 1807-1869* (Cambridge: Cambridge University Press, 1970; trad. em português: Rio de Janeiro, Editora Expressão e Cultura/Editora Universidade de São Paulo, 1976; Brasília, Editora do Senado Federal, 2002). Quanto à literatura revisionista nos trinta anos que se seguiram a 1970, ver Jeffrey Needell, "The abolition of the Brazilian slave trade in 1850: historiography, slave agency and statesmanship." *Journal of Latin American Studies*, 33 (2001).

[6] Sobre o tráfico interno de escravos depois da abolição do comércio transatlântico, ver Richard Graham, "Another middle passage? The internal slave trade in Brazil' and Robert W. Slenes, 'The Brazilian internal slave trade,1850-1888: regional

economies, slave experience and the politics of a peculiar market", em Walter Johnson (ed.) *The chattel principle. Internal slave trades in the Americas* (New Haven: Yale University Press, 2004).

[7] Citado em Roderick J. Barman, *Citizen Emperor. Pedro II and the making of Brazil, 1825-1891* (Stanford: Stanford University Press, 1999), p. 195. Pesquisa adicional faz-se necessária sobre o impacto do fim da escravidão nos Estados Unidos durante a Guerra Civil no futuro da escravidão no Brasil.

[8] Citado em Joaquim Nabuco, *O Abolicionismo* [Londres, 1883] (Brasília: Editora UnB, 2003), pp. 112-113.

[9] Angela Alonso, *Flores, votos e balas: o movimento abolicionista brasileiro (1868-88)* (São Paulo: Companhia das Letras, 2015), pp. 68, 436-37.

[10] Sobre os debates e a votação da Lei do Ventre Livre (1871), ver José Murilo de Carvalho, *A Construção da Ordem, Teatro de Sombras* 2ª ed., (Rio de Janeiro: UFRJ/Relume Dumará, 1996), pp. 280-90; Barman, *Citizen Emperor*, capítulo 7; Jeffrey D. Needell, *The Party of Order. The Conservatives, the State, and Slavery in the Brazilian Monarchy, 1831-1871* (Stanford: Stanford University Press, 2006), pp. 284-303.

[11] Ver Beatriz Gallotti Mamigonian, "O Estado nacional e a instabilidade da propriedade escrava: a Lei de 1831 e a matrícula dos escravos em 1872", *Almanack*, Guarulhos (2011), pp. 20-37; e *Africanos Livres, A abolição do tráfico de escravos no Brasil* (São Paulo: Companhia das Letras, 2017), capítulo 10 "Registro de escravidão e da liberdade".

[12] Slenes, "The Brazilian internal slave trade", pp. 330-31.

[13] Ver Maria Lucia Lomounier, *Da escravidão ao trabalho livre (A lei de locação de serviços de 1879)* (Campinas, 1985); e Ademir Gebara, *O mercado de trabalho livre no Brasil (1871-1888)* (São Paulo, 1986).

[14] Ver Robert Conrad, "The planter class and the debate over Chinese immigration to Brazil, 1850-1893", *International Immigration Review*, 9/1, 1975.

[15] A mais recente biografia é a de Angela Alonso, *Joaquim Nabuco* (São Paulo: Companhia das Letras, 2007). Diversas explicações são oferecidas para quando, como e por que Joaquim Nabuco se tornou um abolicionista. Sobre a evolução do pensamento de Nabuco sobre a escravidão e sua abolição, ver Leslie Bethell, *Joaquim Nabuco no mundo. Abolicionista, jornalista e diplomata* (Rio de Janeiro: Bem-Te-Vi Produções Literárias, 2016), capítulo II.

[16] Nabuco perseguiu a liberdade dos escravos de Cata Branca, em tribunais brasileiros e britânicos, até que 223 dos vivos entre eles fossem finalmente libertados em junho de 1882. Ver Courtney J. Campbell, "Tinha apenas em vista chamar a atenção: Joaquim Nabuco, os abolicionistas e o caso de Morro Velho", em *Conferências sobre Joaquim Nabuco* (2 vols, Rio de Janeiro: Bem-Te-Vi Produções Literárias, 2010: vol. 2 (org.) Severino J. Albuquerque.

[17] Allen para Nabuco, 8 de janeiro de 1880, Nabuco para Allen, 8 de abril de 1880, em Leslie Bethell & José Murilo de Carvalho (orgs) *Joaquim Nabuco e os abolicionistas britânicos. Correspondência 1880-1905* (Rio de Janeiro: Topbooks, 2008), pp. 47-51, 57-9. Alguns trechos deste ensaio se basearam na Introdução ao volume. Sou grato a José Murilo de Carvalho, co-autor da Introdução, pela permissão para citá-la.

[18] Nabuco para Allen, 8 de abril de 1880, em Bethell & Carvalho (orgs), *Joaquim Nabuco e os abolicionistas britânicos*, p. 61.

[19] Nabuco para Allen, 5 de junho de 1881, em Bethell & Carvalho (orgs), *Joaquim Nabuco e os abolicionistas britânicos*, p. 109.

[20] Sobre Nabuco e Hilliard, ver David I. Durham e Palm M. Pruitt Jr., *A Journey in Brazil: Henry Washington Hilliard and the Brazilian Anti-Slavery Society* (Tuscaloosa: University of Alabama School of Law, 2008) e David I. Durham, *A Southern moderate in radical times. Henry Washington Hilliard 1808-1892* (Baton Rouge: Louisiana State University Press, 2008), capítulo 7, pp. 166-96.

[21] Sobre a abolição da escravatura em Cuba, ver Arthur F. Corwin, *Spain and the Abolition of Slavery in Cuba, 1817-1886* (Austin: University of Texas Press, 1967); Rebecca J. Scott, *Slave Emancipation in Cuba: the transition to free labor, 1860-1899* (Princeton, Princeton University Press, 1985); Christopher Schmidt-Nowara, *Empire and anti-slavery. Spain, Cuba and Puerto Rico, 1833-1874* (Pittsburgh: University of Pittsburgh Press, 1999).

[22] Ver Angela Alonso, "O abolicionista cosmopolita. Joaquim Nabuco e a rede abolicionista transnacional", *Novos Estudos CEBRAP* 88 (novembro de 2010) pp. 55-70.

[23] Sociedade Brasileira contra Escravidão para a British and Foreign Anti-Slavery Society, 20 de dezembro de 1880, em Bethell & Carvalho (orgs), *Joaquim Nabuco e os abolicionistas britânicos*, p.75.

[24] Citado em Izabel A. Marson & Célio R. Tasinafo, "Introdução. Considerações sobre a história do livro e de seus argumentos", em Nabuco, *Abolicionismo*, pp. 30-32.

[25] Nabuco para Allen, 27 de julho de 1883, em Bethell & Carvalho (orgs) *Joaquim Nabuco e os abolicionistas britânicos*, p. 195.

[26] *Annaes do Parlamento Brasileiro* 1882, tomo II, p. 294: *Jornal do Commercio* de 15 de julho de 1882.

[27] Nabuco, *O Abolicionismo*, capítulo VIII, As promessas da "Lei de Emancipação", pp. 119-20. O *Abolicionismo* pretendia ser o primeiro de uma série de volumes sobre reformas nacionais: a reforma econômica e financeira, a reforma da educação pública, as melhoras na representação política, a descentralização administrativa, igualdade religiosa, imigração europeia, etc. Contudo, 'a emancipação dos escravos *e dos ingênuos* [os primeiros que, sob os termos da Lei do Ventre Livre de 1871, se tornaram legalmente livres aos oito anos de idade em 1879] (...) devia ter precedência ás demais reformas". Nabuco, *Abolicionismo*, Prefácio.

[28] Nabuco, *Abolicionismo*, p. 86.

[29] Nabuco para Allen, 31 de março de 1884, em Bethell & Carvalho (orgs), *Joaquim Nabuco e os abolicionistas britânicos*, p. 207.

[30] Alonso, *Flores, votos e balas*, pp. 120, 146, 181, 398, 437-44.

[31] Sobre o movimento abolicionista no Pernambuco, ver Celso Thomas Castilho, "Abolitionism matters: the politics of anti-slavery in Pernambuco, Brazil, 1869-1888" tese de doutorado em História não publicada, University of California, Berkeley, 2008 e *Slave Emancipation and Transformations in Brazilian Political Citizenship* (Pittsburgh: University of Pittsburgh Press, 2016).

[32] *O Paiz*, de 30 de agosto de 1888, citado em Marcelo Balaban, *Poeta do lápis. Sátira e Política na trajetória de* Ángelo *Agostini no Brasil Imperial (1864-1888)* (São Paulo: Editora Unicamp, 2009), pp. 86-87.

[33] Ver cartas de Nabuco para *The Times*, 5 de abril e 28 de maio de 1883.

[34] *The Times*, 31 de julho de 1884.

[35] Joaquim Nabuco, *Campanha abolicionista no Recife (eleições de 1884)* [1885] 2ª ed. (Recife: Fundação Joaquim Nabuco/Editora Massangana, 1998), p. 47.

[36] Nabuco para Allen, 22 de fevereiro de 1885, em Bethell & Carvalho (orgs): *Joaquim Nabuco*, p. 225.

[37] Nabuco para Allen, 23 de junho de 1885, em Bethell & Carvalho (orgs), *Joaquim Nabuco*, p. 245.

[38] *The Times*, 19 de junho de 1885.

[39] Os discursos de 3 de julho e 24 de julho de 1885, transcritos em *Joaquim Nabuco, Discursos parlamentares, 1879-1889* (São Paulo: Instituto Progresso Editorial, 1949) (*Obras completas* vol. XI), pp. 159-211; Nabuco para Allen, 17 de maio e 6 de agosto de 1885, em Bethell & Carvalho (orgs) *Joaquim Nabuco*, pp. 231, 255. Allen ficou igualmente furioso: "a proposta de lei que ampliará a idade para 65 anos e *com compensação* para o dono dos escravos (....) é simplesmente monstruosa (...) depois de fazer com que os pobres infelizes trabalhassem quase até a morte, esses senhores ainda seriam pagos por emanciparem seus exauridos escravos já com um pé na cova!". Allen para Nabuco, 8 de junho de 1885, em Bethell & Carvalho (orgs), *Joaquim Nabuco e os abolicionistas britânicos*, p. 235.

[40] Sobre a lei de 1885, ver Joseli Maria Nunes Mendonça, *Entre a mão e os anéis. A lei dos sexagenários e os caminhos da abolição no Brasil* (Campinas: Editora da Unicamp, 1999).

[41] Alonso, *Flores, votos e balas*, p. 257.

[42] Nabuco para Allen [abril de 1887], em Bethell & Carvalho (orgs), *Joaquim Nabuco e os abolicionistas britânicos*, p. 299.

[43] Joaquim Nabuco, *Diários* I *1873-1888*, II *1889-1910* (Rio de Janeiro: Editora Bem-Te-Vi/Recife: Editora Massangana, 2005), Prefácio e Notas por Evaldo Cabral de Mello, vol. I, p. 284: 14 de setembro de 1887.

[44] Castilho, "Abolitionism matters", op. cit., p. 221.

[45] Sobre o movimento abolicionista fora do Parlamento durante os anos 1880, o estudo clássico é o de Evaristo de Moraes, *A campanha abolicionista 1879-1888* ([1924] (Brasília: Editora da Universidade de Brasília, 1988). Ver também Emília Viotti da Costa, *Da senzala à colônia* (São Paulo: Difusão Europeia do Livro, 1966); Robert Conrad, *The destruction of Brazilian slavery 1850-1888* (Berkeley: University of California Press, 1972; tradução para o português, Rio de Janeiro: Civilização Brasileira, 1975); Sidney Chalhoub, *Visões da liberdade: uma história das últimas décadas da escravidão na Corte* (São Paulo: Companhia das Letras, 1990); Maria Helena Pereira Toledo Machado, *O plano e o pânico. Os movimentos sociais na década da abolição* (Rio de Janeiro/São Paulo: Editora da URFJ/Edusp, 1994); Castilho, "Abolitionism matters"; e, sobretudo, Angela Alonso *Flores, votos e balas*. Uma tentativa de "recontextualizar o abolicionismo", mostrando como o movimento abolicionista

interagia com a política parlamentar da elite é a de Jeffrey D. Needell, 'Brazilian abolitionism, its historiography and the uses of political history', *Journal of Latin American Studies* 50/2 (2010).

[46] Discurso de 7 de outubro de 1887, em Nabuco, *Discursos parlamentares*, pp. 189-91.

[47] Thomas H. Holloway, *Immigrants on the land. Coffee and society in Sao Paulo 1886-1934* (Chapel Hill: University of North Carolina Press, 1980), Apêndice 4, p. 179. Ver também Holloway, 'Immigration and abolition. The transition from slave to free labour in the São Paulo coffee zone', em Dauril Alden e Warren Dean (eds.) *Essays concerning the socio-economic history of Brazil and Portuguese India* (Gainsville: University of Florida Press 1977). Cerca de 92 mil imigrantes europeus chegaram a São Paulo (dos 135 mil para o Brasil) em 1888 e cerca de 750 mil, a maioria de italianos, na década posterior à abolição..

[48] Ver Joaquim Nabuco, *Minha formação* [1900] (São Paulo: Editora 34, 2012), capítulo XXIV "No Vaticano". Nabuco viajou mais uma vez para a Europa, com o principal objetivo de persuadir o Papa Léo XIII a se pronunciar contra a escravidão. A princesa Isabel, cada vez mais favorável à causa abolicionista, era conhecida pela força de seus sentimentos religiosos. Depois de esperar um mês em Roma, Nabuco foi finalmente recebido pelo papa em 10 de fevereiro e Léo XIII prometeu – e emitiu – uma encíclica papal condenando a escravidão. A posição papal sobre escravidão foi divulgado por Nabuco em *O Paiz*.

[49] Castilho, "Abolitionism matters", p. 260, citando relatórios em *A Província*.

[50] Nabuco, *Diários* vol. I p. 291: 23 de abril de1888.

[51] Nabuco comentou para Allen:' Foi um ato muito ousado e corajoso o que a princesa fez, mas confio em Deus que ela não perderá seu trono por causa dele" Nabuco para Allen, 8 de janeiro de 1889, em Bethell & Carvalho (orgs), *Joaquim Nabuco e os abolicionistas britânicos*, p. 367. O Império caiu dezoito meses depois, em 15 de novembro de 1889.

[52] Dois notáveis estudos recentes sobre o fim da escravidão nos Estados Unidos são o de Eric Foner, *The Fiery Trial. Abraham Lincoln and American slavery* (Nova York: Norton, 2010) e o de James Oakes, *Freedom National. The destruction of slavery in the United States, 1861-1865* (Nova York: Norton, 2013).

[53] Ver Eric Foner, *Reconstruction: America's unfinished revolution, 1863-1877* (Nova York: Harper & Row, 1988; 2ª ed., 2014).

[54] Sidney Chalhoub, "População e sociedade", em *História do Brasil Nação: 1808-2010*, vol. II *A Construção nacional 1830-1889* José Murilo de Carvalho (org.) (Madrid: Fundación Mapfre/Rio de Janeiro: Objetiva, 2012), pp. 41-42.

[55] Durante os anos 1880, o Brasil recebeu um total de 450 mil imigrantes, dois terços deles só em 1888-89: 62 por cento eram italianos, 23 por cento portugueses, sete por cento espanhóis, quatro por cento alemães e dois por cento franceses.

[56] Nabuco, *Abolitionism*, p. 196.

[57] Nabuco, *Minha formação*, pp. 197, 213-4.

PARTE III

ENSAIO 5

O LONGO CAMINHO PARA A DEMOCRACIA NO BRASIL*

Trinta anos atrás, no fim dos anos 1980, Francis Fukuyama começou a formular suas ideias sobre o triunfo da democracia liberal (e do capitalismo de mercado) em todo o mundo no fim do século XX – "a universalização da democracia liberal como forma final do governo humano". Elas foram apresentadas inicialmente em uma série de palestras no John M. Olin Center for Inquiry into the Theory And Practice na Universidade de Chicago, durante o ano acadêmico de 1988-89, e depois em artigo publicado na *The National Interest* (verão de 1989). Na ocasião, não apenas a China, a União Soviética e grande parte das Europas Central e Oriental ainda se encontravam sob mando comunista, mas no Hemisfério Ocidental, além do notavelmente complexo caso do México, o Brasil – quinto maior

---

* Este ensaio se baseia em material extraído do "Politics in Brazil under the Liberal Republic 1945-1964" e (com Jairo Nicolau) do "Politics in Brazil since 1985", em *Cambridge History of Latin America* vol. IX *Brasil since 1930* (Cambridge: Cambridge University Press, 2008, e em uma palestra "The long road to democracy in Brazil – and present concerns", Faculty of Social Science and Public Policy, King's College London, de 14 de março de 2017. Ele inclui ideias pela primeira vez formuladas no "Politics in Brazil: from elections without democracy to democracy without citenzship", *Daedalus*, boletim da American Academy of Arts and Sciences, edição especial, Brazil: burden of the past, promise of the future, vol. 129/2 (2000), pp. 1-27:versão revisada em James Dunkerley e Maria D'Alva Kinz (eds.), *Brazil since 1985* (Londres, Institute of Latin American Studies, 2003), pp. 21-41.

país do mundo, com a quinta maior população (160 milhões) – não era insignificante exceção para o triunfalismo fukuyamaiano.

Desde a independência de Portugal, em 1822, o Brasil teve longa história de eleições que se compararam, favoravelmente, com a maioria dos países do mundo. Na fase do Império (1822-89), durante a Primeira República (1889-1930), na esteira da Revolução de 1930, no período pós-Segunda Guerra Mundial (1945-64) e mesmo durante a ditadura militar (1964-85), eleições foram regularmente procedidas no Brasil. Na realidade, só houve mesmo na história moderna do país um período sem eleições: no autoritário Estado Novo (1937-1945). Existe, é evidente, muito mais que eleições para a democracia, mas elas são fundamentais para a liberal democracia representativa. As eleições brasileiras, no entanto, raramente foram honestas por inteiro; apesar de ter sempre existido algum grau de competição entre partidos e candidatos, em geral, elas não tiveram lugar em uma atmosfera realmente livre; mais importante ainda, embora crescentes parcelas da população brasileira fossem gradualmente incluídas no processo político, o nível de participação do eleitorado sempre se mostrou um pouco aquém do sufrágio universal.

O penosamente lento processo de liberalização política, iniciado pelo fim do regime militar, continuou após a transição para o mando civil em 1985. Foi parte da "terceira onda" de Samuel Huntington de democratização global, que começou no sul da Europa nos anos 1970 e se espraiou para a América Latina nos 1980. Mas no Brasil ainda não foi completado. (E a economia brasileira permaneceu – e permanece sendo – uma das mais fechadas e estatalmente reguladas, com um dos maiores setores públicos no mundo capitalista.)

Entretanto, na ocasião em Fukuyama publicou seu livro *The End of History and the Last Man*, em 1992, o Brasil indubitavelmente poderia ser considerado uma democracia. Sob a Constituição de 1988 a eleição presidencial no fim de 1989 e as eleições parlamentares no findar de 1990, foram livres, corretas, competitivas – além de um sufrágio universal. O Brasil se tornou, depois da Índia e dos Estados Unidos, a terceira maior democracia do mundo; tal democracia, contudo, possuía diversas fendas estruturais, e a reforma política vem sendo objeto de debates por mais de duas décadas, mas sobreviveu até agora, a despeito do receio no seu nascimento de que pudesse não vingar e pouco, no passado, para justificar o otimismo de que vingaria. Não obstante, a crise política surgida com o impeachment da presidente Dilma Rousseff, do Partido dos Trabalhadores (PT), em 2016, e a eleição de Jair Bolsonaro da extrema direita, um apologista pela ditadura militar, em 2018, foram lembretes de que a democracia liberal representativa é relativamente novo e talvez menos do que totalmente consolidada.

I

Em contraste com as treze colônias na América do Norte britânica, mas como a América colonial espanhola, o Brasil não teve significativo aprendizado sobre o autogoverno representativo sob o mando colonial português. Ele foi por três séculos administrado por governadores-gerais (ou vice-reis), capitães-gerais (ou governadores), juízes das elevadas cortes, magistrados e burocratas de escalões menores, todos nomeados pela Corte. Já se argumentou que os "senados da câmara", a exemplo dos *cabildos* dos estágios finais das colônias da América espanhola, foram mais do que simplesmente oligarquias autoperpetuadas: vereadores e alguns juízes locais eram escolhidos ou indiretamente "eleitos" por "homens bons". Todavia, a quantidade de "votantes" foi sempre pequena e os poderes das câmaras, severamente restritos.

Com início em abril de 1821, a eleição dos delegados das Cortes, que se reuniam em Lisboa no rescaldo da revolução liberal portuguesa de 1820, foram as primeiras eleições gerais realizadas no Brasil (ainda que sufrágio extremamente limitado). Àquele tempo, como consequência da mudança da Corte portuguesa de Lisboa para o Rio de Janeiro em 1807-08, durante as Guerras Napoleônicas, o Brasil já deixara de ser, falando-se estritamente, uma colônia lusitana, e sim um parceiro de igual porte do Reino Unido de Portugal, Brasil e

Algarves. Um ano mais tarde, em junho de 1822, quando o Brasil se aproximou da total separação de Portugal houve eleições para a Assembleia Constituinte no Rio de Janeiro; foram eleições indiretas com sufrágio ainda bastante limitado depois que os liberais extremados, ou radicais daquela época (muitos deles republicanos), fracassaram no seu intento de conseguir eleições diretas e populares.

A independência do Brasil em 1822 pode ser considerada parte da chamada "revolução democrática" no mundo Atlântico do fim do século XVIII e início do XIX, no sentido de que as ideias liberais democráticas eram amplamente divulgadas na luta contra o colonialismo e absolutismo portugueses. Não houve jamais, contudo, qualquer intenção de se criar no Brasil nada que, mesmo àquele tempo, parecesse remotamente embasado na democracia representativa liberal, nem teoricamente, no respeitante à soberania do povo. O principal objetivo dos líderes e dos apoiadores da independência brasileira – os fazendeiros, em particular na província do Rio de Janeiro, mas em menor proporção também na Bahia e em Pernambuco, os negociantes das principais cidades e alguns burocratas – era conseguir autonomia política sem sacrificar a estabilidade, tão crucial para a manutenção da unidade territorial do país ou as estruturas econômicas existentes, erigidas, sobretudo, com a escravidão africana. (A população brasileira naquele tempo, num vasto território com cerca de 8 milhões quilômetros quadrados, era de 4 a 5 milhões de almas, menos de um terço brancos e mais de um terço escravos.)

Uma vez decidida, a independência foi rápida e pacificamente conseguida – sem uma longa e sangrenta guerra com a potência colonial, nem guerra civil (em gritante contraste com os eventos na América espanhola). A transição de colônia portuguesa para Estado independente se caracterizou pela continuidade política, econômica e social. A economia não experimentou grave perturbação. Acima de tudo, tão bem quanto o padrão da propriedade privada, a instituição da escravidão persistiu – em todas as regiões do país e conquanto concentrada na agricultura das plantações, em todas as seções da economia e da sociedade, rural e urbana. E também, diferentemente da recém independente América espanhola, o Brasil não se transformou em república. Como único país da América do Sul o Brasil se autoproclamou um Império, com D. Pedro, filho do rei João VI de Portugal e herdeiro do trono português, se tornando o primeiro imperador do Brasil (sucedido após sua abdicação em 1831 por seu filho, que então tinha cinco anos de idade e viria a se tornar D. Pedro II).

* * *

A Assembleia Constituinte eleita em junho de 1822, abriu seus trabalhos em maio de 1823, porém foi obrigada a se dissolver em novembro. A Constituição do independente Império Brasileiro foi imposta pelo imperador D. Pedro em março de 1824. Segundo seus termos, havia uma Câmara dos Deputados eleita (e assembleias provinciais e câmaras municipais também eleitas), mas o poder era concentrado nas mãos do próprio imperador hereditário. Escolhidos por ele eram os ministros, os conselheiros dos estados (vitalícios), os presidentes de províncias e os senadores (selecionados pelo imperador, também por toda a vida, embora de uma lista de três eleitos para cada província). O propósito das eleições parlamentares, disputadas por dois partidos principais: Liberais e Conservadores, não era formar um governo, e sim dar sustentação a um governo já indicado pelo imperador.

Nas décadas da metade do século XIX – a era dourada do Império – o nível de participação política no Brasil era surpreendentemente elevado: homens (mulheres não, naturalmente), que tivessem 25 anos (21 se fossem casados), católicos, nascidos livres e com excelente renda anual resultante de propriedades, negócios ou empregos, tinham direito a votar nas eleições para a Câmara dos Deputados. Estatísticas confiáveis são difíceis de se encontrar, mas é quase consenso que em torno de 1 milhão de brasileiros podiam votar (ou seja, metade da população livre masculina, inclusive muitos com recursos bastante modestos e analfabetos, independentemente da cor). (Este compare favoravelmente com o eleitorado, digamos, da Inglaterra, após a Lei da Reforma de 1832 e mesmo após da Lei da Reforma de 1867.) Todavia, uma proporção muito menor da população se registrava para votar. E as eleições eram indiretas. Os chamados "votantes' elegeram 'eleitores", que precisavam ter uma renda anual mais alta, e apenas os "eleitores" – aproximadamente 20 mil deles em 1870, por exemplo – tinham o direito de votar para deputados. Ademais, a participação era em geral extremamente baixa. Esse processo dificilmente poderia ser chamado de "democracia coroada", como o historiador João Camilo de Oliveira Torres intitulou seu livro publicado em 1957 sobre o sistema político do Império.[1]

O número de brasileiros legalmente possuidores de direitos civis foi severamente reduzido em função da Lei Saraiva de 1881. Durante o último quarto do século XIX, enquanto a economia do café se expandia e a mudança do trabalho escravo para o livre ganhava impulsão, tornando a abolição final dos escravos crescentemente inevitável, surgia um crescente temor entre a classe política dominante – partilhado por muitos reformadores liberais – de que muitos ex-escravos, nas áreas rurais, porém mais particularmente nas áreas urbanas, que não cessavam de se expandir, logo conseguiram ganhar a renda suficiente para votar. As eleições para a Câmara dos Deputados se tornaram diretas; a qualificação baseada em propriedades/rendas para eleitores foi removida; e não católicos, cidadãos naturalizados (embora não os imigrantes residentes estrangeiros) e ex-escravos (homens libertos) podiam se tornar eleitores. Entretanto, solapando alguma coisa desses aparentes avanços liberais/democráticos, um novo requisito para o registro do futuro votante foi introduzido pela primeira vez: a saber, a educação medida por meio de um teste de alfabetização ou então pela capacidade de escrever o próprio nome. (E o indivíduo era responsável por seu registro de eleitor.) Isso num país em que de oitenta a 85 por cento da população eram analfabetos.

Na Inglaterra, John Stuart Mill, o grande apóstolo da democracia liberal, também ponderou quanto a se conceder ao analfabeto o direito de voto, mas Mill ao menos acreditava na rápida expansão da educação pública para reduzir o número de analfabetos, coisa que não era advogada por muitas pessoas no Brasil do século XIX. Assim, na década final do Império, enquanto o número de eleitores crescia (em 1886, cerca de 117 mil votaram nas eleições para a Câmara dos Deputados), a grande maioria dos brasileiros era consciente e deliberadamente excluída da participação política.[2]

O liberalismo pode ter sido a ideologia dominante no Brasil do século XIX. No entanto, como na América espanhola, ele foi um liberalismo de uma variedade predominante e crescentemente conservadora já que forçado a se ajustar às realidades de uma cultura política autoritária, um subdesenvolvimento econômico e, acima de tudo, uma sociedade profundamente estratificada (com base em linhas raciais).

* * *

O Brasil não foi só o último estado independente nas Américas a abolir a escravidão, com também o último a se declarar uma república. Não foi por acidente que a república apenas foi finalmente proclamada em 1889, centenário da Revolução Francesa. A ideologia do republicanismo, em particular do republicanismo radical e apoiada por uma progressiva classe média urbana e intelectuais, foi profundamente inspirada pela francesa. Mas não houve revolução no Brasil de 1889. A república brasileira resultou de um golpe militar, nascido da conspiração de um pequeno número de oficiais do Exército e de representantes da crescente oligarquia da terra produtora de café de São Paulo. Do mesmo modo que a transição de colônia para império, a do império para a república foi mais caracterizada pela fundamental continuidade social e econômica do que pela mudança.

Pelos termos da Constituição republicana de 1891, o presidente, os governadores/presidentes de estados[3], os prefeitos municipais, bem como as duas Casas do Congresso (Senado e Câmara dos Deputados), as assembleias estaduais e conselhos municipais eram todos eleitos. As eleições na Primeira República, contudo, não foram muito menos desonestas que as do Império, possivelmente até mais, controladas que eram em sua maior parte pelos governos dos estados e pelos chamados "coronéis" das bases políticas locais (porque muitos deles outrora exerceram as funções do posto de coronel na Guarda Nacional), representando as poderosas oligarquias da terra, que muitas vezes assumiram proporções de genuínos exércitos particulares, em especial nos mais atrasados estados do Norte e do Nordeste.

Durante a Primeira República (1889-1930), as eleições foram disputadas só pelos partidos dos estados, e em cada estado o partido republicano foi dominante: o Partido Republicano Paulista (PRP), o Partido Republicano Mineiro (PRM), o Partido Republicano Rio-grandense (PRR), e assim por diante. O resultado das eleições para presidente da república foi predeterminado mediante acordo prévio entre os governadores dos estados (a "política dos governadores"). Nenhum candidato "oficial" apoiado pelos governadores e pelas máquinas políticas republicanas de pelo menos um (normalmente eram dois) dos dois estados com os maiores eleitorados – São Paulo e Minas Gerais – e dois ou três dos estados do segundo escalão (Rio Grande do Sul, Rio de Janeiro, Bahia e Pernambuco) jamais tinham sido derrotados, e nenhum candidato da "oposição" nunca venceu uma eleição presidencial durante a Primeira República.

Um dos primeiros decretos do governo provisório, em novembro de 1889, quatro dias após a queda do Império e a criação de uma república, reafirmou que o único critério para o registro de eleitores masculinos era agora o da alfabetização. A eleição de uma Assembleia Constituinte em 1890 reduziu a idade mínima do votante de 25 para 21 anos. Pela continuação do veto às mulheres e aos analfabetos como eleitores, a Constituição republicana de 1891 excluiu da política dois terços dos brasileiros com idade para votar. (Na Assembleia Constituinte foi feito um esforço maior para estender o sufrágio às mulheres e aos analfabetos, mas ele fracassou.) E tal foi a negligência da Primeira República com a educação primária e secundária, responsabilidade pelas quais foi transferida para os municípios e estados, que mais de 75 por cento da população continuaram analfabetos até 1920.

Não obstante, as eleições presidenciais e parlamentares no início da república representaram substancial avanço na participação direta popular, comparadas com as do fim do Império. Havia um eleitorado de aproximadamente 1 milhão de votantes, inclusive da emergente classe média urbana e mesmo de alguns trabalhadores das cidades do Rio de Janeiro, São Paulo, Porto Alegre e outras; e de metade a três quartos de 1 milhão realmente votavam.[4] No entanto, até mesmo na cidade do Rio de Janeiro, capital da república federal, com população superior a 500 mil habitantes na primeira década do século XX, apenas 120 mil pessoas (sessenta por cento da população adulta masculina) eram alfabetizadas e, portanto, com direito ao voto, mas só de quinze a vinte por cento desses se registraram para votar nas eleições nacionais e apenas dez por cento compareceram às urnas.[5] No país como um todo, até nas mais competitivas eleições presidenciais e com o maior grau de mobilização política – por exemplo, as eleições de 1910 e 1919 nas quais Rui Barbosa, o grande jurista liberal, concorreu como candidato da oposição civilista (e perdeu) – menos de cinco por cento da população adulta votaram. Só em 1930 que mais de dez por cento da população adulta participaram de uma eleição presidencial. O que foi chamada de democracia oligárquica (seguramente uma expressão que se contradiz) é, como descrição do sistema político da Velha República, tão difícil de deglutir quanto a democracia coroada do Império.

* * *

A revolução de 1930, que deu fim à Primeira República e à hegemonia da oligarquia do café de São Paulo, não foi de modo algum, na acepção do termo, uma revolução. Getúlio Vargas, governador do Rio

Grande do Sul e candidato derrotado nas eleições de março, chegou ao poder, em novembro, em consequência de uma rebelião armada liderada por membros dissidentes da elite política, especialmente do Rio Grande do Sul e Minas Gerais, mas também de São Paulo, e por oficiais militares insatisfeitos, que deram início a uma intervenção pelo exército federal para retirar o presidente Washington Luís do cargo. Ela representou outra mudança no equilíbrio do poder entre as elites regionais da terra, mais do que a emergência de novas forças sociais, e trouxe os militares para o centro do poder, onde eles permaneceram pelos sessenta anos seguintes.[7] O governo provisório dissolveu o Congresso, as assembleias estatais e as câmaras municipais. Os presidentes/governadores de estados e prefeitos municipais foram substituídos por interventores nomeados pelo presidente provisório e pelos interventores dos estados, respectivamente. Pela primeira vez, desde a implementação da Constituição de 1824 o Brasil não contou com políticos eleitos quer no ramo do Executivo quer do Legislativo.

No entanto, houve a promessa de eleição para uma Assembleia Constituinte. Uma comissão organizada pelo governo provisório recomendou, em 1932, a introdução do voto secreto e de um sistema de supervisão das eleições – a justiça eleitoral. Um Tribunal Superior Eleitoral e tribunais regionais seriam responsáveis pelo registro dos votantes, partidos e candidatos, pela votação em si e, importantíssimo, pela apuração. (Na prática, contudo, a nova legislação eleitoral não foi totalmente implementada até o surgimento da Segunda República, após a Segunda Guerra Mundial). Uma lei eleitoral de 1932 diminuiu a idade necessária à votação para dezoito anos e, ainda mais relevante, concedeu às mulheres o direito ao voto (sempre, desde que alfabetizadas).[8] O registro de eleitor permaneceu sendo responsabilidade do indivíduo, mas o alistamento *ex-officio*, registro automático dos eleitores para listas de empregados, homens e mulheres, no serviço público e nas maiores empresas públicas e privadas foi então aceito (e acabou permitindo que alguns analfabetos fossem registrados). E a votação tornou-se obrigatória para pessoas até os setenta anos, com sanções para os que não comparecessem às urnas. Não houve, entretanto, expansão significativa no número de brasileiros cadastrados para votar. As mulheres, em especial, foram lentas para o registro; apenas quinze por cento das que tinham direito ao voto se apresentaram para a eleição da Assembleia Constituinte de maio de 1933, e só uma mulher, Carlota Pereira de Queiróz, de São Paulo, foi eleita.

A Assembleia Constituinte se reuniu pela primeira vez em novembro e promulgou a nova Constituição em julho de 1934. Ela elegeu Getúlio por mais quatro anos e determinou que as eleições para a Câmara dos Deputados e para as assembleias constituintes estaduais (que depois se tornariam assembleias estaduais e elegeriam os governadores dos estados e os representantes estaduais no Senado federal) fossem agendadas para outubro. Mais de dois milhões e seiscentos mil estavam certificados para as eleições de outubro de 1934 à Câmara dos Deputados, 7,1 por cento a população (comparados com os 3,9 por cento em 1933), que variaram de 2,4 por cento no Amazonas, a 10,2 por cento no Rio de Janeiro e a 11,2 por cento no Rio Grande do Sul.[9]

Segundo a Constituição de 1934, as eleições diretas para presidente e governadores de estado deveriam ter lugar em janeiro de 1938. Mas a emergência em 1935 da radical Aliança Nacional Libertadora (ANL) e uma fracassada tentativa do Partido Comunista de tomar o poder em novembro de 1935 (ver Ensaio 7) levaram à imposição do estado de sítio, que permaneceu em vigor por dois anos. E quando as eleições ameaçaram produzir um resultado inaceitável para Vargas e para os militares – fosse a vitória de Armando Sales e a restauração da "democracia liberal" (*sic*) da Primeira República, dominada pelas oligarquias estaduais e em particular pelos interesses do café de São Paulo, ou fosse a vitória de José Américo de Almeida e a formação de um governo populista comprometido com a melhora da situação dos pobres, as eleições foram abortadas pelo golpe militar de novembro de 1937. Sob o autoritário Estado Novo que se estabeleceu, o Congresso, as assembleias estaduais e as câmara municipais foram mais uma vez dissolvidos, e as eleições marcadas canceladas. Getúlio Vargas permaneceria no poder por mais oito anos.[10] Não houve eleições durante o Estado Novo (1937-45).

Por 120 anos depois que o Brasil se tornou estado independente, a classe dominante foi bem-sucedida em excluir a vasta maioria dos brasileiros do sistema político – e ao mesmo tempo evitou qualquer ameaça séria ao seu poder e riqueza.

II

A República Liberal criada pela Constituição de 1946, ao fim da Segunda Guerra Mundial, é normalmente considerada a primeira "experiência democrática" do Brasil.[11] Durante os anos de 1944 e 1945, a ditadura Vargas sofreu considerável pressão para democratizar, ou ao menos, liberalizar o sistema político do Estado Novo; e foi uma pressão doméstica e externa. (O Brasil foi um dos mais próximos aliados dos Estados Unidos na luta para democracia contra o fascismo.) Em fevereiro de 1945, Vargas finalmente prometeu eleições "livres" para antes do fim do ano, confiante de que tinha os meios (mediante o controle do aparato estatal) e o apoio (em especial das camadas organizadas da classe trabalhadora e dos empregados públicos de colarinho branco, principais beneficiários das políticas sociais e econômicas do Estado Novo) para ganhá-las.

O processo de "democratização" foi iniciado e controlado do alto. Contudo, entre maio e outubro de 1945, as principais cidades do Brasil viveram mobilização política de massas sem precedentes, orquestrada em parte pelo Partido Comunista Brasileiro (PCB) e, mais particularmente, pelos chamados "queremistas" (do slogan "Queremos Getúlio") pró-continuação de Vargas no poder (ver Ensaio 6). Surgiram receios entre os setores conservadores do país, recém-comprometidos com a "democracia", de que as forças populares estivessem sendo perigosamente radicalizadas tanto pelo comunismo quanto pelo populismo. Foi necessária uma suave intervenção dos

Estados Unidos e outro golpe militar (dessa vez para remover Vargas do poder) a fim de garantir a realização das eleições marcadas para dezembro. O pleito presidencial foi vencido pelo general Dutra, ministro da Guerra de Vargas e representante das forças que haviam sustentado o Estado Novo, graças em parte a um apoio de última hora de Vargas.

As eleições presidencial e parlamentar de dezembro de 1945, no fim do Estado Novo, foram as primeiras razoavelmente honestas, competitivas e relativamente populares já realizadas no país. Sete e meio milhões de homens e mulheres brasileiros com mais de dezoito anos receberam títulos de eleitor (31 por cento da população adulta). E o voto era obrigatório. Seis milhões e duzentos, 26 por cento da população adulta, votaram; foi o triplo dos que se cadastraram para votar apenas quinze anos antes.[12] Uma explicação para essa diferença é que, apesar de o registro de eleitor continuar sendo uma iniciativa individual, o alistamento *ex-officio* no local de trabalho foi mais extensivamente usado, e os sindicatos tiveram grande participação no processo, em especial em cidades capitais. No país como um todo, 23 por cento foram registrados dessa forma, mas no Distrito Federal (Rio de Janeiro) foram 54 por cento e em São Paulo, 31 por cento.[13]

O Congresso eleito em dezembro de 1945 transformou-se em assembleia constituinte. Sob a Constituição de setembro de 1946, existiriam eleições para todos os três níveis do Executivo (presidente, vice-presidente, eleitos separadamente, os governadores dos vinte estados e os prefeitos municipais, e do Legislativo (Senado, Câmara dos Deputados, assembleias estaduais e câmaras municipais). As eleições para os cargos do Executivo e do Senado teriam que ser pelo voto majoritário direto e as eleições para os órgãos legislativos, pela representação proporcional. O voto seria secreto e as eleições, cerradamente supervisionadas pelo Tribunal Superior Eleitoral (TSE). As votações seriam competitivas e disputadas pela primeira vez por partidos nacionais.

Antes de 1945, os únicos partidos nacionais ou movimentos políticos no Brasil eram o PCB, fundado em 1922 e imediatamente declarado ilegal, e a fascista Ação Integralista Brasileira (AIM), fundada em 1932, também declarada ilegal, assim como todos os outros partidos políticos da época do Estado Novo. Os três maiores partidos fundados em 1945, o Partido Social Democrático (PSD), a União Democrática Nacional (UDN) e o Partido Trabalhista Brasileiro (PTB), eram obrigados por lei a ter organização nacional, embora o PSD e a UDN pelo menos eram, na essência, confederações de organizações com base nos estados. Isso era inevitável em um país de dimensões continentais (alguns estados brasileiros eram de tamanhos iguais aos dos maiores países europeus), que continuava sendo predominantemente rural e com cidades pequenas, nas quais só tinham havido partidos com base em estados na Primeira República. Os embrionários partidos nacionais, que disputaram as eleições da Assembleia Constituinte, as eleições do Congresso de 1933-34 e a eleição presidencial de 1938 (no fim, abortada), haviam sido abolidos com a promulgação do Estado Novo. O resultado final foi a criação, entre 1945 e 1948, de uma dúzia de partidos políticos apenas nominalmente nacionais, a maioria deles carente de identidade definida pela história, ideologia, programa ou base social.

Durante a República Liberal (1946-64), todas as eleições para presidente e vice-presidente, entretanto, foram ganhas por candidatos pertencentes ou apoiados por um dos três partidos principais. O PSD, a UDN e o PTB também garantiram em conjunto noventa por cento das cadeiras da Câmara dos Deputados e 95 por cento das do Senado, nas eleições de dezembro de 1945; de 75 a oitenta por cento na Câmara entre 1950 e 1962 e de oitenta a 95 por cento das cadeira no Senado entre 1954 e 1962.

Em consequência do dramático crescimento da população (de 40 milhões em 1940 para 70 milhões em 1960), da rápida urbanização (35 por cento da população foi classificada como urbana em 1940, 45 por cento, em 1960), do crescimento econômico, de modesta melhora na alfabetização e de um maior número de registros de votantes, houve significativo aumento do eleitorado no período pós-guerra; ele chegou a 18,2 milhões em 1962, 49 por cento da população adulta.[14] Com a obrigatoriedade do voto o comparecimento às urnas permaneceu alto (79,6 por cento em 1962). Contudo, sob a Constituição de 1946 mais da metade da população adulta brasileira, particularmente no Norte e no Nordeste e nas áreas rurais, continuaram inabilitados pela alfabetização. O recenseamento de 1940 registrou 56 por cento de analfabetos na população; o de 1950, 48 por cento; o de 1960, 39 por cento. Dos 27,1 milhões de brasileiros com idade para votar nas eleições presidenciais e parlamentares de 1950, 15,2 milhões eram analfabetos. E o Congresso em 1950 restaurou a responsabilidade individual pela inscrição como eleitor – na essência, uma medida liberal, porém nas circunstâncias do Brasil da ocasião um golpe com a finalidade de atingir a participação política da classe trabalhadora urbana.

A democracia pós-guerra no Brasil era limitada em três outros aspectos. Primeiro, o PCB, o único partido significativo da esquerda, que recebera permissão para disputar tanto as eleições presidenciais como as parlamentares de dezembro de 1945, bem como as eleições para governadores estaduais, assembleias estaduais e câmaras municipais de janeiro de 1947, e conseguira ganhar cerca de dez por cento dos votos (meio milhão) nas duas oportunidades, foi, em maio de 1947, no início da Guerra Fria, novamente declarado ilegal pelo Tribunal Superior Eleitoral depois de dezoito meses de legalidade *de facto*. Seus catorze deputados federais e um senador perderam suas cadeiras no Congresso. O PCB, que não era, por sua parte, totalmente comprometido com estratégias legais e com o caminho eleitoral para o poder, foi efetivamente excluído da política democrática – e assim permaneceu pelos quarenta anos seguintes (ver Ensaio 7).

Segundo, a distribuição de assentos no Congresso, pelos termos da Constituição de 1946, garantia que os estados menos populosos, menos desenvolvidos e mais politicamente conservadores (isto é, clientelistas), em particular no Norte e no Nordeste, continuassem super-representados às expensas dos estados do Sul e do Sudeste, em especial São Paulo. O problema aqui não era apenas esse pois, como nos Estados Unidos, todos os estados, independentemente da população, tinham igual número de representantes no Senado (três), mas a representação na Câmara dos Deputados também não era proporcional à população ou ao eleitorado (cada cidadão, um voto, com mais ou menos igual peso). A Constituição de 1891 alocara para os estados na Câmara dos Deputados um assento para cada 70 mil habitantes que tivessem, com um quórum mínimo de quatro cadeiras por estado. A Constituição de 1934 destinou um assento para cada 150 mil habitantes, um para cada 250 mil acima de 20 cadeiras, e a regra foi mantida pela Constituição de 1946. O resultado foi que os estados com população maior que 3 milhões – três em 1934: Minas Gerais 6,5 milhões, São Paulo 6,3 milhões e Bahia 3,7 milhões – ficaram sub-representados na Câmara dos Deputados; e os estados com população menor que 1,5 milhão, por exemplo, Amazonas, Sergipe e Mato Grosso, ficaram super-representados. Em 1950, o número mínimo de assentos por estado foi elevado de quatro para sete.

Por fim, e mais importante, os militares retiveram no pós-guerra o poder político independente que exerciam desde 1930. Eles eram parte integral do sistema político; podiam – e o fizeram – intervir na política; em grande parte, estiveram acima do poder de controle civil. Sem o apoio dos militares era impossível que qualquer presidente eleito sobrevivesse no cargo.

Não obstante, na companhia do Chile, do Uruguai e da Costa Rica, o Brasil era uma das quatro "democracias" na América Latina em meados dos anos 1950.

A democracia "limitada" do Brasil sobreviveu a diversas crises políticas, notavelmente as que cercaram o suicídio, em agosto de 1954, de Getúlio Vargas (que havia sido eleito para a presidência na segunda eleição pós-guerra, em 1950) e a renúncia do presidente Jânio Quadros, após apenas oito meses no cargo. Nos primeiros meses de 1960, entretanto, uma série de fatores, em particular o declínio acentuado da economia, mas que incluíram também os impactos da revolução cubana e da Encíclica Papal Vaticano II se combinaram para radicalizar as forças populares a um nível jamais visto antes no Brasil. A "direita" (incluindo então grandes parcelas da classe média urbana) estava disposta a apoiar (na verdade, a encorajar) um golpe militar, caso esse fosse o único caminho para evitar uma mudança radical econômica e social. Uma imprudente tentativa do presidente João Goulart (1961-64) de dar ostensiva virada para a esquerda resultou na sua derrubada em 31 de março de 1964, dando um fim à "primeira experiência" do Brasil com a democracia.[15]

III

O GOLPE MILITAR DE 31 DE MARÇO — 1º DE ABRIL DE 1964, que derrubou o governo legalmente constituído pelo presidente João Goulart, fez uso de boa dose de retórica democrática: uma delas foi o proclamado propósito dos instigadores da "Revolução" que foi a eliminação da ameaça, como vista por eles, que o governo Goulart representava para a democracia brasileira. Na esteira do golpe, no entanto, por meio de uma série de Atos Institucionais, uma nova Constituição em 1967, revisada em 1969, emendas constitucionais e diversos "pacotes", o regime militar criado em abril de 1964, sem destruí-las por completo, remodelou e solapou severamente as instituições democráticas, por mais limitadas e defeituosas que fossem, estabelecidas no Brasil ao fim da Segunda Guerra Mundial.

Por 21 anos, até a transição para o governo civil, os brasileiros viveram sob o mando autoritário militar. Uma sucessão de cinco presidentes, todos do mais alto posto da carreira militar (generais de quatro estrelas do Exército Brasileiro), eram inicialmente selecionados pelo Alto Comando do Exército e, depois, indiretamente "eleitos" para um mandato fixado de quatro anos, os três primeiros pelo Congresso e os demais por um Colégio Eleitoral constituído de senadores, deputados federais e delegados eleitos pelas assembleias dos estados, a maioria dos quais (pelo menos até 1984) comprometidos com o apoio ao candidato militar selecionado.

De 1966 a 1978, os governadores dos estados eram nomeados de igual forma pelos militares e, depois "indiretamente" eleitos pelas assembleias estaduais ou pelos colégios eleitorais de alguns estados. Apenas em 1965 e 1982 os governos dos estados foram diretamente eleitos, metade deles (onze) em 1965 e todos os 22 em 1982. Os prefeitos das capitais dos estados e de cidades de importância para a "segurança nacional" – inicialmente 68 e no fim quase uma centena – foram também selecionados pelos militares.

As duas Casas do Congresso e as legislaturas estaduais foram diretamente eleitas em eleições agendadas para cada quatro anos e todas continuaram funcionando sob o regime militar (afora um ou dois breves fechamentos), apesar de terem poderes muito restritos. Além do mais, as regras eleitorais eram com frequência manipuladas da maneira mais arbitrária e flagrante, de modo a garantir maiorias para os partidos políticos pró-militares.

Em outubro de 1965, dezoito meses após o golpe que pôs ponto final na República Liberal pós-guerra, todos os partidos políticos do Brasil foram abolidos, com ocorrera em 1937 com o Estado Novo. Somente dois partidos, um pró-governo Aliança Nacional Renovadora (ARENA) e um de oposição minoritária Movimento Democrático Brasileiro (MDB), criados pelos partidos no Congresso de 1963-66, depois de significativos expurgos executados, foram autorizados a concorrer no pleito parlamentar de novembro de 1966.

Apenas em dezembro de 1979 foi restaurado o sistema multipartidário. A "reforma" teve como finalidade rachar a oposição de modo a prevenir uma potencial vitória do MDB nas eleições parlamentares de 1982, que poderia a ameaçar o controle do regime militar sobre a sucessão presidencial de 1985. Apesar de, por um lado, o Partido Democrático Social (PDS), o novo partido do governo, deter a maior parte dos membros da antiga ARENA e, em decorrência, contasse com a maioria em ambas as Casas. A oposição, pelo outro, se encontrava dividida em quatro partes: o Partido do Movimento Democrático Brasileiro (PMDB), contando com grande parte do antigo MDB; o Partido Popular (PP), com os dissidentes arenistas e alguns moderados membros do MDB; o centro-direita Partido Trabalhista Brasileiro (PTB); e o centro-esquerda Partido Democrático Trabalhista (PDT). À oposição juntou-se em 1980 o Partidos dos Trabalhadores o único nascido fora do Congresso, sem vínculos com a classe política tradicional (ver Ensaio 7).

Em consequência do contínuo crescimento da população (de setenta milhões em 1960 a 120 milhões em 1980), da rápida urbanização (45 por cento da população era qualificada como urbana em 1960, setenta por cento em 1980), e do real progresso nos anos 1960 e 1970 na direção da alfabetização básica universal, o eleitorado persistiu aumentando ininterruptamente durante os 21 anos de ditadura militar. Em 1982, 79 por cento da população brasileira com idade para votar foram cadastrados (comparados com os 49 por cento em 1962). Os analfabetos (cerca de vinte por cento da população adulta) ainda estavam excluídos das votações. O voto era obrigatório, salvo para os brasileiros com mais de setenta anos. Nas eleições de novembro de 1982 para governadores de estado (as primeiras eleições diretas desde outubro de 1965), para a Câmara dos Deputados e um terço do Senado, para as assembleias estaduais, câmaras municipais e alguns prefeitos, 48 milhões de brasileiros compareceram às urnas.

O processo que levou à transição para o mando dos civis em 1985, a exemplo daquele que resultou numa limitada forma de democracia no fim do Estado Novo em 1945, foi iniciado e controlado 'pelo alto'. Não foi primordialmente uma resposta aos militares com as vitorias oposicionistas do MDB/PMDB nas eleições governamentais de 1982, nem de inesperada e forte emergência da sociedade civil sob a forma do novo sindicalismo em 1978-79 e a criação do PT em 1980, tampouco da extraordinária mobilização das massas em favor das "diretas já" em 1983-84[16] – embora todos eles tivessem desempenhado certo papel. A democracia nunca foi a verdadeira intenção final. Quando os militares perderam o controle sobre o processo da sucessão presidencial, ou seja, quando não foi mais possível contar com a maioria no Colégio Eleitoral, eles lançaram seu peso num acordo conseguido entre os dissidentes do PDS (que mais tarde criaram o Partido da Frente Liberal, PFL) e do PMD, segundo o qual o idoso (75 anos) político liberal-conservador da oposição, Tancredo Neves, se tornou o candidato presidencial "oficial". Tancredo foi devida e indiretamente "eleito", mas não chegou a assumir o cargo. Doente, foi hospitalizado às vésperas de sua posse e faleceu poucas semanas depois. A presidência foi assumida pelo vice eleito José Sarney, ex-presidente do PDS, o partido de apoio do mando militar, que, desse modo, se tornou o primeiro presidente civil em mais do que duas décadas.[17]

IV

O DIA 15 DE MARÇO DE 1985 TESTEMUNHOU uma transição pacífica do governo militar para o civil (mas não ainda uma democracia plena) no Brasil. Contudo, uma série de emendas constitucionais aprovadas pelo Congresso durante os primeiros meses do governo Sarney redundaram em significativa democratização do processo eleitoral. Primeiro, os analfabetos (26 por cento da população total pelo censo de 1980, a maioria negros ou pardos) finalmente obtiveram o direito ao voto, se bem que, para eles, o registro como eleitor e o voto não eram obrigatórios.[18] Em segundo lugar, foram restabelecidas as eleições diretas para a presidência (sem uma data fixada para sua realização). Em terceiro, as eleições para cerca de trezentos prefeitos das capitais estaduais e de outras cidades, proibidas de promover eleições durante o regime militar, foram agendadas para novembro de 1985. Em quarto, o Distrito Federal (Brasília) recebeu representação no Congresso (oito deputados e três senadores). Por fim, as regras rigorosas para a criação de partidos políticos foram abolidas e, especificamente partidos da esquerda, principalmente os dois partidos comunistas brasileiros – o Partido Comunista Brasileiro (PCB) e o Partido Comunista do Brasil (PCdoB), que se dividiram do PCB em 1962, puderam então ser legalmente registrados. Ao longo de 1985, juntando-se aos partidos criados pela reforma partidária de 1979, não menos do que 22 novos partidos foram registrados no Tribunal Superior Eleitoral.

As eleições municipais de novembro de 1985 e as eleições parlamentares (para a Câmara dos Deputados e dois terços do Senado) dos governadores de estados e das assembleias estaduais um ano mais tarde, foram as primeiras eleições no Brasil baseadas no sufrágio universal. Porem, apenas cerca de 65 mil analfabetos tivessem tido tempo para se cadastrar como eleitores nas primeiras eleições. Menos da metade dos analfabetos foram registrados para votar nas segundas.[19] A quantidade de votantes registrados havia aumentado para 69,3 milhões, dos quais dez por cento eram analfabetos. Não só 26 mulheres foram eleitas para o Congresso em 1986 – número pequeno, porém maior do que as eleitas em todo o período 1932-86 – como também parlamentares negros, inclusive a primeira deputada negra, Benedita da Silva (PT, Rio de Janeiro).

O Congresso eleito em novembro de 1986 transformou-se em assembleia constituinte, que demorou vinte meses para produzir uma nova constituição (comparados com os três meses para o preparo da de 1891, sete meses para a de 1946 e com os apenas 45 dias para a imposta pelos militares em 1967). A Constituição de 1988 foi longa e detalhada com 245 artigos, mas o sistema político foi pouco modificado. As principais características da Constituição de 1946 foram mantidas. Os aspectos novos especificaram que as eleições para presidente, governadores estaduais e prefeitos de cidades com mais de 200 mil eleitores necessitariam de dois turnos para que se conseguissem uma maioria de votos válidos; que o governador do Distrito Federal seria eleito por sufrágio direto; que a idade para votar seria diminuía de dezoito para dezesseis anos, estendendo-se assim os direitos políticos para os jovens com dezesseis e dezessete anos.

Em 15 de novembro de 1989, a primeira eleição presidencial direta em trinta anos, também foi a primeira já realizada com base no sufrágio universal. O eleitorado era então de 82 milhões (numa população de quase 150 milhões de habitantes). Com o voto obrigatório para os maiores de dezoito anos e os abaixo de setenta, o comparecimento dos eleitores foi bastante elevado (mais de oitenta por cento); 72,3 milhões de pessoas votaram, dos quais setenta por cento pela primeira vez foram às urnas para eleger o presidente. Vinte e um candidatos de todo o espectro político, da extrema esquerda à extrema direita, concorreram no primeiro turno.

Entretanto a eleição não foi vencida, como se esperava, nem pelo PMDB, principal partido de oposição por mais de vinte anos e também o maior e mais espalhado pelo Brasil; nem pelo PDT, o partido de Leonel Brizola, herdeiro de Getúlio Vargas e de João Goulart; tampouco pelo PT, apesar de seu líder, Luís Inácio "Lula" da Silva ter sido o segundo (ligeiramente à frente de Brizola). Ela foi ganha por Fernando Collor de Mello – um político praticamente desconhecido do pobre e modesto Alagoas, estado do Nordeste, concorrendo pelo recém-criado e insignificante Partido da Renovação Popular (PRN). Collor provou ser uma atração para a classe dominante, a qual, após 21 anos ditadura militar, não possuía candidato confiável próprio; para algumas parcelas da classe média e da *intelligentsia*; e, sobretudo, para os setores mais pobres e menos preparados da sociedade brasileira, que se sensibilizaram com o apelo populista do candidato (ver Ensaio 6).[20]

A nova democracia do Brasil cedo começou a das indícios de fragilidade tendo como pano de fundo severa recessão econômica e, de setembro a dezembro de 1992, os brasileiros viveram o trauma do impeachment (por acusações de corrupção) de seu primeiro presidente democraticamente eleito, que ainda não completara metade de seu mandato. No cômputo final, entretanto, o bem-sucedido impeachment de Collor pode talvez ser visto como demonstração de mais maturidade do que de fragilidade da democracia brasileira.[21] Pela primeira vez na história da república um presidente tinha sido removido do cargo – e substituído pelo vice-presidente eleito, Itamar Franco – legalmente e obedecendo os termos da Constituição. E a crise política gerada em torno do impeachment de Collor foi a primeira em que os militares não tiveram participação ativa.

Em 1994 e 1998, eleições casadas (para presidente, Congresso, governadores dos estados e assembleias estaduais) foram procedidas no mesmo dia pela primeira vez desde 1950. Noventa e cinco por cento da população com idade para votar tinham então títulos de eleitores, e 78,2 milhões deles compareceram às urnas em 1994, 83,3 milhões em 1998. As duas eleições presidenciais foram vencidas logo no primeiro turno por Fernando Henrique Cardoso, sociólogo de destaque, com reputação internacional e um político com credenciais democráticas impecáveis e ideias social-democratas avançadas. O presidente Cardoso foi eleito pelo Partido da Social Democracia Brasileira (PSDB), de centro-esquerda, que fora criado da cisão do PMDB em 1988, ainda que, nas duas eleições, apoiado pelos partidos de centro-direita, em particular o PFL. Cardoso foi apenas o terceiro presidente eleito, em setenta anos, a completar seu mandato (o primeiro desde Juscelino Kubitschek, 1956-61) e, em função de uma altamente contenciosa emenda constitucional em 1997, o primeiro na história da república a ser reeleito para um segundo mandato. O derrotado nas duas eleições foi Luiz Inácio "Lula" da Silva, o candidato do PT.

O ambiente internacional nos anos 1990 foi singularmente favorável para a sobrevivência e consolidação da democracia na América Latina. Em particular, os Estados Unidos assumiram o apoio à democracia como característica principal de sua política para a região, como aliás o tinham feito no passado, porém dessa vez com melhores resultados. Ademais, com o fim da Guerra Fria, o anticomunismo não podia ser mais alegado como principal justificativa para a derrubada de governos democráticos (ou semidemocráticos), como ocorrera, em 1964, no Brasil. A tradicional classe política (rural e urbana), os grupos de interesse econômico mais poderosos e, não menos importante, os militares pareciam então comprometidos com a política democrática pacífica, postura que nem sempre tiveram no passado. É evidente que se podia argumentar que as "classes mais abastadas" (inclusive boa parcela da classe média) eram democratas só em tempos convenientes. Quando os custos da derrubada da democracia eram altos e os de uma tolerada democracia baixos, provavelmente o regime sobrevivia. Porém quando seus interesses eram ameaçados por elementos favoráveis à distribuição da riqueza e do poder, como o foram, ou ameaçaram ser, em 1964, existia sempre a possibilidade de eles recorrerem às Forças Armadas para acabar com a democracia. Jamais saberemos se a nova democracia brasileira seria aprovada em seu supremo teste – o da aceitação da vitória de Lula e do PT nas eleições de 1989 ou 1994. Como Adam Przeworsky certa vez observou, somente quando a esquerda perdeu as eleições que se seguiram a um processo de democratização o regime democrático se sentiu realmente seguro.

Foi um sinal da crescente maturidade e estabilidade da democracia no Brasil quando a eleição de Luiz Inácio Lula da Silva para a presidência, em sua quarta tentativa, não levantou a menor dúvida de que ele assumiria o poder em janeiro de 2003. Lula por pouco não conseguiu o feito de Cardoso em 1994 e 1998: vitória já no primeiro turno. No segundo, todavia, ele derrotou confortavelmente José Serra, ministro do Planejamento e da Saúde de Cardoso, o candidato do PSDB. A eleição e a transferência do poder para um candidato da esquerda (apesar de Lula ter abandonado o rótulo de "socialista" antes da eleição) representou importante marco na democracia brasileira.

Após ter evitado por pouco o impeachment em função do escândalo de corrupção apelidado de "mensalão" (2004-05), Lula se recuperou e, embora com um apoio eleitoral bem diferente do de 2002, ganhou a reeleição em outubro de 2006 com uma vitória no segundo turno sobre Geraldo Alckmin, governador de São Paulo e candidato do PSDB. Com sua popularidade em patamar jamais alcançado (setenta a 75 por cento de aprovação), houve considerável debate ao longo de 2009 se Lula apresentaria um projeto de emenda à Constituição de 1988, que lhe permitisse concorrer a um terceiro mandato em 2010. Com uma série de maneiras sutis (outras não tanto), ele sinalizou que poderia, de fato, candidatar-se. No fim, Lula declarou: "Eu não brinco com a democracia". Em vez disso, ele promoveu sua pessoalmente escolhida sucessora, Dilma Rousseff (ver Ensaio 6). (Mais de um comentarista compararam a imposição de Dilma por parte de Lula com o famoso *dedazo* dos presidentes do México, durante o período de domínio do PRI.) Dilma venceu as eleições presidenciais de 2010, derrotando José Serra (PSDB) ex-prefeito de São Paulo e então governador do estado de mesmo nome (candidato derrotado em 2002) no segundo turno e com o amplo apoio popular que Lula conseguira em 2006 – para se tornar a primeira mulher presidente do Brasil. Em 2014, Dilma Rousseff foi reeleita, porém dessa feita derrotando por estreita margem no segundo turno o governador de Minas Gerais, Aécio Neves, candidato do PSDB. Foi a sétima eleição presidencial democrática desde a transição do poder militar para os civis, em 1985, e a sexta vez desde 1994 que a eleições, no segundo turno, foi disputada por candidatos do PSDB e do PT.

V

Em 2015, trinta anos após o fim da ditadura militar, o Brasil podia ser inquestionavelmente considerado uma democracia plena, consolidada e aparentemente estável – com um eleitorado de 140 milhões de votantes, de longe a maior democracia da América Latina e a quarta maior do mundo, atrás apenas da Índia, dos Estados Unidos e da Indonésia. Um calendário eleitoral fora estabelecido com eleições regulares, livres e justas tanto para o Executivo quanto para o Legislativo nos três níveis: federal, estadual e municipal. (Nos 29 anos entre as eleições municipais de 1985 e as presidenciais e parlamentares de 2014, os brasileiros foram às urnas por dezessete vezes.)

Pela primeira vez na história da república, o Brasil tinha um sistema político baseado em "um cidadão, um voto" – e a idade de dezesseis anos para votar. As eleições foram muito competitivas e disputadas por elevado número de partidos políticos da esquerda à direita. O processo eleitoral havia sido bastante aprimorado com a introdução das urnas eletrônicas em todas as eleições em 1996. A democracia no Brasil havia sobrevivido a uma crise institucional – o impeachment de Collor de Mello em 1992 – e passado também pelo último teste: a aceitação pelos militares (e pelos mais reacionários elementos das elites políticas e empresariais) da vitória de um candidato do PT na eleição presidencial de 2002 (repetida em 2006, 2010 e 2014).

Evidentemente, existe muito mais do que eleições numa democracia, sejam elas honestamente realizadas ou tenham qualquer nível participação popular: a separação dos poderes, um Judiciário independente, o império da lei, a imprensa livre, a proteção dos direitos individuais e minoritários, etc. Em 2015, o Brasil saiu-se relativamente bem. E não existiram "enclaves autoritários", o que significa, remanescentes do aparato do poder da ditadura militar. As Forças Armadas permaneceram indiscutivelmente subordinadas a governos civis democraticamente eleitos. Finalmente, deve ser realçado que o Brasil é um país com notavelmente poucas tensões ou conflitos regionais, nacionais, raciais, étnicas, linguistas e religiosas, que possam contribuir para ameaçar as democracias, antigas ou novas, na maior parte do mundo. Nesse aspecto, o Brasil é uma terra singularmente abençoada.

Mesmo assim, a democracia brasileira, como todas elas, não deixa de ter seus *flaws* (defeitos) e desafios.[22] Alguns cientistas políticos chegam a ir ao extremo de dizer que, no Brasil, como no restante da América Latina, o sistema presidencialista em si é um obstáculo importante para o funcionamento adequado da democracia representativa. Por mais que seja pobre seu desempenho, por mais que fraco seu apoio no Congresso e nas ruas, os presidentes do Brasil só podem ser removidos antes do término de seus mandatos por medidas extremas:

por exemplo, no caso do Brasil, o suicídio (Vargas 1954), renúncia (Quadros, 1961), golpe militar (Goulart, 1964) ou impeachment pelo Congresso (Collor, 1992). O Brasil teve duas oportunidades para mudar seu sistema de governo durante o processo de democratização: em março de 1988, depois de prolongado debate sobre a questão, a Assembleia Constituinte votou (344 a 212) favoravelmente ao sistema presidencialista em detrimento do parlamentarista; e cinco anos mais tarde (abril de 1993), no plebiscito especificado pela Constituição de 1998, quando 55 por cento do eleitorado votaram pela presidencialismo, 25 por cento por um sistema parlamentarista de governo e vinte por cento de votos brancos ou nulos. (No mesmo plebiscito foi também oferecido aos brasileiros a possibilidade de restaurar a monarquia: doze por cento votaram a favor, comparados com os 66 por cento que apoiaram a república.)

Mas é o sistema eleitoral do Brasil que vem sendo alvo das maiores críticas. A mais não democrática característica da democracia brasileira – e a mais difícil de reformar – é a distribuição dos assentos no Congresso sob o sistema federal. Desde o início da república, os estados menos populosos, menos desenvolvidos e mais politicamente conservadores e clientelistas em especial do Norte e do Nordeste, têm sido super-representados no Congresso, e desde 1934 os estados mais populosos, mais desenvolvidos, em particular São Paulo, sub-representados. Todos os 26 estados brasileiros (e o Distrito Federal) possuem igual número de cadeiras no Senado (três). Todavia, a representação na Câmara dos Deputados não é também proporcional à população ou eleitorado ("um cidadão, um voto", com mais ou menos igual peso), como já mencionamos. A Constituição de 1988 fixou o máximo de sessenta (aumentado para setenta em 1994) e o mínimo de oito assentos por estado. E essa distorção foi agravada pela criação de três novos estados com pequenas populações: Tocantins, separado do estado de Goiás, Roraima e Acre, promovidos do status de territórios. E não foram feitas provisões para uma revisão periódica a fim de se levar em conta as variações demográficas entre estados.

Assim, São Paulo (população de 43,6 almas, eleitorado de 22 milhões) foi contemplado com setenta cadeiras (o máximo); Minas Gerais (20,5 milhões), 53 assentos; Rio de Janeiro (16,9 milhões), 46 assentos; Bahia (14,5 milhões), 39 cadeiras, etc. Mas sete estados e o Distrito Federal com populações menores do que 3 milhões, inclusive Roraima com apenas 500 mil, Amapá e Acre, cada um com 800 mil, todos receberam oito cadeiras. Se as cadeiras fosse distribuídas proporcionalmente às populações ou eleitorados, São Paulo teria 111 deputados e Roraima apenas um. São Paulo possui um assento para cada 622 mil habitantes, Roraima um para cada 66 mil. Dessa maneira, um voto em Roraima vale nove vezes um voto em São Paulo.[23] Os sete menores estados brasileiros (em população, não em tamanho), que juntos respondem por só cinco por cento da população do Brasil, elegem 25 por cento do Senado e mais de dez por cento da Câmara.

Não pode existir democracia sem eleições e, numa democracia moderna de massa e representativa, eleições sem partidos. Aos partidos brasileiros, entretanto, além de raízes históricas – a maior parte deles foi criada depois de 1985 – falta-lhes também identidades ideológicas e programáticas (salvo o PT). E existe uma número excessivamente grande deles. É geralmente admitido que o Brasil possui o mais "subdesenvolvido" e fragmentado sistema partidário do mundo.[24] Em 2015 não existem barreiras constitucionais para a criação de novos partidos. Nas nove eleições entre 1982 e 1996, 76 partidos apresentaram candidatos, embora 39 deles somente uma vez. Cinco partidos disputaram as eleições em 1982, a última durante o regime militar, depois que o sistema bipartidário tinha sido abandonado, 18 em 1998, 35 em 2014. Reconhecidamente, muitos partidos eram por demais pequenos: em 2014, treze partidos receberam menos de um por cento dos votos (juntos só seis por cento). Até mesmo a quantidade de 'partidos efetivos', assim admitidos pelos cientistas políticos, cresceu de 7.7-8.2 entre os anos 1995-2002 para 10.5-11.4 entre 2007 e 2010, e para 13.4 em 2015.

O Brasil tem mais partidos políticos do que qualquer outra democracia. Num estudo de 1.167 eleições em 137 países entre 1919 e 2015, feito por Michael Gallagher, três das quatro eleições disputadas com mais partidos ocorreram no Brasil (2014, 2010 e 2006); a outra foi na Polônia (1991).[25] Além disso, em cada eleição são formadas números desconcertantes de coalizões partidárias, e coalizões diferentes para as eleições presidenciais, estaduais ou municipais. Por exemplo, em 2014, as 46 cadeiras no estado do Rio de Janeiro foram disputadas por 865 candidatos pertencentes a 32 partidos distintos, 23 deles em oito coalizões.[26]

Nas eleições para a Câmara dos Deputados (e para o Senado), o distrito eleitoral no Brasil é o estado; três deles têm mais de 10 milhões de votantes (São Paulo, 22 milhões, elegendo setenta deputados), outros oito possuem mais de 5 milhões de eleitores cadastrados. Os deputados federais (e senadores), dessa forma, quase não têm identificação com seus votantes nem precisam dar satisfação alguma aos que os elegeram. Desde 1945, nas eleições para a Câmara dos Deputados (e para as assembleias estaduais), o Brasil tem adotado o sistema da representação proporcional, juntamente com listas "abertas" de candidatos. Como a afiliação aos partidos é pequena no Brasil e apenas uma minoria dos votantes tem clara preferência por determinado partido (metade dela pelo PT), a maior parte dos brasileiros vota em pessoas, e não em partidos. Nos maiores estados, como vimos, os eleitores têm que escolher entre centenas de candidatos. Em 2014, duas semanas antes da eleição, 93 por cento dos votantes tinham decidido em que candidato votariam para a presidente, mas apenas trinta por cento já tinham seus candidatos para deputado federal. Quarenta e cinco dias passados da eleição, menos da metade dos eleitores se lembravam em quem tinham votado![27]

Como o voto é obrigatório para os cidadãos acima de dezoito e abaixo de setenta anos, em recentes eleições entre dez e vinte por cento do eleitorado votaram nulo ou em branco – práticas comuns (e compreensíveis) durante o período do mando militar, porém preocupantes numa democracia e extraordinariamente inusitadas em qualquer democracia do mundo. Na eleição para a Câmara dos Deputados em 2014, mais de quinze por cento dos eleitores votaram em branco (dez milhões) ou nulo (7,5 milhões); no estado do Rio de Janeiro, a prática ultrapassou 21 por cento dos eleitores.[28] O nulo é sempre um voto jogado fora, e o voto em branco também desde 1997, porque ele não é contabilizado como voto válido, nem para candidato nem para partido, na distribuição dos assentos sob a representação proporcional.

Outros problemas que afetam a liberdade e a justiça das eleições no Brasil – a influência da mídia, em especial da televisão, e os financiamentos das campanhas eleitorais – são comuns em todas as democracias modernas. No entanto, quando comparadas com as eleições nos países mais ricos (Estados Unidos, por exemplo), as eleições brasileiras são exorbitantemente caras. E os financiamentos ilícitos e não comunicados à justiça eleitoral, por parte de companhias privadas e indivíduos para partidos e candidatos (conhecidos como "caixa dois"), são fenômenos generalizados, como os escândalos de corrupção que vêm dominando a política brasileira desde maio de 2014 têm demonstrado (ver abaixo).

O sistema eleitoral brasileiro vem também criando problemas de monta para a governabilidade democrática. O maior partido no Congresso jamais teve mais de que aproximadamente vinte por cento das cadeiras do Parlamento. E nem sempre o maior partido era do presidente. Pode-se citar o PMDB depois da eleição de 1990 quando o PRN, o partido do presidente Collor, tinha apenas sete por cento dos assentos; o PFL depois da eleição de 1998 quando o PSDB, o partido do presidente Cardoso, possuía apenas quinze por cento; e de novo o PMDB depois da eleição de 2014 quando o PT, o partido de presidente Dilma, ficou só com treze por cento. O resultado dessa situação vem sendo chamado de "presidencialismo de minoria permanente", que se transforma, na prática, em 'presidencialismo de coalizão'. O presidente eleito pelo voto majoritário nacional, em dois turnos se necessário, é obrigado a fazer intensas negociações com os líderes de partidos, com políticos individualmente e mesmo com governadores de estados, que detêm sua dose de influência sobre os deputados (de todos os partidos) eleitos em seus estados, antes e particularmente depois das eleições, de modo a garantir para o Executivo uma base sólida e sustentável na Legislatura.

No Congresso de 2011-14, 23 partidos tinham representantes na Câmara dos Deputados (quinze no Senado), e na Câmara eleita em 2014, lá estavam 28 partidos – mais do que em qualquer outra democracia. A Itália, por exemplo, tinha quinze partidos após as eleições de 2013, a Bélgica, treze em 2013, Israel, dez em 2015. Fernando Henrique Cardoso conseguiu uma coalizão de seis ou oito partidos, Lula de oito ou nove, Dilma de doze ou treze. Isso inevitavelmente produz formas extremas de fisiologismo e corrupção. Muitos dos partidos pequenos e de tamanho médio simplesmente se tornam partidos de aluguel. Quando o escândalo do mensalão veio à tona em 2004-05, descobriu-se que deputados haviam sido comprados individualmente. Posições no governo tiveram que ser criadas para acomodar todos os partidos em coalizão. O exemplo mais gritante foi o dos 38 ministros nomeados no início do segundo mandato da presidente Dilma.

Para complicar ainda mais a situação do Executivo, os partidos brasileiros carecem notoriamente não só de consistência ideológica e programática (exceto o PT), como também de coesão e disciplina. Mudanças de partidos são frequentes. Nas sete Legislaturas eleitas entre 1986 e 2010 não menos do 27 por cento dos deputados federais abandonaram os partidos pelos quais tinham sido eleitos durante seus mandatos.[29] Mas isso é uma subestimação da verdadeira mudança de partidos porque alguns deputados o fizeram mais de uma vez – em alguns casos, diversas vezes! – durante a mesma legislatura. Só uma pequena parcela dessas mudanças foi resultante da criação de novos partidos (por exemplo, 27 deputados se juntaram ao PSDB em 1986, 48 ao PSD em 2011). A mudança de partido foi inicialmente considerada uma questão de realinhamento natural da classe política após 21 anos de ditadura militar. Esperava-se que essa situação melhorasse com a consolidação da democracia. Mas isso claramente não ocorreu. Dezoito meses passados depois da eleição da Legislatura de 2014, 97 deputados (dezenove por cento) tinham mudado de partido. Entre as democracias de todo o mundo, apenas a Itália demonstra nível semelhante de infidelidade partidária.

A reforma política tem sido tema de acirrados debates na classe política e nos círculos acadêmicos brasileiros desde meados dos anos 1990. A questão presidencialismo *versus* parlamentarismo não era mais na agenda, assim parece. A distribuição de cadeiras na Câmara dos Deputados entre os estados raramente foi raramente mencionada. O fim da reeleição para cargos do Executivo – presidente, governador e prefeito – de vez em quanto volta ao debate, como também a obrigatoriedade do voto. O financiamento das campanhas constitui um tema recorrente. Mas o foco vem sendo a simplificação do sistema para o eleitor nas votações de deputados (federais e estaduais), tornar os deputados mais responsáveis para com os votantes que os elegeram e a redução do número de partidos. As reformas propostas incluíram, por exemplo, dividir os estados em eleitorados menores, com a eleição de um só representante que consiga maioria; adotar listas "fechadas" dos partidos, se as eleições que englobem todo o estado, baseadas na representação proporcional, continuarem sendo a preferida; banir coalizões partidárias em eleições fundamentadas na representação proporcional; apertar as regras introduzidas em 2007 para a expulsão do Congresso dos deputados que mudarem de partido durante a legislatura para a qual foram eleitos; e, sobretudo; erigir barreiras constitucionais para o registro de partidos[30] e acesso ao Fundo Partidário e ao tempo disponível na mídia durante as eleições.

Foram organizadas diversas comissões do Congresso sobre a reforma política, e muitas propostas foram submetidas à Câmara dos Deputados – a maioria delas derrotada. Não houve consenso sobre a necessidade de uma reforma política no Brasil – entre os partidos e dentro deles (políticos raramente votam para alterar o sistema pelo qual foram eleitos), e a população em geral, o eleitorado, demonstrou pouco interesse.

Além do debate sobre a efetividade e a justiça do sistema eleitoral brasileiro existe uma preocupação mais fundamental de que a relativamente nova democracia no Brasil não está nem ampla nem profundamente legitimada. As pesquisas da opinião pública brasileira e as do instituto Latinobarômetro em Santiago do Chile (que conduz pesquisas anuais sobre atitudes para com a democracia na América Latina desde 1995) consistentemente produziram evidências não apenas de generalizada ignorância sobre questões políticas no Brasil [31], como também – o que mais preocupa – a falta de confiança nos políticos, nos partidos políticos e nas instituições políticas, ou seja, uma desconfiança na democracia em si. Em 2016, o Latinobarômetro revelou que apenas 32 por cento dos brasileiros identificavam a democracia como forma "preferível" de sistema de governo, uma dramática queda na já baixa porcentagem (54 por cento) do ano anterior. O Brasil se encontrava quase no fundo da América Latina, acima apenas da Guatemala.

Alguns podem argumentar que a democracia é apenas "formal", e não "substantiva", se ela não protege os "direitos" econômicos e sociais dos cidadãos. A despeito dos avanços sociais e econômicos feitos nas duas últimas décadas, em particular durante os governos do PT (2003-10) (ver Ensaio 7), os brasileiros também julgaram que a democracia fracassou em promover significativa redução na pobreza, na desigualdade e na exclusão social (que, apesar do pleito brasileiro de ser uma democracia racial, tem clara dimensão racial).

Entretanto, malgrado suas muitas fragilidades e a evidente baixa simpatia com que elas eram vistas, se não pela maioria, por substancial parte do eleitorado brasileiro, as instituições democráticas no Brasil pareciam estar inteiramente consolidadas e fundamentalmente estáveis em janeiro de 2015, no início do segundo mandato da presidente Dilma Rousseff. Todavia, tendo como pano de fundo uma aguda e persistente recessão econômica e o maior escândalo de corrupção já visto na história do Brasil, que lançou dúvidas sobre a validade de todas as eleições presidenciais e parlamentares procedidas desde 2006 e ameaçou engolfar toda a liderança do PT, passada e presente, e também do PMDB, seu principal aliado no governo, a democracia brasileira envia de enfrentar seu maior teste: o controverso e altamente questionado impeachment de uma presidente democraticamente eleita e reeleita – e suas consequências imediatas.

VI

Tudo deve começo com a petição ao Supremo Tribunal Federal pelo PSDB pela anulação da estreita vitória eleitoral de Dilma na eleição de 2014, o primeiro questionamento à legitimidade de uma eleição presidencial desde o fim da ditadura militar. A alegação foi de que ela tinha desinformado seriamente o país quanto ao estado da economia e que sua campanha eleitoral havia sido ilegalmente financiada. Ao mesmo tempo, com o fim do boom das commodities e o fracasso da Nova Matriz Econômica do governo Dilma, o país experimentava uma das mais renitentes recessões da história brasileira. A taxa de crescimento econômico vinha declinando persistentemente desde 2011. A economia cresceu apenas 0,4 por cento em 2014. Em 2015, ela caiu 3,8 por cento (e outros 3,6 por cento em 2016). A inflação disparou, os padrões de vida pioraram, e o desemprego cresceu.

E também foi revelado um nível da corrupção sem precedentes no Brasil, de fato em qualquer democracia moderna. Com início em maio de 2014 e ganhando força ao longo de todo o ano de 2015, a chamada Operação Lava-Jato revelou enorme escândalo envolvendo diretores da estatal Petrobras nomeados pelo governo PT, um cartel de empreiteiras particulares (das quais a Odebrecht era, de longe, a maior), ministros do governo e políticos, em sua maioria pertencentes ao PT, mas também do PMDB, do Partido Progressista (PP) e de outros.

Em outubro de 2015, a taxa de aprovação de Dilma despencou para números de um só dígito, o mais baixo já atingido por um presidente desde o fim dos mando militar, em 1985. Uma pesquisa de novembro do Ibope revelou que 87 por cento dos entrevistados consideravam o governo ruim ou péssimo e 67 por cento eram favoráveis ao impeachment da presidente.

A presidente Dilma começara seu segundo mandato com 69 por cento do apoio da Câmara dos Deputados e 72 por cento do Senado, embora só dezesseis por cento dos deputados e dezessete por cento dos senadores fossem do PT. Seu governo era de coalizão de doze partidos (dos quais oito receberam cargos ministeriais) na qual o PT era minoritário. Sem um horizonte desanuviado quer para a recessão econômica quer pela Operação Lava-Jato – e em razão de sua inexperiência no trato com os parlamentares – Dilma viu-se com dificuldades cada vez maiores para administrar seu governo de coalizão multipartidária. Quando, em outubro, o PMDB, o maior partido no Congresso, seguiu diversos partidos menores e retirou seu suporte, o governo efetivo tornou-se virtualmente impossível.

Em dezembro, o presidente da Câmara dos Deputados, Eduardo Cunha (PMDB), aceitou a petição pelo impeachment de Dilma proposto por três eminentes advogados de São Paulo. Cunha era inimigo político da presidente e também alvo de investigações por corrupção. [32] As acusações contra Dilma não eram de corrupção pessoal, como no caso de Collor de Mello em 1992, nem em qualquer envolvimento direto que a presidente pudesse ter tido nos numerosos escândalos envolvendo a Petrobras. Dilma era acusada de crimes de responsabilidade fiscal e administrativa, que violavam a Constituição e a lei: a manipulação inadequada das contas públicas em 2014 ao transferir fundos dos bancos estatais para cobrir gigantesco déficit fiscal e pelo crescimento do débito público (que ficaram conhecidos como "pedaladas fiscais").

Depois de conseguir a bênção da Suprema Corte (nove dos quais onze ministros foram nomeados por presidentes do PT), a petição pelo impeachment foi encaminhada a uma das comissões da Câmara dos Deputados e aprovada pela maioria dos votos (38 contra 27 votos) e, depois, aprovada pelo plenário da Câmara, em 17 de abril, pelos necessários dois terços dos deputados (367 contra 137 votos). A petição foi também aprovada pelo voto majoritário numa comissão do Senado (55 contra 22 votos, com quatro senadores ausentes), em 12 de maio, atingindo o ponto de Dilma ter de se afastar do poder e passá-lo ao vice-presidente Michel Temer, companheiro de chapa da presidente nas eleições de 2010 e 2014, que se tornou assim presidente interino do país no aguardo da votação no plenário do Senado. Em 31 de agosto, o Senado votou a favor de impeachment (sessenta contra 21 votos). O processo de afastamento da presidente durou quase nove meses e foi, tecnicamente, constitucional e legal.

Todavia, o impeachment da presidente Dilma Rousseff foi também, como talvez todos os processos de impeachment nos sistemas presidenciais, primordialmente político: a "criminalização" e remoção de um fracassado presidente, que perdeu o apoio do Congresso e do povo ("das ruas") – antecipando-se à próxima oportunidade de removê-lo pelo voto (no caso de Dilma outubro de 2018). Para o PT, o impeachment de Dilma foi uma conspiração da "elite" brasileira: deputados e senadores de centro-direita, especialmente do PMDB mas também do PSDB, muitos dos quais profundamente envolvidos com a corrupção e ávidos por neutralizar a Lava-Jato; *big business* (doméstico e no exterior) e a classe média alta, que por bom tempo já havia rompido o pacto original com o Partido dos Trabalhadores; o Judiciário; e a mídia. O objetivo principal foi para acabar com a hegemonia do PT e, em especial, para evitar a eleição de Luiz Inácio Lula da Silva como presidente mais uma vez em 2018. Foi um golpe, se bem que golpe parlamentar, e assim um ataque à democracia brasileira. Os militantes petistas negaram (e ainda negam) a associação da corrupção aos governos do partido, em particular a má condução da economia e a incompetência administrativa do governo Dilma, que levaram o país ao lastimável estado em que estava no fim de 2015 e início de 2016.

O governo Temer, que a oposição insistiu em considerar ilegítimo, foi de fato uma administração de centro-direita, repleta de políticos (inclusive o próprio Temer) sob investigação por terem recebido propinas e contribuições ilegais para suas campanhas, completamente dissociado da maioria dos brasileiros e tão impopular quanto sua predecessora. As eleições municipais em outubro de 2016 produziram a maior porcentagem de votos em branco e nulos desde a introdução da votação eletrônica em 1996. No Rio de Janeiro, por exemplo, as abstenções e os votos em branco e nulos totalizaram 42,5 por cento do eleitorado.

Porem, o governo sobreviveu aos turbulentos primeiros meses, a despeito da perda de diversos ministros acusados de corrupção. Começou a parecer que ele pelo menos poderia continuar precariamente até o fim do mandato original de Dilma (dezembro de 2018). No entanto, em abril de 2017, a publicação da lista "do fim do mundo" de todos os acusados de corrupção pelos diretores da empresa Odebrecht, pareceu implicar oito ministros, 24 senadores, 39 deputados, o presidente do Senado, o chefe da Casa Civil, três governadores de estados – e indiretamente Lula, que já estava sendo investigado pela Lava-Jato, Dilma e Temer. Um mês mais tarde, em 17 de maio, explodiu a bomba da JBS. Em delação premiada, os donos de uma da maiores companhias produtoras de alimentos do Brasil (e talvez do mundo), acusaram o próprio presidente Temer, o presidente nacional do PSDB, Aécio Neves, candidato derrotado em 2014 e potencial candidato à presidência em 2018, e centenas de políticos de todos os partidos no maior escândalo de corrupção até então testemunhado, que ameaçou derrubar o governo Temer. [33]

O presidente recusou-se a renunciar. Em junho, em função de provas irrefutáveis de financiamento ilícito de campanhas, o Tribunal Superior Eleitoral (TSE), mais de dois anos e meio após os eventos, finalmente decidiu não anular, por quatro votos contra três, a eleição presidencial de 2014, o que teria levado à imediata remoção de Temer do cargo. A decisão foi tomada no interesse da estabilidade política e da aprovação das reformas necessárias ao ajuste fiscal e ao crescimento da economia. Temer enfrentava então uma série de acusações por corrupção, lavagem de dinheiro e obstrução da justiça, que deveriam ser levadas à apreciação do Supremo Tribunal Federal. Todavia, essa medida requeria a aprovação de dois terços da Câmara dos Deputados. Temer sobreviveu à primeira votação, em 2 de agosto, e à segunda, em 25 de outubro, com 263 deputados (do total de 513) e 251, respectivamente, votando contra o envio da questão ao STF. Apesar de acusações continuarem a ser feitas contra o presidente e a extrema impopularidade dele – uma pesquisa do Ibope em setembro mostrou que 77 por cento dos entrevistados consideram o governo Temer ruim ou péssimo, apenas 3 por cento óptimo ou bom – a permanência de Temer no cargo, até 1º de janeiro de 2019, em várias ocasiões quase incerta, foi garantida.

VII

As eleições para presidente, assim como para dois terços do Senado, para a Câmara dos Deputados, para governadores e para assembleias legislativas estaduais, aconteceram em outubro de 2018. Seria uma eleição muito diferente daquelas eleições casadas desde 1994. Se encontrava o PT desacreditado ante a importantes setores do eleitorado, como os resultados das eleições municipais de outubro de 2016 haviam demonstrado (ver Ensaio 7). Estavam também deslegitimados todos os principais partidos do governo Temer de coalizão: PMDB/MDB, DEM, PP e, não menos, o PSDB. Isto é dizer, todos os partidos que dominaram a política desde o estabelecimento da democracia no Brasil estavam com problemas de confiança com seus eleitores.[34]

O PSDB, que perdera por estreita margem a eleição presidencial de 2014, poderia esperar ser o maior beneficiário do impeachment de Dilma Rousseff e do fim do governos do PT, em maio de 2016; o partido se saíra bem nas eleições municipais de outubro, vencendo em aproximadamente oitocentos municípios, inclusive em 28 das 92 cidades mais importantes (capitais estaduais e cidades com mais de 200 mil eleitores). (O PMDB ganhou em catorze.) O PSDB, porém, não escapou da série de acusações de corrupção, em particular contra Aécio Neves, seu presidente nacional e candidato à presidência em 2014 (ver acima); o partido ficou profundamente dividido em questões políticas; não tinha desenvolvido novos líderes. Olhando retrospectivamente, pode ter sido um erro o apoio ao PMDB no impeachment de Dilma. E depois foi feito a fatal decisão de se juntar ao governo de coalizão de Temer – e de nele permanecer após do estouro do escândalo da JBS em maio de 2017.

O Partido dos Trabalhadores tinha perdido muito de seu apoio, mas seu líder, o ex-presidente Luiz Inácio Lula da Silva, permanecia sendo o político mais popular no Brasil. Como pré-candidato de seu partido à presidência em outubro de 2018, as pesquisas mostraram-no consistentmente com 35-40 por cento dos votos, malgrado o fato de, em julho de 2017, em Curitiba, o juiz federal Sérgio Moro, responsável pelos casos levados à justiça pela Operação Lava Jato, ter sentenciado Lula a nove anos de prisão por lavagem de dinheiro e corrupção ativa e passiva. Em Janeiro de 2018, o Tribunal Regional Federal, em Porto Alegre, que apreciou o processo de Lula, não só ratificou a condenação anterior, como também aumentou a pena para doze anos. Tornou-se então improvável que Lula concorresse à presidência da república: a Lei da Ficha Limpa de 2010, proibia que candidatos com registros criminais concorressem por oito anos a cargos públicos. Em 7 de abril de 2018, após ser derrotado num último recurso ao STF, Lula começou a cumprir a sentença de prisão no prédio da Polícia Federal em Curitiba. Os seguidores de Lula argumentaram que seu julgamento e prisão tinham sido totalmente políticos, uma extensão do golpe parlamentar que apeara Dilma do poder, e com a precípua finalidade de evitar que ele fosse reeleito presidente. Sem Lula, a eleição presidencial de 2018 seria uma eleição democrática em que o político bem na frente dos outros candidatos nas pesquisas não foi disponível a participar.

No início da campanha presidencial em agosto de 2018, o único candidato que desafiou Lula em popularidade, mas apenas com quinze a vinte por cento da preferência dos eleitores nas pesquisas, foi Jair Bolsonaro, um político da extrema direita, um raro fenômeno na política brasileira. Bolsonaro, com sete mandatos sem repercussão como deputado federal pelo Rio de Janeiro, que nunca ocupou nenhum posto no governo em nenhum nível, era o candidato presidencial do minúsculo Partido Social Liberal (PSL) - o último dos oito partidos aos quais ele pertenceu. Sem um partido importante a apoiá-lo, com recursos financeiros limitados para a campanha e com pouco de exposição no rádio e na TV, não havia para ele muito expectativa da vitória em outubro. Mesmo que chegasse ao segundo turno, previa-se que Bolsonaro seria facilmente vencido por Lula ou, no caso de Lula não poder concorrer, provávelmente por Geraldo Alckmin, governador de São Paulo, que o PSDB, após muitos debates, escolhera como seu candidato presidencial pela segunda vez. Todas as seis eleições desde 1994 haviam sido vencidas pelo PSDB ou pelo PT. O PSDB vencera duas e chegara em segundo lugar nas outras quatro.

Ocorreu que Jair Bolsonaro (com seu candidato a vice, o general Hamilton Mourão) chegou próximo à vitória no primeiro turno com 46 por cento dos votos válidos. Lula, como esperado, foi declarado inelegível. Seu substituto como candidato do PT, registrado na última hora, Fernando Haddad, o ex-prefeito de São Paulo, alcançou o segundo lugar com 29 por cento dos votos. O terceiro foi Ciro Gomes (PDT) com 12,5 por cento. Marina Silva (Rede), que chegou em terceiro lugar com 20 milhões de votos em 2010 e 2014, obteve menos de um milhão em 2018. Geraldo Alckmin (PSDB), mesmo com o apoio dos partidos de centro-direita: MDB[35], DEM[36], PP, etc., só conseguiu 4,76 por cento da votação. No segundo turno, Bolsonaro derrotou confortavelmente Haddad (55 contra 45 por cento) e se tornou presidente eleito do Brasil.

Bolsonaro havia explorado com sucesso o descontentamento da classe media e da nova classe media baixa pela queda dos padrões de vida e elevado desemprego depois anos da recessão econômica, assim pela má qualidade dos serviços públicos, pelo aumento dos níveis de violência urbana e, sobretudo, contra a corrupção revelada pela Operação Lava Jato. Havia também um desencanto com o sistema politico, a classe política e todos os principais partidos políticos, especialmente o PT, que estivera no poder por treze anos e meio dos anteriores 16 anos e foi principalmente responsabilizado pela condição do Brasil em 2018. ('O PT quebrou o Brasil', 'PT nunca mais'). E ele mobilizou parcelas do eleitorado mais pobre no Sudeste e no Sul (mas não no Nordeste e no Norte), que teriam votado em Lula. (Sobre Bolsonaro como populista da extrema direita, ver Ensaio 6.) Bolsonaro tinha o apoio das igrejas evangélicas (e os evangélicos constituíam trinta por cento do eleitorado brasileiro), dos setores do agronegócio, mineração e financeiro, tendo prometido entregar a responsabilidade pela economia a um grupo de 'Chicago boys" neoliberais, e, não menos importante, dos militares. Pela primeira vez na história das eleições brasileiras ele fez uso extraordinariamente efetivo dos meios de comunicação social, principalmente Facebook e WhatsApp. E, como resultado de um fracassado atentado contra sua vida, que o manteve no hospital durante a maior parte da campanha eleitoral, ele não precisou defender suas políticas nos debates na televisão com seus principais opositores.

Bolsonaro foi eleito o presidente do Brasil. É consenso que ele foi eleito democraticamente, à exceção daqueles para quem a ausência de Lula como candidato significa uma grande falha no processo democrático. Entretanto, muitos acreditavam que ele poderia representar uma ameaça à democracia brasileira – quer dizer, o império da lei, a separação dos poderes, um judiciário independente, as liberdades civis, a liberdade da imprensa, os direitos das minorias, as legítimas oposição e dissidência políticas.

No Congresso, Bolsonaro tinha sido uma figura marginal, preocupado sobretudo com a defesa de privilégios corporativos dos militares e da polícia. Ele mesmo um ex-capitão do exército brasileiro, uma parte significativa do seu eleitorado no Rio de Janeiro veio dos militares, ativos ou aposentados, a polícia militar e as milícias, forças para-militares que controlam grandes areas da cidade. Era conhecido por sua retórica incendiária misógina, homofóbica, racista, anti-esquerdista, anti-democráctica. Tornou-se mais identificado nacionalmente como um ferrenho defensor e apologista da ditadura militar (1964-85), inclusive com seu uso da tortura, no voto na Câmara dos Deputados por ocasião do impeachment de Dilma Rousseff em abril de 2016. Foi eleito com forte mandato para limpar a política do Brasil, revitalizar a economia, promover valores conservadores e cristãos, e restaurar a lei e a ordem nas ruas brasileiras. E foi eleito com o apoio dos militares que se esperava fossem ter papel proeminente em seu governo.

O PSL, partido de Bolsonaro, elegeu quatro senadores (nenhum em 2014) e três governadores de estado (nenhum em 2014). Os governadores dos três estados mais importantes do Brasil, São Paulo, Minas Gerais e Rio de Janeiro, deveram suas eleições à identificação que demonstraram com Bolsonaro. Nas eleições para a Câmara dos Deputados o PSL, que elegera apenas um deputado em 2014, e malgrado algumas mudanças de partido, possuía só oito deputados em 2018, elegeu 52 deputados. A bancada do PSL se transformou na segunda maior na Câmara. O PT continuou sendo a maior com 56 (mas caiu de setenta em 2014). Os MDB elegeu 34 (comparados com os 66 de 2014), o PSDB 20 (54 em 2014), o DEM 29 (comparados com os 21 em 2014, mas 43 de meio do mandato). Este é mais uma evidência do dramático declínio do apoio popular aos partidos políticos estabelecidos.

O número de partidos na Câmara dos Deputados cresceu de 26 para trinta (dezessete dos quais com dez ou menos deputados) e no Senado de 17 para 21 (dezesseis dos quais com cinco ou menos senadores, dez deles com apenas um ou dois). [37] Era o Congresso mais fragmentado desde o fim da ditadura militar. O tamanho médio das bancadas era 72 em 1994 e 81 em 1998, mas 53 em 2014 e 43

2018. Em 1994 os cinco partidos maiores tinham 71 por cento dos deputados e 79 por cento em 1998, mas 51 por cento em 2014 e 41 por cento em 2018.[38] Em janeiro de 2019, o novo presidente iria enfrentar os mesmos problemas de governabilidade democrática ainda maior do que aqueles enfrentados pelos seus antecessores imediatos.

O apoio popular à democracia continuou relativamente fraco no Brasil. Em 2018 o Latinobarômetro mostrou que apenas 34 por cento dos brasileiros davam suporte à democracia como sistema político, uma porcentagem apenas maior do que em Honduras, na Guatemala e em El Salvador, e que só nove por cento estavam satisfeitos com a democracia brasileira – o número mais baixo nos dezoito países pesquisados. Dúvidas foram levantadas se as instituições democráticas, restauradas em 1985 após 21 anos da ditadura militar e, com toda as suas deficiências, consolidadas durante os trinta anos seguintes sob a Constituição de 1988, eram suficientemente robustas para deter a inclinação do país, sob Bolsonaro, em direção ao autoritarismo. Além da Hungria, onde Victor Orbán sagrou a expressão "democracia iliberal", veem logo à mente a experiência da Rússia sob Vladimir Putin, da Turquia sob Recep Tayyip Erdogan, da Israel sob Benjamin Netanyahu, da Índia sob Narendra Modi, das Filipinas sob Rodrigo Duterte e, inevitavelmente, dos Estados Unidos sob o mando de Donald Trump. Não há motivo algum para tranquilidade sobre o futuro da democracia liberal e representativa no Brasil. As traduções para o português do *How Democracies Die*, de Steven Levitsy e Daniel Ziblatt, e do *How Democracies End*, de David Runciman, foram *best sellers* no Brasil no fim de 2018.

Notas

Ensaio 5

[1] Richard Graham, *Patronage and politics in nineteenth century Brazil* (Stanford: Stanford University Press, 1990), p. 109, Tabela 2, e p.332, nota 41; Jairo Nicolau, *Eleições no Brasil. Do Império aos dias atuais* (Rio de Janeiro: Zahar, 2012), p. 30. Sobre o sistema político do Império, ver também, Jose Murilo de Carvalho, *A construção da ordem: a elite política imperial; Teatro de sombras: a política imperial* 2ª edição revisada (Rio de Janeiro: Editora UFRJ/Relume Dumará, 1996).

[2] Graham, *Patronage and politics*, pp. 185-86, 300, 202.

[3] Em cinco dos vinte estados (ex-províncias) durante a Primeira República, inclusive São Paulo e Rio Grande do Sul, o chefe do Executivo era chamado "presidente".

[4] Ver Bolivar Lamounier & Judith Muszynski, "Brasil", em Dieter Nohlen (ed.), *Enciclopedia electoral latinoamericana y del Caribe* (San José, 1993), pp.93-134, especialmente a Tabela 2.1 "Evolucion del electorado 1933-1990 [na verdade, 1894-1990] e a Tabela 2.9 Elecciones presidenciales 1894-1989" pp. 125-30, para informações estatísticas sobre as eleições no Brasil depois de 1889. Ver também Jairo Nicolau, *Eleições no Brasil*, um guia indispensável.

[5] José Murilo de Carvalho, *Os bestializados: o Rio de Janeiro e a república que não foi* (São Paulo: Companhia das Letras, 1987), capítulo 3, "Cidadãos inativos: a abstenção eleitoral"; Nicolau, *Eleições no Brasil*, p. 60.

[6] Lamounier & Muszynski, "Brasil" em Nohlen (ed.), *Enciclopedia electoral*, pp. 99, 128.

[7] O melhor livro sobre a Revolução de 1930 permanece sendo o de Boris Fausto, *A revolução de 1930. História e historiografia* (1977; 16ª edição revisada, São Paulo, 1997).

[8] June Hahner, *Emancipating the female sex. The struggle for women's rights in Brazil, 1850-1940* (Durham, N.C: University of North Carolina Press, 1991), pp. 171-73. O sufrágio havia concedido pela primeira vez às mulheres na Nova Zelândia em 1893, seguida pela Austrália em 1902, por alguns países da Europa Ocidental, inclusive a Alemanha, no fim da Primeira Guerra Mundial, mas não até 1928 no Reino Unido. No Hemisfério Ocidental, as mulheres ganharam o direito ao voto no Canadá em 1918 e nos Estados Unidos em 1920, mas entre os países latino-americanos só o Equador, em 1929, antes do Brasil. Apenas em 1944 as mulheres ganharam esse direito na França, por exemplo, em 1946, na Itália, em 1947 na Argentina, em 1953 no México e em 1974 em Portugal.

[9] Nicolau, *Eleições*, Gráfico 2, p. 79.

[10] Sobre o histórico do golpe de 1937, ver Aspásia Camargo et al, *O golpe silencioso. As origens da república corporativa* (Rio de Janeiro: Rio Fundo, 1989).

[11] Ver, por exemplo, Thomas E. Skidmore, *Politics in Brazil, 1930-1964. An Experiment in Democracy* (Nova York: Oxford University Press, 1967) para uma versão anterior desse pleito.

[12] Nohlen (ed.), *Enciclopedia electoral*, pp. 108, 113, 128.

[13] Nicolau, *Eleições*, p. 95.

[14] Nicolau, *Eleições*, Gráfico 3, p. 97. O eleitorado realmente declinou entre as eleições parlamentares de 1954 e as de 1958, de 15,1 milhões para 13,8 milhões, enquanto a população cresceu onze por cento, em razão de um novo registro de votantes em 1956, o primeiro em mais de uma década, com o objetivo de diminuir o número de falecidos nas listas, cadastramentos duplos, mudanças de residência e por aí afora.

[15] Sobre o colapso da democracia pós-guerra em 1964, ver Wanderley Guilherme dos Santos, *Sessenta e quatro: Anatomia da crise* (São Paulo: Vertice, 1986); Argelina Maria Cheibub Figueiredo, *Democracia ou reformas? Alternativas democráticas a crise política, 1961-1964* (São Paulo: Paz e Terra, 1993); Caio Navarro de Toledo, "1964: o golpe contra as reformas e a democracia", em Daniel Aarão Reis, Marcelo Ridenti e Rodrigo Patto Sá Motta (orgs.), *O golpe e a ditadura militar quarenta anos depois (1964-2004)* (Bauru, SP; EDUSC, 2004); Carlo Fico, *Além do Golpe. Versões e controvérsias sobre 1964 e a ditadura militar* (Rio de Janeiro: Editora Record, 2004).

[16] Ver Domingos Leonelli e Dante de Oliveira, *Diretas já. 15 meses que abalaram a ditadura* (Rio de Janeiro: Editora Record, 2004).

[17] Ver Luciano Martins, "The 'liberalisation' of authoritarian rule in Brazil", em Guillermo O'Donnell, Philippe C. Schmitter e Laurence Whitehead (eds.), *Transitions from authoritarian rule: Latin America* (Baltimore: Johns Hopkins University Press, 1986); Thomas Skidmore, "Brazil's slow road to democratisation, 1974-85", em Alfred Stepan (ed.), *Democratising Brazil: Problems of transition and consolidation* (Nova York: Oxford University Press, 1989).

[18] O Brasil foi o último país da América Latina a conceder o direito do voto aos analfabetos. O Uruguai o fez em 1910, Venezuela em 1946, Bolívia em 1952, Chile em 1970, Equador em 1978 e Peru em 1980. Na Europa, Portugal foi o último país a adotar o sufrágio universal – em 1974, seguindo-se à derrubada da ditadura.

[19] Para uma análise interessante do "voto negro" nas eleições de 1985 e 1986, ver Elza Berquó e Luiz Felipe de Alencastro, "A emergência do voto negro", *Estudos CEBRAP*, 33 julho de 1992.

[20] No primeiro turno, Collor conseguiu 30,5 por cento dos votos válidos (isto é, excluídos os votos em branco e nulos)), Lula 17,2 por cento e Brizola 16,5 por cento. No segundo turno, Collor teve 53 por cento e Lula 47 por cento. Nohlen (ed.), *Enciclopedia electoral*, pp. 99, 130.

[21] O presidente Fernando Collor de Mello foi declarado impedido primeiro pela Câmara dos Deputados em 29 de setembro (441 votos a 38) e, depois definitivamente, pelo Senado em 29 dezembro de1992 (76 votos a 3, com duas abstenções), poucas horas depois de ele ter renunciado.

[22] No "Democracy Index 2016" da Economist Intelligence Unit, 167 países são divididos em democracias plenas, democracias defeituosas (*flawed*), regimes híbridos e regimes autoritários. Na América Latina, somente o Uruguai é uma democracia plena. O Brasil (na 51ª posição), atrás do Uruguai (19ª), Chile (34ª) e Argentina (49ª), é uma democracia defeituosa, com nota 6,9. O país é bem conceituado nos quesitos processo eleitoral e pluralismo (9,55), liberdades civis (8,82), menos em funcionamento do governo (6,79) e participação política (5,56), e pobremente pontuado em cultura política (3,75).

[23] Jairo Nicolau, *Representantes de quem? Os (des)caminhos do seu voto da urna à Câmara dos Deputados* (Rio de Janeiro: Zahar, 2017), pp. 100-04.

[24] Sobre o sistema partidário do Brasil, ver em particular a obra de Scott P. Mainwaring: "Brazilian party underdevelopment", *Political Science Quarterly*, 107/4 (1992); "Brazil: weak parties, feckless democracy", em Scott P. Mainwaring e Timothy R. Scully (eds.), *Building democratic institutions: Parties and party systems in Latin America* (Stanford: Stanford University Press, 1993); e *Rethinking Party Systems in the Third Wave of Democratisation. The case of Brazil* (Stanford: Stanford University Press, 1999).

[25] Citado em Nicolau, *Representantes*, p. 90.

[26] *Ibid.*, p. 37.

[27] *Ibid.*, p. 62.

[28] *Ibid.*, p. 25.

[29] *Ibid.*, p. 80.

[30] Um mínimo de dois por cento da votação nacional nas eleições prévias a fim de que o partido se registrasse para a próxima, poderia, potencialmente, reduziria o número de partidos brasileiros para treze; um mínimo de três por cento para nove; e um mínimo de cinco por cento, para sete partidos.

[31] O eleitorado brasileiro não apenas é avassaladoramente pobre, como também analfabeto, semialfabetizado ou, na melhor das hipóteses, pobremente educado. "Temos que educar nossos senhores", foi a famosa declaração de Robert Lowe na Câmara dos Comuns, quando foi aprovada a Lei da Reforma de 1867 na Inglaterra. Quase um século depois, Anísio Teixeira, um dos maiores educadores do Brasil, afirmou: "Só existirá democracia no Brasil no dia em que a máquina que prepara o povo para a democracia – a escola pública – for montada no país'. O ensino público brasileiro, tanto a educação primária quanto a secundária, permanece tristemente inadequado.

[32] 18 dias depois o impeachment de Dilma pela Câmara dos Deputados de ter acontecido em abril de 2016 Cunha foi afastado do seu cargo pelo STF. Em setembro ele foi cassado pela Câmara e em março de 2017 condenado a quinze anos de prisão por corrupção.

[33] Vários destacados políticos e homens de negócios, que previamente se consideravam acima das leis e desfrutavam de extraordinário nível de impunidade, estavam presos e condenados a longas sentenças pela Operação Lava-Jato e pelas outras operações anti-corrupção posteriores. E muitos mais se encontravam

sob investigação. É evidente que tal patamar de malfeitos constituía um novo e potencial perigo para a democracia: a chamada judicialização da política, o papel cada vez mais importante na política dos ministros não eleitos do Supremo Tribunal Federal e de outros juízes federais.

[34] Pesquisas conduzidas pelo Instituto Nacional de Ciência e Tecnologia (INCT), em junho de 2018, revelou que 78 por cento dos brasileiros não confiavam em qualquer partido político do país (comparados com os 46 por cento de 2004).

[35] Em dezembro de 2017, o PMDB mudou sua sigla para MDB (Movimento Democrático Brasileiro), nome que tinha como partido minoritário de oposição à ditadura militar, de outubro de 1965 até a "reforma" do partido em dezembro de 1979.

[36] O Partido da Frente Liberal (PFL), fundado em 1985, havia mudado seu nome em 2007 para Democratas (DEM).

[37] A despeito dos intensos debates sobre a necessidade de uma reforma política após o impeachment de Dilma, a única reforma que realmente avançou para as eleições de 2018 foi o fim do financiamento corporativo das campanhas eleitorais e a imposição do modesto limite de 1,5 por cento dos votos válidos nas eleições para a Câmara dos Deputados (programado para subir a 2 por cento em 2022, 2,5 por cento em 2022 e 3,0 por cento em 2030) para um partido requerer apoio financeiro de um robustecido Fundo Partidário (com recursos do Estado) e tempo gratuito de propaganda pelo rádio e pela TV durante as eleições futuras. Nove partidos na Legislatura eleita em 2018 não conseguiram atingir o limite. Sem recursos financeiros e tempo de propaganda gratuito na mídia, era provável que alguns deles migrassem para partidos maiores. Mas isso só diminuiria o número de partidos na Câmara dos Deputados de trinta para 21.

[38] Sérgio Abranches, 'Polarização radicalizada e ruptura eleitoral' in *Democracia em risco? 22 ensaios sobre o Brasil hoje* (São Paulo: Companhia das Letras, 2019), p. 13. Por uma tentativa preliminária de explicar os resultados da eleição de 2018, ver Maurício Moura e Juliano Corbellini, *A eleição disruptiva. Por que Bolsonaro venceu* (Rio de Janeiro: Record, 2019) e, sobretudo, Jairo Nicolau, *O Brasil dobrou à direita. Uma radiografia da eleição de Bolsonaro em 2018* (Rio de Janeiro: Zahar, 2020).

ENSAIO 6

POPULISMO NO BRASIL*

No colóquio "To define populism" [Para definir o populismo] realizado na London School of Economics em 1967, há cinquenta anos, o eminente cientista político norte-americano Richard Hofstadter, autor de *The American Political Tradition* [1948], *The Age of Reform* [1955] (sobre o populismo nos Estados Unidos durante a *Progressive Era* [Era Progressista]) e *The Paranoid Style in American Politics* [1964], apresentou um trabalho intitulado "Everyone is talking about populism, but no-one can define it" [Todos falam sobre populismo, mas ninguém pode defini-lo]. Desde então houve centenas de livros, artigos e conferências sobre populismo – por historiadores, cientistas políticos, sociólogos, e até mesmo economistas, bem como jornalistas e comentaristas políticos. Quase todos começam por uma declaração de que não há definição consensual de populismo, em especial porque o populismo teve diferentes conotações em diferentes momentos ao longo dos últimos cem anos e em muitas partes diferentes do mundo, sobretudo nos Estados Unidos, América Latina e Europa. No estudo tanto de história política quanto da política con-

* Este ensaio é uma versão revista e ampliada de "Populism, neo-populism and the Left in Brazil: from Getúlio to Lula", in Cynthia Arnson e Carlos de la Torre (orgs), *Latin Amerian Populism of the Twenty-First Century,* Washington D. C.: Wilson Center Press/Baltimore: Johns Hopkins University Press, 2013, capítulo 7, p. 179-20.

temporânea, o populismo foi, e continua a ser, um conceito fugidio reconhecidamente difícil de se definir.

O populismo talvez seja mais bem e mais simplesmente compreendido como um fenômeno político que abrange movimentos e partidos, frequentemente mas nem sempre, com líderes "carismáticos", que aspiram ao poder, alcançam o poder (em geral, mas nem sempre, por meio de eleições), exercem o poder e retêm o poder pela reinvindicação de algum tipo de relação e identificação direta ou quase direta, sem mediação, com "o povo", em especial aqueles setores da população anteriormente excluídos da política, que são mobilizados, frequentemente pela primeira vez, contra as estruturas de poder estabelecidas (políticas, econômicas, sociais, intelectuais e culturais), dominadas pela "elite". O discurso, ou a retórica, populista é construído, simplisticamente, em torno de um antagonismo fundamental, aquilo a que o sociólogo equatoriano Carlos de la Torre se refere como "confrontação maniqueísta", entre o "povo", vagamente definido, e a "elite" também vagamente definida. O populismo é uma *prática* política, uma *estratégia* política, uma linguagem *política,* não uma *ideologia* política como o liberalismo ou o socialismo. Ideologicamente, o populismo tem sido sempre eclético, vago, confuso – e não é para ser tomado muito a sério, a despeito dos esforços heróicos de intelectuais pós-marxistas, em especial do falecido cientista político argentino Ernesto Laclau e de sua mulher (agora viúva), a cientista política belga Chantal Mouffe.[1]

Na América Latina,[2] para os chamados "populistas clássicos" ou populistas da primeira geração, da década de 1930 à de 1960 (um período que testemunhou rápida mudança econômica e social e os primórdios da política de massa), o que estava disponível para a mobilização política era a nova classe trabalhadora urbana, recentemente emancipada, e a classe média baixa urbana administrativa do setor público. (A massa dos pobres rurais era amplamente ignorada já que não votava ou seus votos eram dados a proprietários rurais e chefes políticos locais.) Eleitos ou não, os líderes populistas eram invariavelmente autoritários e no melhor dos casos ambivalentes em relação a instituições democráticas liberais tal como existiam. Ao mesmo tempo, fomentavam a inclusão política (embora não o *empowerment*), e propiciavam alguma justiça social por meio de uma (bastante limitada) distribuição de riqueza e fornecimento de bem estar a sua base social.

Somente o Chile e a Argentina (antes da Segunda Guerra Mundial) tinham partidos socialistas que alcançaram alguma dose de sucesso eleitoral. Os partidos comunistas latino-americanos, exceto por um breve período entre o final da Segunda Guerra Mundial e o começo da Guerra Fria, eram pequenos, isolados, ilegais – e pesadamente reprimidos. Assim, o espaço político ocupado na Europa Ocidental por partidos da esquerda comunista e socialista/social democrática – e nos Estados Unidos pelos Democratas do New Deal – era ocupado na América Latina por políticos e partidos populistas. Todavia, mais do que comprometidos com transformação social, e muito menos socialista, eles eram, no melhor dos casos, modestamente reformistas. Eram muito hostis aos partidos tradicionais de esquerda, e a esquerda era hostil a eles – a esquerda não comunista pelo menos. Os partidos comunistas latino-americanos eram com frequência ambivalentes em relação ao populismo.

Os chamados "neopopulistas" emergiram a partir do final da década de 1980, depois de muitos cientistas políticos e sociólogos terem anunciado o fim do populismo na América Latina. Aproveitando a persistência da extrema pobreza e desigualdade – de fato sua piora durante as décadas de 1980 e 1990 – e a "terceira onda" de democratização, estavam em condições de mobilizar os setores da população marginais de baixa renda e educação precária, antes politicamente desorganizados e excluídos, tanto os novos pobres urbanos, resultantes de uma migração rural-urbana sem precedentes desde a década de 1950, e os pobres rurais, inclusive em muitos países as populações indígenas, assim ampliando significativamente a base social do populismo "clássico". Ultrapassando partidos políticos estabelecidos que se mostraram ineficazes na articulação ou na reação a exigências econômicas e sociais do "povo", criaram novos movimentos sociais e políticos, e de modo bem sucedido concorreram em eleições democráticas.

No poder, partidos e políticos "neopopulistas" têm sido, como os populistas "clássicos", na maior parte autoritários, impacientes com as restrições democráticas constitucionais e institucionais à "vontade do povo". Seus opositores eram "inimigos do povo". Os "neopopulistas de direita" como, por exemplo, Carlos Menem na Argentina e Alberto Fujimori no Peru oportunisticamente usaram descontentamentos populares para alcançar o poder, mas a seguir fracassaram no enfrentamento às elites solidificadas. Implementaram agendas "neoliberais" que pouco fizeram para melhorar a condição dos pobres que os haviam eleito. Os "neopopulistas de esquerda", como, por exemplo, Hugo Chávez na Venezuela, Rafael Correa no Equador e Evo Morales na Bolívia, adotaram programas antipobreza radicais e outras políticas sociais para realizar uma significativa distribuição de riqueza. Enquanto na maior parte, como os populistas "clássicos", os "neopopulistas de esquerda" têm sido em geral opostos aos partidos tradicionais de esquerda (e tendo a oposição destes), que eram ainda mais fracos agora do que nas décadas de meados do século XX, alguns se descrevem como "socialistas do século XXI". Em alguns casos, fomentaram experiências radicais em formas diretas e participativas de democracia – mas ao custo, pode ser dito, de enfraquecer, e até mesmo destruir, a democracia liberal representativa. E invariavelmente buscaram políticas macroeconômicas "irresponsáveis". Em *The Macroeconomics of Populism in Latin America* (1991) Rudiger Dornbusch e Sebastian Edwards definiram muito bem o populismo econômico como "a busca a curto prazo de crescimento e distribuição de renda ao custo de inflação e grandes déficits fiscais".

Na literatura histórica sobre populismo "clássico" na América Latina, Getúlio Vargas, presidente do Brasil de 1930 a 1945 e de 1951 a 1954, recebe sempre lugar de destaque, ao lado, por exemplo, de Juan Perón da Argentina, José Maria Velasco Ibarra do Equador, Jorge

Eliécer Gaitán da Colômbia e mesmo, inutilmente, Lázaro Cardenas do México. Mas Getúlio era um populista? E caso tenha sido, quando? E não houve outros políticos brasileiros, tanto no nível nacional quanto em nível regional, igualmente ou mesmo mais merecedores da qualificação de "populista"? Fernando Collor de Mello, presidente do Brasil entre 1990 e 1992, é em geral incluído na categoria dos "neopopulistas de direita". A última indagação a ser formulada neste ensaio é até onde Luiz Inácio Lula da Silva – líder do Partidos dos Trabalhadores (PT), fundado em 1980, presidente do Brasil de 2003 a 2010 e candidato à reeleição em 2018 – pode ser considerado um "neopopulista de esquerda", e Jair Bolsonaro – candidato presidencial do Partido Social Liberal (PSL) e vencedor em 2018 – um 'neopopulista de direita".

I

Getúlio Vargas chegou ao poder no Brasil pela primeira vez em 1930. Proprietário rural, advogado e governador do Rio Grande do Sul, aos 48 anos de idade Vargas foi o candidato da "oposição" derrotado nas eleições presidenciais de março (em que apenas dez por cento da população adulta votaram). Uma rebelião armada seis meses depois, conduzida por membros dissidentes da oligarquia política e jovens oficiais do exército descontentes, desencadeou um *golpe*, que tinha à frente generais do exército, e a transferência do poder para Vargas em novembro. Embora houvesse um certo descontentamento popular na época, particularmente à medida que os primeiros efeitos da depressão mundial começaram a ser sentidos, e algum entusiasmo pela mudança de regime, pelo menos no Distrito Federal (Rio de Janeiro), as forças populares desempenharam apenas um pequeno papel na "Revolução" de 1930. O que Louis Couty, francês residente no Rio de Janeiro, havia muito bem escrito quase cinquenta anos antes permanecia essencialmente verdade: "O Brasil não tem povo", ou seja, não tem forças populares que pudessem ser efetivamente mobilizadas para fins políticos.[3] Nessa etapa de sua carreira, Vargas via pouco potencial na mobilização política popular. *O povo* era composto de espectadores políticos, não de atores políticos.

Vargas foi chefe de um governo provisório até julho de 1934. Sob a vigência de uma nova Constituição, ele então eleito presidente pelo Congresso para um mandato fixado em quatro anos. A partir de novembro de 1935 ele governasse sob estado de sítio. Durante esse período ele primeiro favoreceu e depois destruiu as carreiras políticas dos primeiros dois políticos no Brasil que podiam ser chamados de "populistas": Pedro Ernesto Baptista e José Américo de Almeida.

Reputado médico e protegido político de Vargas, Pedro Ernesto Baptista tornou-se prefeito do Distrito Federal (Rio de Janeiro) em eleição indireta em abril de 1935, mas logo a seguir começou a se dirigir diretamente aos pobres urbanos com retórica populista e um programa de redução da pobreza, reforma da saúde e da educação e estatização de serviços públicos básicos. Ele tinha afinidade com a *Aliança Nacional Libertadora* (ALN), uma frente popular apoiada pelo Partido Comunista Brasileiro (PCB), que era ilegal desde sua fundação em 1922, com exceção de um período de uns poucos meses. Pedro Ernesto tornou-se vítima da repressão que se seguiu à tentativa de levante comunista em Natal, Recife e Rio de Janeiro em novembro de 1935 (ver ensaio 7). Em abril de 1936 foi afastado do cargo e sentenciado a três anos de prisão. Foi libertado em setembro de 1937, mas se encontrava em más condições de saúde. Morreu de câncer aos 58 anos, em agosto de 1942. Multidões ocuparam as ruas por ocasião de seu funeral.[4]

José Américo de Almeida, conhecido escritor (autor do clássico romance de temática nordetina, *A bagaceira,* 1928) e um dos líderes da "Revolução" de 1930, tornou-se em 1937 o "candidato oficial" nas eleições presidenciais programadas para janeiro de 1938. Durante a campanha eleitoral, atacou o candidato de oposição Armando Sales como sendo este conservador e elitista, o representante da plutocracia paulista e do capital estrangeiro. Apresentou-se como o candidato dos pobres e esquecidos, denunciando as condições sob as quais a maioria dos brasileiros viviam e prometendo fragmentar as grandes propriedades rurais, estender o alcance da seguridade social e distribuir a riqueza (*a política dos pobres*). Como Pedro Ernesto, José Américo foi finalmente acusado de ter afinidades comunistas, e já havia sido forçado a retirar sua candidatura quando as eleições foram de qualquer modo abortadas pelo golpe de novembro de 1937 que pôs Vargas como ditador sob o Estado Novo (1937-45).[5]

Um importante aspecto do Estado Novo foi a criação de uma nova relação entre o estado e o sindicalismo – tanto trabalhadores da indústria manufatureira quanto funcionários administrativos do setor público, na maior parte concentrados no Rio de Janeiro e em São Paulo. Um quarto da força de trabalho urbana do Brasil – meio milhão de trabalhadores – estava sindicalizada. A repressão foi substituída pela cooptação. De um lado, os sindicatos careciam de autonomia e eram subordinados ao estado; os trabalhadores não tinham permissão para se envolver em atividade política, nem em greve. De outro lado, os sindicatos eram legalmente reconhecidos, os líderes sindicalistas tinham alguma (limitada) influência política, e os aumentos de salário e os benefícios da seguridade social (aposentadorias, saúde, etc.) foram estendidos a número crescente de trabalhadores industriais, servidores públicos e seus dependentes. À medida que no final da Segunda Guerra Mundial aumentava a pressão para uma "democratização" política, o Estado Novo passou da cooptação para a mobilização. O *trabalhismo* foi inventado por um regime que começou a reconhecer o futuro potencial *político* do sindicalismo. A propaganda estatal enfatizava cada vez mais os ganhos econômicos e sociais obtidos pelos trabalhadores durante o Estado Novo e projetou Vargas como "o pai dos pobres".[6] Não havia nada em seu passado, ou mesmo em sua personalidade, que sugerisse que Vargas pudesse tornar-se um líder político populista carismático, mas o terreno estava sendo preparado para uma surpreendente mudança de direção em 1945.

Nas eleições presidenciais e legislativas finalmente programadas para o final de 1945 todos os homens e mulheres alfabetizados com mais de dezoito anos tinham direito ao voto (e o voto era obrigatório). O eleitorado tinha se expandido de menos de 10 por cento (em 1930) para mais de 30 por cento da população adulta (ver ensaio 5). Não está claro se Vargas, que fora presidente continuadamente desde 1930, mas nunca diretamente eleito, pretendia ou esperava apresentar-se à eleição de 1945. Ele controlava o aparato estatal. Podia contar com considerável apoio político de setores não exportadores da oligarquia rural e de industriais, mas também - ele agora acreditava, com justificável confiança – da classe média baixa urbana, especialmente no setor público, e, acima de tudo, do sindicalismo. Vargas fundou o *Partido Trabalhista Brasileiro* (PTB) e instava os trabalhadores brasileiro a aderir a ele.[7] Os dois partidos "conservadores" criados em 1945 indicaram candidatos para a presidência, o *Partido Social Democrático* (PSD) um general do exército, a *União Democrática Nacional* (UDN) um brigadeiro da aeronáutica. O PTB não o fez. Vargas, todavia, incentivou o debate público da ideia de um terceiro candidato, um "candidato civil do povo". João Batista Luzardo, que tinha motivo para saber, mais tarde afirmou que "Vargas tinha apenas um terceiro candidato em mente: ele próprio".

Os seis meses de maio a outubro de 1945 testemunharam um nível sem precedentes de mobilização política nas principais cidades do Brasil orquestrada em parte pelo Partido Comunista (PCB), que agora era legal (ver ensaio 7), mas mais particularmente por um novo movimento político, o *Queremismo*, formado em torno do slogan "Queremos Getúlio". Por trás do movimento estava a máquina de propaganda do Estado Novo, ministros do governo, destacados funcionários do Ministério do Trabalho e das instituições de previdência social, líderes sindicalistas aceitos pelo governo (os chamados *pelegos*), líderes nacionais e estaduais do PTB e alguns homens de negócio "progressistas" – a "gangue fascista", como a embaixada britânica gostava de chamá-los. Manifestações de massa em uma escala nunca antes vista no Brasil foram organizadas no Rio de Janeiro em agosto, setembro e outubro.[8] Dificilmente se pode acreditar, como às vezes é afirmado, que Vargas nada soubesse do movimento *Queremista.* Ele na verdade o promoveu ou simplesmente o tolerou? Certamente nada fez para o deter. O objetivo era a indicação de Vargas como candidato presidencial – e a subsequente vitória eleitoral? Ou estavam (ele estava) preparando o terreno para um golpe populista?

No final, Vargas não foi candidato, independentemente da tentação. E para garantir que as eleições marcadas para dezembro não fossem abortadas, como em 1937, os militares tiraram-no do poder em outubro de 1945. Nas eleições presidenciais, o apoio derradeiro, e algo relutante, oferecido por Vargas foi crucial para a vitória do antigo Ministro da Guerra, General Dutra, candidato do PSD *e* do PTB. Nas eleições para o congresso (em que candidatos podiam concorrer em mais do que um estado), Vargas foi eleito senador no Rio Grande do Sul e em São Paulo e deputado federal no Distrito Federal e em seis outros estados, acumulando um total de 1,3 milhão de votos. Mais de um quinto do eleitorado brasileiro votou nele. Ele escolheu ser senador por seu estado natal, o Rio Grande do Sul.

Na Republica Liberal do pós-guerra (1945-1964), houve eleições regulares para presidente e para o Congresso, governadores de estado e assembleias dos estados, prefeitos e câmaras municipais, e o eleitorado cresceu de 7,5 milhões em 1945 para 18,2 milhões, metade da população adulta, em 1962. E já que o voto continuava a ser obrigatório, o comparecimento nas eleições era elevado (ver ensaio 5). Novas possibilidades sugiram para os políticos populistas, em especial desde que o principal, e virtualmente único, partido de esquerda, o PCB, mais uma vez foi declarado ilegal a partir de maio de 1947.

Em fevereiro de 1949, em uma entrevista com o jornalista Samuel Wainer em *O Jornal,* Vargas teria dito, pensando na eleição presidencial de outubro de 1950: "Sim, eu voltarei, não como líder político, mas como líder de massas". O PTB tinha força eleitoral no Rio de Janeiro e no Rio Grande do Sul, mas isso não era suficiente para ganhar a presidência. Junto com o governador Ademar de Barros, que tinha, como veremos, construído uma poderosa máquina política no estado de São Paulo (que contava 20 por cento do eleitorado brasileiro), Vargas formou uma *Frente Popular* contra o PSD e a UDN e a "elite", e ganhou a eleição, em que concorriam três candidatos, com 48 por cento dos votos, sendo não menos do que um quarto de seus votos provenientes de São Paulo. Mas por fim ele fizera uma campanha na maior parte acima dos partidos e deveu sua vitória a seu apelo direto, pessoal aos trabalhadores sindicalizados e ao povo em geral (pelo menos àqueles que podiam votar) baseado em seu recorde como presidente/ditador no Estado Novo e seu projeto de mais desenvolvimento econômico e reforma social.

A administração Vargas (1951-4) era multipartidária e essencialmente conservadora. Todavia, a decisão de criar uma companhia estatal, Petrobras, com um monopólio sobre as reservas de petróleo e sua extração, e a campanha nacionalista desencadeada sob o slogan "O petróleo é nosso", para garantir sua aprovação no Congresso, gerou possivelmente o maior nível de mobilização popular urbana jamais visto no Brasil. E na segunda metade de seu mandato, Vargas tentou estreitar seus vínculos com o sindicalismo por meio da indicação de João (Jango) Goulart como Ministro do Trabalho. Goulart, um jovem (34 anos) fazendeiro e político do Rio Grande do Sul, era desde 1952 presidente nacional do PTB e pessoalmente próximo de Vargas. Tinha a reputação, amplamente injustificada, de ser um *trabalhista* radical, um admirador de Perón na Argentina, e a favor do estabelecimento de uma *república sindicalista* no Brasil.

Em fevereiro de 1954 Vargas pôs em prática um aumento de cem por cento do salário mínimo, juntamente com melhorias da previdência social e das aposentadorias, e anunciou que iria estender a legislação trabalhista existente aos trabalhadores rurais, terminando sua fala com essa afirmação provocativa: "Vocês [trabalhadores do Brasil] constituem uma maioria. Hoje vocês estão com o governo. Amanhã vocês serão o governo". Todavia, a pressão para sua renúncia subiu.

Era alegado por seus inimigos que ele tinha ambições ditatoriais. Sob a constituição de 1946, ele não podia ser reeleito em 1955, mas eles relembraram os acontecimentos políticos de novembro de 1937 e outubro de 1945. Para evitar ser afastado do cargo pelos militares uma segunda vez, Vargas suicidou-se em 24 de agosto, e com esse ato garantiu que o *getulismo* permaneceria uma força poderosa na política brasileira muito depois de sua morte.

Qualquer que seja o elemento de tragédia pessoal, o suicídio de Vargas era, e se destinava a ser, uma bomba política. Vargas deixou uma *carta-testamento,* um dos documentos mais famosos da história brasileira. Ele sempre fora, disse ele, "um escravo do povo". Havia retornado ao poder em 1950-1 "nos braços do povo" e tinha buscado defender o povo e em particular os muito pobres contra os interesses poderosos, domésticos e estrangeiros, que ameaçavam seus esforços para governar o país no interesse nacional e nos interesses do povo. Agora, velho e cansado, ele estava "serenamente" dando o primeiro passo no caminho da eternidade, "deixando a vida, para entrar na História".[9] Se existiu um documento populista, foi este. A carta de Vargas, que foi imediatamente lida em transmissão nacional de rádio e publicada em todos os jornais, teve um impacto popular enorme. Centenas de milhares de brasileiros foram para as ruas do Rio de Janeiro, Porto Alegre, Belo Horizonte, Recife e outras cidades. Houve cenas de extrema emoção (e alguma violência). No Rio, imensas multidões acompanharam o corpo de Vargas ao aeroporto Santos Dumont para o transporte ao Rio Grande do Sul e enterro em São Borja.

No nível regional, tanto estadual quanto municipal, há vários exemplos de políticos populistas no Brasil durante a República Liberal: por exemplo, Leonel Brizola (PTB), que foi eleito prefeito de Porto Alegre em 1955, governador do Rio Grande do Sul em 1958 e, com imensa votação popular, deputado federal pela Guanabara (a cidade do Rio de Janeiro) em 1962;[10] Miguel Arraes (PTS – Partido Social Trabalhista), eleito governador de Pernambuco em 1963; e em São Paulo, o estado brasileiro mais populoso e economicamente desenvolvido, Ademar de Barros e Jânio Quadros, que em 1960 foi eleito presidente.[11]

Ademar de Barros, fazendeiro de café e industrial, que governara São Paulo durante o Estado Novo, formou em julho de 1946 o *Partido Social Progressisa* (PSP), um veículo político para ele mesmo em um estado onde de modo interessante (e significativamente) todos os três principais partidos, PSD, UDN e PTB, eram relativamente fracos. Projetando uma imagem populista de "homem do povo", com uma poderosa mensagem antielite para uma massa de seguidores de classe baixa, e gastando em escala maciça, Ademar tornou-se em janeiro de 1947 primeiro governador eleito popularmente em São Paulo. O *ademarismo* tinha nascido.[12] No cargo, ele fez uso liberal de fundos públicos para manter sua base política popular e não se envergonhou de usar o slogan "ele rouba, mas faz". Ajudou a eleger Getúlio presidente em 1950, como vimos. Mas em 1954, em uma segunda tentativa para se tornar governador, Ademar perdeu por pouco para outro populista, Jânio Quadros. Em 1955 concorreu à presidência, chegando em terceiro com 26 por cento dos votos, mas ganhando tanto em São Paulo quanto no Distrito Federal. Em 1957 foi eleito prefeito da cidade de São Paulo e, depois fracassar numa segunda tentativa de se tornar presidente em 1960, foi eleito governador do estado novamente em 1962. Todavia, dois anos depois, com esmagador apoio da classe média paulista, Ademar de Barros deu respaldo civil ao golpe militar antipopulista de 1964.

Jânio Quadros, um mato-grossense atuando em São Paulo, começou uma carreira política meteórica quando em 1947 se candidatou a vereador em São Paulo aos trinta anos de idade. Em 1950, tornou-se deputado estadual, com a maior votação entre todos os candidatos. Em março de 1953, obteve a famosa vitória contra o candidato apoiado pelos três maiores partidos para se tornar prefeito de São Paulo, a primeira capital de um estado a eleger um prefeito por voto popular – depois de oito prefeitos nomeados desde 1945.

Por fim, em outubro de 1954, depois de apenas oito anos na política e dezoito meses como prefeito, Quadros foi eleito governador do estado, novamente sem o apoio formal de qualquer dos três principais partidos, derrotando por pequena margem Ademar de Barros, seu principal rival pelo voto popular. Nessas duas eleições, Quadros, que nunca teve o apoio completo do sindicalismo urbano, mobilizou de modo bem sucedido os pobres das periferias da cidade de São Paulo e outras principais cidades no estado de São Paulo. O *janismo* foi o primeiro gosto que o Brasil teve do populismo de massa baseado no apoio dos pobres urbanos a um político carismático com uma forte mensagem tanto ética (anticorrupção) quanto contrária à elite.

Na eleição presidencial de outubro de 1960, Jânio Quadros tornou-se o candidato da coalização de centro-direita de cinco partidos liderados pela conservadora UDN, estando seu antigo populismo radical aparentemente abandonado. Sua campanha para presidente foi digna de nota, mesmo para seus próprios padrões, por sua confusão ideológica. Personalidade contraditória e enigmática, Jânio foi apoiado por muitos empresários, em especial aqueles ligados ao capital estrangeiro, e pela classe média urbana, mas também por 160 sindicatos filiados ao Movimento Renovação Sindical e pelo "povo" de modo mais geral, a quem ele oferecia (por exemplo, em seu discurso em setembro para uma multidão de 100.000 pessoas em Recife) reformas de base nacionalistas-populistas, incluindo a extensão da legislação social a trabalhadores rurais. Ele ganhou a eleição com 5.6 milhões de votos (48.3 por cento dos votos, ligeiramente melhor que Vargas em 1950), mais da metade dados pelo estado de São Paulo.

Jânio Quadros construíra uma carreira política, que em quatorze anos o levara de vereador em São Paulo a presidente da república, à margem do sistema partidário, sem uma ideologia ou programa ou até mesmo muita organização. Tinha um mandato como moeda de troca, embora, à parte a arrumação da política e da administração, não ficasse claro que moeda era essa. Havia despertado grandes esperanças quanto ao futuro, mas não estava claro que tipo de futuro. Na presidência, foi arrogante e autoritário. Ignorou amplamente as regras do jogo político. Acreditava que podia governar sem o Congresso já que "o povo está comigo". Não negociava com seus opositores, nem tentou cooptá-los. Mesmo seus aliados se sentiam desconfortáveis com suas políticas mais "populistas" ou "progressistas" que incluíam legislação antitruste, controle sobre a remessa de lucros ao estrangeiro, reforma agrária, reforma política para dar direito de voto aos analfabetos e uma política externa de Terceiro Mundo, independente, antiimperialista que incluía a restauração diplomática das relações com a União Soviética, o estabelecimento de relações comerciais com a Alemanha Oriental e o bloco do Leste e, acima de tudo, relações mais estreitas com a Cuba pós revolucionária.

Em agosto de 1961, depois de sete meses no poder, Jânio Quadros surpreendeu o país ao renunciar, aparentemente acreditando que retornaria, como Getúlio em janeiro de 1951 (ou De Gaulle na França em dezembro de 1958), "nos braços do povo". Os militares e o Congresso movimentaram-se rapidamente para indicar um sucessor interino. E nenhum apoio popular se materializou. O *povo* estava aparentemente em choque, perplexo, "muito passivo", para desapontamento de Jânio. "O povo, onde está o povo?", diz-se que ele teria exclamado, desamparadamente, quando chegou de Brasília ao aeroporto de Cumbica em São Paulo, preparado para o exílio.[13] Em setembro, Quadros foi por fim substituído como presidente pelo vice-presidente João Goulart.[14]

É discutível se João Goulart na presidência (1961-64) deveria ser encarado como populista.[15] Ele foi um político de destaque no PTB, um protegido de Getúlio Vargas, como vimos. Na época da renúncia de Jânio a preocupação na direita, militar e civil, quanto ao suposto trabalhismo radical de Goulart era tão grande que, antes de lhe ser permitido assumir o cargo, ele foi forçado a aceitar um sistema parlamentar de governo sob o qual seus poderes eram muito reduzidos. Depois de ganhar um plebiscito em janeiro de 1963 para restaurar o sistema presidencial, Goulart deu prosseguimento a uma agenda de reforma política e social que era certamente mais radical que a de Getúlio Vargas, mas que ele considerava moderada. Suas *reformas de base* incluíam melhorias no padrão de vida de trabalhadores urbanos não sindicalizados e sindicalizados, a extensão da legislação de assistência trabalhista e social aos trabalhadores rurais, a concessão do direito de voto aos analfabetos e, o mais controverso, uma reforma agrária moderada: a distribuição de terra não produtiva com compensação em títulos do governo.

A principal base política de Goulart era o sindicalismo urbano ligado ao PTB, juntamente com a chamada "burguesia nacional" e elementos nacionalistas entre os militares. Havia agora a possibilidade de estender sua base para incluir camponeses e trabalhadores rurais. Ele não tinha, porém, uma base forte no Congresso. Sem ela, era impossível a aprovação da legislação reformista básica, em especial a que precisava de emenda constitucional, e assim de uma maioria de dois terços. Depois das eleições para o Congresso em outubro de 1962, o PTB tornara-se o maior partido na Câmara dos Deputados, mas com apenas 27 por cento dos assentos. Com o apoio dos partidos menores de centro-esquerda (PDC-PSB-PTN-PRT-PST-MRT) e alguns deputados com inclinação reformista do PSD (e mesmo da UDN) Goulart podia contar com talvez 40 por cento dos deputados para apoiar suas reformas. O PSD e a UDN juntos tinham, porém, o que chegava para um veto permanente da reforma.

Ciente de uma crescente conspiração civil e militar, apoiada pelos Estados Unidos, para desestabilizar seu governo, Goulart persistiu por mais do que um ano com uma tentativa de negociar com o centro-direita no congresso e avançar gradualmente, por etapas, com uma agenda reformista moderada. A cada vez, porém, ele era rejeitado pelas forças conservadores ali entrincheiradas. Esses fracassos serviram para radicalizar muitos dos próprios apoiadores de Goulart no Congresso (e em seu governo). Os chamados nacionalistas-revolucionários *ideológicos* (comparados com os *fisiológicos* mais moderados e pragmáticos) tornaram-se a facção dominante no PTB. Uma figura chave era o cunhado de Goulart, Leonel Brizola, deputado federal populista pela Guanabara, que no início de 1963 fundo e liderou a Frente de Mobilização Popular (FMP) e, em novembro, organizou "Grupos de Onze Companheiros" ou "Comandos Nacionalistas" para lutar pela reforma, e reforma mais radical do que a proposta por Goulart, fora do Congresso onde já havia, pelos padrões brasileiros, um inusual alto grau de politização e mobilização popular – num quadro de recessão econômica grave.[16]

O Comanda Geral dos Trabalhadores (CGT), formado em julho de 1962 e que controlava três das seis confederações nacionais do trabalho, que juntas representavam 70 por cento dos 1800 sindicatos brasileiros, já se tinha mostrado capaz de organizar greves gerais com fortes tons políticos. Em novembro de 1963, foi criada a Confederação Nacional dos Trabalhadores Rurais (CONTAG), afiliada à CGT, e imediatamente organizou uma greve de 200.000 trabalhadores da cana de açúcar em Pernambuco. A União Nacional dos Estudantes (UNE) estava promovendo um nível de militância estudantil nunca visto antes no Brasil. Diversos grupos da nova esquerda haviam aparecido, influenciados pela Revolução Cubana e/ou doutrina católica progressista.

Assim, por diversas razões e a partir de diversas fontes, Goulart passou a sofrer crescente pressão ao longo de 1963 para mobilizar trabalhadores rurais e urbanos em favor de reformas mais radicais do que o que ele desejava ou tinha possibilidade de promover – pressão que ele não podia ignorar se fosse manter, ou melhor recuperar, sua liderança das "classes populares" do Brasil, sua principal "base" política. Na sexta-feira 13 de março de 1964, num comício no centro do Rio de Janeiro, ele apareceu no palanque com ministros do PTB e os líderes da CGT, da UNE – e do partido comunista Brasileiro (PCB), diante de uma multidão de 150.000–250.000 pessoas, muitas agitando bandeiras vermelhas. O discurso dominante do comício era revolucionário ("todo o poder ao povo"). O Congresso foi denunciado como "arcaico" ("não mais correspondia às aspirações do povo") e mudanças constitucionais radicais foram prometidas, fosse por meio de uma nova assembleia constituinte, fosse por um congresso popular de Trabalhadores, camponeses e soldados. Dois dias depois, em 15 de março, em sua Mensagem anual ao Congresso, o presidente mais uma vez enfatizou a necessidade de reforma agrária, a extensão do direito de voto a analfabetos (e a sargentos e conscritos das forças armadas) – e plebiscitos regulares.

O que Goulart tinha em mente nunca foi satisfatoriamente explicado. Simplesmente aumentar a pressão sobre o Congresso de modo a que fossem aprovadas reformas básicas? Ou preparar o terreno para um golpe e uma ditadura populista de esquerda, como a direita depois alegou? No caso, as ações de Goulart produziram uma reação decisiva por parte da oposição, civil e militar, apoiada pelo governo norte-americano, que era mantido informado sobre os acontecimentos políticos no Brasil por uma rede de agentes da CIA, pelos políticos, homens de negócio e jornalistas que falavam com o embaixador norte-americano Lincoln Gordon e pelos generais próximos do adido militar norte-americano, Vernon Walters. Goulart foi afastado do poder por um golpe militar duas semanas depois. A primeira lista de mais de cem pessoas que foram punidas com a perda de seus direitos políticos por dez anos incluía Jânio Quadros, João Goulart, figuras chave da administração Goulart, e políticos e líderes trabalhistas identificados pelos militares como pertencentes à esquerda populista-nacionalista. Durante os 21 anos da ditadura militar que se seguiu (1964-85), o populismo (isto é, getulismo e trabalhismo em suas várias manifestações) seria eliminado de uma vez por todas da política brasileira.[17]

Em suma, políticos que recebiam o rótulo de "populistas" não tiveram muito sucesso no Brasil no período 1930-64 – em nível nacional pelo menos. Getúlio Vargas, que só adotou uma estratégia populista depois de já estar no poder por quase quinze anos, foi forçado pelos militares em poucos meses a abandonar o cargo em outubro de 1945 e, depois de sua nova eleição em 1950, foi levado ao suicídio em agosto de 1954. Ademar de Barros perdeu tantas eleições quanto as que ganhou em São Paulo e nunca chegou à presidência. Seu adversário Jânio Quadros foi eleito presidente, mas renunciou em agosto de 1961, depois de apenas sete meses no poder. Por fim, João Goulart sobreviveu como presidente por dois anos e meio, mas foi derrubado pelos militares, imediatamente depois de adotar um discurso e uma estratégia populistas, em março de 1964.

II

O COMEÇO DO PROCESSO DE DEMOCRATIZAÇÃO NO BRASIL, no início da década de 1980, e a transição para um governo civil em 1985, depois de vinte e um anos de ditadura militar, trouxeram de volta à política estadual e municipal muitos do antigos "populistas": por exemplo, Leonel Brizola, do Partido Democrático Brasileiro (PDT), sucessor do Partido Trabalhista Brasileiro (PTB), foi eleito governador do estado do Rio de Janeiro, nas primeiras eleições relativamente livres permitidas pelos militares, em 1982 (e novamente em 1990),[18] e o ex-presidente Jânio Quadros foi eleito prefeito de São Paulo em 1985.

A eleição presidencial em novembro de 1989 foi a primeira eleição presidencial direta desde 1960, a primeira, de todas as eleições presidenciais, baseada no sufrágio universal (ver Ensaio 5). O eleitorado brasileiro agora chegava a oitenta e dois milhões, incluindo analfabetos e pessoas com 16-17 anos – diante de apenas quinze milhões em 1960. A eleição foi ganha por um político em geral associado aos "neopopulistas de direita" da América Latina: Fernando Collor de Mello.[19] Collor ganhou o primeiro turno das eleições com 30,5 por cento dos votos válidos, e no segundo turno ganhou com 53 por cento (35,1 milhões de votos).

Fernando Collor de Mello, neto de Lindolfo Collor, que foi primeiro ministro do Trabalho de Vargas (1930-2), era o governador de 37 anos do estado de Alagoas, no Nordeste, o segundo menor estado e o segundo mais pobre do Brasil. Membro de uma tradicional família oligárquica com interesses nos meios de comunicação, ele era virtualmente desconhecido fora de Alagoas. E não tinha nenhum dos partidos mais importantes por trás dele. O *Partido da Reconstrução Nacional* (PRN) foi criado apenas meses antes da eleição. Seu programa era rudimentar, para dizer o mínimo, mas numa centena de comícios por todo o Brasil e na televisão ele fez discursos populistas denunciando a corrupção na vida pública e privada (o que é irônico em vista do que estava por vir) e atacando os políticos "tradicionais" que representavam a "elite" brasileira. Collor recebeu o apoio forte da população com a renda e a educação mais baixa: 49 por cento dos votantes com uma renda familiar de um salário mínimo mensal, 55 por cento dos votantes com um baixo nível de instrução e 49 por cento de habitantes de pequenas cidades (até 20.000 habitantes).[20] Sem um candidato próprio credível e temendo uma vitória da esquerda, especialmente sua *bête noire* na esquerda populista, Leonel Brizola, a elite política e econômica em geral apoiou Collor de Mello.

A base de Collor de Mello no Congresso, porém, era fraca. Mesmo depois das eleições de novembro de 1990, o PRN junto com alguns aliados na direita tinha apenas 30 por cento das cadeiras na Câmara e 40 por cento no Senado. Ele introduziu uma série de reformas econômicas "neoliberais", mas dois planos de estabilização fracassaram por completo. Carlos Menem na Argentina, eleito em 1989, e Alberto Fujimori no Peru, eleito em 1990, governaram, ambos, por dez anos, mas Collor permaneceu apenas por dois anos e meio. Em 1992, foi envolvido em um escândalo de corrupção que envolvia extorsão, propinas por favores, suborno, fraude eleitoral e evasão fiscal. As manifestações populares nas grandes cidades pedindo seu afastamento do cargo representavam a mais significativa mobilização de massa política no Brasil desde o movimento para as eleições presidenciais diretas (*diretas já*) em 1983-4 no final da ditadura militar. Collor de Mello sofreu impeachment pelo Congresso sob a Constituição de 1988 e foi afastado do cargo, provisoriamente em setembro de 1982 e definitivamente em dezembro.

No segundo turno da eleição presidencial de 1989 Collor de Mello derrotou Luiz Inácio Lula da Silva, que conseguiu vencer Leonel Brizola, por pouca margem, no primeiro turno. Lula era líder de um novo partido de esquerda, o Partido dos Trabalhadores (PT), fundado em fevereiro de 1980, perto do fim da ditadura militar e, caso único na história política brasileira, constituído *a partir de baixo* (ver Ensaio 7). Sua base principal era a classe trabalhadora industrial em São Paulo, juntamente com os setores progressistas da classe média urbana e a ala progressista da Igreja Católica. O próprio Lula, nascido na pobreza rural de Pernambuco e tendo se transferido para São Paulo ainda criança, era um antigo metalúrgico, líder do sindicato metalúrgico de São Bernardo do Campo na região metropolitana de São Paulo. Depois perdeu para Fernando Henrique Cardoso no primeiro turno das eleições presidenciais de 1994 e 1998. Nessas três eleições, Lula não buscou apoio dos brasileiros mais pobres e menos instruídos, em grande medida concentrados no Norte e no Nordeste. Os votos deles foram na maior parte para Collor e, em menor extensão, para Fernando Henrique Cardoso. Nem Lula nem o PT podiam ser acusados de populismo nesse período.

Lula ganhou a presidência em 2002, na quarta tentativa, basicamente porque o PT se deslocou para o terreno do centro político (ver Ensaio 7). A *Carta ao povo brasileiro* (junho de 2002) de Lula, enquanto enfatizava a necessidade de políticas sociais para reduzir a pobreza e a desigualdade, deixava de lado o socialismo, confirmava o compromisso do PT com a democracia e comprometia um futuro governo do PT com políticas econômicas ortodoxas. E Lula recebeu o apoio de um importante partido do centro direita, o Partido Liberal (PL), ao qual foi oferecida a vice presidência. É verdade que, pela primeira vez, o PT desenvolveu uma campanha de relações públicas e meios de comunicação em torno da história pessoal e da personalidade carismática de seu líder, com um forte apelo emocional aos brasileiros que não tinham anteriormente se identificado com o partido ("Lula, paz e amor"). Mas os eleitore mais pobres e menos instruídos, especialmente no Norte e no Nordeste, ainda não eram o principal alvo do partido. Seria difícil argumentar que o PT em 2002 adotou uma estratégia e uma campanha eleitoral "populista".

No governo, Lula manteve a política econômica "responsável" das administrações anteriores (1995-2002) de Fernando Henrique Cardoso, mas estava mais comprometido com a redução da pobreza e uma distribuição modesta de renda por meio de políticas sociais compensatórias. Ao mesmo tempo, enquanto incentivava algumas experiências iniciais de democracia participativa nos estados e municípios controlados pelo PT, de modo especial em Porto Alegre, Lula parecia comprometido com a consolidação das instituições, práticas e cultura democráticas existentes no Brasil: eleições livres e corretas tanto para o executivo quanto para o legislativo dos governos federal, estadual e municipal; separação de poderes; um judiciário independente; e imprensa livre. A despeito do escândalo de corrupção do *mensalão*, que solapou a credibilidade do PT como partido "ético" e prejudicou muito sua popularidade, Lula foi confortavelmente reeleito em outubro de 2006.

Mas em 2006, ao contrário de 2002, Lula foi eleito majoritariamente pelos pobres e não instruídos, o *povão*, sobretudo no Norte e no Nordeste. (Nos municípios mais desenvolvidos do Sul e do Sudeste, onde a classe média, certamente a classe média alta, se voltara amplamente contra ele por conta da corrupção e de sua associação com alguns dos piores elementos na antiga oligarquia política, ele na verdade perdeu a eleição.) O sucesso de Lula não era, todavia, resultado de um discurso tipicamente populista – polarizador, antielite, antiglobalização, antiamericano. A identificação pessoal era, de fato, um fator importante: Lula como "um de nós". Mas pode ser em ampla medida explicada como dividendo político de quatro anos de acentuado crescimento econômico, níveis mais altos de emprego no setor formal, inflação baixa, aumentos regulares do salário mínimo acima da taxa de inflação, acesso mais fácil ao crédito e, acima de tudo, a significativa redução da pobreza extrema resultante de um programa de transferência de renda com condicionalidades, abrangente, mas modesto e relativamente barato, a *bolsa família,* de que se beneficiavam 11,4 milhões de lares (trinta e cinco milhões de brasileiros, a maior parte no Nordeste e no Norte) (ver Ensaio 7). Era difícil portanto descrever Lula como um "neopopulista de esquerda" – embora ele fosse evidentemente tolerante em relação aos políticos e governos da América do Sul para os quais essa descrição era mais apropriada.

Por que, com seus altos níveis de pobreza e desigualdade, seus baixos níveis de instrução e a existência continuada de cidadãos de segunda classe e mesmo de terceira classe, o Brasil fora em geral mais resistente ao neopopulismo de esquerda do que muitos outros países latino americanos? O tamanho e a complexidade do país e, em particular, seu sistema federal, foram apresentados como meio de explicação. A natureza conservadora do povo brasileiro, em especial os pobres, sua tolerância em relação à injustiça social, suas limitadas exigências, sua resistência histórica à mobilização política, tudo isso também é apresentado como uma explicação. Mais imediatamente pertinente para o período a partir da década de 1980 é o fato de que, a despeito da necessidade de reforma política, em especial de reforma eleitoral, no interesse de governabilidade mais efetiva e de maior *accountability,* bem como de uma redução do perturbador nível de corrupção política, o Brasil tivera, pela primeira vez em sua história, uma democracia representativa de razoável bom funcionamento (ver Ensaio 6). E, além do mais, dois dos três partidos políticos dominantes, o PSDB e o PT, que haviam sido os principais concorrentes em todas as eleições presidenciais desde 1994, foram partidos social democratas bem estabelecidos, embora o PSDB tenha gradualmente se deslocado para o centro direita.

Os primeiros dois anos do segundo governo de Lula (2007-9) foram dignos de nota pelo prosseguimento das políticas sociais "progressistas" moderadas buscadas durante seu primeiro governo dentro de um quadro de políticas ortodoxas macroeconômicas e instituições democráticas consolidadas. Todavia, na primeira metade de 2009 havia crescente evidência das inclinações populistas de Lula que, se tinham existido no passado, foram limitadas ou reprimidas com êxito. Sua popularidade era permanentemente alta (70-75 de aprovação), especialmente nas parcelas mais pobres da sociedade brasileira, mas também na classe média baixa em rápida expansão (agora quase 50 por cento da população). Ao mesmo tempo estava recebendo reconhecimento e admiração internacional crescentes. ("O político mais popular da Terra", qualificou-o o presidente Obama.) O ex-presidente Fernando Henrique Cardoso articulou as preocupações de muitos brasileiros quando em novembro, em sua coluna jornalística mensal, que foi – que ainda é – amplamente republicada em todo o Brasil, ele se referiu ao que via como um comportamento crescentemente não democrático de Lula, uma falta de respeito pela constituição e pela lei, e um autoritarismo populista, que em sua opinião estava se encaminhando na direção de um "subperonismo".[21] Cientistas sociais já tinham começado a identificar um novo fenômeno político: o lulismo, uma forma de neo-populismo da esquerda baseado na história pessoal de Lula, a sua carisma, a sua extraordinária empatia com a massa do povo brasileiro, especialmente os pobres do Norte e Nordeste, mais do que apoio político para o PT e suas conquistas no poder.[22]

Lula estava claramente tentado a ver se conseguia emendar a Constituição de 1988 de modo a poder concorrer a um terceiro mandato em 2010. Embora quase certo de ganhar se o fizesse, e algumas demonstrações populares a favor de "mais quatro" (às vezes usando o slogan "Queremos Lula", que faz eco a Getúlio em 1945), Lula finalmente resistiu à tentação. Confirmou seu total compromisso com a democracia representativa no Brasil e as instituições democráticas brasileiras. Era popular, gostava de dizer, mas não populista.[23] Lula todavia fez esforços sem precedentes para transferir sua imensa popularidade a seu sucessor, Dilma Rousseff, pessoalmente escolhida por ele. Como se mostrou mais difícil do que o esperado – pois Dilma, uma tecnocrata de 62 anos sem carisma que nunca antes tinha concorrido a uma eleição, era, há que ser dito, um candidato muito problemático – a estratégia e o discurso de Lula tornaram-se cada vez mais populistas. Os gastos do governo aumentaram significativamente (ao nível de irresponsabilidade fiscal, na visão de alguns economistas), e, com exposição completa nos meios de comunicação, Dilma foi ligada em todas as ocasiões possíveis ao PAC (Programa de Aceleração do Crescimento para investimento público maciço, sobretudo em infraestrutura); aos programas sociais do governo, especialmente a Bolsa Família e a "Minha casa, minha vida", política habitacional; e aos sentimentos nacionalistas que circundavam a descoberta do petróleo na costa brasileira, o "pré-sal" ("passaporte para o futuro" do Brasil). Lula fez de tudo a seu alcance para fazer da eleição de 2010 uma eleição plebiscitária: a favor ou contra ele (e a escolhida como sua candidata); a favor ou contra seu desempenho comparado com o de seu antecessor FHC; a favor ou contra "nosso projeto"; em última instância, a favor ou contra o povo.

Em um discurso em Porto Alegre no final de julho de 2010, que dificilmente poderia ser mais "populista", Lula declarou, sob grandes aplausos, que a *direita* tinha se dedicado vinte e quatro horas por dia a tentar conter as forças democráticas no Brasil. Ele havia sofrido oito anos de ataques, provocações e infâmias. Mas havia deixado claro para a *elite*, que ele afirmava ter levado Getúlio ao suicídio, forçado Jânio Quadros a renunciar e derrubou João Goulart num golpe, que se quisessem confrontá-lo o encontrariam nas ruas com *o povo brasileiro.* Em Joinville, Santa Catarina, em setembro, afirmou que a direita tinha fracassado em sua tentativa de afastá-lo do poder em 2005 (uma referência à crise do mensalão) porque ele tinha um ingrediente que seus antecessores não tinham – *vocês* (o povo). Em outubro bravateou que iria sempre ganhar nas ruas porque tinha estabelecido uma *relação real e direta com o povo.* Quando as coisas ficarem *feias,* aconselhou "Dilminha", em novembro, *vai para perto do povo;* quando você não souber o que fazer, *pergunte ao povo;* na dúvida, *o povo é a solução; o povo* nunca a desapontará.[24]

Dilma Rousseff, que fora inteiramente inventada por Lula, ganhou a eleição em outubro no segundo turno – com o amplo apoio que Lula teve em 2006. Hugo Chávez não estava sozinho ao comparar – em seu caso, favoravelmente – Lula e Dilma aos Kirchners na Argentina. Permanecia a forte suspeita de que Lula estava planejando concorrer à eleição presidencial de 2014 como era permitido pela constituição de 1988 ou, se a presidente em exercício Dilma insistisse em se apresentar à reeleição, talvez à eleição de 2018. De um modo ou de outro, retornaria ao poder, como Getúlio em 1950, "nos braços do povo".

Ao fim, apesar do surgimento do movimento 'Volta Lula!', Dilma resusou sair da corrida e foi reeleita presidente em 2014. Quaisquer que pudessem ter sido os planos de Lula para 2018 eles foram ofuscados pelo impeachment de Dilma em agosto de 2016 e sua substituição pelo vice-presidente Michel Temer do Partido do Movimento Democrático Brasileiro (PMDB), solidamente centrista e clientelista, e um governo de centro direita (ver Ensaio 5). O apoio popular ao PT sofreu um declínio bem marcado (como foi claramente mostrado nas eleições municipais em outubro de 2016, ver Ensaio 7). E as várias investigações em andamento sobre seu próprio papel em vários escândalos de corrupção que ameaçavam torná-lo inelegível para concorrer de novo ao cargo. Em julho de 2017 Lula recebeu uma longa sentença de prisão, que foi aumentada quando da apelação em janeiro de 2018. No entanto, ele insistia que seria o candidato do PT à presidência em outubro, e pesquisas iniciais de opinião o colocavam com alguma distância à frente num conjunto de vários nomes com 35 por cento dos votos. Em 7 de abril, num discurso emocional de uma hora pronunciado para seus apoiadores mais militantes na sede do Sindicato dos Metalúrgicos do ABC em São Bernardo do Campo, imediatamente antes de se entregar à política federal para iniciar seu período na prisão, Lula declarou que tinha dedicado sua vida a defender o interesse de *vocês, os pobres, os humildes, o povo.*

Por fim, Lula foi declarado inelegível para concorrer à presidência em 2018. Na sua ausência, a eleição não foi vencida por um candidato do Centro ou Centro-Direita, provavelmente o candidato do

PSDB, como esperado. Foi vencida por um candidato da extrema direita: Jair Bolsonaro. No primeiro turno Bolsonaro chegou em primeiro lugar com espantosos 46 por cento dos votos válidos, bem à frente de todos os candidatos dos principais partidos, incluindo Fernando Haddad, que foi oficialmente registrado como candidato do PT menos um mês antes da eleição. No segundo turno Bolsonaro derrotou Haddad com 55 por cento dos votos válidos. Pela primeira vez um político da extrema direita conseguiu ser eleito presidente do Brasil. (Sobre a eleição de Jairo Bolsonaro à presidência do Brasil em 2018, ver Ensaio 5.)

Em que sentido pode ser Jair Messias (sic) Bolsonaro caraterizado como populista ou neo-populista da direita em 2018?

A sua estratégia política era populista. Bolsonaro apresentou-se durante a campanha eleitoral como um *outsider* – nascido no interior do estado de São Paulo; ex-capitão do exército brasileiro; relativamente desconhecido na política nacional. (Por 27 anos foi um deputado federal pelo Rio de Janeiro sem grande repercussão no Congresso.) Foi candidato presidencial de um minúsculo partido, o Partido Social Liberal (PSL). Foi ferozmente hostil à ordem política estabelecida, à 'velha política' corrupta e clientelista. Sem carisma pessoal, Bolsonaro projètou-se, não inteiramente convincentemente, como um homen forte, grosseiro na sua fala misógina, homofóbica e autoritária, agressivo no seu comportamento, um porta-voz do lobby das armas, sempre exaltando os militares e a polícia como os protetores da lei e da ordem. Se esperava que os militares fossem ter papel proeminente num governo de Bolsonaro.

Por seu apoio eleitoral Bolsonaro apelou diretamente e consegui energizar a classe media urbana, alta e baixa, desencantada com o sistema político, a classe política e todos os partidos políticos no Congresso, em especial o PT. No poder por treze anos e meio dos anteriores 16 anos, o PT foi responsabilizado pelos escândalos de corrupção, pela economia estagnada, com padrões de vida em queda e desemprego em alto, pelos cortes significativos nos serviços públicos já insuficientes, e pela violência urbana e insegurança crescentes. Na classe media brasileira em 2018 o *anti-petismo* era profundo e generalizado. Bolsonaro prometeu não só restaurar o crescimento econômico, eliminar corrupção no governo, adotar políticas duras contra o crime organizado e a violência urbana, mas também erradicar petismo, e a esquerda em geral, da política, da sociedade (em especial da educação) e da cultura brasileira.

Durante a campanha eleitoral Bolsonaro fez pouca referência à persistência da pobreza e da desigualdade extremas no Brasil. Fez pouco esforço para mobilizar os brasileiros com renda até dois salários mínimos e escolaridade mínima, especialmente os pobres no Norte e Nordeste - o *povo* já capturado pelo PT. Entretanto, ele conseguiu os votos de alguns segmentos do classes populares, pessoas que teriam votado em Lula, principalmente no Sudeste e no Sul, sem os quais ele não teria ganho a eleição. Ainda mais importante, católico mas forte protetor e defensor das igrejas evangélicas, ele atraiu dois terços dos votantes evangélicos, que constituíam trinta por cento do eleitorado total. Bolsonaro participou de poucos comícios populares depois um fracassado atentado contra sua vida no início de setembro. Tinha pouco tempo de TV e radio. Mas, pela primeira vez numa eleição brasileira, ele e seus filhos fizeram uso extremamente efetivo dos novos meios de comunicação social (com muita informação falsa, *fake news*).

Diferente dos políticos populistas da direita na Europa e nos Estados Unidos Bolsonaro não pode explorar o medo dos trabalhadores pela perda do emprego e da erosão da identidade nacional como consequência de uma imigração de massa sem controle – na Europa de países islâmicas, nos Estados Unidos de México e América Central. À luz da composição racial da população brasileira, ele não pode jogar abertamente a carta do racismo. Tampouco ele pode argumentar que a soberania nacional brasileira fora ameaçada. O imperialismo dos Estados Unidos não é no Brasil o alvo para os populistas que é, por razões históricas, em muitos repúblicas hispano-americanas.

Entretanto, ele se embrulhou na bandeira brasileira, apelou ao forte senso da identidade nacional dos brasileiros, e defendeu sempre os valores conservadores da religiosidade evangélica. O seu slogan era 'Brasil acima de tudo, Deus acima de todos".

Populista ou não, Bolsando foi democraticamente eleito. Tem um forte mandato popular. Entretanto, governar não seria fácil. E ele não tinha base forte no Congresso. O seu partido, o PSL, só tinha 52 deputados, e há boas razões para acreditar que ele não se mantera unido, e com 30 partidos representados na Câmara dos Deputados, onze deles com entre 28 e 56 deputados e no Senado 21 partidos, 16 dos quais com cinco ou menos senadores (ver Ensaio 5), governo através de coalizões (o chamado presidencialismo de coalizão) seria muito difícil de manejar. Bolsonaro não tem nenhuma experiência de governo ao nível executivo. Ele é político da extrema direita e suas inclinações são autoritárias. Talvez ele tinha un *projeto* autoritário. Ainda permanece a ser constatado se no poder Bolsonaro irá respeitar a lei, a Constituição e as instituições democráticas ou progressivamente recorrer às práticas autoritárias e políticas populistas, especialmente depois o primeiro ano no governo quando começa enfocar sobre a sua re-eleição em 2022.

Notas

Ensaio 6

[1] Ver Ernesto Laclau, *Politics and Ideology in Marxist Theory* (1977); Ernesto Laclau & Chantal Mouffe, *Hegemony and Socialist Strategy* (1985); Ernesto Laclau, *On Populist Reason* (Londres: Verso, 2005); Ernesto Laclau & Chantal Mouffe, "Populism. What's in a Name?"' in Francisco Panizza (org.), *Populism and the Mirror of Democracy* (Londres: Verso, 2005); I. Errejon e Chantal Mouffe, *Construir Pueblo. Hegemonia y radicalizacion de la democracia* (2015) (Trad. Ingl. *Podemos. In the Name of the People.* Londres: Lawrence & Wishart, 2016).

[2] Sobre o populismo na América Latina, ver Michael L. Conniff (org.), *Populism in Latin America* (Tuscaloosa, AL: University of Alabama Press, 1999); Carlos de la Torre & Enrique Peruzzotti, *El retorno del Pueblo, El populismo y nuevas democracias em America Latina* (Quito: Flacso, 2008); Carlos de la Torre, *Populist Seduction in Latin America* (Athens: Ohio University Press, 2010); Carlos de la Torre & Cynthia J. Arnson (orgs.), *Latin American Populism in the Twentieth Century* (Washington, DC: Woodrow Wilson Center Press/Baltimore: Johns Hopkins University Press, 2013).

[3] Citado em José Murilo de Carvalho, *Os bestializados: o Rio de Janeiro e a república que não foi* (São Paulo: Companhia das Letras, 1987), p. 10.

[4] Michael L. Conniff, *Urban politics in Brazil. The rise of populism 1925-1945* (Pittsburgh: University of Pittsburgh Press, 1981) é, acima de tudo, um estudo da carreira política do Dr. Pedro Ernesto.

[5] Não há um estudo acadêmico sobre José Américo de Almeida. Mas ver Aspásia Camargo et al., *O golpe silencioso: as origens da república corporativa* (Rio de Janeiro: Rio Fundo Editora, 1989).

[6] Ver o trabalho clássico de Angela de Castro Gomes, *A invenção do trabalhismo* (São Paulo: Edições vértice/IUPERJ, 1988).

[7] Há uma rica literatura sobre o PTB e o populismo. Ver, em particular, Lucília de Almeida Neves, *PTB: do getulismo ao reformismo (1945-1964)* (São Paulo: Marco Zero, 1983); Maria Celina d'Araújo, *Sindicatos, carisma e poder. O PTB de 1945-1965* (Rio de Janeiro: Editora FGV, 1996); e Jorge Ferreira, *O imaginário trabalhista: getulismo, PTB e cultura política popular 1945-1964* (Rio de Janeiro: Civilização Brasileira, 2005).

[8] Ver Leslie Bethell, "Brazil", in Leslie Bethell e Ian Roxborough (orgs.), *Latin America between the Second World War and the Cold War, 1944-1948* (Cambridge University Press, 1992), p. 33-65. Também John French, "The populist gamble of Getúlio Vargas in 1945: political and ideological transitions in Brazil", in David Rock

(org.), *Latin America in the 1940s. War and post war transitions* (Berkeley e Los Angeles: University of California Press, 1994).

[9] Ver José Murilo de Carvalho, "As duas mortes de Getúlio Vargas", in *Pontos e bordados* (Belo Horizonte: Editora UFMG, 1998). Entre as biografias modernas de Getúlio Vargas estão Boris Fausto, *Getúlio Vargas* (São Paulo: Companhia das Letras, 2006) e Lira Neto, *Getúlio* 3 vols (São Paulo: companhia das Letras, 2012-14).

[10] Quando a capital nacional foi transferida do Rio de Janeiro para Brasília em 1960 e Brasília se tornou o novo Distrito Federal, a cidade do Rio se tornou o estado da Guanabara. Foi unido ao estado do Rio de Janeiro (e substituiu Niterói como capital estadual) em 1975.

[11] Guita Grin Debert, *Ideologia e populismo* (São Paulo: T. A. Queiroz Editora, 1979) é um estudo de quatro "populistas" brasileiros": Adhemar de Barros, Miguel Arraes, Leonel Brizola e Carlos Lacerda, governador da Guanabara 1960-65. Michael L. Conniff, `Brazil's Populist Republic and beyond`, in Michael L. Conniff (org.), *Populism in Latin America* (Tuscaloosa AL: University of Alabama Press, 1999) examina a política de oito populistas: Getúlio Vargas, Pedro Ernesto, Adhemar de Barros, Jânio Quadros, Juscelino Kubitschek, Leonel Brizola, Miguel Arraes e Fernando Collor de Mello, presidente de 1990 a 1992 (ver abaixo). Se Juscelino Kubitschek, presidente de 1956 a 1961, é tratado como populista, corremos o perigo de estar desvalorizando um conceito já escorregadio.

[12] Ver John D. French, "Workers and the rise of Adhemarista populism in São Paulo, Brazil 1945-47". *Hispanic American Historical Review*, 68 (1988), p. 2-43; e Regina Sampaio, *Adhemar de Barros e o PSP* (São Paulo: Global Editora, 1982).

[13] Para uma excelente apresentação da carreira política de Quadros, embora mais jornalística do que acadêmica, ver Ricardo Arnt, *Jânio Quadros. O prometeu de Vila Maria* (Rio de Janeiro: Ediouro Publicações, 2004). Ver também Vera Chaia, *A liderança política de Jânio Quadros (1947-1990)* (São Paulo: Editora Humanidades, 1991).

[14] Na República Liberal, os presidentes e vice-presidentes eram eleitos separadamente. Goulart foi eleito vice-presidente duas vezes, em 1955 com Juscelino Kubitschek e em 1960 com Jânio Quadros.

[15] João Goulart não é incluído nem no estudo de Guita Grin Debert sobre quatro brasileiros populistas nem no de Michael L. Conniff sobre oito populistas brasileiros. Ver nota 8 acima. Jorge Ferreira, *João Goulart: uma biografia* (Rio de Janeiro: Civilização Brasileira, 2011) é uma biografia de Goulart baseada em ampla pesquisa.

[16] Sobre Brizola nesse período, ver Américo Freire & Jorge Ferreira (orgs), *A razão indignada. Leonel Brizola em dois tempos (1961-64 e 1979-2004)* (Rio de Janeiro: Civilização Brasileira, 2016), Parte I Leonel Brizola e o tempo do nacionalismo-revolucionário (1961-1964). Em 1963 a economia brasileira entrou em um período de recessão depois de vinte anos de quase contínuo crescimento desde que o Brasil tinha entrado na Segunda Guerra Mundial em 1942. O crescimento em 1963 foi de apenas 0.6 por cento. Pela primeira vez desde a Segunda Guerra Mundial a renda per capita caiu (em 2,3 por cento). A inflação era de 75 por cento e estava

se aproximando de uma taxa anual de 100 por centro no primeiro trimestre de 1964.

[17] O conhecido estudo de Octavio Ianni sobre o golpe de 1964 intitulava-se *O colapso do populismo no Brasil* (Rio de Janeiro: Civilização Brasileira, 1968. *O populismo no Brasil*_(São Paulo: Paz e Terra, 1978), de Francisco Weffort, é um importante estudo, muito influente, sobre a política populista no período 1945-64, em especial sobre o papel do PTB (e do ilegal PCB), como manipulador de trabalhadores, corrupto e autoritário. Daniel Aarão Reis Filho, "O colapso do colapso do populismo ou a propósito de uma herança maldita", in Jorge Ferreira (org.), *O populismo e sua história: debate e crítica* (Rio de Janeiro: Civilização Brasileira, 2001) apresenta uma crítica tanto do trabalho de Ianni quanto do de Weffort e faz uma defesa do reformismo social do PTB (e do PCB) e dos benefícios econômicos e politicos trazidos para os trabalhadores brasileiros pelos politicos "populistas".

[18] Ver Freire & Ferreira (orgs.), *A razão indignada. Leonel Brizola em dois tempos,* Parte II Leonel Brizola e o tempo do trabalhismo democrático (1979-2004).

[19] Sobre o fenômeno Collor de Mello, ver Mario Sérgio Conti, *Notícias do Planalto: a imprensa e Fernando Collor* (São Paulo: Companhia das Letras, 1999) e Marco Antonio Villa , *Collor presidente. Trinta meses de turbulências, reformas, intrigas e corrupção* (Rio de Janeiro: Editora Record 2016).

[20] Scott P. Mainwaring, *Sistemas partidários em novas democracias: o caso do Brasil* (Rio de Janeiro: Editora FGV, 2001), p. 44.

[21] Fernando Henrique Cardoso, "Para onde vamos", *O Estado de S. Paulo,* 1 de novembro de 2009.

[22] Ver André Singer, Raízes sociais e ideológicas do lulismo", *Novos Estudos CEBRAP* (Novembro 2009), p. 82-103; *Os' Sentidos de Lulismo* (São Paulo: Companhia das Letras, 2012); (com Isabel Loureiro, orgs), *As Contradições do Lulismo. A que ponto chegamos?* (São Paulo: Boitempo, 2016); *O lulismo em crisis. Um quebra-cabeça do período Dilma (2011-16)* (São Paulo: Companhia das Letras, 2018). Também Rudá Ricci, *Lulismo: da era dos movimentos sociais à ascensão da nova classe média brasileira* (Brasília: Fundação Astrojildo Pereira e Contraponto, 2010).

[23] Por exemplo, falas citadas em *O Globo,* 2 de junho, 6 de junho de 2009.

[24] *O Globo,* 30 de julho, 14 de setembro, 4 de outubro, 26 de novembro de 2010.

ENSAIO 7

O FRACASSO DA ESQUERDA NO BRASIL*

A esquerda pode em linhas gerais ser definida como esses movimentos sociais e partidos políticos, e essas pessoas (tanto intelectuais quanto ativistas políticos) empenhados em uma luta para uma significativa transformação da sociedade por meio de uma radical distribuição de riqueza e poder, um fim da pobreza e da exclusão social e uma redução da desigualdade, com o controle e o uso do estado como principal instrumento não apenas de crescimento e desenvolvimento econômicos mas também de políticas sociais redistributivas. Em sua forma mais utópica, a esquerda pretende o fim do capitalismo e o estabelecimento de uma sociedade socialista ou comunista.

O partido de esquerda dominante no Brasil em meados do século XX, e portanto o principal foco da primeira parte deste ensaio, era o Partido Comunista do Brasil (PCB) – em 1960 oficialmente renomeado Partido Comunista Brasileiro, com a mesma sigla – fundado em março de 1922. Com exceção de um breve período logo após a Segunda Guerra Mundial (1945-7), sua existência foi ilegal (até 1985).[1]

---

* Este é um novo ensaio baseado em parte nos meus capítulos sobre a política no Brasil em *Cambridge History of Latin America* Vol. IX *Brazil since 1930* (Cambridge: Cambridge University Press, 2008; trad. em port. São Paulo, EDUSP, 2018), e em uma conferência: "The Failure of the Left: a Brazilian tragedy", Brazil Institute, King's College London, 8 de março de 2016.

Ao contrário da Argentina e do Chile, não houve partido socialista significativo no Brasil antes da Segunda Guerra Mundial, e razão importante para tal era o fato de a participação política popular por meio do voto ser muito restrita (ver Ensaio 5). Em novembro de 1932 os remanescentes do movimento dos tenentes, opositor ao sistema político oligárquico da Primeira República (1889-1930), uma força em declínio depois do fracasso para institucionalizar a Revolução de 1930 por meio da criação de um Partido Revolucionário Nacional, promoveram um Congresso Nacional Revolucionário que levou ao estabelecimento de um Partido Socialista Brasileiro. Este durou, porém, pouco. Com a "democratização" do Brasil em 1945 elementos da esquerda não comunista formaram em julho a União Democrática Socialista que em agosto, renomeada Esquerda Democrática, se tornou a ala esquerda do partido político liberal-conservador recentemente criado, a União Democrática Nacional (UDN). Em agosto de 1947, ela se retirou da UDN para se tornar o Partido Socialista Brasileiro (PSB). Todavia, pequeno e limitado na maior parte a intelectuais, ele nunca desempenhou um papel de destaque na política da República Liberal (1946-64) e em 1965, em seguida ao golpe de 1964, foi suspenso pela ditadura militar.[2]

Para alguns historiadores, o Partido Trabalhista Brasileiro (PTB), um partido populista ligado ao sindicalismo e fundado por Getúlio Vargas em 1945, era suficientemente reformista (e nacionalista) para ser considerado parte da esquerda, em sentido amplo. O Brasil foi por muitos anos representado na Internacional Socialista pelo PTB, não pelo PSB. Como outros partidos populistas da América Latina no período "clássico" ou primeira geração do populismo, dos anos 1930 aos anos 1960, o PTB era, no entanto, exceto talvez no período 1961-4, no melhor dos casos modestamente reformista, mais do que comprometido com a transformação social, e muito menos socialista, e na maior parte hostil aos partidos tradicionais da esquerda. O PTB receberá, portanto, tratamento apenas marginal nesta abordagem da esquerda no Brasil.[3]

No final dos anos 1960 e começo dos anos 1970, surgiram vários movimentos na esquerda revolucionária comprometidos com a luta armada contra a ditadura militar (1964-85), mas eram todos relativamente pequenos e foram relativamente fácil, quando não brutalmente, reprimidos. Os militares começaram então o processo de abertura gradual do sistema político e em 1979 permitiram a formação de novos partidos de oposição. O Partido dos Trabalhadores (PT), um partido socialista com base no sindicalismo, foi fundado em fevereiro de 1980. Cresceu firmemente com o estabelecimento da democracia sob a Constituição de 1988, competiu em todas as eleições federais, estaduais e municipais, ganhou a presidência pela primeira vez em 2002 (ainda que depois de um significativo deslocamento para o terreno político do centro) e governou o Brasil de 2003 a 2016. O PT será portanto o principal foco da segunda parte deste ensaio sobre a esquerda no Brasil.

Em vista da extensão como o poder econômico (e político) está concentrado nas mãos da elite dominante no Brasil e como a desigualdade extrema, a exclusão social (e racial) e a pobreza persistem no Brasil às vésperas do bicentenário de sua independência (e do centenário da fundação do Partido Comunista do Brasil) em 2022, deve-se considerar que a esquerda fracassou em seu principal objetivo – a realização de uma transformação radical da sociedade brasileira. A mudança social no Brasil durante o último século foi resultado mais de crescimento econômico, de crescimento populacional, de urbanização e industrialização, especialmente no período 1940-80, e da política de governos tanto populistas quanto militares, do que pressão da esquerda quando na oposição ou, a despeito das conquistas das primeiras duas administrações do PT 2003-6 e 2007-10, do que de políticas dos governos de esquerda.

I

O socialismo europeu do século XIX, utópico (Fournier, Proudhon) ou "científico" (Marx, Engels), teve pouco impacto no Brasil, exceto no caso de uns poucos intelectuais isolados. O anarquismo – a ideia de que a ordem burguesa e o estado que a sustentava podiam ser derrubados pela ação direta de indivíduos ou pela insurreição de grupo que levassem à criação de um sociedade libertária, sem estado – foi introduzida no Brasil por meio de imigrantes italianos e espanhóis (especialmente galegos) no final do século XIX e nas primeiras duas décadas do século XX. E por meio de jornais e panfletos muitos líderes da pequena e emergente classe trabalhadora urbana na indústria manufatureira inicial (têxteis, calçados, etc.), ferrovias e serviços públicos urbanos, construção civil e, em particular, portos (Rio e Santos) foram influenciados pelo anarco-sindicalismo. Essa adaptação do anarquismo à industrialização do final do século XIX na Europa, em especial na França, promoveu a greve geral como principal arma dos sindicatos de trabalhadores para derrubar o estado burguês. A partir de 1906 havia alguma organização sindical, sempre de incerta legalidade, e alguma atividade de greve ilegal no Brasil. E houve greves gerais significativas durante e imediatamente após a Primeira Guerra Mundial: de modo digno de nota em julho de 1917 em São Paulo, envolvendo 50.000 trabalhadores, a maior greve da Primeira República; em novembro de 1918, no Rio de Janeiro; e em maio de 1919 em São Paulo, a segunda maior greve. Todas foram reprimidas pela polícia e por militares. Dezenas de "estrangeiros subversivos" foram presos ou deportados. (Líderes trabalhistas, especialmente líderes grevistas, eram sempre tidos como estrangeiros que haviam importado a guerra de classes para o Brasil.) E a repressão de anarquistas e anarco-sindicalistas no movimento trabalhista continuou por toda a década de 1920.[4]

Sob a influência da Revolução Russa criou-se um partido comunista no Rio de Janeiro em junho de 1919; foi criado sobretudo por anarquistas que se distanciavam dos fracassos do anarco-sindicalismo. Mas teve curta duração. Antigos anarquistas estavam entre os nove fundados do Partido Comunista do Brasil (PCB) em março de 1922. Entre eles estava Astrojildo Pereira, seu secretário geral (até 1930). Baseado nos princípios do marxismo-leninismo e vinculado à

Internacional Comunista – Pereira foi delegado ao V Congresso em Moscou em 1924 e foi eleito para o comitê executivo no VI Congresso em 1928 – tratava-se de um partido sobretudo de intelectuais, jornalistas, professores, médicos, advogados e alguns tenentes. No início tinha participação ativa de apenas 70 membros, e não mais do que 1000 no final da década. Atraía mais a classe média urbana do que o proletariado industrial ou o campesinato. Todavia, foi quase imediatamente declarado ilegal.[5]

O PCB não conseguiu persuadir Luís Carlos Prestes a aderir ao partido. Prestes foi líder da rebelião dos tenentes no Rio Grande do Sul em julho de 1924 e um dos dois líderes da "Longa Marcha" pelo interior do Brasil, a chamada "Coluna Prestes" (1925-7), estando exilado em Buenos Aires. Uma organização de frente, o Bloco Operário Camponês (BOC), apresentou um candidato nas eleições presidenciais de março de 1930: Minervino Oliveira, trabalhador numa marmoraria e secretário geral da Confederação Geral dos Trabalhadores Brasileiros (CGTB), organizada pelo PCB em abril de 1928. Todavia, sozinho entre as forças "progressistas" da época, incluindo os tenentes (embora não Prestes), o PCB opôs-se à Revolução de outubro de 1930 que levou ao poder Getúlio Vargas, o candidato da Aliança Liberal derrotado na eleição.

Tendo-lhe sido negado o registro nas eleições de 1933 para a Assembleia Constituinte, o PCB tirou vantagem da abertura liberal, do sentimento entre muitos tenentes descontentes da *revolução traída* e do desafio apresentado pela ascensão do fascismo, tanto internacional quanto interno (a Ação Integralista Brasileira foi fundada em 1932), para aumentar seu nível de atividade e ampliar sua base. Uma Frente Antifascista que incluía socialistas, anarquistas, troskyistas bem como comunistas tinha sido criada em junho de 1933, e houve alguns conflitos violentos com os integralistas, em especial a chamada Batalha da Praça da Sé, em São Paulo, em 7 de outubro de 1934.

Em 23 de março de 1935, foi lançada a Aliança Nacional Libertadora (ANL), uma ampla frente de forças progressistas – comunistas, socialistas, tenentes e mesmo liberal democratas – contra o capitalismo, o fascismo e o imperialismo. O próprio PCB não aderiu formalmente à ANL, mas desde o início foi a organização predominante nela. Em seu primeiro encontro, em 30 de março no Teatro João Caetano no Rio de Janeiro, Luís Carlos Prestes foi indicado como Presidente Honorário *in absentia.* Prestes fora finalmente recrutado para a causa da revolução mundial. Em outubro de 1931 ele se mudou para Moscou onde viveu pelos três anos seguintes, trabalhando como engenheiro. Embora ainda não fosse membro do partido (ele finalmente aderiu ao PCB apenas em agosto de 1934), era membro do Comitê Executivo do Comintern. Prestes deixou Moscou em dezembro de 1934 com sua companheira Olga Benario, uma jovem comunista judia alemã. Chegaram ao Rio em abril. Prestes aderiu à ANL em junho.[6]

Nessa época a ANL tinha centenas de núcleos, especialmente no Rio de Janeiro, provavelmente 70.000-100.000 membros (dizia serem 400.000), e sua influência estava em rápido crescimento. Defendia a redistribuição da terra, a nacionalização de empresas estrangeiras e o fim dos vínculos desiguais do Brasil com os Estados Unidos e a Grã Bretanha, apoio estatal para as "forças produtivas da nação", legislação de benefícios sociais amplos, educação primária universal gratuita – e sufrágio universal. Atraía sobretudo a classe média urbana. Seus vínculos com o sindicalismo eram fracos, e a população rural permanecia indiferente. Todavia, em 5 de julho a ANL lançou um Manifesto convocando para um levante de alcance nacional e a criação de um governo revolucionário popular. Cerca de uma semana depois, em 11 de julho, invocando seus poderes sob uma ampla Lei de Segurança Nacional, o governo Vargas encerrou-o. Tropas invadiram os escritórios da ANL, confiscaram documentos e detiveram seus líderes, que foram submetidos a julgamento sumário e presos.

Levada para a clandestinidade depois de apenas quatro meses, ANL (e o PCB) continuaram a planejar a revolução. E agora a União Soviética estava envolvida. O Comintern tinha "descoberto" a América Latina em seu encontro de Buenos Aires em junho de 1929, mas ela nunca teve destaque na agenda até um encontro dos comunistas da América Latina em Moscou em outubro de 1934. Foram debatidas táticas para alcançar o poder: por meio da formação de Frentes Populares antifascistas e antiimperialistas para participar de eleições ou por meio da revolução armada? O secretário geral do PCB, Antônio Maciel ("Miranda"), fez um retrato exagerado de uma situação revolucionária no Brasil. No final, o 7. Congresso do Comintern em julho de 1935 aprovou o frente popular antifascista do tipo adotado na França e na Espanha (alianças com outros partidos da classe trabalhadora e da classe média) no Chile, e a revolução armada no Brasil. Nesse meio tempo, no final de 1934 e no início de 1935, não somente Prestes mas vários agentes soviéticos, entre os quais o alemão Arthur Ernst Ewert (Harry Berger em seu passaporte americano) e o argentino Rodolfo Ghioldi, foram enviados ao Brasil para coordenarem uma possível revolução comunista.

O que os militares brasileiros desde então sempre chamaram de intentona comunista, a tentativa de levante de novembro de 1935, foi em essência uma série de insurreições militares menores, mal coordenadas, influenciadas muito mais ou mesmo sobretudo pela ideologia e simpatias tenentistas, e menos pelas comunistas. Luís Carlos Prestes, fundamentalmente ainda mais tenente do que comunista, sempre acreditou que no Brasil seria mais fácil realizar uma "verdadeira revolução social" na direção de um governo, em bases soviéticas, de trabalhadores e camponeses, a partir dos quarteis do que a partir das fábricas ou do campo. Havia pouco envolvimento dos trabalhadores industriais, e nenhum dos camponeses, nas insurreições que ocorreram durante quatro dias (23-27 de novembro) em Natal, Recife e Rio de Janeiro. E, exceto em certa medida no Rio, não eram essencialmente concebidas, planejadas ou mesmo coordenadas pela ANL, o PCB, Prestes ou agentes do Comintern.[8]

Em última análise as insurreições de novembro de 1935 mostraram-se mais importantes para o uso feito delas pelos militares e pelo governo Vargas do que por elas mesmas. Para os militares, propiciaram outra oportunidade de realizar um expurgo de jovens oficiais atraídos pela ANL e pelo partido comunista. Em 25 de novembro, proclamando uma emergência nacional, Vargas solicitou, e o Congresso aprovou, a imposição de um estado de sítio de trinta dias, que foi a seguir renovado por outros 90 dias. Quando expirou, em março de 1936, foi decretado um estado de guerra, estendido até junho de 1937. Durante a primeira metade de 1936 milhares da esquerda amplamente definida – intelectuais, jornalistas, escritores, mesmo deputados federais – foram detidos, presos, em alguns casos torturados por supostas atividades ou simpatias comunistas, pela Comissão de Repressão do Comunismo dirigida por seu zeloso primeiro presidente, Adalberto Correia. Graciliano Ramos escreveu seu clássico *Memórias do cárcere,* publicado postumamente em 1953, sobre a experiência. Em março de 1936 Luís Carlos Prestes e Olga Benário foram detidos no Meier, Rio de Janeiro, tendo sido traídos por Rodolfo Ghioldi, e levados perante o Tribunal de Segurança Nacional. Prestes foi preso, Olga, grávida de sete meses, foi deportada para a Alemanha nazista, indo para uma prisão em Berlim. (Depois foi transferida primeiro para o campo de concentração de Ravensbruck e depois para o de Bernburg, onde em abril de 1942, aos 33 anos, morreu na câmara de gás.) Comunistas e aqueles considerados simpatizantes do comunismo continuaram a ser perseguidos e reprimidos durante o autoritário Estado Novo (1937-45) estabelecido por Vargas em novembro de 1937, com o apoio dos militares, depois do cancelamento das eleições presidenciais marcadas para janeiro de 1938.

A entrada no Brasil na Segunda Guerra Mundial ao lado dos Aliados em agosto de 1942 serviu para aprofundar divisões existentes no Partido Comunista Brasileiro, que se poderia esperar fosse aderir à oposição liberal à ditadura de Vargas. Dois amplos grupos podem ser identificados. Em primeiro lugar, aqueles que apoiavam a *união democrática nacional contra o nazifascismo,* ou seja, a necessidade de unidade nacional em apoio à luta dos Aliados (que agora incluíam a União

Soviética) contra as forças do Eixo diante antes imediata mudança política no Brasil. A autoproclamada Comissão Nacional de Organização Provisória (CNOP) do grupo tomou a iniciativa de convocar a Segunda Conferência Nacional do PCB, realizada no final de agosto de 1943 em Barra do Piraí, perto da serra da Mantiqueira, no estado do Rio de Janeiro. Uma organização partidária provisória foi formalmente reestabelecida e Prestes (na prisão) foi eleito Secretário Geral (cargo que manteria por quase quarenta anos) *in absentia.*

Um segundo grupo enfatizava a união democrática nacional e a luta pela democracia no Brasil. Pelo fim de 1943 foi formada sua própria organização, o chamado Comitê de Ação. Mas muitos deixaram o Comitê pelo CNOP/PCB quando primeiro em março e depois em junho de 1944 Prestes (da prisão), enquanto pedia anistia, a legalização do partido e a restauração das liberdades individuais, defendia a linha da Mantiqueira segundo a qual os comunistas deviam apoiar Vargas incondicionalmente na guerra contra o fascismo. Prestes rejeitou tanto o liquidacionismo (referência àqueles que apoiavam a dissolução do partido com vista à dissolução do próprio Comintern em maio de 1943 – uma variação do que era chamado Browderism nos Estados Unidos) e o sectarismo esquerdista dos que atacavam Vargas. Alguns comunistas, no entanto, continuaram a desempenhar um papel na ampla frente de oposição. O primeiro Congresso Brasileiro de Escritores realizado em São Paulo em janeiro de 1945 – acontecimento chave na mobilização da oposição a Vargas em favor da democracia no Brasil no final da Segunda Guerra Mundial – teve o comparecimento não somente de figuras proeminentes da esquerda não comunista mas de dois dos nove fundadores do PCB em 1922: Astrojildo Pereira e Cristiano Cordeiro.[9]

Sob pressão, tanto interna quanto estrangeira, para democratizar o Brasil no final da Segunda Guerra Mundial, Vargas em fevereiro de 1945 concordou que as eleições presidenciais e legislativas ocorressem no final do ano. Novos partidos políticos começaram a ser formados: em especial o Partido Social Democrático (PSD), a União

Nacional Democrática (UDN) e o Partido Trabalhista Brasileiro (PTB). Em 18 de abril uma anistia foi proclamada: todos os prisioneiros políticos (inclusive Luís Carlos Prestes, depois de nove anos na prisão) foram libertados, e os exilados políticos puderam regressar. O movimento trabalhista brasileiro emergiu de uma década de relativa passividade para apresentar uma militância sem igual desde o fim da Primeira Guerra Mundial. Estima-se que, em São Paulo apenas, ocorreram 300-400 greves envolvendo 150.000 trabalhadores em menos de uma semana no mês de maio. O clima foi descrito como sendo o de uma greve geral.

Emergindo de uma década de repressão e isolamento, e, embora ainda ilegal, em termos estritos, o PCB teve permissão para se organizar abertamente a partir de meados de abril, e foi rápido em aproveitar as oportunidades oferecidas, mesmo que não tivesse experiência prévia de organização de massa. O PCB logo teve sedes nas cidades de todos os estados. Afirmava ter mais de 50.000 membros. Estendeu sua influência aos comitês Democráticos Populares ou Progressistas, que se espalhavam por todo o Brasil. Acima de tudo, penetrou na estrutura sindical oficial, embora permaneça como matéria de discussão até onde simplesmente para assumir seu controle, até onde para a reformar, e até onde para substituí-la por uma estrutura paralela. Os comunistas sempre foram ambivalentes em relação à ação da classe trabalhadora "espontânea", "irresponsável", e especialmente em relação a greves, comprometidos como ainda estavam com a colaboração de classe e a unidade nacional e preocupados em garantir uma transição ordeira para a democracia que garantiria o estatuto legal e a sobrevivência do partido.

Os seis meses de maio a outubro testemunharam um nível sem precedentes de mobilização política nas principais cidades brasileiras, basicamente orquestrada pelos ditos Queremistas a favor da eleição de Getúlio (a partir do slogan "Queremos Getúlio"), mas também por parte do PCB. Prestes arrastou multidões para dois comícios realizados em estádios de futebol: 50-70.000 pessoas no Rio de Janeiro e mais de 100.000 em São Paulo. O PCB, de início incomodado pela ascensão do Queremismo e fundamentalmente seu antagonista, decidiu por uma política de *aproximação* ou *frente comum* com o que encarava como "a força menos reacionária". Por esta outra "traição" da classe trabalhadora, após a restrição da militância trabalhista no início do ano, o PCB tem sido severamente criticado pela esquerda não comunista ao longo dos anos. A decisão de Prestes foi baseada nas seguintes "realidades": a relativa fraqueza do PCB, apenas recentemente semilegalizado; a relativa fraqueza do movimento trabalhista controlado há muito pelo estado "fascista"; a força (e profundo anticomunismo) da reação (representadas tanto pelo UDN quanto pelo PSD); e a evidente popularidade de Vargas – e seu projeto econômico e social – junto a amplos setores da classe trabalhadora.

As eleições presidenciais e legislativas em dezembro de 1945, depois de Vargas ter sido afastado por um golpe militar, foram as primeiras eleições mais ou menos democráticas no Brasil, ainda que com um sufrágio muito limitado, já que analfabetos, metade da população adulta, estavam ainda excluídos. (Ver Ensaio 5.) O PCB, formalmente registrado e com permissão para participar de todas as eleições, escolheu como seu candidato presidencial não Luís Carlos Prestes (o que teria sido muito provocativo) mas Yedo Fiuza, um engenheiro não comunista, ex-prefeito de Petrópolis e Diretor do Departamento Nacional de Estradas de Rodagem. Ele ficou em terceiro lugar, abaixo de 10 por cento dos votos (570.000 votos – um terço deles em São Paulo). A eleição foi ganha pelo general Eurico Dutra (PDS), ministro da guerra de Vargas, com o apoio decisivo, na última hora, de Vargas e do PTB. Nas eleições legislativas o PCB garantiu nove por cento dos votos e elegeu 14 deputados e um senador (Prestes). Pelas regras eleitorais da época, os candidatos podiam concorrer para mais de um cargo. Prestes foi eleito não somente senador pelo Distrito Federal (Rio de Janeiro), mas também deputado federal pelo Distrito Federal, Pernambuco e Rio Grande do Sul, e suplente em três outros estados.

Depois de sua forte atuação nas eleições de dezembro, o PCB manteve seu crescimento em todas as regiões do Brasil. Em meados de 1946 o partido afirmou ter 180.000 membros, fazendo dele de longe o maior partido comunista da América Latina. Num documento altamente secreto que oferecia um "quadro completo" exagerado e um tanto histérico das atividades comunistas no Brasil, o embaixador norte-americano William D. Pawley informava: "Dificilmente uma cidade com mais de 1.000 não tem um escritório comunista exibindo abertamente o martelo e a foice... [e] ativamente empenhado em tentar envenenar as mentes dos camponeses e trabalhadores contra os Estados Unidos principalmente e o governo brasileiro em menor grau".[10] O grande negócio não tinha dúvida de que os comunistas estavam por trás da vaga pós-guerra da inquietação trabalhista em todo o Brasil. Mas de fato o papel do PCB continua não sendo claro. Parece ter começado por fazer oposição a muitas das greves como "aventureiras"; foram depois toleradas; por fim, depois de alguma hesitação, o Movimento Unificador dos Trabalhadores (MUT) de orientação comunista, uma frente intersindical central formada originalmente em abril de 1945 por 300 líderes sindicalistas comunistas de 13 estados, decidiu que não podia permitir-se não as liderar. Grupos locais de líderes sindicalistas, comunistas ou pelo menos simpatizantes do PCB, foram organizados em "comissões permanentes" nos principais centros industriais (mais de quarenta deles só no estado de São Paulo).

Em setembro o governo Dutra sentia-se suficientemente confiante para que o governo indicasse líderes sindicalistas (os chamados pelegos), e o PTB manteve o controle da maioria dos sindicatos para sancionar as confederações sindicalistas nacionais e as federações sindicalistas do estado e o primeiro Congresso Trabalhista Nacional do Brasil. Foi realizado sob a presidência do Ministro do Trabalho, Octacílio Negrão de Lima (PTB), no Rio de Janeiro no estádio de futebol do Vasco da Gama. Dos 1500-1700 delegados, entre 200-300 eram membros do PCB ou *fellow-travellers,* que tinham uma forte presença em cerca de 150 dos aproximadamente 800 sindicatos brasileiros. Em desafio à posição conhecida do governo, uma grande maioria dos delegados apoiou os principais objetivos do MUT: autonomia dos sindicatos; direito irrestrito de greve; livre negociação coletiva; a fundação de uma confederação trabalhista nacional "horizontal"; e uma filiação internacional à Confederación de Trabajadores de América Latina (CTAL) e à World Federation of Free Trades Unions (WFTU). No entanto, a frágil unidade do Congresso foi abalada quando, na terceira sessão plenária, um grupo "ministerial" dissidente de 200 pessoas aproximadamente se retirou, pretextando dominação comunista das atas. Mas antes que o ministro fechasse o congresso, os delegados votaram o estabelecimento, pela primeira vez, de uma Confederação dos Trabalhadores do Brasil (CTB), com o líder Roberto Morena como seu secretário geral.

O ministério do Trabalho recusou-se a aceitar a validade de qualquer das resoluções do Congresso Trabalhista Nacional, nunca reconheceu a CTB (que portanto desde o início atuou fora da lei) e retirou o reconhecimento oficial de qualquer sindicato que se filiasse a ele. E a nova Constituição promulgada em setembro incorporou a maior parte da Consolidação das Leis do Trabalho (CLT) do Estado Novo, com todas as restrições que impunha à autonomia de sindicatos, ao direito dos trabalhadores à greve (especialmente em serviços essenciais e "indústrias básicas") e ao direito de sindicatos de formar uma confederação nacional de trabalho e filiar-se a organizações trabalhistas internacionais. A intervenção nas questões sindicais por parte dos funcionários do ministério, dos militares e da polícia aumentou significativamente. Os comunistas, em particular, eram sistematicamente afastados não apenas da liderança dos sindicatos, mas também da burocracia federal e estadual.

Em janeiro de 1947 foram realizadas eleições para vinte governos estaduais e assembleias legislativas. Como em dezembro de 1945, o PCB teve cerca de 9 por cento dos votos (embora, com pouco comparecimento, apenas 460.000 votos). Os comunistas conquistaram um total de 64 cadeiras em 15 legislaturas estaduais, elegendo 18 de 50 deputados no Distrito Federal (a cidade do Rio de Janeiro), o que fez dele o maior partido isolado, 11 deputados em São Paulo (entre os quais o destacado historiador marxista Caio Prado Júnior) e nove em Pernambuco. Não conquistou nenhum dos governos estaduais, mas o apoio comunista foi decisivo na eleição de Ademar de Barros em São Paulo. Em vez de apresentar seu próprio candidato, o PCB, que era particularmente forte nas cidades industriais e subúrbios da grande São Paulo (tinha 60.000 membros e garantira 180.000 votos aí em 1945), endossara Ademar de Barros duas semanas antes da eleição. Numa disputa em São Paulo pela cadeira do senado deixada vaga quando Getúlio Vargas escolheu representar o Rio Grande do Sul (ele havia sido eleito em ambos os estados), o industrial Roberto Simonsen (PSD) derrotou por pequena margem o candidato comunista, Cândido Portinari, o grande pintor brasileiro, por uma margem de menos de 4.000 votos.

Houvera rumores já em março de 1946 que presidente Dutra, sempre intransigentemente anticomunista, estava preparando um decreto para tornar ilegal o PCB. Durante os primeiros meses de 1947, com as eleições seguramente fora do caminho e com a Guerra Fria reforçando o anticomunismo doméstico (a Doutrina Truman fora anunciada em março de 1947), a administração Dutra fez intensa pressão sobre o Supremo Tribunal Eleitoral que, segundo o artigo 114 da Constituição de 1946, podia cancelar o registro de qualquer partido político cujo programa fosse considerado contrário aos princípios democráticos ou cuja orientação política e cujos recursos pudessem ser considerados provenientes de fora do país. Em 7 de maio o TSE votou (embora por pequena margem, por três votos a dois) e aprovou o cancelamento do registro legal de um partido que em duas sucessivas eleições democráticas havia conseguido meio milhão de votos e se estabelecido como quarto maior partido do Brasil. O PCB, que de sua parte nem sempre esteve plenamente comprometido com as estratégias legais e o caminho eleitoral para o poder, estava agora efetivamente excluído da política democrática "formal" (e permaneceu assim pelos próximos quarenta anos). Seguiu-se uma onda de repressão anticomunista, com as autoridades em São Paulo, sob instruções do governador Ademar de Barros (que estava sob pressão direta do presidente Dutra), especialmente zeloso em seus esforços para interromper as atividades do partido comunista. Centenas de células comunistas em São Paulo foram fechadas bem como centenas de outras no Rio de Janeiro.

No dia em que o TSE tornou o PCB ilegal, a administração Dutra promulgou o decreto 23.046 pelo qual a Confederação dos Trabalhadores do Brasil (CTB), sempre ilegal, foi finalmente extinta. Seus líderes eleitos e funcionários de sindicatos afiliados a ela foram afastados. No final de julho talvez de 800 a 1000 comunistas, simpatizantes comunistas e "independentes" (incluindo alguns líderes "independentes" pertencentes à ala Queremista do PTB) foram expurgados de 170 sindicatos que representavam 300.000 trabalhadores. Não tinha precedentes uma intervenção nessa escala para garantir o completo controle estatal dos sindicatos – mesmo durante o Estado Novo.[11] Em outubro de 1947 o Congresso aprovou a demissão de todos os funcionários públicos suspeitos de pertencerem ao PCB.

Permanecia, porém, o problema dos comunistas que haviam sido eleitos em dezembro de 1945 e janeiro de 1947. A partir de setembro de 1947, o governo Dutra pressionou o Congresso para revogar seus mandatos. Por fim, em 7 de janeiro de 1948, com o apoio de metade dos deputados da UDN e alguns deputados de partidos menores, o PSD conseguiu a cassação do único senador comunista (Luís Carlos Prestes) e dos quatorze deputados federais comunistas juntamente com todos os deputados estaduais e vereadores comunistas. O PTB, metade da UDN e o recentemente formado Partido Socialista Brasileiro (PSD) (ver acima) votaram contra a medida. Gregório Bezerra, deputado federal do PCB por Pernambuco e participante da tentativa de levante comunista em novembro de 1935, foi escolhido para falar pelos cassados uma semana depois na última sessão da Câmara de

Deputados a que compareceram representantes eleitos do PCB – o que não ocorreria nos próximos quarenta anos.

Embora ilegal mais uma vez depois de maio de 1947, o PCB incluiu candidatos nas eleições federais, estaduais e municipais, por meio de outros partidos, em particular o PTB, em troca dos votos que podiam mobilizar, especialmente em São Paulo e no Distrito Federal. O PCB permaneceu ambivalente em sua atitude em relação a Vargas – que se tornou novamente presidente em 1951, até seu suicídio em agosto de 1954 – por conta de seu nacionalismo econômico e dos ganhos econômicos e sociais conquistados pelo sindicalismo durante sua presidência. Em 1955 um Movimento Nacional Popular Trabalhista (MNPT), considerado como 80 por cento comunista, surgiu na cena e cresceu rapidamente, trabalhando em conjunto com a Confederação Nacional dos Trabalhadores da Indústria (CNTI), com seus dois milhões de membros. Em agosto o MNPT declarou oficialmente seu apoio a Juscelino Kubitschek (PSD) e João Goulart (PTB) para as próximas eleições presidenciais e vice-presidenciais. (Segundo a Constituição de 1946, os presidentes e os vice-presidentes eram eleitos separadamente.) E do exílio Prestes reforçou o apoio comunista à chapa JK-Jango. A suspeita na direita era que havia sido feito um acordo para legalizar o PCB, mas nada se materializou. E o MNPT foi por fim declarado ilegal pelo Supremo Tribunal Eleitoral. Na eleição presidencial de 1960, Prestes e o PCB deram seu apoio ao General Henrique Teixeira Lott (PSD), ministro da Guerra de Kubitschek, um conhecido anticomunista mas um nacionalista, um desenvolvimentista e, acima de tudo, popular. Lott perdeu para Jânio Quadros. Mas o companheiro de chapa de Lott, o vice-presidente João Goulart, ganhou de novo, e depois da renúncia de Quadros em agosto de 1961 sucedeu a ele como presidente.

Goulart não era, como alguns entre os militares e a direita política acreditavam ou temiam, um homem da esquerda revolucionária, nem mesmo um nacionalista de esquerda radical (exceto no sentido em que as classes privilegiadas no Brasil viam qualquer programa como radical, mesmo o de uma moderada mudança econômica e social). Ele se considerava reformista, modernizador da economia capitalista e da sociedade do Brasil (ver Ensaio 6). Apoiava o que havia se tornado no início dos anos sessenta uma agenda amplamente aceita de *reformas de base*. Estas, porém, incluíam a extensão da legislação trabalhista e de assistência social à população rural, a distribuição de terra improdutiva – e a legalização do PCB.

Os direitos de trabalhadores rurais e a reforma agrária não tinham figurado como uma questão na política brasileira até o final da década de 1950, exceto no programa do PCB. Acabaram conseguindo entrar na agenda política, e se tornaram, mais ainda que a questão do capital estrangeiro, o principal divisor entre esquerda e direita – como consequência dos primeiros passos nessa época de uma mobilização política popular no campo brasileiro da "metade esquecida" da população brasileira. (Em 1960, 55 por centro dos brasileiros economicamente ativos estavam envolvidos na agricultura, criação de gado e indústrias rurais).

O movimento das *Ligas camponesas* que no final dos anos cinquenta e início dos anos sessenta se espalhou rapidamente por todo o nordeste, a região mais pobre do país, de fato uma das regiões mais pobres da América do Sul, tinha suas origens em conflitos no Engenho Galileia em Pernambuco, a 50 quilômetros de Recife, em 1954-5. Veio a ser liderado por Francisco Julião, um advogado de classe média e membro do Partido Socialista Brasileiro (PSB) que foi eleito deputado federal por Pernambuco em 1954 e 1958. As Ligas eram organizações de trabalhadores em agricultura de subsistência, meeiros e pequenos proprietários rurais que resistiam à expulsão (e portanto à proletarização) resultante da concentração fundiária (em um país com um nível já excessivamente alto de concentração) e "modernização" agrícola, e que pediam maior acesso à terra. Ao mesmo tempo, o Movimento de Educação de Base (MEB), apoiado pela Igreja e fundado em 1961, criou um importante programa rural de alfabetização com ênfase na conscientização (maior consciência dos direitos civis e políticos). Em 1962 cerca de 200.000-250.000 camponeses foram mobilizados: havia 35.000 ativistas em 65 Ligas só em Pernambuco. Nessa época, porém, as Ligas já estavam em certo declínio e haviam sido superadas em importância pelos sindicatos de semicamponeses e trabalhadores rurais assalariados, ou seja, o proletariado rural, especialmente nas propriedades açucareiras de capital intensivo, que estavam sendo organizados pelos comunistas e padres católicos progressistas. No final de 1963, 270 sindicatos de trabalhadores rurais, com meio milhão de membros, haviam sido reconhecidos legalmente e outros 500 esperavam reconhecimento.

O envolvimento do PCB na organização de sindicatos rurais era abertamente tolerado pelo governo Goulart, bem como seu apoio a greves gerais de trabalhadores urbanos liderados pelo Comando Geral dos Trabalhadores (CGT), formado em julho de 1962. Ao mesmo tempo o PCB – e o PCdoB, que se separara do PCB em fevereiro de 1962[12] – juntou-se à ala radical do PTB liderada pelo cunhado de Goulart Leonel Brizola, a qual se tornara a ala dominante em um partido cada vez mais fragmentado, e uma variedade de grupos da nova esquerda, influenciados seja pelo marxismo/castrismo após a Revolução cubana ou pela doutrina católica progressista sob o impacto das encíclicas do Papa João XXIII, *Mater et Magistra* (maio de 1961) e *Pacem in Terris* (abril de 1963), defendendo mais reformas básicas radicais do que Goulart estava preparado para apoiar.

Quando Goulart finalmente abriu caminho para a intensa pressão por reforma radical ao longo de 1963, o PCB destacou-se no famoso comício no Rio de Janeiro, em 13 de março de 1964, em que o presidente de fato anunciou sua mudança decisiva para a esquerda (ver Ensaio 6).[13] Em Goulart, escreveu o jornalista e deputado socialista Barbosa Lima Sobrinho em *O Semanário*, "As Esquerdas têm um novo Comandante". Mas Goulart desastrosamente tinha calculado mal a força relativa das forças políticas no Brasil. Suas ações levaram diretamente a um golpe militar duas semanas depois. E o golpe de 31 de março, que foi incentivado pelos Estados Unidos e teve amplo apoio da classe média, foi justificado com base em que Goulart estava supostamente preparando o caminho para uma ditadura comunista, transformando o Brasil em outra Cuba, até mesmo outra China. Os políticos comunistas, intelectuais e líderes trabalhistas, e aqueles considerados simpatizantes do comunismo, estiveram entre os primeiros a serem detidos, presos e em alguns casos seriamente maltratados pelo regime militar que duraria 21 anos.

II

Algumas pessoas e grupos de esquerda optaram pela luta armada como única estratégia viável para derrubar o regime militar.[14] E Cuba agora oferecia assistência com treinamento militar e algum apoio financeiro para a luta revolucionária no Brasil. Em outubro de 1966 – mês em que Che Guevara deixou Cuba em direção à Bolívia, seu campo final de batalha – um grupo de 14 militantes brasileiros chegou à Serra do Caparaó (na fronteira entre os estados de Minas Gerais e Espírito Santo) com o propósito de estabelecer um foco de guerrilha. Foram capturados pela polícia em abril de 1967 antes do início de suas operações. Em julho e agosto de 1967, um encontro da Organização de Solidariedade Latino-Americana (OLAS), dedicado à exportação da revolução para a América Latina, ocorreu em Cuba. Estava presente no encontro o ex-deputado comunista Carlos Marighella, que foi visto pela liderança cubana como uma figura chave para o avanço da revolução no Brasil.[15] No final de 1967 e no correr do ano seguinte, vários membros mais proeminentes do PCB seguiram Marighella e romperam com o partido para formar movimentos guerrilheiros de base urbana. Os mais dignos de nota foram a Ação Libertadora Nacional (ALN), liderada por Marighella e Joaquim Câmara Ferreira, a Vanguarda Popular Revolucionária (VPR), o Comando de Libertação Nacional (COLINA) e o Partido Comunista Brasileiro Revolucionário (PCBR), liderado por Mário Alves, Apolônio de Carvalho e Jacob Gorender. Alguns militantes aderiram ao Partido Comunista do Brasil (PCdoB). O único "sucesso" desses movimentos armados em 1968 foi o assassinato em São Paulo, em outubro, por membros do VPR e da ALN, de um capitão do exército norte-americano, Charles Chandler, um veterano do Vietnã, acusado de pertencer à CIA,

O surgimento de grupos revolucionários armados era um fator, mas não o único, que desencadeou a mudança definitiva para a direita dentro do regime militar no final de 1968. O Ato Institucional n. 5 (AI-5), promulgado em 13 de dezembro de 1968, o "golpe dentro do golpe", conferiu poderes quase absolutos ao Presidente da República e, entre outras coisas, suspendeu as garantias constitucionais para o judiciário e o direito de *habeas corpus* (ou seja, o domínio da lei), e estabeleceu tribunais militares para julgar crimes cometidos por cidadãos comuns contra a segurança nacional. Independentemente de como os historiadores prefiram caracterizar o regime militar de abril de 1964 a dezembro de 1968, o Brasil agora era inquestionavelmente e sem meio termo uma ditadura militar. O Brasil entrou nos "anos de chumbo", cujos aspectos mais salientes incluíam a prisão, a tortura e o "desaparecimento" de prisioneiros políticos.

Nesse contexto de crescente repressão, uma boa parte da oposição tornou-se cada vez mais radicalizada. Seria errado sugerir que a oposição armada surgiu *apenas* em reação ao endurecimento do regime. Como vimos, alguns grupos de esquerda já tinham escolhido esse caminho. Mas depois da publicação do AI-5, a ALN. o PCBR, a VPR, agora liderada por Carlos Lamarca, um capitão do 4. Regimento de Infantaria de São Paulo que desertou em janeiro de 1969, e a COLINA, que em setembro de 1969 fundiu-se com a VPR com o nome Vanguarda Armada Revolucionária (VAR-Palmares), tornaram-se mais firmemente comprometidos com uma estratégia de luta revolucionária armada contra a ditadura militar, sobretudo por meio de ações de guerrilha urbana.

Elio Gaspari estima que no início de 1969 havia provavelmente um total de cerca de 800 pessoas ligadas aos vários movimentos da esquerda revolucionária, que tinham diferenças ideológicas, mas concordavam com a necessidade de luta armada.[16] Uma ampla porcentagem era de estudantes ou recém formados, jovens, de classe média urbana, e homens (embora talvez 20-25 fossem mulheres). A maioria não tinha experimentado a intensa mobilização política do período imediatamente anterior ao golpe de 1964. Para essa geração, o PCB era visto como incompetente e "reformista", não mais como "revolucionário".

Em 4 de setembro de 1969 ocorreu uma das mais espetaculares ações na luta armada contra a ditadura militar: o sequestro do embaixador norte-americano Charles Burke Elbrick. Foi uma ação conjunta da ALN e da Dissidência Comunista da Guanabara, um grupo constituído por estudantes que tinham deixado o PCB em 1966 e que depois do sequestro adotou o nome de Movimento Revolucionário 8 de outubro (MR-8), uma referência à data da morte de Che Guevara em 1967.[17] Foi uma ação noticiada com destaque ao redor do mundo e que causou profunda impressão nos militares. Por fim, o embaixador foi libertado em troca de 15 prisioneiros políticos que voaram para o México. Em 1970, três outros diplomatas estrangeiros (o cônsul geral do Japão e os embaixadores da Alemanha Ocidental e da Suíça) foram sequestrados por grupos revolucionários armados, e trocados por um total de 115 prisioneiros políticos, que também foram transferidos para o exterior. Mas essas iniciativas de guerrilha urbana de grande destaque levaram à adoção de medidas de repressão ainda mais duras pelo governo militar. Por exemplo, no dia em que o embaixador Elbrick foi libertado (9 de setembro de 1969), o regime publicou o Ato Institucional n. 14 (AI-14), que estabelecia prisão perpétua e pena de morte para os envolvidos em "guerra revolucionária ou subversiva" como definido pela Lei de Segurança Nacional.

No final de 1971, todos os grupos de guerrilha urbana tinha sido destruídos ou desfeitos. Os mais importantes líderes da guerrilha estavam mortos. Marighella da ANL foi morto em uma emboscada em São Paulo em novembro de 1969. Lamarca, que havia deixado a VPR/VAR-Palmares para aderir ao MR-8, foi morto no sertão da Bahia em setembro de 1971. Dos que não foram mortos, muitos foram presos e torturados; alguns conseguiram escapar para o exílio. A despeito da violência da repressão usada contra as organizações de esquerda engajadas na luta armada, sua derrota não deve ser atribuída apenas aos métodos de repressão usados pela ditadura, especialmente a tortura. O fato de as posições políticas adotadas por esses movimentos de vanguarda estarem muito afastados das reais possibilidades revolucionárias na época foi também um fator decisivo para sua derrota. Eles não tinham, naturalmente, nenhuma confiança na democracia liberal representativa, e sempre foram fracos seus vínculos com a esquerda não armada (sobretudo o PCB), com o único partido político da oposição admitido pelos militares, o Movimento Democrático Brasileiro (MDB), e com os elementos liberais-conservadores opostos à ditadura. E nunca conseguiram amplo apoio popular. Politicamente isolados, logo chegaram a um impasse para o qual não havia nenhuma saída óbvia. Suas atividades se tornaram casa vez mais limitadas a tentativas desesperadas de salvar seus "quadros" da destruição física pela força muito superior do aparelho repressor montado para os combater.

A luta revolucionária armada urbana sempre foi vista como uma preparação para a revolução no campo, embora apenas o Partido Comunista do Brasil (PCdoB), liderado por João Amazonas e Maurício Grabois, desse à luta rural sua atenção básica. Com as guerrilhas urbanas se deparando com a derrota, o PCdoB fez uma tentativa desesperada de estabelecer uma guerrilha rural, um *foco,* em uma área esparsamente povoada na região do rio Araguaia, o "Bico do Papagaio", no sul do Pará e do Maranhão (hoje estado do Tocantins), a 1400 qulômetros de Brasília. Planejada desde 1967, foi em 1971-2 que cerca de sessenta militantes do PCdoB, muitos deles estudantes de classe média e jovens profissionais, começaram a se infiltrar na região, passando-se por trabalhadores rurais com o propósito de conquistar a lealdade da população local. Todavia, não conseguiram atrair mais do que um punhado para a causa. Depois do fracasso de vários esforços iniciais para esmagar o *foco* devido a problemas de inteligência e logística, os militares por fim mobilizaram 12.000 soldados baseados em Xambioá, a maior mobilização militar do período militar. Mas foram necessárias três campanhas até que a atividade da guerrilha fosse finalmente exterminada em janeiro de 1975, deixando dezenas de combatentes da guerrilha mortos e "desaparecidos".[18]

III

Em agosto de 1979, como parte da estratégia militar de abertura lenta e gradual, foi aprovada uma lei de anistia, e exilados proeminentes, como Luís Carlos Prestes, começaram a voltar ao Brasil. Em novembro a criação de novos partidos políticos foi permitida (de fato incentivada). Essa "reforma" tinha o objetivo de dividir a oposição, assim evitando uma potencial vitória do MDB nas eleições de 1982, que ameaçaria o controle do regime sobre a sucessão presidencial em 1985. A oposição viu-se dividida em quatro partidos, um dos quais era o Partido Democrático Trabalhista (PDT), um novo nome para o antigo PTB, liderado por Leonel Brizola. Em fevereiro de 1980, um quinto partido de oposição foi criado, o Partido dos Trabalhadores (PT), o único partido nascido fora do Congresso, sem vínculos com a "classe política" tradicional. Depois da transição do governo militar para o civil em março de 1985, foram legalizados os dois partidos comunistas – o PCB, que mudou o nome para Partido Popular Socialista (PPS) em 1991, no final da Guerra Fria e a dissolução da união Soviética, e o PCdoB. E o Partido Socialista Brasileiro (PSB) foi reestabelecido. Mas nos trinta anos seguintes o PT seria o partido dominante da esquerda no Brasil.

O PT tinha sido criado por líderes sindicalistas, particularmente em São Paulo, no coração da indústria brasileira, juntamente com ativistas católicos progressistas das comunidades eclesiais de base, antigos guerrilheiros urbanos e rurais, e intelectuais socialistas, trotskistas (mas não, na maior parte, comunistas).[19] Tratava-se de um partido confessadamente socialista. Seu líder, Luiz Inácio Lula da Silva – a sétima de oito crianças sobreviventes de uma família rural marcada pela pobreza do interior de Pernambuco, no Nordeste, a região mais pobre do Brasil, com apenas quatro anos de instrução na escola primária – era um metalúrgico e líder do sindicato dos metalúrgicos de São Bernardo dos Campos na região metropolitana de São Paulo (sem vínculos anteriores com partidos tradicionais da esquerda brasileira). O historiador Eric Hobsbawm reconheceu o PT como um partido socialista clássico com base no sindicalismo, tal como os que haviam surgido na Europa antes da Primeira Guerra Mundial, mas era único na América Latina, e quase em toda parte do mundo, na condição de partido socialista com base no sindicalismo estabelecido a partir da Segunda Guerra Mundial – e com um trabalhador industrial como seu líder.[20]

O PT cresceu firmemente durante suas primeiras duas décadas. Nas eleições relativamente livres permitidas pela ditadura militar em 1982 conseguiu apenas 3,5 por cento da votação nacional, mas elegeu seus primeiros oito deputados federais em três diferentes estados, seis deles em São Paulo, que forneceu 72 por cento da votação do PT. Em 1986, nas primeiras eleições legislativas depois do fim do governo militar, elegeu 16 deputados em oito estados, entre os quais o próprio Lula em São Paulo. (O PCB e o PCdoB elegeram cada um três deputados, o PSB um, mas mesmo se os 25 deputados do PDT forem incluídos a esquerda/centro-esquerda conquistou menos de 10 por cento das cadeiras na Câmara dos Deputados.

Nas eleições municipais de 1988, o PT teve 30 por cento da votação nas cem maiores cidades do Brasil, elegendo o prefeito de São Paulo, e os prefeitos de várias outras cidades da Grande São Paulo e do estado de São Paulo, bem como das cidades de Porto Alegre (Rio Grande do Sul) e Vitória (Espírito Santo). Em muitas dessas cidades, em especial em Porto Alegre e em São Paulo, as administrações do PT incentivaram a participação dos cidadãos nas questões de finanças, saúde, educação, planejamento urbano e ambiente bem como na promoção geral dos direitos das mulheres.[21]

O PT aumentou o número de suas cadeiras na Câmara dos Deputados a cada uma das eleições legislativas da década de 1990: 35 em 1990, 49 em 1994 (a primeira vez em que o PT teve mais cadeiras que o PDT), 58 em 1998. (O PCB/PPS conquistou duas, duas e três cadeiras em 1990, 1994 e 1998 respectivamente, o PCdo B cinco, dez e sete, o PSB 11, 16 e 19.) O PT também elegeu seu primeiro senador em 1990, quatro em 1994 e três em 1998. Em 1994 o PT conquistou o governo do Distrito Federal (Brasília), e em 1998 o governo do Rio Grande do Sul. Nas eleições de outubro de 2000, o PT ganhou em seis capitais estaduais, entre as quais São Paulo (pela segunda vez), Porto Alegre (pela quarta vez) e metade das 60 cidades com populações de mais de 200.000 habitantes. Em 2000, o PT foi o maior e mais bem sucedido partido da esquerda na América Latina, o que era impressionante à luz da história política e da cultura política do Brasil.

A presidência, porém, permanecia difícil de alcançar. Em 1989, Lula concorreu nas primeiras eleições presidenciais plenamente democráticas na história brasileira. No primeiro turno, derrotou por pequena margem Leonel Brizola (PDT), menos de meio milhão de votos, de modo a garantir o segundo lugar. No segundo turno, obteve 47 por cento dos votos, 31,1 milhões de votos, mas perdeu para Fernando Collor de Mello. Em 1994 e 1998 Lula perdeu no primeiro turno para Fernando Henrique Cardoso do Partido da Social Democracia Brasileira (PSDB) de centro-esquerda, que fora criado em 1988 da cisão do Partido do Movimento Democrático Brasileiro (PMDB) cortando grande parte do antigo MDB. Isto a despeito de ter em 1998 o apoio dos menores partidos de esquerda – e do PDT. (Em 1998 Brizola foi candidato a vice presidente de Lula.) Todavia, aumentou sua votação no primeiro turno de 17 por cento em 1989 para 27 por cento em 1994 e 32 por cento em 1998.

Em outubro de 2002, na quarta tentativa consecutiva, Lula foi eleito presidente do Brasil, com 39,4 milhões de votos no primeiro turno (46,4 por cento dos votos válidos) e 52,8 milhões (61,3 por cento) no segundo turno. O PT tornou-se também o maior partido na Câmara dos Deputados (com 91 cadeiras, embora menos do que 20 por cento do total) e o terceiro maior no Senado (elegendo dez senadores, entre os quais cinco mulheres, e dobrando sua representação de sete para 14). O PT também teve ganhos nas eleições para as assembleias estaduais em todo o Brasil (embora não tenha conseguido conquistar o governo de nenhum dos oito maiores estados). Tratava-se, no geral, da mais importante vitória da esquerda na América Latina desde a eleição de Salvador Allende no Chile em setembro de 1970.

Vários fatores explicam por que Lula foi capaz de conquistar o apoio daqueles setores da classe média urbana e da classe média baixa (bem como dos pobres urbanos) que tinham votado em Collor em 1989 e em Fernando Henrique Cardoso em 1994 e 1998. (O PT nesse período não mirou os setores mais pobres e menos instruídos do eleitorado brasileiro, especialmente no Norte e no Nordeste.) Havia uma percepção geral de que o fracasso dos governos de Fernando Henrique Cardoso, especialmente no segundo governo, se sobrepuseram às conquistas. A coalizão partidária que havia sustentado or governos de Fernando Henrique Cardoso tinha se desfeito. E José Serra era um candidato do PSDB menos do que convincente. Era tempo de uma mudança e, depois de três tentativas presidenciais sem êxito, era a vez de Lula. O PT tinha nessa época formado uma estrutura nacional que era invejada pelos outros partidos políticos. E pela primeira vez o PT desenvolveu uma campanha de relações públicas/mídia em torno das origens (tanto no Nordeste quanto em São Paulo), da história pessoal e da personalidade carismática de seu líder, Lula, com um forte apelo emocional aos brasileiros que anteriormente não se haviam identificado com o partido ("Lula, paz e amor").

O mais importante foi que o próprio PT havia se deslocado para o terreno do centro. Durante a década de 1990, o grupo *Articulação* (depois *Campo Majoritário*) veio a ter maioria no partido e adotou políticas mais moderadas. Depois da expulsão da *Convergência Socialista* em 1992, os outros grupos do partido (marxista, trotskista e socialista) foram cada mais sobrepujados e, pelo menos em tomadas de decisão, um tanto marginalizados. A *Carta ao Povo Brasileiro* (junho de 2002) de Lula, se enfatizava a necessidade de políticas sociais para reduzir a pobreza e a desigualdade, abandonava o projeto original do PT de transformação social radical do Brasil (até mesmo o uso da palavra socialismo) e comprometeu um futuro governo do PT com a economia de mercado e políticas econômicas ortodoxas: estabilidade macroeconômica, controle da inflação e equilíbrio fiscal, ou seja, com a continuação da política econômica dos governos de Fernando Henrique Cardoso. Além do mais, as alianças políticas foram ampliadas. Pela primeira vez, Lula garantiu o apoio de uma maior parte do cento/direita, o Partido Liberal (PL), ao qual foi oferecida a vice-presidência. Em outras palavras, para ganhar a eleição, conquistar a presidência e governar, o PT se ajustou às realidades econômica, social e política, tanto internas quanto globais. Não haveria conflito com os remanescentes da oligarquia política tradicional, a classe média conservadora e a elite econômica doméstica do agronegócio, da construção, da mineração, petróleo e gás, bancos, etc. – e nada para alarmar as finanças internacionais. Surgiu assim a questão: o PT ainda era um partido de esquerda?[22] Uma vez no poder, o PT perdeu elementos na esquerda do partido, especialmente intelectuais, que sentiam que o partido se havia tornado muito centralizado e que muitas conciliações tinham sido feitas. A ruptura mais significativa veio em 2004 com a criação do Partido Socialismo e Liberdade (PSOL). Francisco de Oliveira, o principal intelectual do PSOL, disse que o PT sob Lula era "a esquerda que a direita sonha".

O objetivo de José Dirceu, principal estrategista do PT, que foi indicado como Chefe da Casa Civil de Lula, era fazer do PT um partido permanente de governo (como o PRI fora no México, por mais de 70 anos, até 2000). Levaria, afirmava ele, pelo menos 20 anos para transformar o Brasil, em particular para erradicar a pobreza e remediar as graves desigualdades econômicas e sociais brasileiras. O problema, porém, era que o sistema eleitoral brasileiro tornava difícil para qualquer partido, e o PT não era exceção, conseguir mais do que 20 por cento das cadeiras no Congresso e, portanto, governar sozinho era impossível. Isso levou inevitavelmente a um *presidencialismo de coalizão.* A fim de governar, Lula teve de formar uma coalizão com o PL e os partidos menores que de algum modo manifestassem fazer parte da esquerda: o PPS (ex-PCB), o PCdoB, o PSB, Partido Verde (PV), e até mesmo o PDT. E mesmo isso não era suficiente. Ao longo de 2004, houve vários rumores de que o PT estava não somente oferecendo cargos no governo e em agências estatais e ocupando com uso político mais de 20.000 cargos em comissão (isso era prática normal), mas usando, ou melhor usando mal, fundos públicos em um amplo e organizado esquema de compra de votos no Congresso. Dezenas de deputados estavam recebendo mensalmente pagamentos em espécie em compensação por mudarem para um partido da coalizão do governo ou pelo menos para apoiarem medidas legislativas do governo.

Quando finalmente eclodiu em junho de 2005, o escândalo de pagamento em dinheiro em troca de votos, o *mensalão,* sacudiu o governo em seus fundamentos. José Dirceu foi obrigado a renunciar (foi substituído por Dilma Rousseff, até então ministra das Minas e Energia), assim como muitos do mais altos conselheiros de Lula e antigas figuras do PT (inclusive o presidente e o tesoureiro do partido).[23] Houve pedidos para a renúncia ou impeachment de Lula. Ele sobreviveu sobretudo porque o principal partido de oposição, o PSDB, temia distúrbios sociais sérios se Lula fosse afastado do cargo e porque estava convencido, erradamente, que reconquistaria a presidência na eleição de 2006. Para Lula e o PT o preço político da sobrevivência era a integração do PMDB, partido clientelista clássico, o principal do centro direita, em sua coalização multipartidária de governo, o que havia sido até então evitado. Ao PMDB seriam oferecidas as presidências de ambas as casas do Congresso e três ministérios no segundo governo do PT – e a vice-presidência em 2010.

Lula viria a se reeleger em 2006, derrotando Geraldo Alckmin do PSDB no segundo turno com 60,1 por cento dos votos (58,3 milhões de votos). No Sul, Lula perdeu para Alckmin: 35 e 55 por cento; no Sudeste, empatou: 44-44 por cento, mas perdeu em São Paulo: 37-54 por cento. A classe média, certamente a classe média alta, tinha se voltado contra Lula, em larga medida por causa da corrupção e de sua associação com alguns dos piores elementos da velha oligarquia política. O PT tinha, afinal, se apresentado como um partido ético, determinado a mudar a cultura política do Brasil. Todavia, Lula ganhou no Nordeste por 67 por cento a 23, no Norte por 57 a 35 por cento, e no Centro-Oeste por 51 a 35 por cento. Nos 50 por cento menos desenvolvidos dos 5500 municípios brasileiros, especialmente no Nordeste e no Norte, onde estavam concentrados os brasileiros mais pobres e menos instruídos, Lula assegurou 66 por cento dos votos no primeiro turno (74 por cento no segundo turno). A base social e política do PT fora significativamente transformada desde 2002.[24]

Na eleição presidencial de 2010, Lula transferiu com sucesso seu imenso apoio popular – terminou o segundo mandato com índices de aprovação de 75-80 por cento – para a sucessora que escolhera, Dilma Rousseff, que o PT aceitou como sua candidata com alguma relutância e alguma dissensão. Ex-guerrilheira urbana durante a ditadura militar, Dilma fora por vinte anos membro ativo do populista PDT de Brizola no Rio Grande do Sul e só entrou para o PT em 2000, tornando-se ministra de Minas e Energia de Lula (seu primeiro ministro dessa pasta) e depois Chefe da Casa Civil. Dilma (e seu colega de chapa, Michel Temer, do PMDB) ganhou a eleição com 47 por cento dos votos no primeiro turno e 56 por cento no segundo turno – de modo geral o apoio eleitoral obtido por Lula em 2006.

Além dos fatores significativos da popularidade pessoal de Lula, do apoio do PMDB e de outros partidos da coalizão de governo e, como hoje sabemos, das imensas quantias para financiamento ilegal (caixa dois) de campanha, as vitórias do PT nas eleições presidenciais de 2006 e 2010 podem ser explicadas como dividendo político de um aumento, se não espetacular, do crescimento econômico combinado com algum modesto progresso social durante o governo do partido.

A economia do Brasil crescera mais rápido do que qualquer economia no mundo, exceto a do Japão, nas quatro décadas de 1940 a 1980, com uma média de crescimento de 7 por cento p. a., e mais de 10 por cento p.a. em dois períodos, 1956-61 e 1968-73. Mas desde 1980, o Brasil não tivera período equivalente de crescimento econômico continuado. As décadas de 1980 e 1990 foram as "décadas perdidas". O crescimento anual médio foi de 1,6 por cento (um pouco maior na média, 2,2 por cento, durante os governos de Fernando Henrique Cardoso, 1995-2002). Mas durante os dois primeiros governos do PT a economia cresceu 4,2 por cento na média durante os anos 2004-6, 6,1 por cento em 2007, 5,2 por cento em 2008, somente 0,3 por cento em 2009 (em grande parte por conta da crise financeira internacional, embora o Brasil tenha emergido relativamente ileso), mas depois 7,5 por cento em 2010. E a descoberta de imensos recursos petrolíferos no litoral foi considerada o "passaporte para o futuro" do Brasil. Em 14 de novembro de 2009, a revista *Economist* estampou sua famosa capa com a estátua do Cristo no Corcovado no Rio de Janeiro decolando como um foguete e a legenda "Brazil takes off: a 14 page special on Latin America's big success story".

Esse desempenho econômico relativamente forte era resultado, primeiro, da aceitação pelo governo do PT (pelo menos até final de 2008) de políticas macroeconômicas ortodoxas dos governos de Fernando Henrique Cardoso (disciplina fiscal, superávits primários para reduzir o déficit fiscal e relação da dívida pública com o PIB, metas de inflação, etc); em segundo lugar, um ambiente internacional excepcionalmente favorável às exportações agrícolas e minerais do Brasil como resultado do *boom de commodities* impulsionado pela China; e, em terceiro lugar, um mercado interno em expansão como resultado do pleno emprego e de salários mais altos, mas também da políticas sociais de combate à pobreza desenvolvidas pelo governo do PT.

No início do século XXI, o Brasil era umas das sociedades mais desiguais do mundo, com quase a maioria da população pobre e uma significativa minoria vivendo em condições de pobreza extrema (miséria). E a despeito de o Brasil afirmar ser uma democracia racial, a exclusão social tinha uma clara dimensão racial. A pobreza é um conceito reconhecidamente complexo, debatido e altamente político. Uma grande parte depende de onde é traçada a linha de pobreza. O Plano Real (1994) dos governos de Fernando Henrique Cardoso para estabilidade macroeconômica e a redução da inflação baixou o nível de pobreza de, digamos, 40-45 por cento para 35 por cento da população. O governo do PT foi, porém, o primeiro governo na história brasileira a tornar sua prioridade principal a erradicação da pobreza e a redução da desigualdade. E houve sem dúvida uma significativa redução da pobreza no Brasil, de 35 por cento para 20 por cento da população, durante os anos 2003-10. Os salários reais, que estiveram estagnados durante o período 1979-1994 e aumentavam a menos de um por cento por ano em 1995-2003, subiram 3,3 por cento por ano como resultado do crescimento econômico, de aumento do emprego no setor formal e, acima de tudo, de uma política de aumento do salário mínimo bem acima do índice de inflação anual (embora ainda fosse menos de US $300 por mês ao final de oito anos de governo do PT, e dezenas de milhões de trabalhadores, a maioria nos estados do norte e nordeste, não o recebiam). Ao mesmo tempo, o governo do PT facilitou o acesso ao crédito – e portanto ao consumo de bens duráveis e não duráveis – para famílias de baixa renda. Cerca de 30 milhões de brasileiros foram retirados da pobreza, embora dificilmente tenham passado para a tão proclamada "nova classe média".[25]

O que é indiscutível é que a pobreza extrema (miséria), especialmente no Nordeste e no Norte, foi significativamente reduzida, sobretudo como resultado de um abrangente programa de transferência de renda condicionada, o *Bolsa Família,* uma consolidação e considerável expansão de vários programas de assistência social existentes. 4,1 milhões de lares foram postos sob esse esquema em junho de 2004, 11,2 milhões (35 milhões de pessoas) em julho de 2006. Em 2010, 13 milhões de famílias (45-50 milhões de pessoas – um quarto da população do Brasil) estavam se beneficiando do Bolsa Família. Beneficiários individuais recebiam cerca de R$170 (US$ 55) por mês, perto do mínimo do Banco Mundial de US$1,90 por dia.

Todavia, milhões de brasileiros ainda viviam na pobreza, e muitos outros milhões estavam vivendo pouco acima da linha de pobreza e, portanto, extremamente vulneráveis a qualquer futuro declínio econômico. E enquanto viram um aumento real em sua renda e em seu consumo privado, os serviços públicos foram seriamente negligenciados. Quase metade da população do Brasil estava vivendo sem saneamento adequado, uma grande parcela sem água potável, e para a maioria os padrões brasileiros de educação e saúde permaneciam totalmente insatisfatórios. O Bolsa Família tinha aliviado a pobreza extrema, mas os que a recebiam ainda viviam na pobreza. O Bolsa Família absorveu menos do que um por cento do PIB. (O economista brasileiro José Márcio Camargo calculou que sete vezes mais fundos eram alocados com as aposentadorias de cerca de 900.000 funcionários públicos federais, do que com os 13 milhões de famílias recebendo Bolsa Família).

Ao mesmo tempo, os ricos e os grupos de renda mais alta geralmente não tinham sofrido durante os governos do PT. O *World Inequality Report 2018* mostrou que a desigualdade de renda no Brasil era estável em um nível extremamente alto desde 1980. Junto com a África do Sul e alguns países do Oriente Médio, o Brasil permanecia como o país mais desigual do mundo. Os dez por cento do nível mais alto recebiam 55 por cento da renda total (cf. uma média de 37 por cento na Europa, por exemplo), e o um por cento mais alto recebia 30 por cento (cf. uma média de 10 por cento na Europa). O sistema de impostos brasileiro permanecia altamente regressivo, e a evasão fiscal era endêmica. O imposto sobre herança, um instrumento fundamental para reduzir a desigualdade de riqueza, nunca esteve na agenda. Além do mais, o negócio brasileiro, em especial os 'campiões nacionais', recebeu vários subsídios em forma de crédito barato, garantias financeiras e ajuda financeira, particularmente por meio do banco de desenvolvimento do Brasil, o BNDES. Era assim possível discutir se o governo de Lula (2003-10) havia presidido à prometida transformação social do Brasil.

No governo de Dilma Rousseff (2011-14), a economia brasileira começou a desacelerar na medida em que o *boom de commodities* acabou chegando ao fim. Houve também, sem dúvida, uma considerável má gestão macroeconômica sob a chamada Nova Matriz Econômica. A taxa de crescimento declinou de 4 por cento em 2011 para 1,9 por cento em 2012 e para 2 por cento em 2013, e se tornou negativa no segundo trimestre de 2014. A economia cresceu apenas 0.4 por cento em 2014. A capa da revista *Economist* de 28 de setembro de 2013 tinha a estátua do Cristo mergulhando na Baía de Guanabara com a legenda "Has Brazil blown it?". E com o declínio econômico veio a rápida erosão dos ganhos sociais dos anos Lula.

Em junho de 2013 houve manifestações de massa sem precedentes e inteiramente imprevistas por todo o Brasil protestando contra a ameaça aos padrões de vida, sobretudo em relação à fraca qualidade dos serviços públicos – transporte, saúde, educação, habitação, saneamento, segurança, etc. – e levantando questões mais amplas de governança democrática e, não menos importante, de corrupção. O índice de aprovação de Dilma caiu abaixo de 50 por cento pela primeira vez, e despencou para 30 por cento um ano depois com o começo da Operação Lava-Jato, investigação de corrupção envolvendo a Petrobrás, empresas de construção privadas e ministros do governo e políticos pertencentes sobretudo ao PT (ver Ensaio 5). Todavia em outubro de 2014, com Michel Temer do PMDB mais uma vez como seu companheiro de chapa, Dilma Rousseff foi reeleita por pequena margem.

O primeiro ano do segundo governo de Dilma, porém, trouxe uma significativa deterioração das perspectivas do Brasil. A economia contraiu-se 3,8 por cento (e se contrairia outros 3,6 por cento em 2016, perfazendo assim 11 trimestres sucessivos de crescimento negativo pela primeira vez na história brasileira). Na América Latina só a economia venezuelana tinha desempenho pior. O Brasil passou de superávits primários anuais (desde o começo dos anos 1990 com exceção de 1997) para déficits primários anuais. A dívida pública em relação ao PIB, que fora de 50 por cento em 2011 e 56 por cento em 2014, subiu para 65,6 por cento em 2015 (e 69,9 por cento em 2016). A inflação, que fora mantida em 6 – 6,5 por cento nos anos 2011-14, subiu para 10,6 por cento em 2015. A renda per capita média caiu mais de 10 por cento de 2014 a 2016. O desemprego oficial, 6 – 7 por cento nos anos 2011-14, subiu para 8,5 por cento em 2015 (e alcançaria 11,8 por cento em 2016). Embora sempre difícil de medir, o número de brasileiros vivendo na pobreza aumentou, talvez na ordem de 20 por cento.[26]

Ao mesmo tempo, a Operação Lava-Jato ganhou impulso. Destacados políticos do PT (dois presidentes nacionais, um secretário geral nacional, dois tesoureiros nacionais, um presidente da Câmara dos Deputados e um líder do partido no Senado) e políticos de outros partidos aliados ao PT foram detidos e presos ou postos em prisão domiciliar. O próprio antigo presidente Lula estava sob investigação. O índice de aprovação de Dilma desabou para números de um dígito. Quando em outubro o PMDB, o maior partido no Congresso, retirou seu apoio, Dilma não estava mais em condição efetiva de manter seu governo multipartidário. Sua carreira política chegou a um fim ignominioso em 31 de agosto de 2016 com seu impeachment por crimes de responsabilidade administrativa e fiscal (as famosas *pedaladas fiscais*) (ver Ensaio 5).

Depois de mais de 13 anos o PT viu-se fora do poder, desacreditado, desmoralizado e de certo modo desorganizado. Suas conquistas econômicas e sociais, especialmente durante os anos Lula (2003-10), foram empanadas pelo escândalo de corrupção (o *petrolão*) pelo qual era basicamente responsável e pelos fracassos econômicos e político dos anos Dilma (2011-16). Nas eleições municipais realizadas em outubro de 2016, dois meses após o impeachment de Dilma, o PT não conseguiu conquistar nenhuma das 92 capitais e cidades com populações superiores a 200.000 habitantes. Ganhou em 548 municípios em 2008, 655 em 2012 – mas somente em 258 em 2016. Em 2016 perdeu 74 por cento de seus municípios no Sudeste, 57 por cento no Sul, 87 por cento no centro-oeste e 67 por cento no Norte. No Nordeste, porém, perdeu apenas 40 por cento de seus municípios (e somente 28 por cento onde metade do eleitorado recebia a Bolsa Família). Foi virtualmente liquidado no estado de São Paulo, inclusive na cidade de São Paulo e mesmo no "cinturão vermelho" do ABC em torno de São Paulo. Em termos de apoio popular o partido estava de volta onde estava antes de 2002.

Luiz Inácio Lula da Silva, líder do PT pelos últimos 36 anos, permaneceu como o político mais popular do Brasil. Todavia, em julho de 2017, Lula foi sentenciado a um longo período de prisão por corrupção, correndo o risco de ser incapaz de concorrer à presidência em 2018, como ele e o PT pretendiam. A *Lei da Ficha Limpa* de 2010 proibiu candidatos com certos registros criminais de concorreram a cargo eletivo por oito anos. A sentença foi confirmada (de fato aumentada) na apelação em janeiro de 2018. (Ver Ensaio 5) A prisão de Lula em 7 de abril foi um golpe importante para o partido, que já vinha lutando para manter seu existente, ainda que reduzido, nível de apoio popular nas próximas eleições para a Câmara de Deputados, dois terços do Senado, governadores e assembleias estaduais, bem como para presidente em outubro.

O PT manteve Lula (agora um prisioneiro político aos olhos dos petistas) como seu candidato à presidência mesmo depois de ele finalmente ter sido declarado inelegível. Mas no final, tarde demais se poderia argumentar, o partido foi forçado a indicar um substituto: Fernando Haddad, ex-ministro da Educação e ex-prefeito de São

Paulo. Haddad começou sua campanha com nove por cento de apoio nas pesquisas. Com a transferência de votos de Lula, embora menor do que o esperado, Haddad alcançou 29 por cento dos votos válidos no primeiro turno da eleição e um lugar no segundo turno com Jair Bolsonaro, o candidato populista de direita do Partido Social Liberal (PSL) que conquistou 46 por cento. (Ver Ensaios 5 e 6). O PT teve o apoio de outros pequenos partidos de esquerda, o PCdoB e o PSOL. A candidata a vice de Haddad foi Manuela D'Avila do PCdoB. Mas o PT rejeitou todas as tentativas de formar uma *frente ampla* ou *frente democrática* contra Bolsonaro com partidos do centro/centro esquerda, em especial o PDT, cujo candidato Ciro Gomes ficara em terceiro com 12,5 por cento dos votos válidos. O PT também se recusou a assumir a responsabilidade pelos escândalos de corrupção durante seu período no governo (o *mensalão* e o *petrolão*) e por sua má administração da economia. Mas assim como Bolsonaro se beneficiou do *antipetismo* no primeiro turno da eleição, Haddad ganhou com o *antibolsonarismo* no segundo turno. Ele aumentou seu apoiou de 29 para 45 por cento dos votos válidos, mas foi derrotado por Bolsonaro com 55 por cento. Foi o pior desempenho do PT num segunda turno de uma eleição presidencial: Lula ganhou em 2002 e 2006 com 61 por cento dos votos, Dilma em 2010 com 56 por cento e em 2014 com 52 por cento.

Nas eleições para a Câmara dos Deputados, o PT conquistou 56 cadeiras, de modo a se tornar a maior bancada, mas isto, em comparação com as 70 cadeiras de 2014. No Senado o PT agora tinha seis cadeiras, comparadas com nove em 2014. (A ex-presidente Dilma Rousseff não conseguiu ganhar uma cadeira no Senado em Minas Gerais; na verdade, ficou num humilhante quarto lugar.) O PT tinha quatro governadores em comparação com cinco em 2014. Um dos resultados das eleições de 2018 foi fazer o PT surgir como um partido bastante regional: nos nove estados do Nordeste, Haddad ganhou entre 61 e 76 por cento dos votos; 21 dos 56 deputados do partido, quatro de seus 6 senadores e todos os quadros governadores eram nordestinos.

O Partido dos Trabalhadores permaneceu como único partido significativo da esquerda no Brasil.[27] Ainda tinha cerca de 1,5 milhão de membros e uma organização nacional. Embora agora controlasse apenas cinco por cento dos 5.500 municípios brasileiros, tinha representações em 96 por cento deles. Tinha o apoio da Central Única dos Trabalhadores (CUT), a maior e mais importante federação brasileira de sindicatos. Os metalúrgicos, bancários, funcionários públicos e professores universitários eram fortemente petistas assim como muitos dos movimentos sociais do Brasil, em especial o Movimento dos Trabalhadores Rurais Sem Terra (MST) e o Movimento dos Trabalhadores sem Teto (MTST). E, a despeito de perder cadeiras primeiro como resultado da mudança do partido depois de 2016 e a seguir na eleição de 2018, o PT ainda tinha uma base razoavelmente sólida tanto na Câmara dos Deputados quanto no Senado.

Todavia, a despeito de suas muitas conquistas, deve-se considerar que o PT em última instância fracassou no governo (2003-16). E se seu desempenho nas eleições de 2018 pode ser algum guia, ele permanece relutante em se empenhar numa autocrítica, renovar seu programa e sua liderança (e acabar com sua dependência de Lula e do lulismo), e reconectar-se com setores mais amplos da população que lhe deram seu voto no passado. Isso é uma tragédia para o Brasil. Dada a persistência da pobreza (55 milhões de brasileiros, mais de um quarto da população, ainda vivem abaixo da linha de pobreza, 15 milhões em extrema pobreza), um extremo nível de desigualdade (social e racial), lamentáveis níveis de educação, saúde, habitação e serviços básicos como saneamento e água para a maioria da população, o Brasil necessita de um partido credível de esquerda comprometido com uma mudança social radical, se não no governo, pelo menos em oposição efetiva, sobretudo quando um governo de extrema direita está no poder.

Notas

Ensaio 7

[1] Com o fim da Guerra Fria e a dissolução da União Soviética, o PCB mudou seu nome para Partido Popular Socialista.
[2] Com a transição do poder militar para o civil em 1985, o PSB foi reconstituído e foi um de vários partidos que desempenharam papel ativo, mas relativamente menor, na política da nova democracia brasileira.
[3] Como o PSB e outros partidos da República Liberal, o PTB foi extinto pelos militares em 1965. Reemergiu na reforma partidária de 1979 como Partido Democrático Trabalhista (PDT) e desde então tem desempenhado papel ativo na política brasileira.
[4] Sobre anarquismo e anarco-sindicalismo no Brasil no período 1900-1920, ver John W. F. Dulles, *Anarchists and Communists in Brazil, 1900-1935* (Austin: University of Texas Press, 1973), capítulo 1 'Background, 1900-1917', capítulo 2 'The Anarchist Strike Movement, 1917-1919'; Boris Fausto, *Trabalho urbano e conflito social 1890-1920* (São Paulo: Difel, 1976; 2. ed. São Paulo: Companhia das Letras, 2016); Paulo Sérgio Pinheiro e Michael M. Hall (orgs), *A classe operária no Brasil. Documentos 1890-1930* Vol. I *O movimento operário* (São Paulo: Alfa Omega 1979; Sheldon Leslie Maram, *Anarquistas, imigrantes e o movimento operário brasileiro, 1890-1920* (Rio de Janeiro: Paz e Terra, 1979); Silvia Lang Magnani, *O movimento anarquista em São Paulo (1906-1917)* (São Paulo: Brasiliense, 1982); Carlos Augusto Addor, *A insurreção anarquista no Rio de Janeiro* (Rio de Janeiro: Dois Pontos, 1986); Lena Medeiros de Menezes, *Os Indesejáveis. Protesto, crime e expulsão na Capital Federal (1890-1930)* (Rio de Janeiro: Edurj, 1997).
[5] Sobre a formação e os primeiros anos do PCB, ver Astrojildo Pereira, *Formação do PCB* (Rio de Janeiro, 1962) e *Constuindo o PCB (1922-1924)* (São Paulo, 1980). Ver também Michel Zaidan Filho, *O PCB e a Internacional Comunista (1922-1929)* (São Paulo, 1988); e Dulles, *Anarchists and Communists.* Há várias histórias gerais do PCB. Ver, por exemplo, Ronald H. Chilcote, *The Brazilian Communist Party: conflict and integration, 1922-1972* (New York, 1974); Moisés Vinhas, *O Partidão: uma luta por um partido de massas, 1922-1974* (São Paulo, 1982); Dulce Pandolfi, *Camaradas e companheiros. História e memória do PCB* (Rio de Janeiro, 1995).
[6] Ver Lelia M. G. Hernández, *Aliança Nacional Libertadora: ideologia e ação* (Porto Alegre, 1985) e Anita Leocadia Prestes, *Luís Carlos Prestes, e a Aliança Nacional Libertadora: Os caminhos da luta anti-fascista no Brasil, 1934-5* (Petrópolis: Vozes, 1998). Daniel Aarão Reis, *Luís Carlos Prestes. Um revolucionário entre dois mundos* (São Paulo: Companhia das Letras, 2014) é uma excelente biografia de Prestes.
[7] Manuel Caballero, *Latin America and the Comintern, 1919-1943* (Cambridge: Cambridge University Press, 1986), pp. 109-120. Ver também Paulo Sérgio

Pinheiro, *Estratégias da Ilusão. A revolução mundial e o Brasil, 1922-1935* (São Paulo: Companhia das Letras, 1991).

[8] Há uma extensa literatura sobre as insurreições de novembro de 1935. Ver, por exemplo, Hélio Silva, *1935. A revolta vermelha* (Rio de Janeiro: Civilização Brasileira, 1969): Dario Canale, Francisco Vianna & José Nilo Tavares (orgs), *Novembro de 1935. Meio século depois* (Petrópolis: Vozes, 1985); Paulo Sérgio Pinheiro, *Estratégias da Ilusão*; Marly de Almeida Gomes Vianna, *Revolucionários de 35. Sonho e realidade* (São Paulo: Companhia das Letras, 1992); William Waack, *Camaradas. Nos arquivos de Moscou. A história secreta da revolução brasileira de 1935* (São Paulo: Companhia das Letras, 1993); e Daniel Aarão Reis, *Luís Carlos Prestes.*

[9] Sobre o PCB durante a Segunda Guerra Mundial, ver John W. F. Dulles, *Brazilian Communism 1935-1945, Repression during world upheaval* (Austin: University of Texas Press, 1983); Anita Leocadia Prestes, *Da insurreição armada (1935) a União Nacional (1938-1945): a virada tática na política do PCB* (São Paulo: Paz e Terra, 2001).

[10] 16 de agosto de 1946. Citado em Leslie Bethell, 'Brazil', in Leslie Bethell e Ian Roxborough (orgs), *Latin America between the Second World War and the Cold War, 1944-1948* (Cambridge: Cambridge University Press, 1992), p. 61. Esta seção do ensaio sobre o PCB imediatamente depois da Segunda Guerra Mundial apoia-se amplamente nesse capítulo.

[11] Num encontro privado no Rio em setembro Serafino Romualdi, o embaixador itinerante da American Federation of Labour (AFL) e carrasco dos líderes trabalhistas comunistas na América Latina, relatou a Clifford German, o adido trabalhista inglês, que ele tinha ciência de que se as eleições livres tivessem permitido (como redefinido, por exemplo, pela Organização Internacional do Trabalho em 1947) os comunistas teriam conquistado o controle de 80 por cento dos sindicatos brasileiros. Citado em Bethell, "Brazil", in Betthell & Roxborough (orgs.), *Latin America,* p. 64.

[12] Após a denúncia de Stalin feita por Khruschev na União Soviética em 1956, alguns líderes do Partido Comunista do Brasil (PCB), entre os quais Diógenes Arruda, João Amazonas e Maurício Grabois, afastaram-se do comitê central do partido e a seguir se opuseram ao "revisionismo" no partido, em particular ao abandono da ideologia marxista-leninista e da luta revolucionária, e à Declaração de Março (1958) em que o partido admitia pela primeira vez a validade da via eleitoral para o socialismo. Em setembro de 1960, o PCB mudou seu nome para Partido Comunista Brasileiro. Os "estalinistas" foram por fim afastados ou deixaram o PCB e em fevereiro de 1962 formaram um outro partido comunista, adotando o nome Partido Comunista do Brasil, com a sigla PCdoB.

[13] *O Semanário* 19/3-1/4 1964, citado em Argelina Cheibub Figueiredo *Democracia ou reformas? Alternativas democráticas à crise política: 1961-1964* (São Paulo, 1993), p. 159.

[14] Sobre a esquerda revolucionária e a guerrilha armada, ver Jacob Gorender, *Combate nas trevas: a esquerda brasileira das ilusões perdidas a luta armada* (São Paulo, 1987; 6ª edição, 2003); Luis Mir, *A revolução imposível. A esquerda a a luta armada no Brasil* (São Paulo, 1994); Marcelo Ridenti, *O fantasma da revolução brasileira* (São Paulo, 1993);

Daniel Aarão Reis Filho, *Ditadura militar, esquerdas e sociedade* (Rio de Janeiro, 2000); Denise Rollemberg, *O apoio de Cuba a luta armada no Brasil: o treinamento guerrilheiro* (Rio de Janeiro, 2001). Sobre o papel das mulheres na resistência à ditadura, ver Luiz Maklouf Carvalho, *Mulheres que foram a luta armada* (São Paulo, 1998).

[15] Mário Magalhães, *Marighella. O guerrilheiro que incendiou o mundo* (São Paulo: Companhia das Letras, 2012) é uma excelente biografia.

[16] Elio Gaspari, *A ditadura engervonhada* (São Paulo: Companhia das Letras, 2002), p. 352. O diretor da CIA Richard Helms, em maio de 1970, afirmou que o número de "terroristas" nunca foi maior do que 1.000. O coronel Alberto Brilhante Ustra, chefe do aparato repressor em São Paulo, propunha que o número de envolvidos na luta armada era de 1.650.

[17] 8 de outubro foi na verdade a data da prisão de Guevara. Ele morreu no dia seguinte.

[18] Sobre a guerrilha no Araguaia, ver Pedro Correa Cabral, *Xamboiá. Guerrilha no Araguaia* (Rio de Janeiro, 1993), Ramualdo Pessoa Campos Filho, *Guerrilha do Araguaia. A esquerda em armas* (Goiânia, 1997) e Tais Morais & Eumano Silva, *Operação Araguaia. Os arquivos secretos da guerrilha* (São Paulo, 2005).

[19] Sobre a formação do Partido dos Trabalhadores, ver Rachel Meneguello, *PT: A formação de um partido, 1979-1982* (São Paulo: Paz e Terra, 1989) e Margaret E. Keck, *The Workers Party and democratization in Brazil* (New Haven, Conn: Yale University Press, 1992). Sobre a organização do partido, ver David Samuels, ``From Socialism to Social Democracy: party organisation and the transformation of the Workers' Party in Brazil``, *Comparative Political Studies* 37/9 (2004) e Pedro Floriano Ribeiro, *Dos sindicatos ao governo. A organização nacional do PT de 1980 à 2005* (São Carlos: EduFscar, 2010). Para uma história do partido (até 2009-10), ver Wendy Hunter, *The transformation of the Workers' Party in Brazil, 1989-2009* (Cambridge: Cambridge University Press, 2010) e Lincoln Secco, *História do PT 1978-2010* (Cotia, SP: Atelie Editorial, 2011).

[20] Ver Leslie Bethell (org.), *Viva la Revolución. Eric Hobsbawm on Latin America* (London: Little, Brown, 2016), p. 18.

[21] Ver, por exemplo, Wendy Hunter, *Transformation of the Workers' Party*, capítulo 4, The PT in municipal governments: the pragmatic face of the party.

[22] Ver, por exemplo, Wendy Hunter, "The Partido dos Trabalhadores: still a party of the Left?", in Peter R. Kingstone e Timothy J. Power (orgs.), *Democratic Brazil revisited* (Pittsburgh: University of Pittsburgh Press, 2008).

[23] Sete anos depois o Supremo Tribunal Federal, em agosto de 2012, condenou e sentenciou à prisão várias figuras de destaque do PT, entre os quais José Dirceu, por seu envolvimento no escândalo de corrupção do mensalão durante o primeiro governo Lula.

[24] Ver Jairo Nicolau & Vitor Peixoto, As bases municipais da votação de Lula em 2006, disponível em http://www.forumnacional.org.br/forum/pforum6 2a.asp (2007); César Zucco, `The President's 'new' constituency: Lula and the pragmatic vote in Brazil's 2006 presidential elections`, *Journal of Latin American Studies* , 40

(2008), pp. 29-49; Wendy Hunter & Timothy Power, `Rewarding Lula: executive power, social policy and the Brazilian elections of 2006`, *Latin American Politics and Society*, 49 (2007), pp. 1-30.

[25] Um dos melhores guias para a questão da pobreza no Brasil na época é Sonia Rocha, *Transferência de renda no Brasil. O fim da pobreza?* (Rio de Janeiro: Elsevier, 2013).

[26] Um estudo do Banco Mundial publicado em fevereiro de 2017 previu entre 2,5 e 3,6 milhões de "novos pobres" em 2017. Dependendo de previsões pessimistas ou otimistas quanto ao índice de crescimento econômico (mas segundo qualquer cálculo à época menos do que 0,5 por cento), o Brasil teria então entre 19,8 e 20,9 milhões de pobres, do quais 8,5 e 9,4 milhões estariam vivendo em pobreza extrema. *O Estado de S. Paulo* de 17 de fevereiro de 2017. O Instituto Brasileiro de Geografia e Estatística (IBGE) em Síntese de Indicadores Sociais (dezembro de 2017) apontava 52 milhões de brasileiros (25 por cento da população) vivendo abaixo da linha de pobreza, 13,3 milhões (6,5 por cento) em extrema pobreza.

[27] Num exame da literatura sobre o PT e os governos do PT, "The PT at 35: Revisiting scholarly interpretations of the Brazilian Workers' Party", *Journal of Latin American Studies,* 48, 2016, pp. 147-71, Oswaldo Amaral e Timothy Power falam da necessidade de estudo da "família progressista mais ampla" da esquerda brasileira "de que o PT é uma parte (sic)". Eles tinham em mente o PSOL (Partido Socialismo e Liberdade), o PCdoB (Partido Comunista do Brasil), o PPS (Partido Popular Socialista, ex-PCB, Partido Comunista Brasileiro), o PSB (Partido Socialista Brasileiro) e o PDT (Partido Democrático Trabalhista, ex-PTB, Partido Trabalhista Brasileiro). Todavia, o PSOL e o PCdoB são extremamente pequenos, embora o apoio do PSOL crescers um pouco nos últimos anos sob a liderança de Guilherme Boulos. O PPS deslocou-se firmemente para o centro desde que deixou de ser um partido comunista. O PSB há muito tempo abandonou sua posição como partido socialista. É discutível se o PDT liderado por Leonel Brizola até sua morte em 2004 e com Ciro Gomes como seu candidato presidencial em 2018 já teve qualquer manifestação séria de ser um partido de esquerda, a despeito de sua filiação à Internacional Socialista por muito anos.

EM HOMENAGEM: JOSÉ HONÓRIO RODRIGUES (1913-1987)*

José Honório Rodrigues nasceu na cidade do Rio de Janeiro, na Rua do Catete, próximo do (então) palácio presidencial, em 20 de setembro de 1913, um ano antes à deflagração da Primeira Guerra Mundial. A familia era classe média, o pai comerciante. Mas, pelo lado materno, José Honório era descendente dos Telles de Meneses, família proeminente no Rio durante os séculos XVI e XVII. Foi chamado Honório em homenagem ao político e diplomata mineiro, Honório Hermeto Carneiro Leão, o marquês de Paraná. Depois do Ginásio São Bento e do Instituto Superior de Preparatórios, em 1932 José Honório ingressou na Faculdade de Direito do Rio de Janeiro da então Universidade do Brasil. Mas estudou, ele admitiu, mais Ciências Sociais e História do que Direito. Formou-se em 1937, o ano do estabelecimento do Estado Novo e, aos 24 anos, ganhou o Prêmio de Erudição da Academia Brasileira de Letras pelo seu estudo sobre os holandeses no Nordeste no século XVII. Este estudo tornou-se o seu primeiro livro publicado em 1940 (com Joaquim Ribeiro): *A civilização holandesa no Brasil* – porém, considerado pelos especialistas hoje de menor inte-

* Este homenagem é baseado numa palestra 'José Honório Rodrigues (1913-1987): historiógrafo erudito, historiador combatente', oferecida na Academia Brasileira de Letras, 16 de julho de 2013, e publicado na *Revista Brasileira* (Academia Brasileira de Letras), Ano XX, nº 78, jan.-mar. de 2014, pp. 153-170.

resse. O seu primeiro emprego foi de ajudante-técnico no Instituto Nacional do Livro.

Em março de 1941 José Honório casou-se com Lêda Boechat, mineira de Carangola, quatro anos mais jovem, mulher amiga e colaboradora nas todas suas atividades intelectuais durante os 46 anos de casamento, até o falecimento de José Honório em 1987.

José Honório (com Lêda) passou um ano, julho de 1943 até julho de 1944, durante a Segunda Guerra Mundial, nos Estados Unidos com uma bolsa de pesquisa da Fundação Rockefeller. Ele frequentou cursos na Universidade de Columbia em Nova York, sob a orientação de Frank Tannenbaum, historiador dos Estados Unidos e da América Latina. No segundo semestre nos Estados Unidos ele visitou e familiarizou-se com todas as grandes bibliotecas e arquivos que tinham coleções sobre a história do Brasil. Eu acho que ele foi o primeiro *scholar* brasileiro que teve a oportunidade de pesquisar na Library of Congress em Washington, na Newberry Library em Chicago, nas Widener e Houghton Libraries em Harvard e na John Carter Brown Library em Providence, Rhode Island. Ele sempre falou que o ano nos Estados Unidos foi fundamental no seu desenvolvimento intelectual e decisivo na consolidação da sua vocação de historiador.

Em 1950, com bolsa de pesquisa do Conselho Britânico, José Honório passou um mês igualmente fundamental na Inglaterra, visitando as bibliotecas das Universidades de Londres, Oxford e Cambridge, e o Museu Britânico (agora British Library). Assim, ele disse em uma entrevista em 1982 ao historiador norte-americano John Wirth, publicado dois anos mais tarde na *Hispanic American Historical Review*, 'a minha educação – e gostaria de realçar este ponto – foi uma educação anglo-americana. Fui muito diferente da formação de outros professores brasileiros da minha geraçao, os quais, em sua maioria, sofreram a influência francesa, quando não eram diretamente treinados pelos franceses'.[1] Em 1950, além da Inglaterra, por três meses ele também visitou as bibliotecas, arquivos e instituições de história na Europa – na Holanda, na Alemanha, na Itália, na Espanha e em Portugal. O resultado foi um importante e pioneiro relatório *As fontes da história do Brasil na Europa* (1950).

Na sua volta ao Brasil dos Estados Unidos em 1944, José Honório trabalhou como bibliotecário do Instituto do Açúcar e do Álcool, presidido por Barbosa Lima Sobrinho, e retornou ao Instituto Nacional do Livro para trabalhar na Seção de Pesquisa e Publicações, dirigida por Sérgio Buarque de Holanda. Sérgio Buarque exerceu grande influência sobre ele, ele disse na entrevista com Wirth, 'não somente devido aos livros brasileiros e estrangeiros que me incitava a ler, mas também devido ao meu prolongado contato com ele. Poucos anos mais velho do que eu, Sérgio era uma verdadeira sala de aula ambulante'. De Sérgio, por exemplo, ele aprendeu a ser 'um admirador *incondicional*' do historiador cearense do período colonial João Capistrano de Abreu.

Quando Sérgio Buarque foi para São Paulo dirigir o Museu Paulista em 1946, José Honório abandonou o Instituto Nacional do Livro e foi (no mesmo prédio) para a Biblioteca Nacional como diretor da Divisão de Obras Raras e Publicações, que incluia também as seções de manuscritos e iconografia. Em várias ocasiões ele foi diretor interino da Biblioteca. Paralelamente, entre 1948 e 1951, exerceu o cargo do diretor da Seção de Pesquisas do Instituto Rio Branco, do Ministério das Relações Exteriores.

Em 1958, houve mais um momento decisivo na vida de José Honório Rodrigues. Ele recebeu duas ofertas de emprego. A primeira foi de Eduardo de Oliveira França, diretor da Faculdade de Filosofia e Ciências Humanas da Universidade de São Paulo, para inaugurar uma nova cadeira com um curso de metodologia histórica chamada Introdução aos Estudos Históricos. A outra foi de Victor Nunes Leal, Chefe da Casa Civil do presidente Juscelino Kubitschek, para dirigir o Arquivo Nacional. Irritado com as palavras de Oliveira França ('Queríamos um professor francês. Mas, como não conseguimos um, convidaremos o melhor brasileiro, e este é você') e muito influenciado por Lêda, naquela época funcionária e mais tarde historiadora do

Supremo Tribunal Federal, José Honório optou pela continuação de sua estada no Rio de Janeiro. Ele dirigiu o Arquivo Nacional até sua demissão poucos dias antes do golpe de 1964. (Não *depois* do golpe. 'Na verdade, foi João Goulart quem me demitiu', ele disse na entrevista com Wirth em 1982.) Este foi o cargo mais importante que ele ocupou na administração pública. Ele transformou a casa, promoveu cursos de formação de pessoal e atraiu ao Brasil técnicos em arquivística de vários países. E seu trabalho teve repercussões nos arquivos estaduais. Até hoje as pessoas falam sobre o Arquivo Nacional antes e depois a administração de José Honório Rodrigues.

Durante o seu tempo – quase 20 anos – na Biblioteca Nacional, no Instituto Rio Branco e no Arquivo Nacional, José Honório foi responsável pela publicação de incontáveis revistas, índices das revistas, coleções de documentos históricos, catálogos e edições críticas de obras raras e textos históricos. Estes incluíram nove volumes dos *Anais da Biblioteca Nacional* (vols 66-74, 1946-1955); 40 volumes 9 (vols 71-110, 1946-58) dos *Documentos Históricos da Biblioteca Nacional*; *Cartas ao amigo ausente* de José Maria da Silva Paranhos (1953) ; uma edição moderna dos *Capítulos de história colonial* de Capistrano de Abreu (1954) e três volumes da *Correspondência de Capistrano de Abreu* (1954 a 1956); os Índices anotados da *Revista do Instituto do Ceará* (1959) e da *Revista do Instituto Arqueológico, Histórico e Geográfico Pernambucano* (1961); e oito volumes (vols 43-50, 1960-2) das *Publicações do Arquivo Nacional* – quase todas com prefácios, anotações e índices dele.

Ao longo de sua carreira José Honório nunca foi titular ou catedrático em nenhuma universidade. Mas, além de diversas universidades norte-americanas (por exemplo, a Universidade de Texas em Austin, 1963-4 e 1966, e a Universidade de Columbia em Nova York, 1970), ele foi professor *visitante* em diversas instituições de ensino superior e programas de pós-graduação no Brasil: o Instituto Rio Branco, a Faculdade de Ciências Econômicas do Estado da Guanabara, PUC-Rio de Janeiro, a Universidade Federal Fluminense, a Universidade Federal do Rio de Janeiro e a Universidade de Brasília

– mas não permaneceu por períodos longos. Ele preferiu ficar fora da vida universitária, da qual ele teve, em geral, uma opinião negativa – especialmente com relação ao ensino da história. Em 1982 ele escreveu: 'Para vergonha das universidades recém-fundadas, pois já se ensinava nas universidades estrangeiras e mesmo na América Latina, na Argentina e no México, por exemplo, os nossos cursos desconheciam estudos teóricos, metodológicos e historiográficos, para cuja criação fui o primeiro a lutar na imprensa e nestes livros que venho publicando'.[2]

Apesar de que ele gostava de fazer conferências e participar em seminários e congressos, a verdade é que ele não gostava muito de dar aulas. Havia também fatores ideológicos: ele era um Liberal num meio-ambiente acadêmico predominantemente Marxista. E não podemos levar em consideração um problema de personalidade. Bem informado, brilhante, vivaz, audacioso, polêmico, José Honório era também impaciente, áspero, às vezes agressivo, exprimindo as suas opiniões numa linguagem vigorosa e violenta, em tom indignado e até irado, e com número excessivo de chamadas aos seus próprios livros e artigos, que criaram animosidades e geraram atritos desnecessários com os seus colegas.

Ao mesmo tempo é importante lembrar que nas décadas 1960 e 1970 José Honório era um orientador não-oficial e um inspirador intelectual não apenas dos estudantes brasileiros de pós-graduação (Carlos Guilherme Mota e Paulo Sérgio Pinheiro, por exemplo) mas da primeira geração de *brasilianistas*, jovens professores e estudantes de pós-graduação norte-americanos que se dedicaram a pesquisa sobre a história do Brasil: Stanley Stein foi o primeiro, em seguida E. Bradford Burns, Thomas Skidmore, John Wirth, Richard Graham, Stuart Schwarz, Robert Levine, Stanley Hilton e muitos outros. Eu era o único inglês do grupo. Fui um visitante frequente de sua cobertura na Rua Paul Redfern em Ipanema – e da sua biblioteca com quase 30,000 livros. Aprendi muito com eles sobre a história do Brasil e do Brasil.

Durante e depois a sua carreira no serviço publico José Honório era um leitor, pesquisador e, sobretudo, escritor incansável sobre a historiografia e a história do Brasil do século XVI ao século XX. Dentre os outros grandes intérpretes do Brasil da época – Gilberto Freyre, Caio Prado Jr, Celso Furtado, Raymundo Faoro, até mesmo Sérgio Buarque de Holanda – José Honório era o único exclusivamente dedicado à história, e com a trajetória professional. E ele tinha poucos interesses e distrações fora da história, exceto a cidade do Rio de Janeiro ('Sou um convicto carioca', ele disse ao John Wirth), a praia e o futebol. Observava religiosamente as suas caminhadas de manhã na praia de Ipanema. E ele ia ao Maracanã onde possuía cadeira perpétua. Sua paixão pelo Flamengo – o time do povo carioca – era legendária.

A produção bibliográfica de José Honório Rodrigues, a obra honoriana, é vasta e variada. Além de revistas, coleções de documentos históricos, e edições críticas de textos históricos citadas a cima, compreende dezenas de livros e colaborações em livros coletivos, ensaios interpretativos reunidos em diversos livros, edições dos livros ampliados, mais artigos nos jornais e revistas acadêmicas, opúsculos, resenhas, prefácios, etc. Uma tese de doutorado da USP fez uma lista de 1000 itens – e apenas até 1975![3].

José Honório: historiógrafo erudito

Na sua temporada nos Estados Unidos José Honório desenvolveu um interesse em historiografia e metodologia de pesquisa, e na volta ao Brasil em 1944, trazia a ideia de escrever um tríptico dos livros: teoria e metodologia histórica, pesquisa histórica e a historiografia do Brasil. Em 1949 ele publicou *Teoria da história do Brasil: introdução metodológica* que examina os problemas da história e as tarefas de historiador, o desenvolvimento da ideia da história, os diversos gêneros da história, a metodologia histórica, as disciplinas auxiliares da história, a filosofia e a história, a crítica de textos e a edição de documentos históricos, a periodização, e a periodização na história do Brasil.[4] Três anos mais tarde, em 1952, apareceu *A pesquisa histórica no Brasil: sua evolução e problemas atuais* que examina a evolução da pesquisa histórica no Brasil, os instrumentos do trabalho histórico, as fontes da história moderna e contemporânea, os arquivos e bibliotecas com materiais sobre a história do Brasil, no país mas também e igualmente importante no exterior (em Portugal, na Espanha, na França, na Grã Bretanha, na América Latina e nos Estados Unidos).[5]

A terceira parte do tríptico, *História da história do Brasil*, estava planejada em três volumes – colonial, nacional, e historiografia e ideologia, mais tarde em seis volumes. Mas apenas o primeiro sobre historiografia colonial foi publicado antes seu falecimento (e mais um depois) – como veremos. Enquanto isso, ele publicou *Historiografia e bibliografia do domínio holandês no Brasil* (1949) e 'Os holandeses no Brasil' no *Manual bibliográfico de estudos brasileiros* (1949) de Rubens Borba de Morais e William Berrien. Ele colaborou no Programa de História da América, promovido pelo Instituto Pan-Americano de Geografia e História, com sede no México, e publicou *Brasil, período colonial* (1953) e, em espanhol, *Historiografia del Brasil, siglo XVI* (1957) e *Historiografia del Brasil, siglo XVII* (1963). O seu livro *História e historiadores do Brasil* em 1965 incluiu alguns ensaios historiográficos clássicos: 'Capistrano de Abreu e a historiografia brasileira', 'Afonso Taunay e o revisionismo histórico', e 'Casa Grande e Senzala: Um caminho novo na historiografia'; *Vida e História* em 1966 ensaios sobre Capistrano de Abreu e a historiografia estrangeira sobre o Brasil; *História e historiografia* em 1970 ensaios sobre Varnhagen, Rodolfo Garcia, Afonso Taunay, Capistrano de Abreu, Serafim Leite, Arnold Toynbee e Max Weber.[6]

Finalmente, em 1979, incentivado pelo seu amigo, o historiador mineiro Francisco Iglésias, José Honório terminou a primeira parte da *História da história do Brasil: a historiografia colonial* em que ele ofereceu sua madura reflexão sobre a história administrativa, religiosa, militar, econômica e social e sobre as crónicas e as histórias da América portuguesa Muita atenção foi dada aos dois mestres, fundadores, da historiografia colonial: Francisco Adolfo de Varnhagen, autor da *História Geral do Brasil* (1854 e 1857; 2nd ed. 1877), e João Capistrano de Abreu, autor de *Os capítulos de história colonial* (1928) e *Os caminhos antigos e o povoamento do Brasil* (1930). Evidentemente, José Honório reservou a sua máxima admiração por Capistrano. Varnhagen, grande pesquisador, era conservador, escrevendo sobre a elite politica-administrativa colonial e acentuando a continuidade com o passado português no Brasil do século XIX. A obra do Capistrano, mais interpretativa, privilegiou a história sócio-cultural, o interior do Brasil e o povo brasileiro - 'o povo capado e recapado, sangrado e ressangrado'. Capistrano de Abreu foi, para José Honório, o primeiro historiador moderno e progressista do Brasil e a principal inspiração para o seu próprio trabalho como historiador.

José Honório terminou o seu trabalho sobre a segunda parte da *História da história do Brasil* antes do seu falecimento, mas foi publicado, em dois tomos, em 1988, postumamente. O primeiro, *A Historiografia conservadora,* explora as ideias tradicionalistas, reacionárias, contra-revolucionárias de, por exemplo, José da Silva Lisboa, visconde de Cairú, Bernardo Pereira de Vasconcelos, Justiniano José da Rocha, Afonso Celso, o visconde de Ouro Preto, Eduardo Prado e João Camilo de Oliveira Torres. O segundo tomo, *A metafísica de latifúndia: o ultra-reacionário Oliveira Viana,* é dedicado ao autor de *Evolução do povo brasileiro* (1920) que foi mais simpático às elites dirigentes do que o povo. Para José Honório, Oliveira Viana era o maior pensador reacionário da História do Brasil e o pai espiritual do Estado Novo, que exerceu grande influência também nas ideias autoritárias de Golbery do Couto e Silva, o ideólogo do movimento de 1964.[7] Infelizmente, os outros quatro volumes planejados de *História de história do Brasil* – A Historiografia Liberal, A Historiografia Católica, Republicana e Positivista, Do Realismo (Euclides da Cunha) ao Socialismo (Caio Prado Jr. e Nelson Werneck Sodré) e A Historiografia Estrangeira sobre o Brasil – nunca foram completados.

Historiador combatente:

A produção historiográfica de José Honório Rodrigues, erudita, singular e inegável, justifica a sua reputação como o pai de historiografia brasileira no período moderno. Entretanto, ele foi não apenas um historiógrafo, mas também historiador. E aqui a reputação dele é mais controvertida.

Charles Boxer, o grande historiador inglês do Brasil colonial e amigo do José Honório, declarou uma vez que entre os pecados mortais de historiografia portuguesa e brasileira era a negligência na consulta os estudos em língua estrangeira. Mas este não é o caso de José Honório. Ele leu não apenas os historiadores brasileiros e portugueses mas também norte-americanos, ingleses e europeus (franceses, holandeses, italianos, alemães, suíços, etc.) (E além do Instituto Histórico e Geográfico Brasileiro e Institutos Históricos estaduais, José Honório era sócio da Academia Portuguesa da História, da Sociedade Histórica de Utrecht, da American Historical Association e da Royal Historical Society na Inglaterra, o único sócio brasileiro até hoje.)

Ele foi muito influenciado pelos vários escritos de Benedetto Croce, pelo *A Study of History* de Arnold Toynbee, quem ele encontrou em Londres em 1950 e 1968, e *History in a changing world* (1955) de Geoffrey Barraclough, quem ele encontrou num Congresso de historiadores em Austin, Texas em 1958. Com eles José Honório partilhou as ideias fundamentais que toda a história é história contemporânea, um diálogo entre o passado e o presente, e a história é o melhor instrumento de se buscar explicações e soluções para as grandes questões, problemas e preocupações do presente. 'A História', ele escreveu, '(é) uma força de transformação. E uma vivência que serve especificamente para fabricar um destino. A História serve para transformar o mundo'.[8]

Para José Honório, a história do Brasil era a história da 'marginalização do seu povo pela minoria dominadora', oportunidades perdidas pela mundança revolucionária, a vitória permanente da contra-revolução. 'Nesse sentido o povo brasileiro é uma vítima, um derrotado no processo histórico brasileiro', ele escreveu. 'No Brasil nenhuma revolução foi vitoriosa, só as contra-revoluções, desde a Independência aos nossos dias'. A independência poderia *e deveria* ter sido uma revolução, de modo a fundar as bases nacionais em terreno popular e liberal. Mas foi derrotada. Não significa ruptura, mas continuidade da ordem privilegiada das elites. Em 1822, e também nas décadas de 1830 e 1840, em 1889, 1930, 1945, 1961 e *last but not least* 1964, 'os poderes dominantes tiveram sempre força para conter as aspirações profundas de mudança e reverter os movimentos de modo a sustentar a classe dominante, seu sistema, e seus privilégios'.[9]

Os historiadores brasileiros no passado, José Honório sustentou, construiram uma história oficial profundamente conservadora e elitista, uma história pelo e para os vencedores. Todos, exceto, naturalmente, Capistrano de Abreu, se apropriaram história como instrumento político para legitimar os direitos e privilégios da minoria dominadora, e a opressão e subjugação da maioria nacional.

Portanto, o historiador brasileiro nos meados do século XX tem uma *missão* subversiva: a 'mostrar a necessidade de derrotar a opressão, as ditaduras, as minorias elitistas, que querem tudo para si e nada dar ao povo.... Se estamos interessados na capacidade do povo de fazer história, devemos reformar nossa pesquisa, nosso método, nossa história'.[10] O historiador brasileiro deve contribuir para a construção de um país moderno, progressista e independente com escritos sempre eruditos, mas também engajados, combatentes no sentido de Lucien Febvre em *Combats por l'Histoire* (1952). Especificamente, o historiador deve refutar os mitos do caráter incruenta da história nacional brasileira e da índole pacífica do povo brasileiro. O povo brasileiro sofreu por toda a sua história as crueldades da subordinação, seja racial ou econômica, José Honório insistiu. E havia muitos exemplos da resistências populares na história do Brasil.

Também o historiador deve confrontar o mito da cordialidade como comportamento histórico permanente do povo brasileiro, a proposição do que o brasileiro é o homen cordial – em discordância com Sérgio Buarque de Holanda. Em particular, ele mesmo tem a missão de clarificar exatamente o que foi a papel do tão alardeado conceito da 'conciliação' na história politica e social do Brasil. A conciliação, José Honório escreveu em várias ocasiões, foi sempre um artifício usado pelos grupos dominantes conservadores para absorver elementos divergentes e ao mesmo tempo fazer pequenos *e mínimas* concessões à grande maioria brasileira para manter o *status quo* - no Império e na República, na Velha e na Nova.

José Honório dizia que os seus olhos foram pela primeira vez abertos para a realidade brasileira, e para o papel que ele poderia ter como historiador para promover a mudança, quando foi convidado a fazer o curso 'Caráter nacional' na Escola Superior da Guerra do Estado Maior das Forças Armadas em 1955. 'Tornou-se um fator muito importante em minha evolução intelectual....', ele contou ao norte-americano John Wirth em 1982, 'aprendi sobre os problemas sociais contemporâneos do Brasil na Escola Superior da Guerra ...(e) aprendi que a história não pode ser uma crônica aos mortos: ela deve servir aos vivos e assim deve ser escrita'. Ele entrou numa nova fase de sua carreira. Um dos seus livros mais importantes e também mais lido, *Aspirações nacionais. Interpretação histórico-política,* publicado em1963, foi baseado no curso ele deu na ESG em 1955, evidentemente muito alterado. Vendeu 20,000 cópias, quando o público leitor da época era apenas 50,000. Foi também publicado em inglês pela editora da Universidade de Texas.[11] O livro examina, no contexto histórico, a psicologia de um povo, uma nação e uma cultura, as características nacionais e as aspirações nacionais dos brasileiros: independência e soberania, território integrado, unidade nacional, tolerância racial, aculturação dos imigrantes, justiça social, regime representativa democrática, desenvolvimento econômico.

Numa segunda edição de *Aspirações nacionais,* José Honório planejou incluir capítulos adicionais relativo à história política, mas seguindo a sugestão de Eduardo Portella ele decidiu organizar um novo livro:

Conciliação e reforma no Brasil: interpretação histórico-política publicado em 1965, o qual tem alguns de seus ensaios mais expressivos: 'A política de conciliação: história cruenta e incruenta' (100 páginas, quase um livro), 'Teses e antíteses da história do Brasil', 'Eleitores e elegíveis: evolução dos direitos políticos no Brasil' e 'O voto do analfabeto e a tradição política brasileira' (defendendo a opinião que a concentração do poder político por um grupo conservador impediu a democratização da política e advogando a integração do povo na política através o voto do analfabeto).[12]

A política internacional foi reservada para um volume separado. José Honório já tinha publicado em 1961 *Brasil e África, outro horizonte* que examina as várias relações – sociais, políticas, diplomáticas – entre o Brasil e a África do século XVI até 1960. Foi uma obra pioneira, embora mais sobre o Brasil do que sobre a África, também publicado em inglês pela editora da Universidade de California. Em 1966 ele publicou *Interesse nacional e política externa* com capítulos sobre os fundamentos da política externa independente, e as relações do Brasil com os Estados Unidos, com a China e com a África.[13]

Também em1966 apareceu *Vida e história* com um ensaio sobre o pensamento político e social de José Bonifácio e dois ensaios sobre as características históricas do povo carioca e o destino nacional de Rio de Janeiro – no quarto centenário da cidade. O volume *História e historiografia* em 1970 incluiu estudos de António Vieira, a rebeldia negra e a abolição e Antônio da Silva Prado; *História, corpo do tempo* em 1975 ensaios sobre Tiradentes, a Lei do Ventre Livre (no primeiro centenário da lei), a década de 1870, e Getúlio Vargas; e *História combatente* em 1982 um estudo sobre direitos humanos e sua história.[14] É extraordinária a extensão dos tópicos, relativamente novos para a sua época, nos ensaios históricos de José Honório Rodrigues.

Entretanto, durante a ditadura militar, especialmente depois 1968, ao menos até 1982 quando ele publicou *História combatente* e a segunda edição de *Conciliação e reforma*, notou-se um declínio em o número dos ensaios polêmicos publicados por José Honório. Ele voltou à tarefa mais segura da divulgação de textos históricos: por exemplo, *O Parlamento e a evolução nacional, 1826-40* em 6 volumes em 1972 e *Atas do Conselho de Estado* em 13 volumes em 1978 – a duas publicações com introduções escritas por José Honório. E ele escreveu outros livros sobre o século XIX: por exemplo, *A Assembléia Constituinte de 1823* (1974), para comemorar os 150 anos da vida parlamentar; *Independência: revolução e contra-revolução* (1976), em cinco volumes, a melhora e mais completa contribuição escrita para comemorar os 150 anos da independência; e *O Parlamento e a consolidação do Império, 1840-61* (1982).[15] *Independência: revolução e contra-revolução* é talvez a sua obra mestra, mas como Francisco Iglésias comentou, é um conjunto dos estudos da evolução politica, da economia e sociedade, das forças armadas, da liderança nacional e da política internacional mais de uma grande interpretação para substuitir as obras de Varnhagen, Oliveira Lima e Tobias Monteiro. José Honório 'não tinha uma forte sentido de síntese', Iglésias escreveu. A grande História do Brasil contratada por uma editora inglesa e anunciada em várias ocasiões José Honório não fez.

Na política, José Honório foi principalmente e fortemente um anti-conservador. Porém, ele nunca foi atraído pela Esquerda, Marxista ou não-Marxista. Foi em vários sentidos um admirador do Getúlio Vargas, Juscelino Kubitschek, Jânio Quadros (ao menos sua política externa) e João Goulart (no início), e sempre era nos seus escritos um defensor consistente dos interesses e direitos do povo. Porém, ele não era populista. Populismo, ele escreveu em *Conciliação e reforma*, é 'uma espécie de primitivismo político.....um instrumento de agitação irresponsável, de meio desordenado de degradação da política e dos políticos....O populismo não chegou a ser um Partido, foi a ala negra de vários partidos e foi também um obstáculo ao crescimento ordenado e eficiente.... A campanha de luta e agitação ...desgastou o progressismo que se vinha se formando e criou barreiras intransponíveis...O radicalismo vindo de cima, que mais agitava do que propunha construir....foi, como no poema de Carlos Drummond de Andrade, uma pedra no caminho da reforma e do progresso nacional. Não uniu, dividiu'.[16] Ele era um Liberal, um progressista, um radical, talvez um democrata social em termos europeus (afiliado por alguns anos ao Partido Socialista Brasileiro), mas sobre tudo um Liberal, com uma fé coerente nas instituições da democracia representativa. A Dedicatória do seu livro *Parlamento e consolidação do Império* em 1982 é: 'Ao parlamento, expressão genuína da opinião pública nacional, e aos parlamentares que dignificaram na defesa do interesse do povo, dos direitos e garantias individuais e no esforço pelo progresso do Brasil'. E um nacionalista (desde a Escola Superior da Guerra), contra alguma subserviência ás potências estrangeiras.

Para José Honório, 1964 no Brasil foi momento de máximo de retroceder. 'Não foi uma revolução, foi uma contra-revolução. Diante da ameaça de uma revolução, as minorias dominantes tomavam a dianteira de um movimento que visava fortalecer as condições conservadoras' [como sempre na história do Brasil]. E foi 'um movimento anti-conciliatório em sua natureza.. rompeu com a tradição brasileira de conciliação... ... pela primeira vez na história do Brasil a força dominante [a cúpula militar que dominou o poder e tutelou a nação] não se conciliou com ninguém.... os adversários não eram mais adversários, porem inimigos mortais [como mais tarde na Argentina, Chile e Uruguai].'[17] Ele disse frequentemente: Se o tenentismo não foi bom para o país, o generalismo foi péssimo.

Em setembro de 1969 José Honório foi eleito o terçeiro ocupante da cadeira 35 na Academia Brasileira de Letras, na sucessão de Rodrigo Octávio e Rodrigo Octávio Filho. Foi recebido em 5 de dezembro de 1969, pelo acadêmico Barbosa Lima Sobrinho. No discurso de posse, um ano depois AI-5, ele elogiou Tavares Bastos, patrono da sua cadeira, 'o maior pensador político que o Brasil já conheceu, comparado em termos relativos a seu antecessores, contemporâneos e sucessores', 'um grande defensor do Liberalismo no Brasil'. Ele fez referência à Inconfidência mineira, à revolução Baiana de 1798, à Devassa no Rio de 1794, à 'gloriosa revolução do Nordeste' em 1817, aos manifestos de José Bonifácio e Joaquim Gonçalves Lêdo pela constituição liberal em 1822-3, ao Frei Caneca, 'o principal representante do liberalismo radical no Brasil' e todos os revolucionários de 1824, aos princípios de igualdade e liberdade, à democracia – comentando que 'Liberdade foi muitas vezes seriamente comprometidas pelos elementos anti-intelectuais que habitam os regimes autoritários'.[18]

José Honório apoiou a abertura do general-presidente Geisel, mas fazia críticas à lentidão. 'Os poderes dominantes resistiram sempre às mudanças, mesmo quando necessárias', ele escreveu em 1980. 'Criaram uma política de inércia, o que era impossível deixar de fazer, fazia-se, a mais lenta e gradualmente, como foi a abolição da escravidão, que nos trouxe a desonra de sermos o último país a adotá-la'.[19] Ele reconheceu que o general-presidente Figueiredo começou a dar os primeiros passos no sentido de uma conciliação. Mas ele acreditava que esta não podia ser feita seguindo o modelo anterior. Abertura e anistia não seriam suficientes. O Brasil precisava uma conciliação *ampla e social* encimada pela convocação de Assembleia Nacional Constituinte.[20] 'O principal problema do Brasil ...é a dívida social', ele disse ao John Wirth em 1982. 'Devemos enfrentar os grandes problemas nacionais – educação, saúde, habitação, pobreza... é preciso fazer concessões muito maiores ao povo... Este poderá ser o caminho da conciliação entre os generais e as forças da oposição, com uma maior concessão ao povo brasileiro'.

Numa entrevista publicada no suplemento literária do *Corrieo das Artes* de João Pessoa, um suplemento especial dedicado ao seu aniversário de 70 anos em setembro de 1983 José Honório falou: 'Continuo apaixonado... por amor ao Brasil e por amor à História do Brasil. Podem me chamar do que quiserem, continuarei na trincheira e gostaria de morrer na trincheira, lutando por um Brasil melhor, mais justo com o seu povo'.[21] Mas, na verdade, os problemas de saúde que ele teve por diversos anos, desde que foi afetado por uma isquemia cerebral em 1974 (da qual ele se recuperou), fizeram reduzir sua produtividade intelectual. José Honório viveu para ver a transição do governo militar ao governo civil em 1985, mas não viveu, infelizmente, para ver a transição à democracia. Em maio de 1986 ele sofreu um derrame cerebral irreversível que o deixou paralítico e sem falar e não mais escrever. Faleceu na cidade do Rio de Janeiro em 6 de abril de 1987, aos 73 anos de idade.

Além de *História da história do Brasil* 2ª Parte em dois tomos, Lêda organizou e publicou postumamente mais uma coletânea de ensaios, *Ensaios livres* e, com Ricardo A. S. Seitenfus, *Uma história diplomática do Brasil* (até 1945) coletadas das apostilas do curso sobre relações internacionais no Instituto Rio Branco na década de 1950.[22] Um livro Capítulos da historia do açúcar no Brasil, baseado em artigos escritos por José Honório pela revista *Brasil Açucareiro e Digesto Econômico* na década 1940, foi anunciado, mas até agora não foi publicado.

A grande parte do seu acervo – livros, pastas de documentos (recortes de jornais e revistas variadas, especialmente sobre a ditadura militar e as relações internacionais do Brasil), 3200 cartas trocadas com historiadores nacionais e estrangeiros – foi doada por Lêda para o Instituto dos Estudos Avançados da USP em 1988 e transferida ao Instituto de Estudos Brasileiros, também da USP, em 2002. Uma pequena parcela foi para o Espaço de Documentação e Memoria Cultural da PUC Rio Grande do Sul.[23]

Os acervos de José Honório oferecem aos historiadores uma rica fonte de informação. Mas é através dos seus livros e artigos que ele será mais lembrado. Qualquer jovem historiador, brasileiro ou estrangeiro, iniciando o estudo da história do Brasil faria muito bem em ler *Teoria da história do Brasil*, *A pesquisa histórica no Brasil*, *História da história do Brasil* e alguns ensaios em *História e historiadores do Brasil* e *História e historiografia*, *Aspirações nacionais*, *Conciliação e reforma no Brasil*, *Brasil e África*, *Interesse nacional e política externa*, e alguns ensaios em *Vida e história*, *História, corpo do tempo* e *História combatente*. Estes são as obras fundamentais de um dos intelectuais brasileiros mais importantes da segunda metade do século XX: José Honório Rodrigues, historiógrafo erudito, historiador combatente.

Notas

[1] John D. Wirth, 'An interview with José Honório Rodrigues [7 & 8 de novembro de1982 no Rio de Janeiro]', *Hispanic American Historical Review* 64/2, May 1984. Tradução em português in José Honório Rodrigues, *Ensaios Livres* org. Lêda Boechat Rodrigues São Paulo: Imaginário, 1991. Também valioso na escrita deste artigo tem sido Francisco Iglésias, 'José Honório Rodrigues e a historiografia brasileira', in *Estudos Históricos* no. 1,1988 e *Historia e Literatura. Ensaios para uma história das ideias no Brasil* org. João Antônio de Paula São Paulo: Editora Perspectiva, 2009; Lêda Boechat Rodrigues & José Octávio de Arruda Mello, *José Honório Rodrigues. Um historiador na trincheira* Rio de Janeiro: Civilização Brasileira, 1994 e Francisco Iglésias, *Historiadores do Brasil: capítulos de historiografia brasileira* Rio de Janeiro: Nova Fronteira/Belo Horizonte: Editora UFMG, 2000.

[2] Prefácio, José Honório Rodrigues, *Pesquisa Histórica no Brasil: sua evolução e problemas atuais* 4ª ed., São Paulo: Companhia Editora Nacional, 1982).

[3] Raquel Glezer, O saber e o fazer na obra de José Honório Rodrigues: um modelo de análise historiográfico (tese de doutorado, Universidade de São Paulo, 1977).

[4] José Honório Rodrigues, *Teoria da história do Brasil: introdução metodológica* São Paulo: Editora Companhia Nacional, 1949; 2nd ed., 2 vols, 1957; 3rd ed. revisada, 1969; 5th ed. 1978.

[5] José Honório Rodrigues, *A pesquisa histórica no Brasil: sua evolução e problemas atuais* Rio de Janeiro: Imprensa Nacional, 1952; 2nd ed., São Paulo: Editora Companhia Nacional,1969; 4th ed. 1982.

[6] José Honório Rodrigues, *História e historiadores do Brasil* São Paulo: Editora Fulgor, 1965; José Honório Rodrigues, *Vida e História* Rio de Janeiro: Civilização Brasileira, 1966; José Honório Rodrigues, *História e historiografia* Petrópolis: Editora Vozes, 1970. Em *Perspectives on Brazilian history* New York: Columbia University Press, 1967, org. E. Bradford Burns, há três ensais de José Honório traduzido em inglês: Problems of Brazilian history and historiography (capítulo 1 da *Teoria da história do Brasil* 2nd ed., 1957), The periodization of Brazilian history (capítulo 5 da *Teoria da história do Brasil*) e Capistrano de Abreu and Brazilian historiography (originalmente um artigo na *Revista do Instituto Histórico e Geográfico Brasileiro* em 1953, e depois a Introdução às tres volumes da *Correspondência de Capistrano de Abreu*, 1954 e um capítulo em *História e Historiadores*, 1965).

[7] José Honório Rodrigues, *História da história do Brasil*, Vol. II, tomo 1 *A Historiografia conservadora*, tomo 2 *A metafísica de latifúndia: o ultra-reacionário Oliveira Viana* São Paulo: Editora Companhia Nacional, 1988.

[8] José Honório Rodrigues *Vida e Historia*, op., cit., p. 5.

[9] José Honório Rodrigues, *Conciliação e Reforma no Brasil* 2ª ed. 1982 (ver nota 12), Prefácio; José Honório Rodrigues, *História da história do Brasil* vol. II tomo 2, 1988, Prefácio; José Honório Rodrigues, *Tempo e Sociedade* (Petrópolis: Editora Vozes,

1986), citado in Rodrigues & Arruda Mello, *José Honório Rodrigues. Um historiador na trincheira* op. cit., p. 198.

[10] José Honório Rodrigues, *Filosofia e Historia* Rio de Janeiro: Editora Nova Fronteira, 1982, p. 32.

[11] José Honório Rodrigues, *Aspirações nacionais. Interpretação histórico-política* São Paulo: Editora Fulgor, 1963; 2nd ed. revista e atualizada, 1965; 4th ed. 1969; trad. em inglês *The Brazilians. Their characteristics and aspirations* Austin, Texas: University of Texas Press, 1967.

[12] José Honório Rodrigues, *Conciliação e reforma no Brasil: interpretação histórico-política* Rio de Janeiro: Civilização Brasileira, 1965; 2nd ed. com título *Conciliação e Reforma no Brasil. Um desafio histórico-cultural* Rio de Janeiro: Editora Nova Fronteira, 1982.

[13] José Honório Rodrigues, *Brasil e África, outro horizonte* Rio de Janeiro: Civilização Brasileira, 1961; 2nd ed. revisada, 2 vols, 1964; 3rd ed. ampliada Rio de Janeiro: Editora Nova Fronteira, 1982; trad. em inglês *Brazil and Africa* Berkeley & Los Angeles: University of California Press, 1965. José Honório Rodrigues, *Interesse nacional e política externa* Rio de Janeiro: Civilização Brasileira, 1966.

[14] José Honório Rodrigues, *História, corpo do tempo* São Paulo: Editora Perspectiva,1975; José Honório Rodrigues, *História combatente* Rio de Janeiro: Editora Nova Fronteira, 1982.

[15] José Honório Rodrigues, *A Assembléia Constituinte de 1823* Petrópolis: Editora Vozes, 1974. José Honório Rodrigues, *Independência: revolução e contra-revolução:* I *A evolução política;* II *Economia e sociedade;* III *As forças armadas;* IV *A liderança nacional;* V *A política internacional* Rio de Janeiro: Livraria Francisco Alves Editora, 1976. José Honório Rodrigues, *O Parlamento e a consolidação do Império, 1840-61* Brasília: Câmara dos Deputados, 1982.

[16] José Honório Rodrigues, *Conciliação e reforma* 2nd ed. 1982, op. cit., pp. 249-50.

[17] José Honório Rodrigues, entrevista, *Jornal do Brasil* 2 de novembro de 1980, citada em Rodrigues & Arruda Mello, op. cit., p. 229; entrevista com John D. Wirth, novembro de 1982, in *Hispanic American Historical Review* 1984, op. cit.

[18] José Honório Rodrigues, Discurso de posse, Academia Brasileira de Letras: http://www.academia.org.br.

[19] José Honório Rodrigues, Prefácio da segunda edição de *Conciliação e reforma,* julho de 1980, publicado em 1982.

[20] José Honório Rodrigues, entrevista, *Jornal do Brasil* 2 de novembro de 1980, citada em Rodrigues & Arruda Mello, op. cit., p. 229.

[21] José Honório Rodrigues, entrevista, *Correio das Artes,* João Pessoa, 18 de setembro de 1983, citado in Rodrigues Arruda Mello, op. cit., p. 253.

[22] José Honório Rodrigues, *Ensaios Livres* org. Lêda Boechat Rodrigues São Paulo: Imaginário, 1991. José Honório Rodrigues & Ricardo A. S. Seitenfus, *Uma história diplomática do Brasil (1531-1945)* org. Lêda Boechat Rodrigues Rio de Janeiro: Civilização Brasileira, 1995.

[23] Instituto de Estudos Brasileiros, Universidade de São Paulo: www.ieb.usp.br. Luciano Aronne de Abreu, História de nossa história: o acervo de José Honório Rodrigues, *Estudos Ibero-Americanos* (PUCRS), 37/2, julho-dezembro de 2011.